Staatsverständnisse

herausgegeben von
Rüdiger Voigt

Band 112

Norbert Campagna | Franziska Martinsen [Hrsg.]

Staatsverständnisse
in Frankreich

© Titelbild: Privatbesitz

Die Deutsche Nationalbibliothek verzeichnet diese Publikation in
der Deutschen Nationalbibliografie; detaillierte bibliografische
Daten sind im Internet über http://dnb.d-nb.de abrufbar.

ISBN 978-3-8487-2803-9 (Print)
ISBN 978-3-8452-7183-5 (ePDF)

1. Auflage 2018
© Nomos Verlagsgesellschaft, Baden-Baden 2018. Gedruckt in Deutschland. Alle Rechte,
auch die des Nachdrucks von Auszügen, der fotomechanischen Wiedergabe und der
Übersetzung, vorbehalten. Gedruckt auf alterungsbeständigem Papier.

Editorial

Das Staatsverständnis hat sich im Laufe der Jahrhunderte immer wieder grundlegend gewandelt. Wir sind Zeugen einer Entwicklung, an deren Ende die Auflösung der uns bekannten Form des territorial definierten Nationalstaates zu stehen scheint. Denn die Globalisierung führt nicht nur zu ökonomischen und technischen Veränderungen, sondern sie hat vor allem auch Auswirkungen auf die Staatlichkeit. Ob die »Entgrenzung der Staatenwelt« jemals zu einem Weltstaat führen wird, ist allerdings zweifelhaft. Umso interessanter sind die Theorien der Staatsdenker, deren Modelle und Theorien, aber auch Utopien, uns Einblick in den Prozess der Entstehung und des Wandels von Staatsverständnissen geben, einen Wandel, der nicht mit der Globalisierung begonnen hat und nicht mit ihr enden wird.

Auf die Staatsideen von Platon und Aristoteles, auf denen alle Überlegungen über den Staat basieren, wird unter dem Leitthema »Wiederaneignung der Klassiker« immer wieder zurück zu kommen sein. Der Schwerpunkt der in der Reihe *Staatsverständnisse* veröffentlichten Arbeiten liegt allerdings auf den neuzeitlichen Ideen vom Staat. Dieses Spektrum reicht von dem Altmeister *Niccolò Machiavelli*, der wie kein Anderer den engen Zusammenhang zwischen Staatstheorie und Staatspraxis verkörpert, über *Thomas Hobbes*, den Vater des Leviathan, bis hin zu *Karl Marx*, den sicher einflussreichsten Staatsdenker der Neuzeit, und schließlich zu den Weimarer Staatstheoretikern *Carl Schmitt*, *Hans Kelsen* und *Hermann Heller* und weiter zu den zeitgenössischen Theoretikern.

Nicht nur die Verfälschung der Marxschen Ideen zu einer marxistischen Ideologie, die einen repressiven Staatsapparat rechtfertigen sollte, macht deutlich, dass Theorie und Praxis des Staates nicht auf Dauer von einander zu trennen sind. Auch die Verstrickungen Carl Schmitts in die nationalsozialistischen Machenschaften, die heute sein Bild als führender Staatsdenker seiner Epoche trüben, weisen in diese Richtung. Auf eine Analyse moderner Staatspraxis kann daher in diesem Zusammenhang nicht verzichtet werden.

Was ergibt sich daraus für ein zeitgemäßes Verständnis des Staates im Sinne einer modernen Staatswissenschaft? Die Reihe *Staatsverständnisse* richtet sich mit dieser Fragestellung nicht nur an (politische) Philosophen, sondern vor allem auch an Studierende der Geistes- und Sozialwissenschaften. In den Beiträgen wird daher zum einen der Anschluss an den allgemeinen Diskurs hergestellt, zum anderen werden die wissenschaftlichen Erkenntnisse in klarer und aussagekräftiger Sprache – mit dem Mut zur Pointierung – vorgetragen. So wird auch der / die Studierende unmittelbar in die Problematik des Staatsdenkens eingeführt.

Prof. Dr. Rüdiger Voigt

Inhaltsverzeichnis

Teil III

Norbert Campagna und Franziska Martinsen

Einleitung

I. Frankreich im Jahre 2017

„*L'État, c'est moi*" – diese Ludwig XIV. zugeschriebene Aussage hat, auch wenn diese Einschätzung überspitzt anmuten mag, auf eine bestimmte Weise auch noch im heutigen demokratischen Frankreich der V. Republik eine Bedeutung. Ähnlich wie einst der Sonnenkönig im Zentrum des Staates stand und alle staatlichen Organe sich nach seinem Willen zu orientieren hatten, nimmt auch der französische Präsident in der maßgeblich durch Charles de Gaulle bestimmten Verfassung der V. Republik eine zentrale Rolle im staatlichen Institutionengefüge ein. Im Gegensatz zum dynastischen Königsamt ist der heutige Präsident zwar durch eine demokratische Wahlprozedur legitimiert, aber insofern er direkt vom Volk gewählt wird, kann er sich, ebenso wie das Parlament, als unmittelbarer Repräsentant des souveränen Volkes betrachten und dementsprechend eine Legitimität beanspruchen, die der des Parlaments gleichgestellt ist. Insofern könnte er durchaus behaupten „*Le peuple, c'est moi (aussi)*" – das Volk, das bin (auch) ich. Er besitzt demnach mehr als nur eine symbolische Funktion im französischen Staat, was erklärt, wieso alle fünf Jahre die Präsidentschaftswahl das öffentliche Leben Frankreichs über Monaten hinweg beschäftigt. Und es erklärt auch, weshalb die Teilnahme der Wählerinnen und Wähler an der Präsidentschaftswahl gewöhnlich höher liegt als ihre Teilnahme an anderen Wahlen.

Sah es vor einem Jahr noch so aus, als würden sich Marine Le Pen (*Front National*), Nicolas Sarkozy (*Union pour un movement populaire*) und der seit 2012 amtierende Präsident François Hollande (*Parti socialiste*) um einen der zwei Plätze in der zweiten Wahlrunde streiten – möglichen Kandidaten anderer Parteien wurde keine Chance zugetraut, diese zweite Runde zu erreichen –, hat sich das Bild im Laufe der Monate geändert. Marine Le Pen war die Favoritin für die erste Runde, Sarkozy hingegen wurde bei den sogenannten *primaires* von François Fillon geschlagen, und François Hollande hat auf eine neue Teilnahme an den Wahlen verzichtet. Mit dem vor noch fünf Jahren größtenteils unbekannten ehemaligen Wirtschaftsminister (August 2014-August 2016) des Kabinetts Valls II unter dem damaligen Staatspräsidenten Hollande, Emmanuel Macron, erschien ein neuer ernsthafter Kandidat auf der Bildfläche, dessen Chancen, nicht nur die zweite Runde zu erreichen, sondern gar selbst Präsident zu werden, sich nicht zuletzt durch den Skandal um François Fillon und dessen Frau und Kinder – es ging hier um den FilloVorwurf der Veruntreuung öffentlicher Gelder im Rahmen fiktiver Arbeiten – schlagartig erhöhten. Was ein Jahr vor den Wahlen niemand für möglich gehalten hatte, trat dann ein: Macron wurde Präsident – wobei aber viele Französinnen und Franzosen eigentlich nicht für ihn, sondern gegen Marine Le Pen gestimmt haben.

Die Präsidentschaftswahl des Jahres 2017 wird sicherlich in die Geschichtsbücher eingehen. Auf der einen Seite stellt die Kandidatur Macrons ein echtes Novum im politischen Gefüge Frankreichs dar – trat hier ein parteiloser Kandidat an, der stattdessen eine breite zivilgesellschaftliche Bewegung unter dem sprechenden Motto „En marche!" zu initiieren vermochte, bevor Teile von ihr schließlich in die Form einer Partei überführt wurden.[1] Auf der anderen Seite bilden die Wahlereignisse ein eher schattenreiches Kapitel der französischen Geschichte. Denn mit François Fillon und Marine Le Pen standen zwei Kandidaten in den Startblöcken, deren Probleme mit der Justiz u.a. darin bestehen, dass sie sich mutmaßlich gesetzeswidriger Handlungen schuldig gemacht haben. Im Falle Marine Le Pens lautet der Vorwurf, sie habe Gelder des Europaparlaments veruntreut, um damit Arbeiten im Dienste des *Front National* in Frankreich zu finanzieren. Schwerer noch wiegt, dass beide so auf die Anschuldigungen reagieren, dass sie den Spieß umzudrehen versuchen und das Gerichtswesen der vermeintlichen politischen Parteilichkeit und Instrumentalisierung bezichtigen: Da ihre politischen Gegner sie nicht mit politischen Mitteln besiegen können, so ihre oft in den Medien wiederholte These, werde auf juristische Mittel zurückgegriffen. Während François Fillon die Konfrontation mit der Justiz nicht so weit treibt, dass er sich einem Gerichtsverfahren entzieht und sich damit begnügt, von einem politischen Rufmord[2] und einer Schnelljustiz zu sprechen, versteckt sich Marine Le Pen hinter ihrer Immunität als Europaparlamentarierin und lehnt es ab, einer Vorladung der Richter zu folgen. Doch für beide scheint festzustehen: Als legitime Richter seien nicht die Berufsrichter des *Parquet financier* anzusehen, sondern einzig das „souveräne Volk". So sollte etwa das „gesunde Volk", das François Fillon in Paris zusammenrief, um ihn in seinem Wahlkampf zu unterstützen, den herrschenden Eliten mit ihren *magouilles* entgegengestellt werden.[3] Die Hoffnung der beiden, dass „das Volk" sie im Zuge der Präsidentschaftswahl „freisprechen" würde, erfüllte sich jedoch letztendlich nicht.

---

1 Bei den Legislativwahlen im Juni 2017 konnte Macrons Bewegung zwar nicht die ihr vorausgesagte Sitzzahl erreichen (nach dem ersten Wahldurchgang sprachen einige Journalisten und Wahlprognostiker von bis zu 450 Sitze), aber mit weit über 300 Sitzen – zu denen man noch die Sitze des MoDem hinzuzählen muss – verfügt *En marche* über eine komfortable Mehrheit. Viele der neu gewählten Parlamentarier von *En marche* verfügen über keine politische Erfahrung und stammen aus der Zivilgesellschaft. Auch das ist ein Zeichen für den Erneuerungswunsch Macrons.

2 Ende März ließ er sogar in den Medien verlauten, dass François Holland höchstpersönlich dafür sorge, dass sein – Fillons – Ruf in der Öffentlichkeit in Verruf gerate. Der Staatschef bediene sich des politischen Apparats, um parteiliche Zwecke zu verfolgen.

3 „*Magouilles*" sind zwielichtige Geschäfte. In den zwei oder drei letzten Jahrzehnten hat sich das Wort einen festen Platz im politischen Diskurs gesichert.

Fillon rekurrierte damit auf eine bestimmte Idee, die sich bereits bei Maximilien Robespierre findet: Das Volk sei immer gut, aber seine Delegierten oder Vertreter manchmal bestechlich, heißt es bei ihm (vgl. Robespierre 2000, S. 245). Es sei die natürliche Güte des Volkes, so Robespierre weiter, die es dazu verführe, sich von „politischen Scharlatanen" irre leiten zu lassen (Robespierre 2000, S. 148). Das von Natur aus gute Volk glaube in seiner naiven Unschuld, dass Politiker ihre Wahlversprechen tatsächlich zu halten bereit seien. In den Augen eines Gracchus Babeuf gehört aber Robespierre selbst zu diesen politischen Scharlatanen, da er Frankreich einen „verhüllten Monarchismus" aufzwingen wollte (Babeuf 1969, S. 35): Statt das Volk selbst bestimmen zu lassen, übernehme eine neue Gruppe von Herrschenden die Macht und der Staatsapparat werde in den Dienst dieser Gruppe gestellt.

Den Vorwurf einer verschleierten Monarchie hat man auch gegen De Gaulle erhoben, als mit der Verfassung von 1958 eine *république présidentielle* eingerichtet wurde. Diese Verfassung sollte der Instabilität der IV. Republik ein Ende setzen: eine Partei – gegebenenfalls mit ihren Verbündeten – sollte bei den Legislativwahlen die absolute Mehrheit der Sitze im Parlament bekommen – dies erreichte man durch die Einführung des Mehrheitswahlrechts. Und das Volk sollte unmittelbar einen Präsidenten wählen, von dem man ausging, dass er aus derjenigen Partei stammte, die die Legislativwahlen gewonnen hatte. Frankreich sollte politische Institutionen erhalten, die für Homogenität und Stabilität an der Staatsspitze sorgten.

Bis zum zweiten Mandat François Mitterands stimmte die politische Wirklichkeit mit den Erwartungen weitestgehend überein. Unter Mitterand zuerst und dann noch einmal unter Jacques Chirac – der 1998 die *Assemblée nationale* auflöste, in der (sich als illusorisch entpuppenden) Hoffnung, seine Mehrheit dort zu stärken – kannte Frankreich aber zweimal eine sogenannte *cohabitation*: Präsident einerseits und Regierung und Parlamentsmehrheit andererseits stammten nicht aus demselben politischen Lager.[4] Der französische Staat hat diese beiden Perioden relativ problemlos überstanden und es kam nicht zu einer *blocage* der Institutionen.[5]

Allerdings ergriff man nach der Jahrtausendwende Präventivmaßnahmen und reduzierte das bis dahin auf sieben Jahre beschränkte Mandat des Präsidenten auf fünf Jahre, so dass alle fünf Jahre Präsidentschafts- und Legislativwahlen zusammenfal-

---

4 Zuerst musste der sozialistische Präsident François Mitterand mit einer vom rechtskonservativen Premierminister Edouard Baladur geführten Regierung zusammenarbeiten. Danach war es dann am rechtskonservativen Präsidenten Jacques Chirac, mit einer vom sozialistischen Premierminister Lionel Jospin geführten Regierung zusammenzuarbeiten.

5 Was zum Teil sicherlich auch darauf zurückzuführen ist, dass die Hauptaufgabenbereiche des Präsidenten und der Regierung ziemlich klar definiert sind. Die ersten Monate der neuen Präsidentschaft im Jahr 2017 ließen allerdings Fragen aufkommen. So etwa als Emmanuel Macron einen Tag vor seinem Premierminister vor dem in Versailles versammelten Parlament die Ausrichtung seiner Politik darlegte. Bislang war es Usus, dass nur der Premierminister sich diesbezüglich vor der Nationalversammlung äußert. Französische Kommentatoren sprechen von einem „*président jupiterien*", von einem Präsidenten, der sich für den höchsten Gott hält und alle Macht in seinen Händen haben will.

len. Diese Verfassungsänderung wurde nicht zuletzt von der Angst vor einer unkalkulierbaren parteipolitischen Differenz zwischen Exekutive und Legislative motiviert. Dabei wird vorausgesetzt, dass die zum Sieg führende Dynamik der Präsidentschaftswahl sich auf die Parlamentswahlen übertragen wird, und dass die siegreiche Partei bei der ersten Wahl auch den Sieg bei der zweiten Wahl davontragen wird.[6]

Weder für Benoît Hamon, den sozialistischen Kandidaten bei den Präsidentschaftswahlen 2017, noch für Jean-Luc Mélenchon, Kandidat der am äußersten linken Rand des politischen Spektrums situierten Bewegung *La France Insoumise*[7], hätte lediglich eine Verfassungs*änderung* auf der Tagesordnung gestanden, sondern vielmehr eine Verfassungs*revolution*. Ihr Anliegen bestand darin, die in ihren Augen morschen Institutionen der V. Republik durch ganz neue Institutionen zu ersetzen, die dem Demos einen weit größeren Einfluss auf das politische Leben der Nation geben. Mit einer solchen Umgestaltung sollte Frankreich endlich die Form einer demokratischen Republik annehmen.

Der frühere sozialistische Minister Emmanuel Macron will die politischen Institutionen der V. Republik bestehen lassen, kündigte aber im Wahlkampf eine sogenannte *loi de moralisation de la vie politique*[8]an, die u.a. auch verbieten soll, dass ein früherer Spitzenpolitiker zum Berater eines Privatunternehmens wird.[9] Das Volk solle seinen Vertreterinnen und Vertretern wieder Vertrauen schenken können und sich vom Gedanken des „Tous pourris" (Alle verdorben) befreien. Ein Motto, auf dem in den letzten Jahrzehnten vor allem der *Front National* seinen Erfolg zu gründen ver-

---

6 Das jetzige Mehrheitswahlsystem kann aber hier auch ein Hindernis sein.

7 Für die Präsidentschaftswahlen 2017 kandidierten insgesamt elf Kandidaten, fünf sogenannte große – sie konnten ein Resultat im zweistelligen Bereich erhoffen (was dann aber im Falle Benoît Hamons nicht der Fall war, der nur etwa 6 % der Stimmen erhielt) – und sechs sogenannte kleine, deren Chance, die 5% Grenze zu erreichen, ausgesprochen gering ist.

8 Das aus der neuen Regierung unter Edouard Philippe vorgebrachte Gesetzprojekt war ein Projekt zur „*moralisation*" des politischen Lebens. Es wurde unter der Obhut von François Bayrou, dem Justizminister, ausgearbeitet, der es aber nicht vor der Nationalversammlung wird verteidigen können, da er von seinem Posten – und von der Regierung – zurücktrat, nachdem seiner Partei – dem MoDem – vorgeworfen worden war, Gelder des Europarlaments missbraucht zu haben. Das Gesetz soll zur Erhöhung ethischer Ansprüche an die Politik beitragen: Seit einigen Jahren gibt es in Frankreich bereits eine unabhängige Kommission, der die Spitzenpolitiker – aber auch einige hohe Beamte – ihre Vermögensverhältnisse mitteilen müssen. Der erste Fall dieser Kommission war ein Minister, der seine Steuern nicht bezahlt hatte und dies mit einer sogenannten „administrativen Phobie" zu erklären versuchte. Er musste sein Ministeramt nach nur einigen Wochen aufgeben. Jeder Franzose kann einen Einblick in die Vermögensverhältnisse der Abgeordneten, der Minister oder noch der Präsidentschaftskandidaten erhalten – letzteres auf der Internetseite der Kommission.

9 So wurde Nicolas Sarkozy nach dem Ende seiner Tätigkeit als Staatspräsident als Berater von der Hotelkette Accor eingestellt.

suchte. So beabsichtigte etwa Marine Le Pen mit dem sogenannten UMPS-System[10] zu brechen und den Staat wieder in den „Dienst der französischen Nation" zu stellen.

Flankiert wird dieser Anspruch des *Front National* allerdings von einer rassistischen Hetze gegen mehrere Millionen – insbesondere muslimische – Immigrantinnen und Immigranten sowie Flüchtlinge in Frankreich. In fragwürdiger Anlehnung an die Vertreibung der Engländer durch Jeanne d'Arc verkündete Marine Le Pen im Rahmen ihrer Politik der sogenannten *préference nationale*, die eine Benachteiligung von Nicht-Staatsbürgerinnen und -bürger bei sozialpolitischen Maßnahmen (etwa der Vergabe von Kindergeld) vorsieht, sogenannte irreguläre Immigranten und Flüchtlinge in deren „Heimatländer" zurückschicken zu wollen. Ebenso kündigte sie an, im Falle ihres Wahlsieges, Kindern von illegalen Einwanderinnen und Einwanderern oder Flüchtlingen die Türen der öffentlichen Schulen verschließen zu wollen.

Marine Le Pen versucht sich in diesem Zusammenhang als Verteidigerin der republikanischen Laizität[11] und als Bewahrerin des sozialen Friedens zu inszenieren. Der in der Vergangenheit öfters katholisch, wenn nicht sogar katholisch-integristisch geprägte Diskurs des *Front National* hat sich zu einem anti-islamistisch geprägten Diskurs entwickelt.[12] Im Multikulturalismus sieht Le Pen die vermeintliche Wurzel sozialer Konflikte, wenn nicht gar kommender Bürgerkriege. Die Gemeinschaft der *citoyens*, die in erster Linie als Mitglieder eines geeinten politischen Körpers zu verstehen seien und vor diesem Hintergrund erst als Anhänger einer bestimmten Religion, verliere sich in den Augen Le Pens in einer Menge nebeneinander existierender Gruppen, die ihre spezifische Identität vor die nationale Identität stellen. Das vermeintlich „Fremde" erscheint ihr als Gefahr für Frankreich, und müsse demnach ausgegrenzt werden. Diese Ausgrenzung soll aber auf keinen Fall die Form der sozialen Ausgrenzung annehmen, die Frankreich bislang *de facto* gekannt hat und die darin bestand, dass die vermeintlichen „Fremden" unter ärmlichen und desolaten Bedingungen in den sogenannten *banlieues* – den Vorstädten – lebten. Wenn die „Fremden" nicht freiwillig Frankreich verlassen, sollen sie laut Marine Le Pen aus Frankreich abgeschoben werden. Die offen ausgrenzende Sprache Le Pens, vor allem aber die hohe Zustimmung, die ihre Rhetorik offensichtlich unter den Wahlbe-

---

10 Gebildet aus den Abkürzungen der zwei großen Parteien, die in den letzten dreißig Jahren das politische Leben Frankreichs geprägt haben. Die *Union pour la majorité présidentielle* (UMP) entstand aus dem *Rassemblement pour la République* (RPR), nachdem Nicolas Sarkozy auf Jacques Chirac als bestimmende Person innerhalb der Partei folgte. PS ist die Abkürzung für *Parti socialiste*.

11 Und auch der Frauenrechte. Als sie im Winter 2017 im Libanon war und der Leiter der großen Moschee in Beirut von ihr verlangte, ein Kopftuch bei ihrer Unterredung zu tragen, lehnte sie kategorisch ab, dieser Bedingung zu gehorchen.

12 Im Unterschied beispielsweise zu Philippe de Villiers (*Mouvement pour la France*), der den Islam im Namen des Katholizismus verurteilt, stellt Marine Le Pen dem Islam den Gedanken der *laïcité* entgegen, und nimmt damit einen zentralen Wert der Republik für sich in Anspruch.

rechtigten erhält – immerhin stimmten in der Stichwahl der Präsidentschaftswahl 33,1 % für die Kandidatin des Front national[13] – geben einen Einblick in die sozialen, politischen und kulturellen Konflikte der gegenwärtigen französischen Gesellschaft. Der vorliegende Sammelband befasst sich nicht unmittelbar mit dem heutigen Frankreich. Allerdings lässt sich eine Vielzahl der aktuellen – und voraussichtlich auch zukünftigen – politischen Probleme mit Blick in die Ideengeschichte und die historische Entwicklung staatstheoretischer Konzepte im französischsprachigen Diskurs zumindest ansatzweise erhellen.

II. Aufbau des Buches

Grundlegend für die Mehrzahl der vorliegenden Beiträge des Sammelbandes ist die Annahme, dass der französische Staat sich, vielleicht mehr noch als andere Staaten Europas, als ein einheitlicher, homogener Staat versteht, als eine „république une et indivisible", wie es ausdrücklich in der Verfassung der V. Republik heißt. Diese Einheit drückt sich in den Symbolen – etwa der Figur der Marianne – und den drei am Eingang sämtlicher Rathäuser des Landes reproduzierten Grundwerte – Liberté, égalité, fraternité – der Republik aus. Sie drückt sich aber auch in der Person des Präsidenten aus, der direkt von allen stimmberechtigten Einwohnerinnen und Einwohnern gewählt wird. Im öffentlichen Raum sollen die Franzosen und Französinnen sich als bloße *citoyens* begegnen und ihre partikularen Identitäten – und vor allem ihre religiöse Identität – nicht zur Erscheinung bringen. Jede Französin und jeder Franzose soll sich in erster Linie als Teil der Nation verstehen und deren Einheit nicht durch die Dominanz einer Partikularidentität gefährden.

Die in diesem Band versammelten Aufsätze befassen sich vornehmlich mit der Frage, wie im Laufe der Jahrhunderte – hauptsächlich vom späten XIII. bis zum XIX. Jahrhundert – das französische Staatsdenken die Einheit des Staates implizit oder explizit thematisiert hat und wie dies sich auf einzelne Problemfelder ausgewirkt hat. Dabei sollen drei große Themenkreise in den Mittelpunkt gestellt werden. Sie decken zwar nicht die gesamte Bandbreite aller möglichen Themenfelder ab, doch lassen sie sich als für den Staatsdiskurs wesentliche politiktheoretische Aspekte verstehen. Es sind dies die Religion, die möglichen Gegengewalten zur zentralen politischen Gewalt und das Verhältnis des Staates zu den jeweiligen Bevölkerungsgruppierungen in Bezug auf Ein- und Ausschluss.

---

13 Vgl. das amtliche Wahlergebnis, einsehbar unter www. *elections.interieur.gouv.fr.*

1. Staat und Religion

Der erste Teil des Bandes befasst sich mit dem Verhältnis des Staates zur Religion und zu den Glaubensgemeinschaften. Das berühmte Gesetz von 1905 trennt den Staat von den Glaubensgemeinschaften und setzt somit einer Situation ein Ende, die, wirft man den Blick auf die Anfänge des katholischen Frankreichs, d.h. auf das katholische Frankenreich, zurück, ihren Ausgang bei der Taufe Chlodwigs (Clovis) durch den Bischof von Reims im Jahre 496 hat.[14] Dass Frankreich oft als *fille aînée de l'Église*, also als älteste Tochter der Kirche bezeichnet wird, hat u.a. damit zu tun, dass Chlodwig der erste der sogenannten „Barbarenkönige" war, der sich zum Katholizismus bekehrte. Diese älteste Tochter sollte aber mehr als einmal Streit mit ihrer Mutter – bzw. die Mutter mit ihrer ältesten Tochter – bekommen. Und allgemeiner lässt sich sagen, dass das Verhältnis des französischen Staates zu den Religionsgemeinschaften und zur Religion nicht immer das friedlichste war. Zumindest zwei Gründe lassen sich dafür anführen.

Einerseits können Religionen – auch wenn das Wort selbst, zumindest von einer seiner beiden möglichen Etymologien her gedacht, eher das Gegenteil bedeutet – als starke Entzweiungsfaktoren wirken. Im XVI. Jahrhundert erlebte Frankreich eine Reihe von Religionskriegen, deren markanteste Episode sicherlich die *Nuit de la Saint Barthélémy* ist, in der die damalige französische Regentin Catherine de Médici ein Massaker an Tausenden von Hugenotten verüben ließ. Wenngleich der *Édit de Nantes* im Jahre 1598 den Religionskriegen ein Ende setzte, blieb Frankreich ein religiös gespaltenes Land. Dem Königtum war es zwar gelungen, das Land rechtlich und zum Teil auch sprachlich zu vereinheitlichen, aber eine religiöse Spaltung hatte sich etabliert. Nach einer Duldung[15] von etwa einem Jahrhundert, mussten viele Hugenotten Frankreich ab 1685 – dem Jahr, in dem Ludwig XIV. den Toleranzerlass Heinrichs IV. widerrief – fliehen oder aber ihren Glauben verheimlichen. Frankreich war wieder offiziell katholisch, wenn auch auf seine Weise, d.h. gallikanisch.[16] Die Revolution von 1789 änderte nur kurzfristig etwas daran, und der *culte de l'être suprême*, der die christliche Religion ebenso ersetzen sollte wie der revolutionäre Kalender den gregorianischen, starb mit seinem Begründer Maximilien Robespierre aus. Unter Napoleon I. trat dann das Konkordat in Kraft, das zwar einerseits Frankreich als ein katholisches Land kennzeichnete, andererseits aber auch andere Reli-

---

14 Ihm waren drei Fürsten vorangegangen : Chlodion, Meroveus – der der Dynastie der Merovinger ihren Namen gab – und Childeric I.

15 Der *Édit de Nantes* war kein Text, der die Gewissensfreiheit zu einem fundamentalen Recht machte. Er entsprang vielmehr der Einsicht, dass man die Hugenotten nicht mit Waffengewalt besiegen und zum katholischen Glauben zurückbringen konnte. Ziel war und blieb letzten Endes aber die Wiederherstellung des christlichen Glaubens.

16 Der Gallikanismus behauptet, dass die französische Kirche bestimmte Rechte gegenüber dem Heiligen Stuhl hat. Insofern muss sie sich nicht in allem den Entscheidungen des Papstes beugen.

gionen tolerierte. Dieses Konkordat prägte das gesamte XIX. Jahrhundert und wurde 1905 – außer in den damals von den Deutschen seit dem Krieg von 1870 besetzten Gebieten (Elsass und das Departement der *Moselle*) – durch das oben erwähnte Gesetz ersetzt. Laut diesem Gesetz ist der französische Staat ein *État laïque*, der keine Religionsgemeinschaft privilegiert und allen diesen Gemeinschaften, sofern sie die öffentliche Ordnung achten, die Garantie gibt, dass sie ihren Glauben ungehindert ausüben können. Weit davon entfernt, alle Probleme geregelt zu haben, steht das Gesetz von 1905 heute noch immer im Zentrum vieler Diskussionen.[17]

Die vier ersten Beiträge des Bandes befassen sich mit drei großen Themen in diesem Zusammenhang, und zwar: mit dem ersten großen Streit zwischen dem französischen Staat und Rom, der als Ursprung des Gallikanismus betrachtet werden kann; der Religionskritik im XVIII. Jahrhundert und dem Versuch, die „theologische" Religion durch eine „zivile" Religion zu ersetzen; dem Verhältnis zwischen liberalem Denken und Religion im ausgehenden XVIII. und im XIX. Jahrhundert.

Im ersten dieser vier Beiträge geht *Norbert Campagna* auf den Streit zwischen Philipp dem Schönen und Bonifaz VIII. ein. In seinem Aufsatz *Wer ist der Herr im Hause Frankreich? Johann von Paris und der Konflikt zwischen Philipp dem Schönen und Bonifaz VIII.* wird dargestellt, wie Bonifaz VIII., ebenso wie Innozenz III. und Innozenz IV. bereits vor ihm, die Vormachtstellung der religiösen gegenüber der weltlichen Macht beanspruchte. Der französische König Philipp der Schöne widersprach aber diesem Anspruch. Um 1300 entbrannte ein heftiger Streit zwischen dem Papst und dem König, der mit der Festnahme und dem Tod des erstgenannten in Agnani endete. Frankreich bekannte sich zwar noch weiterhin zum Katholizismus, aber mit dem sogenannten Gallikanismus entwickelte es eine Variante, die der nationalen weltlichen Macht einen großen Einfluss auf das Leben der katholischen Kirche in Frankreich gewährte. Der Streit zwischen Philipp und Bonifaz ist nicht nur als politisches Ereignis in der Geschichte Frankreichs wichtig, sondern er war auch der Anlass für eine reiche Publizistik, aus der u.a. das Werk des Jean de Paris, *De potestate regia et papale,* hervorsticht.

Dagmar Comtesse geht in ihrem Beitrag *Religion, Religionskritik, Zivilreligion und Revolution* auf die Religionsdebatte im Vorfeld der Französischen Revolution ein und vollzieht nach, wie u.a. die Enzyklopädisten als Repräsentanten der Aufklärung in Frankreich sich kritisch zur Religion und vor allem zur Rolle der katholischen Kirche in der französischen Gesellschaft des *Ancien Régime* äußerten. Voltaires berühmtes „Écrasez l'infâme" ist der paradigmatische Ausdruck dieser Kirchenkritik, die bei einigen französischen Aufklärern auch noch die Form einer in den

---

17 Anlass zu solchen Diskussion gibt etwa die teilweise staatliche Finanzierung von Privatschulen oder das Errichten von Jesuskrippen in öffentlichen Gebäuden – etwa Rathäusern – in der Vorweihnachtszeit. Diskussionen entstehen auch manchmal, wenn ein französischer Politiker – Präsident oder Minister – vom Papst in Audienz empfangen wird, vor allem wenn er den Papst dabei als Haupt der katholischen Kirche und nicht als Staatschef des Vatikans trifft.

Atheismus mündenden radikalen Religionskritik annimmt. Doch können eine Gesellschaft und ein Staat ohne jegliche Religion bestehen? Rousseau beantwortet die Frage negativ, wobei er allerdings den Begriff der Religion umdeutet. Auch wenn er das Konzept einer Zivilreligion nicht erfunden hat, ist er doch einer der ersten Autoren, die diese systematisch aufarbeiten. Diese Zivilreligion findet ihren Ursprung nicht mehr in einer göttlichen Offenbarung, sondern sie wird vom Volk selbst bzw. vom Staat definiert. Ihr Zweck ist auch nicht das Erreichen des, wie immer verstandenen, ewigen Seelenheils, sondern die soziale Kohäsion und der Einsatz für die *res publica*: sie verbindet die Bürger zu einer selbstbewussten politischen Einheit. Religionsdelikte werden dadurch automatisch zu Delikten gegen den Staat. Etwa dreißig Jahre nach Erscheinen des *Contrat social* wird Robespierre mit seinem *Culte de l'Être Suprême* versuchen, eine Variante des Rousseauschen Modells in die Wirklichkeit umzusetzen.

Die beiden weiteren Beiträge des ersten Teils befassen sich mit den religionspolitischen Thesen einiger der großen französischen liberalen Denker des XIX. Jahrhunderts. Während heute, wie es noch kürzlich Larry Siedentop formuliert hat, „liberalism has come to stand for ‚non-belief‘" (Siedentop 2015, S. 2), legte der französische Liberalismus des XIX. Jahrhunderts einen großen Wert auf die Religion.

Unter dem Titel *Die Frage nach der Trennung von Kirche und Staat bei Benjamin Constant und Alexis de Tocqueville* konzentriert sich *Norbert Campagna* auf die beiden Autoren, für die feststeht, dass nur ein religiöses Volk frei sein könne. Nimmt man nun an, dass es die Aufgabe eines liberalen Staates ist, die Freiheit seiner Bürger zu garantieren, dann kommt man nicht an der Frage vorbei, ob, und wenn ja wie, der liberale Staat die Religiosität seiner Bürger erhalten oder gar fördern darf. Man scheint hier vor einem Dilemma zu stehen: Wenn der liberale Staat die Religion nicht schützt, dann steht die Freiheit auf dem Spiel, aber diese Freiheit kann auch durch den Schutz der Religion beschränkt werden. Die Frage lautet somit, ob der liberale Staat die Religion schützen kann, ohne seinen liberalen Charakter zu verlieren. Ging Constant zunächst davon aus, dass der Staat die Religion nicht finanziell unterstützen sollte, ändert er seine Meinung um 1815 und plädiert für eine finanzielle Unterstützung – wie sie im Konkordat festgehalten worden war. Es sieht so aus, als ob Constant hier seine Prinzipien an die realgeschichtliche Wirklichkeit anpasst. Tocqueville seinerseits, mit dem amerikanischen Beispiel vor Augen, geht davon aus, dass der Staat die Religionen nicht finanziell unterstützen soll. Allerdings gibt er den Politikern zu verstehen, dass sie auf eine subtile Art und Weise die Bürger der Religion näher bringen sollten.

Ergänzt wird dieser Beitrag durch den Aufsatz *Der Kampf um die institutionelle Trennung von Kirche und Staat im Frankreich* von *Skadi Siiri Krause*, der sich mit den kirchenpolitischen Debatten in der Restaurationszeit und in der Julimonarchie befasst. Nach dem Sturz Napoleons und der Neuetablierung der Monarchie wird vor allem auf Seiten der Liberalen befürchtet, dass die Allianz zwischen Staat und Kirche, und vor allem der Einfluss der Kirche auf den Staat, wieder hergestellt und damit auch die Religionsfreiheit in Gefahr gebracht wird. Diese Angst wird u.a. von den antidemokratischen Thesen aus dem katholischen Lager geschürt, wie man sie etwa bei Louis-Gabriel-Ambroise Bonald, Charles de Montalembert und dem frühen Félicité de Lamennais findet. Hinter dieser Debatte profiliert sich aber auch eine innerchristliche Debatte, nämlich diejenige zwischen Katholizismus (der mit dem *Ancien Régime* identifiziert wird) und Protestantismus (der mit der Demokratie gleichgesetzt wird). Es sind vor allem François Guizot und Benjamin Constant, die letzteren – und damit auch zugleich die Religionsfreiheit – verteidigen werden. Es wird aber Tocqueville vorbehalten sein, die gesellschaftspolitische Rolle der Religion aufgrund seiner in Amerika gesammelten Beobachtungen hervorzuheben und den Versuch zu unternehmen, einerseits die Katholiken mit der Demokratie und andererseits die Liberalen mit der Religion zu versöhnen.

2. Der Staat und die Zwischengewalten

Den zweiten großen Themenkomplex des Sammelbandes bilden die Körperschaften, die zwischen der exekutiven Gewalt einerseits und den Individuen andererseits anzusiedeln sind. Die grundlegende Frage lautet hier, ob es solche Körperschaften geben solle oder ob sie eine Gefahr für die politische Autorität darstellen, da sie u.U. eine konkurrierende Loyalität bei den Bürgern produzieren können? Sollte es in einem politischen Gemeinwesen nur vereinzelte Individuen geben, die einem allmächtigen Staat gegenüberstehen, oder sollte die Staatsmacht, und vornehmlich die gesetzgebende und die exekutive Gewalt mit dem Widerstand organisierter Körperschaften rechnen müssen, die nicht unbedingt nur ihre korporativen Interessen schützen, sondern auch die allgemeinen Interessen ihrer Mitglieder oder der Untertanen bzw. Bürger überhaupt? Und wenn es solche Körperschaften gibt, inwiefern sollten sie unter staatlicher Kontrolle oder staatlichem Einfluss stehen?

Im Mittelalter war die katholische Kirche eine solche Körperschaft. Sie stellte zwar nicht radikal die Autorität des Nationalstaates in Frage, trat diesem aber entschieden gegenüber, wenn er es sich anmaßte, in kirchliche oder religiöse Angelegenheiten einzugreifen. Und es galt vor allem, dass der christliche Mensch Gott mehr als dem Staat gehorchen sollte – woraus manche nur die Erlaubnis des passiven Ungehorsams folgerten, während andere die Möglichkeit der Erlaubnis eines Umsturzes der Regierung oder sogar des Tyrannenmordes ins Auge fassten. Eine starke Kirche konnte für den nach absoluter Macht strebenden Herrscher sowohl ein willkommener Verbündeter als auch ein großes Hindernis sein.

Die Kirche bzw. die Religionsgemeinschaften sind allerdings nicht die einzigen Körperschaften, die in Konkurrenz mit der exekutiven Gewalt treten können. Im Frankreich des *Ancien Régime* gab es u.a. noch die Stände. Allerdings hing ihre Zusammenkunft vom Willen der exekutiven Gewalt ab. Als Ludwig XVI. sie für das Jahr 1789 wieder zusammenrief, nachdem sie während über 150 Jahren nicht mehr getagt hatten, leitete er seinen eigenen Sturz und das Ende der Monarchie ein. Aus den Ständen wurde, auf Initiative des Dritten Standes, die Nationalversammlung gebildet, ein unabhängig vom königlichen Willen tagendes Organ, das das gesamte französische Volk vertrat und in seinem Namen Gesetze verabschiedete. Die Frage war jetzt nicht mehr die nach Körperschaften zwischen den Bürgern und der exekutiven Gewalt, sondern ob es sie zwischen den Bürgern und dem durch die Nationalversammlung repräsentierten Volk geben sollte. Musste, konnte und durfte der Macht des Volkes eine als Körperschaft auftretende Gegenmacht entgegengesetzt werden? Wenn der Staat nunmehr nicht mehr der König sondern das Volk ist, wieso bedurfte es dann noch schützender Körperschaften? Wenn das Volk über sich selbst regiert, dann kann jedes Hindernis nur als ein antidemokratisches, dem Willen des Volkes entgegengesetztes und mit ihm in Widerspruch stehendes gedeutet werden.

Die drei Beiträge des zweiten Teils thematisieren die Zwischengewalten, wobei einerseits die *parlements* und das Gerichtswesen im Allgemeinen und andererseits die anarcho-syndikalistische Bewegung um 1900 im Vordergrund stehen. In diesem Teil war auch ein Beitrag von Jean-Paul Harpes zu Rousseaus Ablehnung der Zwischengewalten vorgesehen. Auf Grund einer schweren Krankheit, die im Juli 2017 zu seinem Tode führte, war es Jean-Paul Harpes leider nicht mehr möglich, seinen Beitrag so zu verfassen, wie er es sich ursprünglich vorgestellt hatte. An dieser Stelle möchten der Herausgeber und die Herausgeberin seiner gedenken.[18]

In ihrem Beitrag geht *Skadi Siiri Krause* auf die Rolle der *parlements* im *Ancien Régime* ein und untersucht ihre Stellung im Rahmen der staatlichen Gewalten. Anders als im heutigen Sprachgebrauch üblich, bezeichnet das Wort „*parlement*" im Frankreich des *Ancien Régime* kein gesetzgebendes, sondern ein gesetzprüfendes und gesetzbewahrendes Gremium.[19] Die *parlements* waren eigentlich Gerichtshöfe, und zwar die höchsten Gerichtshöfe Frankreichs. Eine ihre wichtigsten Aufgaben bestand im *enregistrement*, d.h. sie mussten die Gesetze und Erlasse des Königs in das dafür vorgesehene Register eintragen, womit ihnen erst Gesetzeskraft verliehen

---

18 Jean-Paul Harpes war während vieler Jahre Philosophiedozent am Centre Universitaire Luxembourg, dessen Vizepräsident er auch war. Er war außerdem lange Zeit Vorsitzender des luxemburgischen Nationalen Ethikkommittees. Zu seinen speziellen Interessengebieten in der Philosophie gehörten das 17. und 18. Jahrhundert sowie die Diskursethik.

19 Im heutigen institutionellen Gefüge Frankreichs unterscheidet man die *Assemblée Nationale* und den *Sénat*. Wenn beide in Versailles zusammengerufen werden, um etwa einen Notstand auszurufen oder diesen zu verlängern (wie z.B. nach den terroristischen Attentaten vom 13. November 2015 in Paris), tagen sie als *parlement*.

wurde. Sie waren aber alles andere als passive Instrumente des jeweiligen Königs – eigentlich hätten sie es im Rahmen der Institutionen des *Ancien Régime* sein sollen, aber viele ihrer Mitglieder sahen die Sache anders. Falls die Mitglieder eines *parlement* – allen voran das *parlement* von Paris – der Meinung waren, der königliche Erlass sei ungerecht oder verstoße gegen anerkannte Rechte, widersetzten sie sich der Registrierung und provozierten somit einen offenen Konflikt mit dem König. Dieser musste dann einen sogenannten *lit de justice*[20] einberufen und förmlich den Mitgliedern des *parlement* befehlen, den Erlass zu registrieren. Bedingt durch das Nicht-Einberufen der Generalstände, verstanden sich die *parlements* als eine Art Gegengewalt.

Auch wenn man bezüglich der *parlements* noch nicht von einer verfassungsmäßig geregelten gerichtlichen Kontrolle der Gesetzgebungsakte sprechen kann, so manifestiert sich doch schon bei ihnen der Geist einer solchen Kontrolle. In seinem Beitrag *Die Richter und die staatliche Macht bei Montesquieu und Tocqueville* untersucht *Norbert Campagna* die politische Rolle des Justizwesens im Allgemeinen und der Gerichte im Besonderen und bezieht sich dabei auf die Schriften Charles de Montesquieus und Alexis de Tocquevilles. Mit den *parlements* vor Augen, zeigt Montesquieu, wie selbst im *Ancien Régime* eine Gegengewalt zum König existierte, aber eine Gegengewalt, die ihren Widerstand auf das Gesetz gründete und somit der individuellen *Willkür* des Königs den *legitimen* Willen des Königs entgegensetzte. Der König ist nämlich immer nur König kraft des Gesetzes und sein legitimer Wille kann demnach kein anderer sein als der als vernunftmäßig gedachte Wille des Gesetzes. Während seiner Amerikareise zu Beginn der 1830er Jahre stellt Tocqueville fest, dass die Amerikaner ein funktionalistisches Pendant zu den *parlements* des *Ancien Régime* geschaffen haben, und zwar die Gerichte. Wichtig ist aber für Tocqueville, dass die politische Funktion der Gerichte im Verborgenen bleibt, dass also die Individuen nicht merken, wie die Gerichte korrigierend auf die Verwirklichung des Dogmas der Volkssouveränität einwirken. Sie hauchen einen aristokratischen Geist in die Demokratie ein, und tragen somit dazu bei, diese vor einem Abdriften in den Despotismus zu bewahren.

Im Mai des Jahres 1968 sah sich der durch De Gaulle geprägte französische Staat mit fast schon bürgerkriegsähnlichen Zuständen konfrontiert. Polizei und Demonstranten lieferten sich Straßenschlachten in Paris und es wurde zum Generalstreik gegen das Regime ausgerufen. Dies weckte Reminiszenzen an die Pariser Kommune 1871. In seinem Beitrag *Die anarcho-syndikalistische Bewegung in Frankreich* geht *Jochen Schwenk* nicht auf die Ereignisse von 1968 ein, wohl aber auf die sich nach der Niederlage der Kommune bildende anarcho-syndikalistische Positionierung ge-

---

20 Wörtlich übersetzt „Justizbett", bezeichnete der *lit de justice* eine Versammlung, bei der der König anwesend war und von seinem Thron aus, der im damaligen Französisch „lit" hieß, Anordnungen gab.

gen den bürgerlichen Staat der 3. Republik, in welchem die Bewegung ein Instrument im Dienste des ausbeuterischen Kapitalismus sah. Der Konkurrenzgesellschaft sollte eine Kooperationsgemeinschaft entgegen gesetzt werden, in welcher die frei zusammen arbeitenden Individuen ohne einen repressiven Staatsapparat auskamen. Die direkte Aktion, und vor allem der Generalstreik, werden dabei als Mittel gedacht, um die bestehende Sozialordnung aus ihren Angeln zu heben und den Weg für eine neue Form des menschlichen Zusammenlebens frei zu machen. Die Gewerkschaft wird dabei als Gegenentwurf und sozusagen als Modell für die zukünftige Organisation gedacht. Im abschließenden Teil seines Beitrags geht der Autor auf Berührungspunkte zwischen Anarcho-Syndikalismus und Faschismus ein, und erklärt in diesem Kontext, wieso es vielen Anarcho-Syndikalisten nicht allzu schwer fiel, ab 1940 mit dem Frankreich von Vichy und der deutschen Besatzungsmacht zu kollaborieren.

3. Der Staat und die Anderen

Der französische Staat soll der Idee nach der Staat aller Französinnen und Franzosen sein, d.h. alle Bürgerinnen und Bürger sollen sich in der Republik und ihren Symbolen wiedererkennen und sich mit ihnen identifizieren können. Heutzutage wird die Staatsbürgerschaftauch gemäß dem *„droit du sol"*, der dem *„droit du sang"* entgegengesetzt wird, erworben. Sie wird also nicht nur von den Eltern, sondern ebenso kraft der Geburt auf einem bestimmten Territorium erworben.

Dass alle in Frankreich Geborenen automatisch Französinnen und Franzosen sind, bedeutet allerdings noch nicht, dass sie auch tatsächlich gleichgestellt werden. Mögen alle im *formalen* Sinn Franzosen sein, so werden sie jedoch nicht unbedingt auch *gleichermaßen* als Französinnen und Franzosen betrachtet. Es ist dabei insbesondere der Staat selbst, der sich einerseits auf den feierlich in der *Erklärung der Menschen- und Bürgerrechte* (1789) proklamierten Gedanken beruft, dass alle Menschen gleich sind, sie andererseits nicht immer gleich behandelt. Die drei Beiträge des dritten und letzten Teils dieses Buches befassen sich mit drei großen Gruppierungen solchermaßen ungleicher Gleicher bzw. „Anderer", und zwar mit den „Fremden", den Frauen und den Versklavten.

Oliver Eberl thematisiert in seinem Beitrag *Der Staat und die Fremden: „Barbarei", „Edle Wilde" und die Kritik der Gesellschaft mit Montaigne und Rousseau* die Art und Weise, wie die beiden Autoren die Einwohner der sogenannten Neuen Welt betrachten, und geht dabei auf die gesellschaftskritische Funktion dieser Betrachtung ein. Die Berichte aus der Neuen Welt, die ab dem XVI. Jahrhundert in Europa zirkulierten, zeigten Menschen, deren Sitten und Lebensweise den Europäern fremdartig erschienen und die statt als schlicht „anders" als unzivilisiert oder barbarisch bezeichnet und damit abgewertet wurden. Der Skeptiker Michel de Montaigne war einer der ersten, der die radikale Gegenüberstellung von barbarischen Indianern und zivilisierten Europäern in Frage stellte. Mochte es auch in der Neuen Welt „Menschenfresser" geben, so standen die Europäer, die gerade dabei waren, sich blutige Religionskriege zu liefern, den „Indianern" *in puncto* „Barbarei" in Nichts nach. Im Gegensatz zu vielen seiner Zeitgenossen, die den Blick auf die schlimmsten Praktiken der sogenannten barbarischen Völker fokussieren, betrachtet Montaigne die fremden Gesellschaften als ein Ganzes und macht sie damit zu einem Maßstab, anhand dessen er die französische Gesellschaft kritisiert. Auch Rousseau wird ein positives Bild der sogenannten Wilden entwerfen. Dabei geht es Rousseau vor allem darum, der Hobbesschen Anthropologie ein anderes Menschenbild entgegen zu halten, und damit auch eine andere Möglichkeit für die Bildung und interne Organisation des Staates zu eröffnen.

In ihrem Beitrag *Die Erfindung der citoyenne. Weibliche (Staats-)Bürgerschaft und die Gleichberechtigung der Geschlechter in Olympe de Gouges' politischen Schriften* befasst sich *Franziska Martinsen* mit der zunächst vergessenen, in der zweiten Hälfte des 20. Jahrhunderts wiederentdeckten Autorin Olympe de Gouges und deren Kritik am Ausschluss der Frauen aus der politischen Nation im ausgehenden 18. Jahrhundert. Der Fokus richtet sich hier auf den Begriff der *citoyenne*, der in den späten 1780er Jahren veröffentlichen Schriften de Gouges' und vor allem in ihrer mittlerweile berühmt gewordenen *Erklärung der Rechte der Frau und Bürgerin* (1791) eine wesentliche Rolle spielt und eine der ersten Konzeptionen eines modernen weiblichen politischen Subjekts begründet. Es wird gezeigt, dass die Einführung des im damaligen Französischen durchaus vorhandenen, doch ungebräuchlichen Terminus *citoyenne* in den öffentlichen Diskurs nicht nur von zeitdiagnostischer, sondern von eigenständiger politiktheoretischer Bedeutung ist. Der von de Gouges inklusiv verwendete Begriff von Bürgerschaft veranschaulicht einen wichtigen Meilenstein in der Bildung einer Theorie politischer Teilhabe und entsprechender Grundrechte, die über ihre Zeit hinausweist und in Widerspruch zu dieser gerät – Frauen mussten noch weitere über 150 Jahre warten, ehe sie Vollbürgerinnen Frankreichs wurden und das aktive Wahlrecht erhielten.

Neben den bis 1944 von der aktiven politischen Partizipation ausgeschlossenen Frauen, stellten auch die Sklaven eine Gruppe ungleicher Gleicher dar. Hatten die französischen Revolutionäre, vor allem unter dem Impuls des Abbé Grégoire, die Sklaverei abgeschafft, so wurde diese im XVIII. Jahrhundert wieder eingeführt. In ihrem Beitrag *Der Kampf um die Abschaffung der Sklaverei in Frankreich* zeigt *Skadi Siiri Krause*, wie u.a. die großen französischen Liberalen – allen voran Benjamin Constant und Alexis de Tocqueville – sich in der ersten Hälfte des XIX. Jahrhunderts zur Sklavenfrage positionierten. Orientierte sich der Abschaffungsdiskurs in einer ersten Phase an rein humanitären Gedanken, so nahm er im Laufe der Zeit immer mehr ökonomische Züge an, um sich am Schluss auch noch durch politische Gesichtspunkte zu bereichern. Der Staat sollte die Sklaverei nicht nur abschaffen, weil sie unmenschlich war, noch bloß darum, weil sie, ökonomisch gesehen, weniger produktiv war als freie Arbeit, sondern auch, weil Frankreich sich die Versklavung von Menschen politisch nicht mehr „leisten" konnte, nachdem England sie abgeschafft hatte. Das englische Beispiel diente auch dazu zu zeigen, dass eine Abschaffung der Sklaverei und eine Befreiung versklavter Menschen nicht unbedingt zum Chaos führen musste – eine Gefahr, die Tocqueville aber in Amerika als gegeben ansah. 1848 schuf Frankreich die Sklaverei ab. Der Rassismus war aber nicht mit einer Unterschrift unter einen Gesetzestext abzuschaffen. Sein Fortwirken in der heutigen französischen Gesellschaft, vor allem in der sozialen und kulturellen Sphäre, zunehmend aber auch immer unverhohlener in der politischen Debatte, wurde bereits eingangs thematisiert. Die jahrhundertelange Verdrängung und Tabuisierung der Auswirkungen des Kolonialismus sowohl in den durch Frankreich usurpierten Gebieten zahlreicher Regionen auf nicht-europäischen Kontinenten als auch im Mutterland selbst haben zweifellos zu gravierenden gesellschaftlichen Problemlagen geführt, die allein mit „vernünftig durchdachten" Staatskonzepten nicht umfassend in den Blick zu bekommen sind.

Der vorliegende Sammelband beansprucht freilich nicht, sämtliche Aspekte des französischen Staatsdenkens umfassend behandeln zu können. Erst recht vermag es eine Publikation, die auf die Behandlung ausgewählter Themen fokussiert, nicht zu leisten, die vielfältigen gesellschaftstheoretischen Blindstellen des politischen Denkens in gebührendem Umfang aufzuzeigen. Auf einen zentralen möglichen Kritikpunkt gegenüber der Schwerpunktsetzung des Bandes bei den „klassischen" Autorinnen und Autoren sowie Konzepten und topoi der vorwiegend kanonischen politischen Ideengeschichte sei jedoch abschließend an dieser Stelle eingegangen. Dem Herausgeber und der Herausgeberin ist es bewusst, dass mit diesem Fokus wichtige Kapitel der Ideengeschichte des französischen Staatsdenkens unangesprochen bleiben. So bleibt etwa das Staatsdenken der Französischen Revolution unvollständig, solange vornehmlich der „weiße" Diskurs über die emanzipatorischen Ideale thematisiert und dessen „schwarzes" Alternativnarrativ der Haitianischen Revolution verschwiegen wird (vgl. u.a. Trouillot 2002, Girard 2011). Es war bedauerlicherweise nicht möglich, einen entsprechenden Originalbeitrag zu diesem erst seit ca. 25 Jahren intensiver erforschten ideengeschichtlichen Komplex für den Sammelband zu gewinnen. Hier besteht ein Forschungsdesiderat, dessen sich Parallel- und Folgeprojekte zum staatstheoretischen Denken annehmen könnten und sollten. Ebenso hätte der Aspekt der politischen Marginalisierung prekarisierter Gruppierungen, also das Verhältnis zwischen Staat und den „Armen", stärker beleuchtet werden können. Auch hier gilt, dass der Sammelband nicht nur im Hinblick auf bereits geleistete Forschung, wie sie sich in den eigens für die vorliegende Publikation verfassten Beiträgen präsentiert, sondern ebenso im Hinblick auf noch zu erschließende Forschungsfelder zu lesen ist.

Literatur

Babeuf, Gracchus (1969), *Le tribun du peuple*, Paris: Union Générale d'Éditions.

Girard, Philippe R. (2011), *The Slaves Who Defeated Napoléon. Toussaint Louverture and the Haitian War of Independence, 1801–1804*. Tuscaloosa: University of Alabama Press.

Robespierre, Maximilien (2000), *Pour le bonheur et pour la liberté*, Paris: La Fabrique.

Siedentop, Larry (2015), *Inventing the Individual. The Origins of Western Liberalism*, London: Penguin Books.

Trouillot, Michel-Rolph (2002), „Undenkbare Geschichte. Zur Bagatellisierung der haitischen Revolution", in: Conrad, Sebastian/Randeria, Shalini (Hg.): *Jenseits des Eurozentrismus. Postkoloniale Perspektiven in den Geschichts- und Kulturwissenschaften*, Frankfurt a. M.: Campus, S. 84–115.

Teil I

Norbert Campagna

Wer ist der Herr im Hause Frankreich? Johann von Paris und der Konflikt zwischen Philipp dem Schönen und Bonifaz VIII.

Einleitung

Die Übergangsjahre zwischen dem XIII. und XIV. Jahrhundert sind in Frankreich durch den offenen Konflikt zwischen dem französischen König Philipp dem Schönen und dem Papst Bonifaz VIII. gekennzeichnet. Der zentrale Konfliktgegenstand ist die konkrete Bestimmung des jeweiligen Kompetenzbereichs der beiden Mächte: Worüber darf der Papst in letzter Instanz entscheiden und worüber darf der König in letzter Instanz entscheiden? Es geht also um die Souveränität. Die Frage stellt sich umso akuter, als der französische König ein Christ ist. Als Christ ist er dem Papst unterworfen. Aber wie weit reicht diese Unterwerfung? Schließlich ist der Christ Philipp der Schöne auch der Franzose Philipp der Schöne. Und als Franzose muss er sich für die Interessen jenes sich ausbildenden und vereinheitlichenden Nationalstaates einsetzen, der auch damals schon Frankreich hieß und dessen Interessen nicht immer mit denen Roms übereinstimmten. Mochte Frankreich auch die älteste Tochter der Kirche sein – *„la fille aînée de l'Église"* –,diese Tochter hatte um 1300 ein Alter erreicht, in dem sie nach Unabhängigkeit verlangte.

Der Christ Philipp muss sich vor dem Papst verantworten und der Franzose Philipp Rechenschaft gegenüber Frankreich abgeben. Aber vor wem muss sich der *König* Philipp verantworten? Nähme seine königliche Macht ihren Ursprung unmittelbar im Volk oder dessen Vertretern, dann müsste er sich vor diesem Volk oder dessen Vertretern verantworten. Das war aber damals nicht der Fall.[1] Aus der Perspektive des mittelalterlichen politischen Denkens blieben dann nur noch zwei Möglichkeiten: Der König bezieht seine politische Macht mittelbar von Gott und unmittelbar

---

1 Beim Kaiser war es anders, da er sich auf die *lex regia* berufen konnte. Dieses im *Corpus Iuris Civilis* enthaltene Gesetz ging davon aus, dass Gott dem römischen Volk die Souveränität über die Welt gegeben hatte und dieses Volk hatte dann diese Souveränität auf den Kaiser des Heiligen Römischen Reich (später ergänzt mit: deutscher Nation) übertragen. Walter Ullmann macht aber darauf aufmerksam, dass die Kirchenrechtler sich zunächst der *lex regia* bedienen, um die Autorität des Papstes über den Kaiser zu begründen (vgl. Ullmann 1949, S. 168). Wenn man erstens davon ausgeht, dass die Autorität des Kaisers ihren Ursprung im Volk hat, zweitens annimmt, dass es sich um ein christliches Volk handelt und es drittens außerdem für wahr hält, dass der Papst eine unmittelbar von Gott oder Jesus erhaltene Autorität über das christliche Volk besitzt, dann ist man in der Tat relativ schnell bei einer hierokratischen Interpretation der *lex regia*.

vom Papst, der als Vertreter Gottes auf Erden handelt, oder er bezieht sie unmittelbar von Gott, so dass der Papst als vermittelnde Instanz überflüssig wird.[2] Über das Paulinische „*Non est potestas nisi a Deo*" bestand weitgehende Einigkeit. Uneins war man sich allerdings darüber, ob man die Machtübertragung als *mediate* oder als *immediate* zu verstehen hatte.[3] Wenn man sie als *mediate* versteht und nur den Papst als Zwischenglied zulässt, dann scheint es so, als sei der König dem Papst unterworfen, auch hinsichtlich des Gebrauchs seiner politischen Macht.[4] Wenn man sie aber als *immediate* auffasst, dann gibt es gute Gründe, eine mehr oder weniger große, wenn nicht sogar absolute Unabhängigkeit zu behaupten, so dass der König sich nicht für seine rein politischen Entscheidungen vor dem Papst zu verantworten hat.

Diese Art von Konflikt war alles andere als neu, als der Streit zwischen Philipp dem Schönen und Papst Bonifaz VIII. 1296 offen ausbrach und nach einigen Jahren mit dem Tod des Papstes in Anagni endete. Neu war aber einerseits, dass der Konflikt sich nicht mehr, wie zur Zeit Heinrichs IV. oder Friedrichs II., zwischen Papsttum und Kaisertum austrug, sondern zwischen dem Papst und einem nationalen Herrscher. Neu, und für unsere Zwecke noch wichtiger, war aber andererseits auch die hochwertige Qualität der theologischen und philosophischen Beiträge zur Debatte. Im XII. und XIII. Jahrhundert hatte es zwar beachtenswerte Beiträge gegeben – die meisten, und vor allem auch die bekanntesten, aus der Feder der Anhänger des Papstes –, aber nirgends findet man die Systematizität wieder, die die Beiträge aus der Zeit des Konflikts zwischen Philipp und Bonifaz kennzeichnet. Es geht im 1300

---

2 Zumindest in einer autoritätsbegründenden oder -schaffenden Funktion. Man konnte aber, wie es etwa Baldus und andere tun, die Krönung des Kaisers durch den Papst als eine der Glanz der kaiserlichen Autorität erhöhende Handlung ansehen (Canning 2003, S. 35).

3 Die Frage betraf übrigens nicht nur die weltliche, sondern auch die kirchliche Macht. Besaß der Papst seine Macht unmittelbar von Gott bzw. Jesus Christus, oder trat das Konzil als notwendiges Zwischenglied auf? Die Frage sollte sich mit großer Akutheit im XV. Jahrhundert während der Konzile von Basel und Konstanz stellen (dazu Black 1970) und die Diskussion erstreckte sich noch bis ins XVI. Jahrhundert hinein. Während Cajetan den Standpunkt vertritt, dass Gott dem Papst und nicht dem Kirchenvolk ursprünglich die Macht gegeben hat (Cajetan 1997, S. 26) und dass dementsprechend die Kirche nur Macht durch den Papst haben kann (Cajetan 1997, S. 24), hält Jacques Almain ihm entgegen, dass die kirchliche Macht zuerst in der Kirche als Ganze war, bevor sie der Papst besaß und die Kirche durchaus, an Stelle von Jesus, den ersten Papst hätte ernennen können (Almain 1997, S. 164).

4 In seinem zum Klassiker avancierten Buch *The divine right of kings* versucht John N. Figgis die, wie er selbst sagt, in unseren Ohren absurd klingende Theorie eines göttlichen Ursprungs des Herrschaftsrechts der Könige zu erklären (Figgis 1965, S. 2). Diese Theorie, so die These von Figgis, muss als Waffe im Kampf gegen Rom gesehen werden. Die weltlichen Herrscher des Mittelalters konnten nur die Ansprüche des Papstes zurückweisen, wenn sie ihre Autorität als mit derjenigen des Papstes gleichwertig darstellten. Und was der Autorität damals ihren höchsten Wert gab, war der göttliche Ursprung. Die Theorie galt als Unterstützung des „claim to independence of ecclesiastical control" (Figgis 1965, S. 16). Da allerdings der König nicht mehr selbst als Gott auftreten konnte – wie es etwa die Pharaonen oder einige römische Kaiser taten – und da er sich auch nicht mehr als von göttlichem Geschlechts betrachten konnte, musste er sich mit dem Anspruch begnügen, seine Autorität unmittelbar von Gott erhalten zu haben, wodurch seine Autorität mit derjenigen des Papstes gleichwertig war (Figgis 1965, S. 18).

nicht mehr darum, ein punktuelles Problem zu lösen – darf hier und jetzt dies oder jenes getan werden? –, sondern darum, allgemeine Prinzipien aufzustellen und zu begründen; Prinzipien durch die die jeweiligen Kompetenzsphären der beiden Mächte mit der höchstmöglichen Klarheit definiert werden.

In seinem zuerst im Jahre 1903 erschienenen Werk *Die Publizistik zur Zeit Philipps des Schönen und Bonifaz VIII.*, hat Richard Scholz die Gedanken einiger der wichtigsten Teilnehmer an der Debatte vorgestellt.[5] Unter diesen Teilnehmern finden wir etwa Aegidius Romanus, der im Laufe der Jahre die Seiten wechselte, und der auf sein den Interessen der weltlichen Macht wohlgesinntes *De regimine principum* ein sich gegen den französischen König gerichtetes Werk mit dem Titel *De ecclesiastica potestate* folgen lässt. Die Interessen der päpstlichen Macht vertreten auch Denker wie Jakob von Viterbo oder Augustinus von Ancona, während die königlichen Juristen bzw. Legisten Pierre Flote und Wilhelm von Nogaret – um nur zwei von ihnen zu nennen – einen Frontalangriff gegen den Papst führen und die absolute politische Souveränität des französischen Königs in seinem eigenen Reich behaupten.

Gewissermaßen zwischen diesen beiden Extrempositionen, aber doch mit einer stärkeren Neigung zu Gunsten des königlichen Standpunktes[6], finden wir den Denker, der im Mittelpunkt dieses Beitrags stehen wird: Johannes Quidort[7], der vermutlich bekannter unter dem Namen Johannes von Paris ist. Dieser Dominikaner wurde am Anfang der 1250er Jahre geboren und starb 1306. Unter den vielen von ihm verfassten Werke[8] sticht, zumindest in Bezug auf die uns hier beschäftigende Frage, sein in den Jahren 1302-1303 verfasstes *De potestate regia et papale* hervor. Auch wenn es übertrieben wäre, in diesem Buch die Geburtsurkunde des Gallikanismus zu sehen, kann nicht geleugnet werden, dass es einen Einfluss auf die Entwicklung des Gallikanismus gespielt hat, wie seine zahlreichen Auflagen im XVI. und XVII. Jahrhundert bekunden.[9] Aber mehr noch als dieser mögliche spezifische Einfluss, muss

---

5   Pierre Dupuy hatte schon 1655 eine Sammlung von Pamphleten und Traktaten veröffentlicht, die während des Konflikts von beiden Seiten verfasst wurden (Dupuy 1655).

6   Hier das Urteil Joseph Cannings über *De regia potestate*: „Its purpose was […] to protect the monarchy against papal claims. […] The tract could to this extent be classed as pro-royal, but was by no means excessively so, with the result that some modern scholars have seen it as setting forth a middle way between polarized positions in the conflicts" (Canning 1998, S. 145).

7   Auf Lateinisch: Johannes Dormiens. Es ist mir nicht bekannt, wieso man unserem Autor den nicht unbedingt positiv klingenden Beinamen „der Schlafende" gegeben hat.

8   Johannes von Paris war in erster Linie ein reiner Theologe, der sich mit allergrößter Wahrscheinlichkeit nicht mit Fragen der „politischen Theologie" befasst hätte, wenn es nicht zum Konflikt zwischen Philipp und Bonifaz gekommen wäre. Als dominikanischer Theologe verteidigte er u.a. den Thomismus gegen die Angriffe der Franziskaner (dazu etwa Néher 1969, S. 1442).

9   Zur Geschichte des Gallikanismus vgl. etwa Martin 1939.

das Werk des Dominikaners als eine *theologische* Reaktion auf die päpstlichen Ansprüche betrachtet werden, wie sie von anderen Theologen verteidigt wurden.[10]

Die hier zur Diskussion stehende Frage nach dem Verhältnis zwischen weltlicher und religiöser Macht erscheint auf den ersten Blick für Heutige – die wir in modernen, liberalen und säkularisierten Demokratien leben – kaum noch von Bedeutung zu sein. Rom greift zwar noch manchmal in nationale Debatten ein – vor allem wenn es um Fragen des Lebensbeginns und -endes oder um Sexualität geht[11] –, aber es findet sich heute kein Papst mehr, der seine *plenitudo potestatis* als eine solche begreift, die sich auch auf weltliche Angelegenheiten bezieht. Allerdings gibt es noch genügend Konfliktpunkte zwischen den beiden Mächten, und so ist die Frage nicht vollkommen antiquiert und von bloßem philosophiehistorischen Interesse. Wie säkularisiert auch immer ein Staat sein mag, er kommt nicht umhin, sich mit religiösen Angelegenheiten zu befassen.

Man kann sogar noch einen Schritt weiter gehen und im Konflikt zwischen weltlicher und religiöser Gewalt die Erscheinungsform eines allgemeineren Konflikts , nämlich des Konflikts zwischen einer staatlich definierten Legalität und einer sich dieser Legalität als übergeordnet betrachtenden Legitimität, sehen. Was auch immer die rein materiellen Interessen sein mögen, die im Konflikt zwischen Bonifaz und Philipp den Papst zum Widerstand gegen die Entscheidungen des Königs motivierten – der Konflikt brach wegen einer Besteuerung des Klerus aus –, so lässt er sich doch auch als ein Konflikt auffassen, in welchem der Logik der Staatsräson – die diesen Namen damals zwar noch nicht trug, aber dennoch schon als Wirklichkeit existierte[12] – eine andere Logik entgegengesetzt wurde, eine Logik die sich auf eine den Staat und seinen Partikularinteressen transzendierende Normativität berief. Diese übergeordnete Normativität wurde damals in religiösen Begriffen formuliert bzw. in den Rahmen einer religiös bestimmten Weltsicht gestellt. Heute gehen wir eher von einem säkularisierten Weltbild aus, aber auch in diesem säkularisierten Weltbild ist Platz für eine den Staat und dessen Partikularinteressen transzendierende Normativität. Diese drückt sich in Form des Rechts, und dort besonders in Form der Allgemeingültigkeit beanspruchenden Menschenrechte aus. Die Frage ist nicht mehr, ob

---

10 Insofern ist es bedauerlich, dass Benoît Beyer de Ryke in seinem Beitrag zur *Histoire de la philosophie politique* kein einziges Wort über Johannes von Paris verliert und den Eindruck entstehen lässt, als habe man auf Marsilius von Padua warten müssen, um eine erste systematische theologische Antwort auf die Anmaßungen des Heiligen Stuhles zu finden (Beyer de Ryke 1999, S. 82).

11 Ich möchte das „vor allem" betonen, denn es ist mir bewusst, dass der Heilige Stuhl seit anderthalb Jahrhunderten auch die soziale, seit etwa einem halben Jahrhundert auch die ökologische und seit kurzem auch die „finanzielle" Frage entdeckt hat.

12 Ab dem XVI. Jahrhundert wird man mit dem Begriff der Staatsräson ein Handeln zu rechtfertigen versuchen, das sich von den bestehenden Gesetzen emanzipiert, und zwar, zumindest *idealiter*, im Namen des Gemeinwohls. Zur Zeit Philipp des Schönen würde man den Begriff eher verwenden, um ein Handeln zu rechtfertigen, das sich von den bestehenden Traditionen, usw. emanzipiert, u.a. indem es Gesetze macht, durch welche Privilegien aufgehoben werden.

der Papst einen Herrscher absetzen kann, der religiöse Gebote missachtet, sondern, ob Staaten bzw. eine überstaatliche Organisation einen Herrscher militärisch bekämpfen dürfen, der die fundamentalen Rechte seiner Bürger missachtet.

Im Folgenden werde ich zunächst auf die Zeit vor dem Ausbruch des Konflikts zwischen Philipp und Bonifaz eingehen, um zu zeigen, wie sich ab dem XI. Jahrhundert eine Situation entwickelt, in welcher die weltliche und die geistliche Macht um die Souveränität streiten. Neu am Konflikt zwischen Philipp und Bonifaz ist, dass der Streit nicht mehr zwischen dem Papst und einem Kaiser stattfindet, sondern zwischen dem Papst und einem Nationalherrscher. Während der Papst und der Kaiser prinzipiell als Vertreter universeller Interessen auftreten konnten, ist der König zunächst einmal der Vertreter eines Partikularinteresses. Seine Politik zielt nicht primär auf das Wohl der Menschheit, sondern auf das Wohl seines eigenen Staates. Wie sich der Konflikt zwischen Philipp und Bonifaz konkret artikuliert, soll im zweiten Teil des Beitrags gezeigt werden. In den beiden nächsten Teilen werde ich mich dann mit den Thesen des Johannes von Paris befassen. Im dritten Teil geht es um die Macht des Papstes gegenüber einem weltlichen Herrscher, während im vierten Teil die Macht des weltlichen Herrschers gegenüber dem Papst zur Diskussion steht. In diesen beiden Teilen werde ich die Position unseres Autors mit denen einiger seiner Zeitgenossen vergleichen, die auch an der Debatte beteiligt werden. Dabei werden zwei Fragen im Mittelpunkt stehen, die auf den Punkt gebracht wie folgt lauten: Wer hat Macht worüber? Wer kann wen entmächtigen?

Bei der ersten Frage geht es darum, zu wissen, wer in letzter Instanz darüber entscheiden darf, was mit dem Eigentum der Individuen geschieht. Gekoppelt mit dieser Frage ist eine andere, und zwar die Frage nach der Legitimität der Entscheidung. Die Rechtswelt, in der Johannes lebt, ist noch nicht durch den Rechtspositivismus geprägt und blickt dementsprechend nicht nur auf die letzte Entscheidungsinstanz, sondern berücksichtigt auch deren Entscheidungsgründe. Von der Frage „Wer hat Macht worüber?" kommen wir somit schnell zur Frage „Wer hat die Macht darüber zu entscheiden, ob die vorgebrachten Entscheidungsgründe stichhaltig sind?", wobei die Stichhaltigkeit entweder normativ – Sind es wirklich legitime Entscheidungsgründe? – oder empirisch – Angenommen die Entscheidungsgründe sind legitim, entsprechen sie denn der gegebenen Situation? – aufgefasst werden kann.

Wenn wir davon ausgehen, dass der Rückgriff auf illegitime Entscheidungsgründe oder der illegitime Rückgriff auf – gegebenenfalls legitime – Entscheidungsgründe die Legitimität der entscheidenden Instanz in Frage stellen kann, ergibt sich die zweite von mir erwähnte Frage. Auch beim Entmächtigungsproblem darf man nicht bei der Bestimmung der entmächtigenden Instanz stehen bleiben, sondern man muss hier ebenfalls nach den legitimen Entmächtigungsgründen fragen. Denn auch hier gilt nicht das voluntaristische *sic volo, sic iubeo*, sondern eine Entmächtigung oder

Absetzung ist nur dann legitim und damit auch rechtswirksam, wenn sie durch angemessene Gründe untermauert werden kann.

Da es in diesem Band um französische Staatsverständnisse geht, möchte ich, um die Einleitung abzuschließen, die beiden eben formulierten Fragen in Verbindung mit dem Staat bringen. Die Frage „Wer hat Macht worüber?" –lautet dann: „Hat, Johannes von Paris zu Folge, der französische Staat eine letzte Entscheidungsmacht über das Eigentum des französischen Klerus, und wenn ja, welche Gründe müssen vorliegen, um die Entscheidungsmacht zu legitimieren?" Und die zweite Frage kann wie folgt umformuliert werden: „Hat, Johannes von Paris zu Folge, der französische Staat das Recht, über die Entmächtigung des Papstes mitzubestimmen bzw. sich an der Absetzung des Papstes zu beteiligen, und wenn ja, welche Gründe müssen vorliegen, um einen legitimen Gebrauch dieses Rechts zu machen?".

1. Das konfliktuelle Verhältnis zwischen weltlicher und religiöser Macht vor dem Konflikt zwischen Philipp dem Schönen und Bonifaz VIII.

Als der Papst Bonifaz VIII. im Jahre 1296 seine Bulle *Clericis Laicos* an den französischen König Philipp den Schönen richtet, der zur Finanzierung seiner Kriege den französischen Klerus besteuerte, ohne dazu die Erlaubnis des Heiligen Vaters zu erbitten, sind es 802 Jahre her, dass Papst Gelasius I. einen Brief an den oströmischen Kaiser Anastasius adressierte, in dem er den weltlichen Machthaber darauf aufmerksam macht, dass die Könige sich in religiösen Angelegenheiten der religiösen Macht, und vornehmlich dem Papst[13], zu unterwerfen hatten. Gleichzeitig sagt er aber, dass sich der Klerus in weltlichen Angelegenheiten der weltlichen Macht zu unterwerfen hatte. Ungefähr zwei Jahre später wird Gelasius den Gedanken wiederholen und einerseits von den Priestern verlangen, dass sie sich nicht in weltliche Angelegenheiten einmischen, während andererseits dem Kaiser gegenüber betont wird, dass er nicht in religiöse Angelegenheiten zu intervenieren habe.

Ungeklärt bleibt aber dabei, was eine rein religiöse und was eine rein weltliche Angelegenheit ist. Auch wenn es ohne Zweifel klare Fälle auf beiden Seiten gibt, so ist die Existenz einer Grauzone nicht zu leugnen, einer Zone also, in welcher man nicht klar bestimmen kann, ob hier die weltliche Macht oder religiöse Macht das

---

13 Bevor es zu einem Konflikt zwischen den nationalen weltlichen Herrschern und dem Papst kam, hatte in der Kirche selbst ein Konflikt zwischen dem römischen Bischof und den anderen Bischöfen stattgefunden. Stefan I., der im Jahr 254 zum römischen Bischof und damit zum Papst wurde, verlangt von allen anderen Bischöfen, dass sie seine Oberherrschaft über sie anerkennen. Er begründet dies mit dem Hinweis auf Petrus, dem ersten römischen Bischof, der über allen anderen Aposteln stand. Trotz des Widerstandes der anderen Bischöfe wird sich mit der Zeit die Oberherrschaft Roms durchsetzen (vgl. Achenbach/Krieger 2004, S. 31 f.). Und damit wird der Grundstein für zahlreiche Konflikte nach der Jahrtausendwende gelegt.

letzte Wort haben sollte. Der zu Beginn dieser Einleitung erwähnte Konflikt fällt in diese Grauzone, und dies in doppelter Hinsicht. Der Krieg, den Philipp der Schöne gegen England führt, ist zwar ein rein weltlicher Krieg, aber dieser Krieg schwächt die christlichen Nationen insgesamt, und es kann dem Papst nicht gleichgültig sein, ob die christlichen Nationen stark oder schwach sind. Denn nur wenn diese Nationen stark sind, können sie einerseits die von den Ungläubigen besetzten Gebiete zurückerobern und andererseits mögliche Angriffe der Ungläubigen gegen die Christen abwehren. Hinzu kommt, und dies ist, wie schon angedeutet, der eigentliche Stein des Anstoßes, dass der französische König seinen Krieg auch mittels Gelder finanzieren wollte, die der Kirche gehörten, und dies ohne den Vertreter der Kirche um Erlaubnis zu bitten. Wenn man den Begriff der religiösen Angelegenheiten nicht auf rein theologische Probleme bzw. auf Glaubensinhalte reduziert, sondern auch materielle und vornehmlich finanzielle und ökonomische Gesichtspunkte berücksichtigt, dann kommt man nicht umhin, der Besteuerung des Klerus durch den Staat und für weltliche Zwecke auch als eine den Papst angehende Angelegenheit zu betrachten.

Eine solche Grauzone verlangt nach einer die jeweiligen Kompetenzen festlegenden Instanz. Da es aber neben der weltlichen und der religiösen Macht keine über beiden stehende Instanz gibt, liegt es nahe, dass eine dieser beiden Mächte sich die Kompetenz zuspricht, in letzter Instanz über die jeweiligen Kompetenzen zu bestimmen. Blieb der Konflikt zwischen Papsttum und weltlicher Macht während etwas mehr als einem halben Jahrtausend latent, so ist sein Ausbruch auf das Jahr 1075 zu datieren, als der Papst Gregor VII. seine Bulle *Dictatus Papae* erlässt und gleichzeitig einen Brief an den Kaiser Heinrich IV. schickt, wobei er in beiden Dokumenten klar und offen schreibt, dass die weltlichen Mächte der päpstlichen Macht untergeordnet sind und ihr zu gehorchen haben. Die Bulle gibt zu verstehen, dass es den weltlichen Machthabern nicht ansteht, über die Grenzen dieses Gehorsams zu bestimmen bzw. ihn zu verweigern, wenn der Papst ihnen Handlungen vorschreiben oder verbieten würde, die sich ausschließlich auf den weltlichen Bereich beziehen. Dass der Papst sich nicht in rein weltliche Angelegenheiten einmischt, sollte nicht so verstanden werden, als ob der Papst kein Recht hätte, hier einzugreifen, sondern stellt nur einen *de facto* Verzicht dar. Man könnte sogar einen Schritt weiter gehen und sagen, dass etwas nur so lange unter die Kategorie der rein weltlichen Angelegenheiten fällt, wie der Papst sich nicht einmischt. Potentiell kann somit alles zu einer religiösen Angelegenheit werden und es ist der Papst, der, aristotelisch gesprochen, als Wirkursache den Übergang der Potentialität zur Aktualität bewerkstelligt.

Der Fort- und Ausgang dieses ersten großen Konfliktes zwischen Papst- und Kaisertum ist bekannt, so dass hier davon abgesehen werden kann, genauer auf ihn einzugehen. Mit diesem Konflikt wird eine Diskussion in Gang gebracht, die die drei folgenden Jahrhunderte prägen sollte und in der sich nicht nur die unmittelbar Betroffenen – die Päpste und die Kaiser bzw. Könige – zu Wort melden werden, sondern auch bedeutende Theologen.

Konkrete Konfliktursachen, die in der vorhin erwähnten Grauzone anzusiedeln sind, gab es genug. So etwa die Ernennung von Bischöfen, von der Brian Tierney schreibt: "The king would not give up his right to appoint bishops because they were feudal lords exercising secular jurisdiction over lands that they held from the king. The pope would not acknowledge this royal right of appointment because bishops were ministers of God wielding a spiritual authority that was not derived from any lay ruler" (Tierney 1964, S. 85). Die Bischöfe standen somit mit dem einen Fuß in der weltlichen und mit dem anderen Fuß in der religiösen Sphäre. Als Feudalherren waren sie dem König, als Gottesdiener dem Papst unterworfen. Solange König und Papst dasselbe von ihnen forderten, war alles gut, sobald aber der König oder Papst Forderungen stellten, die sich widersprachen, musste entschieden werden, wem in erster Linie Gehorsam geschuldet war.

Das XII. Jahrhundert kennt keinen größeren offenen Konflikt zwischen Papsttum und Kaisertum und die Debatte um die jeweiligen Kompetenzsphären findet hauptsächlich zwischen Theologen statt.[14] Während Manegold von Lautenbach, Bernard von Clairvaux oder Hughes von Saint Victorsich – wie die meisten Theologen – auf die Seite des Papstes stellen, ergreift Hughes von Fleury in seinem *Tractatus de regia potestate* Partei für die weltlichen Machthaber. Erwähnenswert ist, dass selbst der Papst Pascal II. in einem im Jahr 1111 an den Kaiser Heinrich V. gerichteten Brief betonen wird, dass die Priester sich nicht in weltliche Angelegenheiten einmischen sollten. Es wird aber nicht gesagt, ob sie sich auch nicht in die genaue Bestimmung der Unterscheidung zwischen weltlichen und religiösen Angelegenheiten einmischen sollten. In Anlehnung an Carl Schmitt, nach dessen Auffassung derjenige souverän ist, der über den Ausnahmefall entscheidet – eine Entscheidung die sowohl das Auftreten des Ausnahmefalles betrifft, als auch die Maßnahmen, die im Ausnahmefall die „normale" Wirkung des Gesetzes ersetzen sollen – könnte man hier sagen, dass derjenige souverän ist, der über den Verlauf der Grenze entscheidet.

Der politische Konflikt wird im XIII. Jahrhundert wieder aufflammen. Die Grundlagen für dieses erneute Auflodern liefern einige Schriften Innozenz' III.[15] In einem aus dem Jahr 1198 an den Erzbischof von Ravenna gerichteten Brief behauptet Innozenz, dass die Freiheit des Klerus dort am besten gewährt ist, wo der Papst die volle Macht in religiösen und weltlichen Angelegenheiten besitzt (Textauszug in Tierney 1964, S. 132). In den Bullen *Venerabilem* (1202) und *Novit* (1204) erwähnt er zwar jeweils gleich zu Beginn, seinen Wunsch, sich nicht in weltliche Angelegen-

---

14 Kaiser Friedrich Barbarossa wird allerdings in einem 1158 an die deutschen Bischöfe adressierten Brief vor den Ambitionen bestimmter kirchlicher Würdenträger warnen, die sich anmaßen, über den Kaiser zu richten.

15 Zu Innozenz und seinen Ansprüchen, über den Kaiser zu richten, siehe Powell 1994.

heiten einzumischen, aber es wird schnell klar, dass es ihm dabei nicht darum geht, eine Nichteinmischungspflicht anzuerkennen. So schreibt er etwa in der Bulle *Venerabilem*, dass der Papst durchaus das Recht hat, den von den Kurfürsten gewählten Kaiser zu beurteilen, da u.a. der Kaiser die Aufgabe hat, den Heiligen Stuhl zu verteidigen. Und in der Bulle *Novit* weist Innozenz darauf hin, dass der Papst in Ausnahmefällen eingreifen kann, auch wenn im Normalfall die weltlichen Herrscher über Konflikte betreffend Lehnsgüter zu entscheiden haben.

Innozenz IV. wird diese Gedanken seines Vorgängers aufgreifen und sie in seinem Konflikt mit dem Kaiser Friedrich II. ins Feld führen. In seiner um 1246 entstandenen Enzyklika *Eger cui levia* behauptet Innozenz, der Papst habe das Recht, über alles zu urteilen. Er behauptet auch, dass der Papst sowohl die päpstliche als auch die königliche Monarchie in sich vereinigt. In späteren Kommentaren wird er immer wieder das Recht des Papstes betonen, sich sowohl in weltliche Angelegenheiten des Kaiserreiches als auch in weltliche Angelegenheiten der einzelnen Königreiche einzumischen. Wird der erste Typ von Einmischung u.a. dadurch gerechtfertigt, dass der Kaiser der Beschützer des Papstes ist, so wird das Einmischungsrecht in die weltlichen Angelegenheiten der Könige durch die *plenitudo potestatis* des Papstes legitimiert.

Solange es keine sich ihrer selbst bewussten nationalen Monarchien gab, wurde der Konflikt zwischen weltlicher und religiöser Macht als ein Konflikt zwischen dem Kaiser und dem Papst ausgetragen. Als sich aber im XIII. Jahrhundert erste Ansätze eines Nationalbewusstseins ausbildeten, wurde der Konflikt komplexer bzw. entwickelten sich aus einem einzigen Konflikt drei Konflikte: Kaiser-Papst; Könige-Kaiser; Könige-Papst. Ricardus Anglicus für England, Vincentinus Hispanicus für Spanien oder Marinus von Caramanico für Sizilien werden die Unabhängigkeit der jeweiligen Königreiche vom Kaiser behaupten. Und der Franzose Jean de Blanot wird in seinem *Tractatus super Feudis et Homagiis* den für die Folgezeit gewichtigen Gedanken prägen, dass der französische König *princeps*, also Oberherrscher, in seinem eigenen Königreich ist, so dass er in allen Frankreich angehenden Angelegenheiten keinen über ihm stehenden Richter anzuerkennen hat.

Ungefähr zur selben Zeit wird Thomas von Aquin in seinem *Sentenzenkommentar* behaupten, dass die weltliche Macht der religiösen Macht nur in solchen Angelegenheiten unterworfen ist, die das ewige Seelenheil betreffen – also *ratione peccati*, wie man damals zu sagen pflegte. In Angelegenheiten, die bloß das irdische Heil der Gemeinschaft betrafen, musste man sich den Entscheidungen des Königs unterwerfen. Auch wenn diese theologische Sicht der Dinge sich derjenigen des Juristen Blanot anzunähern scheint, lässt sie eine Tür offen für eine indirekte Intervention der kirchlichen Macht in weltliche Angelegenheiten.

2. Der Konflikt zwischen Philipp dem Schönen und Bonifaz VIII.

Nach Ansicht des Historikers Walter Ullmann spricht aus der Bulle *Unam Sanctam* aus dem Jahr 1302, „the sonorous, proud and self-confident swan song of medieval papacy" (Ullmann 2003, S. 275). Papst Bonifaz VIII., der die Bulle verfasste, wird ein Jahr später in Anagni sterben.[16] Damit endet, sieben Jahre nach seinem Beginn, der Konflikt zwischen Philipp dem Schönen und Bonifaz VIII.[17]

Begonnen hatte der Konflikt, als der französische König, um seine Kriege zu finanzieren, auch den Klerus besteuern wollte. Dieser sollte, als Teil der Nation, letzterer nicht nur die spirituelle Unterstützung in Form des Betens für einen Sieg der französischen Truppen bringen, sondern es wurde nunmehr auch eine materielle Unterstützung von ihm gefordert. Dabei bestand das Problem nicht darin, dass der Klerus arm und eine finanzielle Unterstützung für ihn unmöglich war. Der französische Klerus war reich, und die prinzipielle Frage lautete, wer in letzter Instanz über den Reichtum der französischen Kirche verfügen durfte. Sollte die Kirche als eine Art Staat im Staat betrachtet werden, die in absoluter Souveränität über ihren Reichtum verfügte, oder sollte sie lediglich als Teil des Staates betrachtet werden, die, wenn es sein muss, zu Opfern gezwungen werden konnte, wenn das Wohl des Staates es verlangte?

In *Clericis Laicos* aus dem Jahr 1296 wird Bonifaz VIII. den französischen König daran erinnern, dass es der weltlichen Macht nicht freisteht, über den Reichtum des Klerus zu verfügen, auch wenn dieser Reichtum sich innerhalb der nationalen Grenzen befindet. Der Reichtum des französischen Klerus gehört nicht primär Frankreich, sondern der universellen Kirche, deren alleiniger Vertreter der Papst ist. Wenn demnach der französische König über den Reichtum der französischen Kirche verfügt, nimmt er nicht, was ihm, als Vertreter der französischen Nation gehört, sondern er begeht vielmehr einen Diebstahl. Bevor sie Mitglied der französischen Nation werden, sind die französischen Kleriker Mitglied der Kirche, und ihre religiöse Iden-

---

16 Die Anagniepisode wird oft so dargestellt, als ob es sich um eine Art Attentat gehandelt hätte, das vom französischen König in Auftrag gegeben und unter der Kontrolle Nogarets durchgeführt wurde. Jean Favier lässt aber Zweifel an dieser Darstellung aufkommen. Tatsache ist, dass Nogaret in Anagni war, um dem Papst ein Schreiben zu überreichen, in welchem ihm ein Prozess vor einem Konzil in Aussicht gestellt wurde. Bis zum Prozess sollte er unter dem Schutz des französischen Königs stehen. Gleichzeitig mit Nogaret war in Anagni aber auch Sciarra Colonna, ein römischer Opponent des Papstes. Im Gegensatz zu Nogaret, der die rechtmäßige Prozedur gegen den Papst zu Ende geführt sehen will, ist jemand wie Colonna bereit, den Papst auch ohne Verurteilung durch ein Konzil zu töten (vgl. Favier 1978, S. 390 f.).

17 Die Geschichte des Konflikts findet man in mehreren klassischen Werken dargestellt – vgl. etwa bei Digard 1936, Baumhauer 1920, Rivière 1926 und Favier 1978 –, wobei die jeweilige Perspektive der verschiedenen Ausführungen besonders zu beachten ist. So versucht etwa der katholische Theologe Rivière, den Papst in ein so gut wie mögliches, und den König in ein so schlecht wie mögliches Licht zu rücken, während Favier die königliche Seite zu rehabilitieren versucht.

tität hat Vorrang vor ihrer nationalen. Insofern kann ihr Reichtum ihnen nicht über den Weg der Besteuerung entzogen werden, wenn nicht vorher bestimmt wurde, ob eine solche Besteuerung sie nicht daran hindert, ihren religiösen Pflichten angemessen nachzugehen. Denn die Erfüllung der religiösen Pflichten sowie die Unabhängigkeit in der Erfüllung dieser Pflichten – eine Unabhängigkeit, die ganz eng an ökonomische Bedingungen gekoppelt ist – haben Vorrang vor der Erfüllung der rein nationalen Pflichten.

Clericis Laicos, dies muss hier betont werden, widersetzt sich nicht prinzipiell einer Besteuerung des Klerus. Der Papst verurteilt nicht, dass der Klerus Steuern zahlen muss, sondern dass der französische König einseitig die Besteuerung des Klerus bestimmt. Aus Sicht des Papstes hätte der König ihn vor der Entscheidung um Erlaubnis fragen müssen. Im Falle eines positiven Bescheids wäre die Besteuerung der französischen Kirche als legitim anzusehen. Der König hätte damit zum Ausdruck gebracht, dass er den Papst als jene Autorität anerkennt, die in letzter Instanz über die französische Kirche bestimmt. In dem Konflikt geht es demnach letztlich darum, wer den sogenannten *domaine éminent*[18] über den Reichtum des französischen Klerus hat. Daran gekoppelt ist aber die allgemeinere Frage, wer letzten Endes über die Rechte und Pflichten der französischen Kleriker bestimmen darf.

Während in *Clericis Laicos* die Position vertreten wird, dass die päpstliche Erlaubnis notwendig zur legitimen Besteuerung des nationalen Klerus ist, wird in der 1297 veröffentlichten Bulle *Etsi de Statu* eine scheinbar konziliantere Position eingenommen, da der Papst hier einräumt, dass im Notfall der König den Klerus auch ohne päpstliche Erlaubnis besteuern kann. Und als letzter Richter über den Notfall fungiert nicht der Papst, sondern der König. Man sollte *Etsi de Statu* allerdings nicht als ein vom Papst abgerungenes Zugeständnis sehen bzw. als ein Zurücktreten von den ursprünglichen Positionen. Dem französischen König wird kein natürliches Recht anerkannt, den französischen Klerus im Notfall ohne päpstliche Erlaubnis zu besteuern, sondern ein solches Recht wird ihm vom Papst selbst zugestanden. Mag also auch der König gewissermaßen autonom innerhalb eines bestimmten Rahmens handeln, so hat nicht er, sondern der Papst souverän über diesen Rahmen bestimmt. Die dem König zugestandene Souveränität ist nur eine delegierte, so dass der Papst sie immer zurückfordern kann, wenn der König sie missbrauchen sollte.

Clericis Laicos hätte das letzte Wort im Konflikt sein können, aber mit dem Beginn des XIV. Jahrhunderts verschärft sich dieser und die Möglichkeit eines Kompromisses rückt immer mehr in weite Ferne. Für den französischen Hof geht es zu diesem Zeitpunkt nicht mehr nur um eine punktuelle Frage, über die man sich mit

---

18 Mit diesem Begriff bezeichnet man die höchste Entscheidungsgewalt über das Eigentum. Auch wenn eine Privatperson als rechtmäßige Eigentümerin angesehen wird, kann dieses Eigentum ihr doch vom Inhaber des *domaine éminent* weggenommen werden. Mit dem Begriff des *domaine éminent* soll angedeutet werden, dass das Privateigentum konditionaler Natur ist.

einem Kompromiss einigen könnte, sondern es geht um die prinzipielle Frage nach dem Verhältnis zwischen weltlicher und geistlicher Macht. Der französische König will nicht mehr bloß ohne Erlaubnis des Papstes den französischen Klerus besteuern können, sondern er will sein Recht behaupten, Souverän im eigenen Land zu sein. Schützenhilfe bieten ihm dabei seine Rechtsgelehrten, die in ihren Schriften das absolute Souveränitätsrecht des Königs behaupten werden. Dabei werden sie sowohl die Anmaßungen des Papsttums und seiner Theologen zurückweisen als auch die Person Bonifaz' VIII. angreifen. Es ist also ein Angriff auf Rom und auf den Papst, dessen Sieg nur darin bestehen kann, dass erstens Rom anerkennt, dass der französische König eine absolute Souveränität in weltlichen Angelegenheiten besitzt, zweitens Rom anerkennt, dass der französische König in letzter Instanz selbst darüber entscheidet, was als weltliche Angelegenheit zu gelten hat, wobei diese Entscheidungsmacht ihm nicht durch den Papst gewährt wurde, sondern mit seiner Funktion verbunden ist, und drittens Bonifaz VIII. durch einen anderen Papst ersetzt wird. Dieser andere Papst darf sich (a) keine Einmischungen mehr in die weltlichen Angelegenheiten erlauben und (b) er muss dem französischen Königreich freundlich gesinnt sein oder, noch besser, leicht durch den französischen König kontrolliert werden können. Nicht der französische König sollte dem Papst unterworfen sein, sondern der Papst auf der Seite des französischen Königs stehen. Nicht der Papst sollte über die Legitimität des französischen Königs bestimmen, sondern der französische König sollte einen Einfluss darauf haben, wer als Papst gewählt wird. Und einen solchen Einfluss kann er etwa dadurch erlangen, dass er den französischen Klerus kontrolliert, u.a. was die Ernennung der höchsten nationalen kirchlichen Würdeträger betrifft. Hier zeigt sich, dass es keinesfalls darum geht, den Staat von der Kirche zu trennen, um ersterem eine größere Autonomie zu geben, sondern dass das Ziel darin besteht, die Kirche im Rahmen der staatlichen Autonomie zu instrumentalisieren. Unabhängig von der Frage, ob und in welchem Maße Philipp der Schöne an Gott und an die christliche Religion glaubte, lässt sich sagen, dass er und sein Umfeld begriffen hatten, dass der Staat nicht auf die Religion und die Kirche verzichten konnte.

Die zweite und letzte Runde im Konflikt beginnt mit der Bulle *Ausculta Fili* (1301). Allein schon der Titel musste für den französischen König wie ein Affront klingen, sieht es doch so aus, als ob ein gütiger Vater sich an seinen aufmüpfigen Sohn wendet, um diesen wieder zur Vernunft zu bringen. In *Ausculta Fili* wird ganz klargestellt, dass Gott den Papst über die Könige gesetzt habe, so dass keine Rede davon sein könne, dass der König eine absolute Souveränität besitzt und sich vor keiner Macht auf Erden zu verantworten hat. Ist Gott der himmlische Richter der Könige, so ist der Papst ihr irdischer Richter. Und aus der Tatsache, dass der Papst der Richter über die Könige ist, folgt, dass die Könige nicht über den Papst und dessen Kirche richten können. Im selben Atemzug lädt der Papst die Spitze des französischen Klerus ein, nach Rom zu kommen, um über die politische Situation Frankreichs zu diskutieren. Mit dieser Einladung will der Papst dem französischen König verdeutlichen, dass der französische Klerus Rom untersteht, und dass er seinen eigentlichen Platz nicht in den Generalständen hat, in denen nur die Partikularinteressen Frankreichs im Vordergrund stehen, sondern in Rom. Oder anders gesagt, der französische Klerus soll nicht mit dem französischen König über den Papst richten, sondern er soll mit dem Papst über den französischen König richten.

Philipps Reaktion lässt nicht lange auf sich warten. Der französische König beruft für den 10. April 1302 eine Ständeversammlung ein, bei der Rom deutlich gemacht werden soll, dass es sich nicht nur um einen Konflikt zwischen dem König und dem Papst handelt, sondern dass das ganze Volk, vertreten durch seine Stände, die Ansprüche des Papstes zurückweist. Von nun an wird es den Juristen des Königs darum gehen, dem politischen Kampf eine theologisch-rechtliche Form zu geben. Es soll nicht nur so aussehen, als ob es im Konflikt lediglich um das Wohl Frankreichs geht, sondern es soll gezeigt werden, dass das Wohl der Christenheit als solches auf dem Spiel steht. Der Papst soll nicht nur angegriffen werden, weil er sich den Interessen Frankreichs in den Weg stellt, sondern weil er eine Gefahr für die Interessen der Christenheit darstellt. Mit bloß politischen Gründen hätte man seine Absetzung nicht verlangen können. Hierzu muss man theologische Gründe anführen: Wer den Papst absetzen lassen will, muss ihn der Ketzerei bezichtigen. Und genau dies wird Wilhelm von Nogaret tun.

Mit der Bulle *Unam Sanctam* (1302) versucht der Papst ein letztes Mal, seine Ansprüche zu untermauern, wobei er aber radikale Positionen vertritt, die jede Versöhnung endgültig unmöglich machen. So behauptet er etwa, dass beide Schwerter, das geistliche wie das weltliche, im Besitz der Kirche sind, und dass die Könige das weltliche Schwert nur unter der Autorität der Kirche und in deren Dienst gebrauchen können. Damit wird die *plenitudo potestatis* des Papstes und, als Konsequenz, auch seine, wie man in der heutigen deutschen Rechtssprache sagen würde, Kompetenzkompetenz postuliert: Der Papst entscheidet allein darüber, wann er sich nicht in die inneren Angelegenheiten eines Königreiches einmischt, wann er also einen König gewähren lässt. Prinzipiell kann er sich aber in alle Angelegenheiten einmischen.

An diesem Punkt angelangt, blieb den beiden Hauptkontrahenten, König und Papst, nichts anderes übrig, als sich gegenseitig die Legitimität abzusprechen und somit auch eine Bedingung des Gehorsams für unerfüllt zu erklären. Einem illegitimen König braucht sein Volk nicht mehr zu gehorchen, und einem illegitimen Papst brauchen die Gläubigen nicht mehr zu folgen. Für den französischen König geht es darum, wie schon vorhin angedeutet, die Gläubigen mit Hilfe religiöser Gründe davon zu überzeugen, sich nicht mit dem Papst gegen ihn zu richten und anstelle des Papstes allein ihm zu gehorchen. Philipp der Schöne will nicht nur als jemand erscheinen, der die Interessen seines Staates verteidigt, sondern als Verteidiger der

Christenheit. Und als solcher beansprucht er auch das Recht, notfalls militärisch gegen die Feinde der Christenheit vorzugehen, selbst dann, wenn diese Feinde sich als Christen ausgeben.

3. Der französische Staat und das Eigentum des französischen Klerus

Johannes von Paris verfasst sein Traktat zur Kontroverse in den Jahren 1302-1303, als sich also die beiden Positionen derart radikalisiert hatten, dass ein Kompromiss ausgeschlossen war und der Konflikt nur mit der Niederlage eine der beiden Parteien zu einem Ende gebracht werden konnte. Auch wenn sich in der Interpretationsgeschichte des Werkes zwei Rezeptionsstränge herausgebildet haben, von denen der eine in Johannes einen gemäßigten Vertreter der Positionen des Papstes und der andere einen Vorläufer säkularer Positionen sieht, wie man sie wenig später bei Marsilius von Padova finden wird, ergibt eine genauere Lektüre des Werkes, dass Johannes, auch wenn er eine gemäßigte Sprache gebraucht und manchmal den Eindruck zu erwecken scheint, eine echte Mittelposition einzunehmen, letzten Endes doch weit eher die Positionen des französischen Hofs vertritt, zumindest was die interne Kirchenpolitik Frankreichs betrifft. Da, wo manche nur die Passagen sehen, in denen Johannes über die Macht des Papstes spricht und aus diesen Passagen herauslesen wollen, dass Johannes den Papst verteidigen will, wollen wir diese Passagen im Kontext anderer Passagen deuten, in denen der Dominikaner die Macht des Königs verteidigt. Johannes will selbstverständlich nicht die päpstliche Macht gänzlich der weltlichen Macht unterwerfen. Aber das primäre Ziel seines Buches ist es, nicht die Verteidigung, sondern die Grenzbestimmung päpstlicher Macht, um somit der weltlichen Macht einen legitimen Raum zu schaffen. Nach dem Erscheinen seiner Schrift liegt die Begründungslast auf den Schultern derjenigen, die die Souveränität des französischen Königs gegenüber den weltlichen Angelegenheiten des französischen Klerus anfechten wollen.

Johannes beginnt seinen *De potestate* mit der Gegenüberstellung von zwei Extempositionen. Auf der einen Seite erwähnt er die Waldenser, die sich kategorisch gegen jede weltliche Macht und gegen jedes weltliche Eigentum des Papstes aussprechen, die also die Kirche als eine rein spirituelle Macht betrachten (vgl. Johannes von Paris 1971, S. 70). Auf der anderen Seite ist von den „Modernen" die Rede, die den Gedanken einer *plenitudo potestatis* des Papstes, auch in weltlichen Angelegenheiten, vertreten. Auch wenn er keinen dieser Modernen namentlich erwähnt, besteht doch kein Zweifel, dass er u.a. Aegidius Romanus meint.

In seinem *De ecclesiastica potestate* verteidigt Aegidius nämlich die geistlichen und weltlichen Machtansprüche des Papstes sowie auch die Ansprüche der Kirche auf weltlichen Besitz. Eine arme Kirche, so der Autor, würde bei den Gläubigen an

40

Ansehen verlieren (vgl. Giles of Rome 2004, S. 88). Dieser weltliche Besitz, wie übrigens alle weltlichen Güter, müssen im Hinblick auf das ewige Seelenheil der Menschen betrachtet werden und einen legitimen Gebrauch von ihnen macht nur derjenige, der sie zur Förderung dieses ewigen Seelenheils einsetzt (vgl. Giles of Rome 2004, S. 90). Für das ewige Seelenheil ist hier auf Erden aber in letzter Instanz der Papst zuständig. Dementsprechend liegt die letzte Entscheidung darüber, ob der Gebrauch eines weltlichen Guts legitim ist, beim Papst, und dies unabhängig davon, wo bzw. in wessen Besitz sich dieses weltliche Gut befindet. Aegidius betont zwar, dass diese Ansicht die Rechte der weltlichen Macht keinesfalls verletzt (vgl. Giles of Rome 2004, S. 88). Diese letzte Behauptung muss aber in dem Sinne verstanden werden, dass sie voraussetzt, dass die weltliche Macht kein ursprüngliches oder absolutes Recht darauf hat, über den legitimen Gebrauch weltlicher Güter zu bestimmen. Oder anders gesagt: Die weltlichen Herrscher dürfen über den Gebrauch weltlicher Güter bestimmen, so lange sie dadurch die Erlangung des ewigen Seelenheils fördern oder zumindest nicht beeinträchtigen.

Während Aegidius die Bestimmungsrechte der weltlichen Macht über weltliche Angelegenheiten von einer Konzession seitens des Papstes abhängig macht, leitet Johannes von Paris die Bestimmungsrechte der kirchlichen Macht über weltliche Angelegenheiten von einer Konzession seitens der weltlichen Herrscher ab (vgl. Johannes von Paris 1971, S. 73). Johannes bezeichnet seine eigene Position als eine vermittelnde Position zwischen den beiden soeben genannten Extrempositionen. Doch auch wenn man zugeben muss, dass sie mit keiner dieser beiden Positionen identisch ist und dass sie rein oberflächlich genauso weit entfernt von der Waldensischen Position zu sein scheint wie von derjenigen eines Aegidius Romanus, so widerspricht sie letzterer doch auf einer bedeutsameren Ebene als ersterer. Der Streit mit den Waldensern, so könnte man sagen, ist lediglich ein theologischer Streit: Für die Waldenser soll die Kirche sich nur auf das Spirituelle konzentrieren, für Johannes darf sie sich auch mit Weltlichem befassen. Indem er sich von den Waldensern abgrenzt und die Legitimität weltlichen Besitzes durch die Kirche anerkennt, macht Johannes den Weg frei für die politisch relevante Frage: Ist der legitime Besitz der Kirche letztendlich ein Besitz, über den allein die Kirche bestimmen darf, so dass niemals eine andere Instanz, ohne die Erlaubnis der Kirche bekommen zu haben, über diesen Besitz verfügen darf?

Indem er den weltlichen Besitz der Kirche auf dem Territorium eines weltlichen Nationalstaates[19] lediglich als Resultat einer Konzession seitens der weltlichen Macht begreift, lässt Johannes durchblicken, dass der weltliche nationale kirchliche

---

19 Es ist hier nicht die Rede vom Kirchenstaat – der damals weit mehr Land umfasste als der heutige Vatikan.

Besitz[20] nicht vom *domaine éminent* des Nationalstaates befreit ist, dass also der Nationalstaat prinzipiell immer auf ihn zurückgreifen darf, und dies ohne die Erlaubnis des Papstes zu haben.

Hinsichtlich der Macht des Papstes, über das Eigentum zu entscheiden, differenziert Johannes zwischen dem Eigentum der Kirche und dem Eigentum der Laien. Was die erste Kategorie betrifft, stellt unser Autor klar, dass der Papst lediglich der Verwalter dieses Eigentums ist und dementsprechend keine absolute Macht – das *ius utendi et abutendi*, wie man es in der Rechtssprache bezeichnet – über dieses Eigentum besitzt. Eigentlicher Eigentümer ist die Gemeinschaft der Gläubigen, und der Sinn und Zweck des kirchlichen Eigentums ist das Wohl dieser Gemeinschaft. In seiner Eigenschaft als Verwalter darf der Papst das kirchliche Eigentum dementsprechend immer nur so verwenden, dass das Wohl der Kirche gefördert wird. Oder wie es Johannes formuliert, hat der Papst keine Macht über dieses Eigentum, „except such as the common necessity and welfare of the Church requires" (John of Paris 1971, S. 101).

Im Falle des weltlichen Besitzes der Laien behauptet Johannes, dass der Papst hier weder als Eigentümer noch als Verwalter betrachtet werden kann, so dass er nicht über das Eigentum der Laien verfügen darf, „unless perhaps in some extreme need of the Church" (John of Paris 1971, S. 103). Man beachte die, sozusagen, dreifache Sicherung. Erstens sagt Johannes nicht kategorisch, dass der Papst eine Art *domaine éminent* über das Eigentum der Laien hat. Zweitens gibt er zu verstehen, dass selbst wenn er ein solches Verfügungsrecht haben sollte, dieses nur für den äußersten Notfall gilt. Und drittens betont er, dass es sich dabei immer um einen Notfall für die Kirche, also für die Gemeinschaft der Gläubigen handeln muss.

In einem solchen Notfall hört das Eigentum auf, Privateigentum zu sein und es fällt wieder in die Kategorie des Gemeineigentums zurück. Wie es im Rahmen des mittelalterlichen Denkens üblich war, begreift auch Johannes von Paris das Privateigentum nicht als Gegenstand eines absoluten, natürlichen Rechtes, das der Mensch also von Natur aus besitzt. Der Übergang vom ursprünglichen Gemeinbesitz zum Privateigentum erfolgte vielmehr aus bloßen Nützlichkeitsgründen (vgl. John of Paris 1971, S. 154), so dass dort, wo diese Nützlichkeitsgründe nicht mehr zutreffen und wo das Festhalten am Privateigentum sogar negative Konsequenzen hat, das Recht der Einzelnen auf ihren Besitz ignoriert werden kann.

Im Notfall, aber nur im Notfall, gehört demnach jedes Eigentum wieder der Gemeinschaft. Da nun die Gemeinschaft nicht in der Lage ist, zu entscheiden, muss es eine Instanz geben, die die notwendigen Entscheidungen trifft. Im Falle einer die po-

---

20 Es muss betont werden, dass es sich hier ausschließlich um den weltlichen Besitz und um die sich aus diesem weltlichen Besitz ergebenden Einnahmen handelt. Ausgeschlossen ist somit der Besitz an Gegenständen oder Gebäuden, die eine rein spirituelle Funktion haben – Kelche, Reliquien, Kirchen, usw.

litische Gemeinschaft betreffenden Notwendigkeit verfügt der weltliche Fürst über das Eigentum seiner Untertanen, und im Falle einer die spirituelle Gemeinschaft betreffenden Notwendigkeit ist es der Papst, der über das Eigentum verfügt.[21]

Man könnte hier auf den Umstand fokussieren, dass der Papst über weltliches Eigentum verfügen darf. Ebenso gut könnte darauf insistiert werden, dass dem weltlichen Fürsten das Recht zugesprochen wird, über das weltliche Eigentum des nationalen Klerus zu verfügen, wenn ein die nationale politische Gemeinschaft betreffender Notfall vorliegt. Die Verfügungsmacht über das weltliche Eigentum der Kirche existiert unabhängig von einer Konzession seitens des Papstes und dessen Erlaubnis ist dementsprechend auch nicht nötig. *Ex officio* darf der weltliche Fürst Abgaben vom Klerus verlangen, falls er das Geld braucht, um die politische Gemeinschaft zu retten. Damit ist gesagt, dass für den Klerus dieselben Regeln gelten wie für die Laien, und dass das weltliche Eigentum der Kirche nicht durch bestimmte Privilegien immunisiert ist.

Hier zeigt sich mit aller Klarheit, dass für Johanes von Paris die französische Kirche kein Staat im Staat ist, sondern eine Gemeinschaft innerhalb des Staates, und dass alle Mitglieder dieser Gemeinschaft dem Staat genauso unterworfen sind wie die Mitglieder der anderen Gemeinschaften. In seiner Argumentation greift Johannes auf den Zusammenhang zwischen Schutz und Gehorsam zurück. Insofern das Eigentum der Kirche durch die weltliche Macht geschützt ist, gilt von der Kirche: „[It] cannot lawfully reject the allegiance owed to the royal power in return for its protection" (John of Paris 1971, S. 210). Der Argumentationsschritt ist subtil, geht er doch von der allgemein angenommenen Prämisse aus, dass das weltliche Schwert dazu dient, die Kirche zu schützen. Aber während andere Autoren daraus die Konsequenz ziehen, dass das weltliche Schwert der Kirche gänzlich unterworfen und nur ihre Dienerin ist, zieht Johannes eine ganz andere Konsequenz, nämlich dass der Schutz des Eigentums der nationalen Kirche diese dazu verpflichtet, sich der weltlichen Macht zu unterwerfen – zumindest in allem, was weltliche Angelegenheiten betrifft.

---

21 Fritz Kern schreibt: „Der mittelalterliche Staat ist als bloße Rechtsbewahranstalt nicht befugt, in die Privatrechte zum Nutzen der Allgemeinheit einzugreifen" (Kern 1992, S. 73). Sollte diese Aussage stimmen, dann wäre die Staatskonzeption von Johannes von Paris nicht mehr die mittelalterliche. Man könnte aber auch sagen, dass der Staat, wenn er zum Allgemeinnutzen über das Eigentum der Individuen verfügt, eigentlich nicht mehr über ihr Privateigentum verfügt, da dies wegen der Notwendigkeit aufgehört hat, unabhängig vom staatlichen Eingriff, Privateigentum zu sein. Man setzt dann ein Weltbild voraus, in dem objektive Bedingungen einen Einfluss auf den rechtlichen Charakter eines Zustandes oder Verhältnisses haben können.

4. Der französische Staat und die Absetzung des Papstes

Wer darf über wen ein Illegitimitätsurteil fällen und damit auch dessen Absetzung aussprechen? Diese Frage ist auch heute noch aktuell, wie es etwa das Beispiel Syriens zeigt, wo viele westliche Staaten Bashar al Assad nicht mehr als legitimen Präsidenten Syriens anerkennen und ihn demnach auch nicht mehr als Diskussionspartner akzeptieren. Indem diese westlichen Staaten Gespräche mit bestimmten Teilen der syrischen Opposition führen, haben sie diese implizit als potentielle legitime Regierungsmacht anerkannt bzw. als eine Instanz anerkannt, die dazu legitimiert ist, über das Schicksal Syriens zu entscheiden.

Im Mittelalter waren es nicht primär weltliche Staatsoberhäupter, die sich die politische Legitimität absprachen, sondern der Konflikt betraf den Kaiser und die weltlichen Fürsten einerseits, und den Papst andererseits. Allerdings bezogen sich beide Seiten letztendlich auf denselben Wert: Den Schutz bzw. die Bewahrung der Christenheit. Der Papst sprach den weltlichen Fürsten die Legitimität ab, weil sie aus seiner Sicht die Kirche angriffen oder das Wohl der Christenheit bedrohten, und die weltlichen Fürsten sprachen dem Papst ihrerseits die Legitimität ab, weil er von ihrem Standpunkt aus die Christenheit bedrohte.

In seinem *De potestate* hält Johannes zunächst fest, dass der Papst die Untertanen dazu bringen kann, einen weltlichen Fürsten abzusetzen, wenn dieser zum Ketzer werden sollte. Dabei könne er diejenigen mit einer Exkommunikation bedrohen, die dem ketzerischen weltlichen Fürsten weiter gehorchen (vgl. John of Paris 1971, S. 156). Es folgt aber dann gleich die These, dass ein weltlicher Fürst die Gläubigen dazu bringen könne, einen kriminellen Papst abzusetzen. Dabei kann er diejenigen mit körperlichen Strafen bedrohen, die dem kriminellen Papst weiter gehorchen (John of Paris 1971, S. 156). Der Papst darf nur dann gegen den weltlichen Fürsten vorgehen, wenn dieser sich eines spirituellen Verbrechens schuldig macht. Der weltliche Fürst darf seinerseits gegen den Papst vorgehen, wenn dieser sich eines spirituellen oder eines weltlichen Verbrechens schuldig macht. Insofern der Papst *nicht* Mitglied eines weltlichen Reichs ist[22], darf er sich nicht in rein weltliche Angelegenheiten einmischen. Insofern aber der weltliche Fürst *auch* Mitglied der Kirche ist, sind ihm die spirituellen Angelegenheiten nicht fremd. Natürlich darf er diese Angelegenheiten nur aus dem Blickwinkel des Christen sehen – und nicht aus demjenigen seiner weltlichen Nationalinteressen –, aber er darf gegebenenfalls von seiner militärischen Macht Gebrauch machen, um gegen einen ketzerischen Papst vorzugehen.

---

22 Vom Kirchenstaat abgesehen, an dessen Spitze er steht und für dessen weltliche Angelegenheiten er genauso zuständig ist wie ein sonstiger Fürst für die weltlichen Angelegenheiten seines Nationalstaates oder wie der Kaiser zuständig ist für die weltlichen Angelegenheiten des Reichs.

Auf den Punkt gebracht handelt es sich um folgende Konstellation: Der Papst ist kein Mitglied des weltlichen Staates und darf sich demnach nicht in dessen weltliche Angelegenheiten einmischen; der Klerus ist hingegen Mitglied des weltlichen Staates und der Fürst darf sich demnach in die weltlichen Angelegenheiten des Klerus einmischen; der Fürst als Mitglied der Kirche darf sich in deren spirituelle Angelegenheiten einmischen.

Was diesen letzten Punkt betrifft, so betont Johannes, dass es im Falle eines gegen den Glauben handelnden Papstes zunächst an den Kardinälen sei, den Papst wieder zum rechten Glauben zu bringen, indem sie ihn wegen seines Unglaubens tadeln. Hört der Papst nicht auf sie, dann seien sie berechtigt, sich an den Kaiser zu wenden, damit dieser gegebenenfalls mit Gewalt gegen den Papst vorgeht (vgl. John of Paris 1971, S. 159). Der Papst, so heißt es bei Johannes, ist das Haupt aller Kirchen und letzte Entscheidungsinstanz in spirituellen Angelegenheiten; die Könige sind, jeder für sich genommen, die Häupter innerhalb ihrer jeweiligen Nationalstaaten, und der Kaiser, „if there is one, is monarch and head of the world" (John of Paris 1971, S. 193). Zu Beginn seiner Schrift bringt Johannes allerdings eine ganze Reihe von Argumenten gegen den Gedanken einer Universalmonarchie vor[23], und weist u.a. darauf hin, dass die Universalmonarchie weder den natürlichen Bestrebungen der Menschen entspricht noch durch göttliches Gesetz vorgeschrieben sei noch mit den Unterschieden zwischen Menschen kompatibel sei (vgl. John of Paris 1971, S. 85): Aufgrund der physischen Unterschiede der Menschen und der verschiedenen klimatischen Lebensbedingungen[24] ergäbe sich die Notwendigkeit unterschiedlicher Gesetze und Gesetzesgeber für die jeweiligen Völker.

Dieses Argument gegen die Universalmonarchie ist allerdings zweischneidig und demnach mit aller Vorsicht zu gebrauchen. Auch wenn es einerseits erlaubt, die nationalen Fürsten von der Souveränität des Kaisers zu befreien[25], kann es andererseits von substaatlichen, etwa regionalen, Gruppen gebraucht werden, um eine sich von der allgemeinen Gesetzgebung unterscheidende Gesetzgebung zu beanspruchen. Wenn sich Frankreich nicht dem Kaiser zu unterwerfen braucht, warum sollte sich dann etwa Lothringen dem französischen König unterwerfen?

---

23 Canning moniert in diesem Kontext eine „definite inconsistency" (Canning 1998, S. 147).

24 Wie man hier feststellen kann, hat es schon vor Montesquieu Denker gegeben, die die Gesetzgebung mit den klimatischen Verhältnissen in Verbindung gebracht haben. Montesquieu hat lediglich den Gedanken durch zahlreiche Beispiele illustriert.

25 Ungefähr zeitgleich mit *De potestate regia et papale* erschien die Schrift *Quaestio de potestate papae*, die ebenfalls unter dem Titel *Rex pacificus* bekannt ist. Ohne konkrete Beweise dafür anzuführen, vermutet Alain de Libera dass Johannes von Paris mit an der Entstehung dieses Werkes beteiligt war. De Libera schreibt in diesem Kontext: „Gegen einen einzigen Gegner, den Papst, gerichtet, kämpft *Rex pacificus* in Wirklichkeit auf zwei Fronten: Es gesteht dem Papst die Machtvollkommenheit über das Reich (was den Kaiser schwächt), aber dieses Zugeständnis hat den alleinigen Zweck, ihm die Macht über das französische Königreich abzustreiten, das nicht zu den Territorien des Reichs gehört, und das somit nicht, indirekt über den Kaiser, der Macht des Papstes unterworfen ist" (De Libera 1993, S. 461).

In seiner Kritik an einer weltlichen Universalmonarchie stellt Johannes aber sogleich klar, dass seine Argumente die Annahme einer spirituellen Universalmonarchie nicht antasten. Differieren die menschlichen Körper, und wirkt sich das jeweilige Klima unterschiedlich auf diese Körper aus, so bleibe die menschliche Seele doch überall gleich und sei unabhängig von klimatischen Bedingungen. Insofern kann es einen einzigen religiösen Glauben weltweit geben, ohne dass deshalb auch dieselben weltlichen Gesetze überall in gleicher Weise zu gelten hätten.

Aus dem eben Gesagten wird verständlich, weshalb Johannes nicht weiter auf die Rolle des Kaisers eingeht. Mit der Behauptung, dass eine Mehrzahl von Herrschern in einer Mehrzahl von Staaten besser sei als ein Universalmonarch in einem Gesamtreich, hat Johannes den politisch-religiösen Konflikt auf den Konflikt zwischen dem Papst und den einzelnen nationalen Herrschern reduziert. Damit hat er aber gleichzeitig ein wichtiges Argument des politischen Lagers untergraben. Im Konflikt zwischen Papst und Kaiser können beide Seiten sich als Verteidiger des Universellen darstellen. Findet der Streit aber zwischen dem Papst und einem Nationalherrscher statt, dann scheint der Papst die besseren argumentativen Karten in der Hand zu haben, da er sich auf universelle Werte oder Güter berufen kann. Der nationale Herrscher hingegen kann vermeintlich „nur" das Wohl seiner eigenen politischen Gemeinschaft für sich reklamieren.

Um diese Ungleichheit zu überwinden, muss sich der nationale Herrscher auf universelle Werte berufen. Etwa ein halbes Jahrtausend nach Johannes von Paris wird sich Frankreich unter das Banner der *Liberté, égalité, fraternité* stellen, und seine Eroberungspolitik nicht als eine Politik im Interesse Frankreichs rechtfertigen, sondern als der Export universeller Güter, derer Frankreich durch die Revolution habhaft geworden war und in deren Genuss jetzt auch andere Staaten kommen sollten. Zu Beginn des XIV. Jahrhunderts war das Christentum der universelle Wert, so dass ein nationaler Herrscher, wenn er sich im Konflikt mit dem Papst befand, ein Interesse daran hatte, sich als Verteidiger des Christentums, wenn nötig auch gegen den Papst, zu behaupten.

Im Gegensatz zu anderen Autoren, die den Papst als über jede Kritik erhaben erachten, da er für sie der oberste Richter in allen Angelegenheiten ist, behauptet Johannes, dass man den Papst zumindest unter vier Gesichtspunkten zum Gegenstand legitimer Diskussionen machen könne (vgl. John of Paris 1971, S. 229 f.). Erstens könne über die Rechtmäßigkeit der Konklave diskutiert werden, d.h. inwiefern die Wahl zum Papst korrekt verlaufe. Zweitens könne der Umfang der päpstlichen Macht zur Debatte gestellt werden. Außerdem ließen sich Thesen wie diejenige der *plenitudo potestatis* aufstellen, ohne dass dies als Ketzertum ausgelegt werden müsse. Beim vierten Gesichtspunkt, auf den wir hier vor dem dritten eingehen, wird behauptet, es müsse eine Diskussion über die Eignung zum Papst erlaubt sein. Wenn sich etwa herausstellen sollte, dass die zum Papst gewählte Person eine Frau ist, dann darf diese Person abgesetzt werden, da sie nicht die entsprechenden Bedingungen, um rechtmäßig Papst zu sein, erfüllt.

Beim dritten – in der Reihenfolge des Johannes – der vier erwähnten Gesichtspunkte ist Johannes etwas nuancierter. Hier geht es um mögliche Machtmissbräuche seitens des Papstes. Prinzipiell sollte immer davon ausgegangen werden, dass der Papst das Gute will. Wenn dieser gute Wille nicht erkennbar sei, dürfe man über den Papst urteilen, aber „in ardour of charity, and not with imposition of punishment but with reverent exhortation" (John of Paris 1971, S. 234). Aber dann heißt es weiter, und ich zitiere hier *in extenso*:

> „If, however, there lies danger to society in delay, because the people are being led into evil opinion and there is danger of rebellion, and if the pope should disturb the people unduly by abuse of the spiritual sword, if there is no hope that he will otherwise desist, then I consider that the Church ought to move into action against him. The prince acting with moderation may resist the violence of the papal sword with his own sword. In this he does not act against the pope as pope but against an enemy of himself and of society, just as Aod the Israelite who slew Eglon king of Moab with the dagger he had tucked away against his thigh because he oppressed God's people in harsh servitude, was not considered to have killed a ruler but a wicked man who was an enemy. This was not action against the Church, but for it" (John of Paris 1971, S. 234).

Johannes macht hier einen Unterschied zwischen den zwei Körpern des Papstes und gibt dabei zu verstehen, dass der empirische Inhaber der päpstlichen Funktion nicht mit dieser Funktion gleichgesetzt werden kann.[26] Die päpstliche Funktion als solche sei immer gut, wurde sie doch von Jesus Christus selbst geschaffen, aber derjenige, der diese Funktion innehat, könne ein schlechter Mensch sein. Die päpstliche Macht als solche ist zwar göttlichen Ursprungs, das Ausüben dieser Macht durch ein menschliches Individuum ist aber menschlichen Ursprungs, d.h. es sind Menschen, die eine bestimmte Person wählen und sie dadurch zum Papst machen. Und auch wenn Gott die Kardinäle bei der Papstwahl inspiriert haben mag, so haben sie doch als Menschen gehandelt. Und wen Menschen eingesetzt haben, können Menschen auch wieder absetzen (John of Paris 1971, S. 244). Auch wenn Johannes noch vor den radikalen Thesen der späteren Konziliaristen zurückschreckt, die das Konzil über den Papst stellen, kommt er ihnen doch sehr stark entgegen mit der Behauptung, dass die Kirche oder das Kollegium der Kardinäle dem Papst zumindest

---

26 Diese Unterscheidung ist keineswegs neu. Schon Papst Leo I., der das päpstliche Amt von 440 bis 461 bekleidete, trennte die Amtsperson und die Privatperson des Papstes. Das Amt als solches war heilig und an sich gut, aber der Inhaber des Amtes, also die Privatperson die das Amt bekleidete, konnte durchaus eine schlechte Person sein. Leo fügte aber gleich hinzu, dass die moralischen Mängel der Privatperson keinen Einfluss auf die Gültigkeit der Amtshandlungen der Amtsperson hatten (siehe Achenbach/Kriege 2004, S. 58 f. und Ullmann 2003, S. 20).

gleichgestellt sind und somit legitimer Weise über ihn urteilen dürfen, wenn das Wohl der Kirche es verlangt (John of Paris 1971).[27]

Für Johannes ist die Funktion des Papstes zwar dem Zugriff des Königs entzogen, nicht aber der Papst als Individuum. Sollte der Papst als Individuum die Funktion gefährden, dann höre er auf, die höchste Autorität in der Kirche zu sein und werde zu einem Feind – zu einem Feind der Kirche. Und gegen einen solchen Feind könne der König, wenn es sein muss, mit Gewalt vorgehen, wobei diese Gewalt dann keine Gewalt gegen die Kirche, sondern vielmehr eine im Interesse der Kirche ausgeübte Gewalt sei. Da die Kardinäle und Bischöfe im Prinzip über keine militärische Macht verfügen, um gegen den Papst vorzugehen, sondern nur spirituelle Waffen besitzen, können sie auf den weltlichen Arm zurückgreifen. Solange es einen handlungsfähigen Kaiser gibt, können die Kardinäle und Bischöfe an ihn appellieren. Gibt es einen solchen aber nicht mehr, dann ist es ihnen auch erlaubt, an einen nationalen König zu appellieren, der dann zwar nicht *strictu sensu* als nationaler König agiert, sondern als Verteidiger der Kirche.

Sollte der Papst durch seine Entscheidungen das Allgemeinwohl eines nationalen Königreichs gefährden, dann hat der Herrscher über dieses Königreich auch das Recht, gegen den Papst vorzugehen. Hier handelt der Herrscher dann primär in seiner Funktion als weltlicher Herrscher über ein ihm anvertrautes Königreich, für dessen Wohlergehen er in letzter Instanz zuständig ist.

In diesem Kontext ist kurz auf die Ausführungen unseres Autors zur Frage der weltlichen Tyrannis einzugehen. Hierzu schreibt Johannes an einer Stelle: „Through this power [gemeint ist die weltliche Gewalt – N.C.], the people are directed to God, not only when the king uses his power as king but also when he uses it as a tyrant; tyranny of princes can exist for the punishment of sinners [...]" (John of Paris 1971, S. 186). Es ist hier nicht ganz klar, wie der Begriff der Tyrannei zu verstehen ist. Im Mittelalter unterschied man gewöhnlich zwischen dem Tyrannen *ab origine* und dem Tyrannen *ab exercitu*. Der erste gelangte durch illegale Mittel an die Macht, der zweite übte seine Macht im eigenen Interesse aus. Wenn Johannes nun aber von einem Tyrannen spricht, der von Gott zur Bestrafung der Sünder bestimmt wurde, dann müssen seine tyrannischen Handlungen als dem Allgemeinwohl dienend angesehen werden, denn das Beispiel der bestraften Sünder sollte die Völker dazu anhalten sich zukünftig besser zu verhalten und nicht zu sündigen.

Aus der eben zitierten Stelle des 17. Kapitels geht hervor, dass Johannes keinen Widerstand gegen die weltliche Tyrannei zulässt. Wenn überhaupt, dann kann nur Gott der Tyrannei ein Ende setzen, entweder indem er auf das Herz des Tyrannen einwirkt, so dass dieser ein besserer Mensch wird, oder indem er ihn seiner Macht

---

27 Philippe Némo sieht in Johannes einen Vorläufer der Konziliaristen (Némo 1998, S. 627). Watt sieht schon in Johannes einen Konziliaristen – aber in gewissem Sinn einen Konziliaristen der noch keine entwickelte konziliaristische Theorie hat (Watt 1993, S. 387).

beraubt (vgl. John of Paris 1971, S. 186). Wie er dies genau tut, sagt Johannes an dieser Stelle nicht. Geht man aber einige Kapitel zurück, dann findet man eine interessante Stelle im 13. Kapitel, die hier zitiert werden soll: „Where, however, the king offends in those temporal matters of which cognizance is not ecclesiastical, then the initiative in starting the corrective process is not the pope's but belongs to the barons and peers of the kingdom. If they cannot act, or dare not, they can ask for help of the Church and the Church, on this request from the peers to uphold the law, can admonish the prince and proceed against him according to the procedure already described" (John of Paris 1971, S. 157). Es fällt auf, dass Johannes hier von der Kirche spricht, und nicht vom Papst: Es ist die Kirche, an die die Adligen appellieren können, und es ist die Kirche, die gegen den König vorgehen kann. Ist hier die nationale Kirche gemeint, so dass etwa die französischen Adligen sich an die französischen Bischöfe und Kardinäle wenden können, wenn der französische König seine Macht in weltlichen Angelegenheiten missbraucht? Man könnte sich vorstellen, dass die französischen Bischöfe und Kardinäle sich in einem weiteren Schritt an den Papst wenden, der dann gegebenenfalls mit spirituellen Waffen gegen den König vorgehen würde

Der eben diskutierten Aussage kann man eine Passage aus dem 20. Kapitel entgegenstellen. Hier bespricht Johannes die Frage, ob ein König das Reisen aus religiösen Gründen verbieten darf. Zunächst unterscheidet er zwischen einem allgemeinen und einem auf bestimmte Fälle begrenzten Verbot und hält fest, dass im ersten Fall der Förderung des spirituellen Wohls im Wege stehen würde, im zweiten aber nicht, auch wenn nicht geleugnet werden kann, dass das spirituelle Wohl doch zum Teil leidet. Aber, so Johannes über den König und dessen Verbot, „if it is for his personal good or the good of his country, even if it brings harm to others", ist es dennoch legitim, denn jeder darf den Vorzug aus der Ausübung seiner legitimen Rechte genießen, und der König hat das Recht, aus legitimen Gründen, bestimmte religiöse Reisen zu verbieten (John of Paris 1971, S. 211).

Johannes belässt es aber nicht hierbei. So heißt es weiterhin:

> „Supposing however, that the prince does impose the restrictions with the intention of doing harm, even so, in exceptional circumstances his action may be legal; circumstances, that is, when he is persuaded by probable or evident arguments that the pope wishes to become his enemy or that he is summoning the prelates in order to conspire with them against the king or his kingdom. The prince is permitted to withstand the abuse of the spiritual sword as best he may, even by the use of his material sword, especially when abuse of the spiritual sword conduces to mischief of the community whose care rests on the king. Otherwise he would be 'bearing his sword in vain'" (John of Paris 1971, S. 211-212)

Sieht man in dieser Passage den Kernsatz des Traktates des Dominikaners, dann wird man in Johannes keinen Autor mehr sehen können, der versucht, ein Gleichgewicht zwischen der weltlichen und der kirchlichen Gewalt zu etablieren. Man kann sicherlich zugeben, dass Johannes hier von außergewöhnlichen Umständen spricht und dass seine These sich nur für solche Fälle versteht. Dabei geht er davon aus, dass der Papst im Normalfall nicht zum Feind eines nationalen Herrschers werden will und dass er sich im Normalfall aus den weltlichen Angelegenheiten eines nationalen Königreichs heraushält. Die zentrale Frage ist: Wer entscheidet darüber, wann ein außergewöhnlicher Fall vorliegt? Bonifaz VIII. hatte den französischen Klerus nach Rom berufen, um über die Kirchenpolitik Philipps zu urteilen. Wollte er sich mit ihnen gegen den König und gegen das Königreich verschwören? Philipp und seine Berater haben es zumindest so aufgefasst und dementsprechend hat der König den französischen Klerikern untersagt, sich nach Rom zu begeben.

In der zitierten Passage sagt Johannes ganz klar, dass das Wohl der nationalen Gemeinschaft in die Kompetenzsphäre des Königs fällt und dass er gegebenenfalls diese Gemeinschaft auch gegen den Papst verteidigen darf, wenn nötig mit Waffengewalt. Die Entscheidung des Königs muss allerdings auf Argumenten beruhen, wobei auffällt, dass Johannes sich mit der Wahrscheinlichkeit der Argumente begnügt und keine absolute Gewissheit verlangt. Aber wie wahrscheinlich müssen sie sein? Und wer entscheidet, ob eine hinreichende Wahrscheinlichkeit vorliegt? Es sind dies Fragen, die sich nicht genau theoretisch beantworten lassen bzw. für deren Beantwortung es keinen Algorithmus gibt. Insofern müssen die am Konflikt beteiligten Parteien eine Entscheidung treffen.

Schluss

Der Konflikt zwischen Philipp dem Schönen markiert nicht nur eine Schnittstelle in der Geschichte des Verhältnisses zwischen Frankreich und Rom, sondern auch eine Schnittstelle in der Geschichte des Verhältnisses zwischen geistlicher und politischer Macht. Bonifaz VIII. hatte die Ansprüche bestimmter seiner Vorgänger übernommen und geglaubt, dass er denselben Erfolg gegenüber einem nationalen weltlichen Herrscher haben würde wie seine Vorgänger gegenüber den Kaisern. Wäre es so gegangen, wie er es sich vorstellte, dann hätte der Konflikt sein Ende nicht in Anagni gefunden, sondern in einem neuen Canossa. Bonifaz hat aber die Widerstandskraft des französischen Königs unterschätzt, und er hatte auch wahrscheinlich nicht damit gerechnet, dass sich die Verteidiger der königlichen Position theologische Argumente mobilisieren konnten, mit denen sie nicht nur die Ansprüche des Papstes entkräften, sondern auch und vor allem diejenigen des Königs bestärken konnten. Denn Flote, Nogaret oder Johannes von Paris begnügten sich nicht damit, den König zu verteidigen, sondern sie gingen zum Angriff über. Die legitime Handlungssphäre des weltlichen Herrschers sollte nicht nur gegen illegitime Einmischungen des Papstes geschützt werden, sondern es sollte gleichzeitig gezeigt werden, dass es legitime Einmischungen des weltlichen Herrschers in religiöse Angelegenheiten geben kann.

In den vorigen Jahrhunderten war die Kirche selbstverständlich schon davon ausgegangen, dass die weltliche Macht u.a. auch dazu da war, um die Kirche zu schützen. Aber dabei galt es vor allem, die Kirche gegen ihre äußeren Feinde zu schützen, wobei es dem Papst vorbehalten blieb, die Freund-Feind Unterscheidung zu bestimmen. So sollte etwa mit dem Feldzug gegen die Katharer eine für den offiziellen Glauben gefährliche Häresie ausgemerzt werden. Im Konflikt zwischen Philipp dem Schönen und Bonifaz VIII. trat aber der französische König mit dem Anspruch auf, die Kirche gegen ihre inneren Feinde zu schützen. Und den Hauptfeind sah Philipp im Papst.

Dass der französische König dabei nicht nur – oder nicht primär – an die Interessen der Kirche dachte, braucht nicht noch weiter erläutert werden. Philipp und seinen Beratern ist der Schachzug gelungen, den Kampf für die Interessen Frankreichs mit dem Kampf für die Interessen der Kirche zu verbinden. Damit war der Papst Schachmatt gesetzt, denn ihm gelang es nicht, auf eine überzeugende Weise zu beweisen, dass er neben den Interessen der Kirche auch die Interessen Frankreichs und des französischen Volkes verteidigte. Vor allem litt seine Überzeugungsarbeit unter dem großen Nachteil, dass er kaum die Möglichkeit hatte, seinen Standpunkt über die Politik Philipps dem französischen Volk – sprich: Den gebildeten Eliten des französischen Volkes – darzulegen. Philipp und seine Berater wussten sehr wohl, dass sie den „ideologischen" Kampf wesentlich gewinnen konnten, wenn sie kontrollierten und bestimmten, was von den päpstlichen Behauptungen unters Volk gebracht werden sollte. Insofern liefert uns die Politik Philipps und seiner Berater auch ein gutes Beispiel für die Manipulation der öffentlichen Meinung. Und das Beispiel des Konflikts zwischen Philipp und Bonifaz zeigt auch gleichzeitig die Rolle der „ideologischen" Berater. Solange der Staat sich gegen einen Gegner durchzusetzen hat, der nur militärische Mittel mobilisieren kann, genügen ihm im Prinzip die militärischen Berater. Sobald aber der Gegner „ideologische" Mittel einsetzt, kommt der Staat nicht umhin, auch auf „ideologische" Berater zurückzugreifen und sich ihrer als Waffe zu bedienen.

In diesem Beitrag habe ich zu zeigen versucht, dass das Traktat *De potestate regia et papale* eine wichtige „ideologische" Waffe im Kampf des französischen Königs gegen die Ansprüche des Papsttums war. Und auch wenn Johannes von Paris nicht mit einem Pierre Dubois zu vergleichen ist, dessen Schriften primär durch den Wunsch des Autors gekennzeichnet zu sein scheinen, dem König zu gefallen, so steht Johannes den Positionen des Königs doch wesentlich näher als denjenigen des Papstes. Aber insofern sie noch eine kritischen Raum offenlassen, insofern sie zumindest die Möglichkeit zulassen, dass auch der König zum Gegenstand einer Kritik seitens der religiösen Autorität werden kann, liefern sie den Gegnern eines jeden

Absolutismus – des religiösen wie des weltlichen, des monarchischen wie des demokratischen – ein wichtiges Denkinstrument.

Literaturnachweis

Achenbach, Rüdiger/Kriege Hartmut (2004³): *Die Päpste und die Macht*, Düsseldorf/Zürich.

Almain, Jacques (1997/1512): *A Book concerning the Authority of the Church*, in: Burns, John H./Izbicki, Thomas M. (eds.): *Conciliarism and Papalism*, Cambridge. Aus dem Lateinischen übersetzt.

Baumhauer, August (1920): *Philipp der Schöne und Bonifaz VIII. in ihrer Stellung zur französischen Kirche*, Fribourg.

Beyer de Ryke, Benoît (1982): L'apport augustinien. Augustin et l'augustinisme politique, in: Renaut, Alain (sous la direction de): *Histoire de la philosophie politique. Tome II. Naissances de la modernité*, Paris.

Black, Anthony J. (1970): *Monarchy and Community. Political Ideas in the later Counciliar Controversy 1430-1450*, Cambridge.

Cajetan, Tommaso de Vio (1997/1511): *On the Comparison of the Authority of Pope and Council*, in: Burns, John H./Izbicki, Thomas M. (eds.): *Conciliarism and Papalism*, Cambridge. Aus dem Lateinischen übersetzt.

Canning, Joseph (2003): *The Political Thought of Baldus de Ubaldis*, Cambridge.

Canning, Joseph (1998, reprint): *A History of Medieval Political Thought 300-1450*, London.

De Libera, Alain (1993): *La philosophie médiévale*, Paris.

Digard, Georges (1936): *Philippe le Bel et le Saint-Siège de 1285 à 1304*, Paris.

Dupuy, Pierre (1655): *Histoire du différend entre le pape Boniface VIII et Philippe le Bel, roy de France*, Paris.

Favier, Jean (1978): *Philippe le Bel*, Paris.

Figgis, John N. (1965/1896): *The Divine Right of Kings*, New York.

Giles of Rome (2004): *On Ecclesiastical Power*, New York. Lateinischer Text mit englischer Übersetzung.

John of Paris (1971): *On Royal and Papal power*, Toronto. Aus dem Lateinischen übersetzt.

Kern, Fritz (1992/1919): *Recht und Verfassung im Mittelalter*, Darmstadt.

Martin, Victor (1939): *Les origines du gallicanisme*, Paris.

Néher, André (1969): La philosophie médiévale, in: Parain, Brice (sous la direction de): *Histoire de la philosophie I, volume 2*, Paris.

Némo, Philippe (1998): *Histoire des idées politiques dans l'Antiquité et au Moyen Âge*, Paris.

Powell, James M. (ed.) (1994²): *Innocent III. Vicar of Christ or Lord of the World?*, Washington.

Rivière, Jean (1926): *Le problème de l'Eglise et de l'Etat au temps de Philippe le Bel*, Louvain et Paris.

Tierney, Brian (1964): *The Crisis of Church & State 1050-1300*, Englewood Cliffs.

Ullmann, Walter (1949): *Medieval Papalism*, London.

Ullmann, Walter (2003): *A Short History of the Papacy in the Middle Ages*, London.

Watt, J.A. (1993): Pouvoir spirituel et pouvoir temporel, in: Burns, James Henderson (sous la direction de): *Histoire de la pensée politique médiévale*, Paris. Aus dem Englischen übersetzt.

Dagmar Comtesse

Religion, Religionskritik, Zivilreligion und Revolution

1. Religion und Religionskritik im vorrevolutionären Frankreich[1]

Das Verhältnis zwischen Religionen und Staat im vorrevolutionären *Ancien Régime* wurde durch das Edikt von Fontainebleau (1685) bestimmt, welches das Toleranzedikt von Nantes aufhob und die Reihung „un roi, une loi, une foi" gegen die protestantische – und selbstverständlich erst recht gegen die jüdische - Minderheit zur bitteren juridischen und lebensweltlichen Wirklichkeit machte. Für die Protestanten bedeutete dies den Verlust des Bürgerstatus, den „zivilen Tod" (Poland 1957, S. 77), da sie nicht nur ihren Glauben nicht praktizieren durften, sondern darüber hinaus weder öffentliche Ämter besetzen noch legal Ehen schließen konnten. Gerade die Forderungen nach Legalisierung protestantischer Heiraten und Anerkennung der Geburten wurden von den Fürsprechern der Protestanten immer wieder aufgegriffen und wirkten schließlich in der Revolutionszeit wegweisend für die Verstaatlichung der Registrierung von Ehen, Geburten und Todesfällen. Die Forderung nach religiöser Toleranz machte die Protestanten zu „natürlichen" Verbündeten der Aufklärer, sowohl in der vorrevolutionären Kampfzeit der *philosophes* als auch während der 1790er Jahre. Einerseits waren die Protestanten für die Aufklärer „modellhafte Opfer des königlichen Absolutismus und der klerikalen Intoleranz" (Poland 1957, S. 153), andererseits war ihre Masse (über eine Million) und ihre Organisation ein Machtfaktor, den die radikalen Aufklärer nutzen konnten, um ihre Forderungen nach staatlicher und nicht kirchlicher Erziehung, nach Meinungs- und nicht nur Glaubensfreiheit sowie nach der Trennung von Staat und Kirche umzusetzen. Denn dies gehörte ebenfalls zum vorrevolutionären Zustand des *Ancien Régime*: Die Erziehung der Kinder und Jugendlichen war vollständig in kirchlicher, zu einem Großteil in jesuitischer Hand; die Rechtsprechung und Rechtsdurchsetzung von Staat und Kirche waren miteinander verwoben, so dass ungehorsame Bürger als Ungläubige inhaftiert und gefoltert werden konnten und Ungläubige als Verbrecher bestraft wurden; die Univer-

---

1 Sämtliche Zitate aus englisch- und französischsprachigen Texten und Quellen wurden von der Autorin übersetzt.

sität Sorbonne war mit Janseniten[2] besetzt, welche gemäß ihrer Auslegung des Christentums Prüfungen abnahmen und Doktortitel vergaben; die Krankenhäuser waren zu einem Teil klerikal geführt und wurden mehr und mehr unter die Aufsicht von jansenitischen Beamten gestellt.

Für die bürgerlichen Aufklärer war dabei natürlich die Zensur – zentral organisiert durch die *Librairie (royale)*, welche die notwendigen Genehmigungen für den Druck von Manuskripten ausstellte – und die Rechtsprechung des *Parlement de Paris* von größter Bedeutung. Obwohl beides staatliche Institutionen waren, spielten die religiösen Maßstäbe die gleiche Rolle wie der allgemeine Schutz der sozialen und politischen Ordnung. Berühmte Beispiele von Inhaftierungen, Exil, Folter, Galeere und Hinrichtung zeigen, dass es weder einem Voltaire noch einem Adligen wie Jean-François Lefèbvre, Chevalier de la Barre, gestattet war, gegenüber den adligen (im Fall Voltaires) oder den religiösen (im Fall des Chevalier) Autoritäten ungehorsam zu sein. Voltaire lebte nach seinem zweiwöchigen Aufenthalt in der Bastille ständig im Exil, weil er den Beleidigungen des Hochadeligen Guy Auguste de Rohan Stand gehalten hatte und sich nicht ohne Rache von den Dienern Rohans verprügeln lassen wollte; der Chevalier de la Barre verneigte sich nicht vor einer Kapuzinerprozession und besaß zudem den *Dictionnaire philosophique* (1764) Voltaires. Er wurde 1766 gefoltert und hingerichtet. Erschreckend – selbst für Diderot – harte Strafen gab es auch für einen Lehrling, einen Bauchladenhändler und seine Frau, die mit dem Handel von Paul Henri Thiry d'Holbachs *Le Christianisme dévoilé* (1766) aufgeflogen waren: Neben der üblichen öffentlichen Demütigungen wurde der Lehrling zu neun Jahren, der Bauchladenhändler zu fünf Jahren Galeere und die Frau zu fünf Jahren Gefängnis verurteilt (Naumann 1964, S. 181-182). Diderot kam 1749 nach drei Monaten im Gefängnis von Vincennes nur wieder frei, weil er unterschrieb, nie wieder ein Werk gegen die politische Ordnung oder gegen die „heiligen Mysterien" zu verfassen und auf die Veröffentlichung des Manuskriptes *La Promenade du sceptique* (1830) zu verzichten. Im Gegensatz zu Jean le Rond D'Alembert, der anfangs radikalere Artikel in der *Encyclopédie* schrieb, dafür aber das Kollektivprojekt 1758-59, als es verboten wurde, verließ, hat Diderot bis zu seinem Tod mit größter Vorsicht publiziert. Radikalität versteckten er und – in seinem Auftrag – das Autorenkollektiv

---

2 Die Janseniten waren eine innerkatholische Glaubensrichtung, die das Heil des Menschen von seinem Handeln trennte und stattdessen die göttliche Vorsehung setzte. Sie richteten sich explizit gegen die (liberaleren) Jesuiten und gegen die Machtansprüche Roms. Sie wurden in 3 Bullen (1642, 1653, 1713) vom Vatikan als Häretiker verurteilt und waren somit auf die Unterstützung durch den französischen Staat angewiesen. Während Ludwig XIV mit seiner Bitte um die Verurteilung der Janseniten 1713 die Bulle *Unigenitus* bewirkt hatte, waren die hochbürgerlichen und aristokratischen Kritiker des Throns auf Seiten der Janseniten. Ihre Institutionen – das *Parlement de Paris* und die Sorbonne – waren folglich mit Janseniten besetzt. Das Verbot der Jesuiten 1762 brachte Janseniten und Thron wieder etwas näher, bevor sie sich 1789 dem Dritten Stand anschlossen – und dort wiederum für den Einfluss und die Sonderstellung des Klerus eintraten.

der *Encyclopédie* im Verweissystem der Artikel; einem System, das Angriffe auf die kirchlichen Dogmen wie beispw. die Sintflut in unscheinbaren, beispw. mineralogischen Artikeln wie „Terre (couche de la)" von d'Holbach unterbrachte oder in einem Zusammenhang von Verweisen „auflöste". Diderot beschreibt diese Strategie explizit in seinem Artikel „Encyclopédie": Dasjenige Wissen, „das man nicht offen zu beleidigen wagt", soll durch Verweise auf Prinzipien und Gegenstände, die an anderer Stelle bewiesen wurden, implizit zurückgewiesen werden. Das Ziel sei es, „die allgemeine Art des Denkens zu ändern" (Diderot 1755, S. 642A). D'Alembert und Rousseau wagten eine offenere, nicht im Anonymen gehaltene Art der Kritik und sahen sich daraufhin – wenngleich auf unterschiedliche Weise – mit der Reaktion des *Ancien Régime* konfrontiert. D'Alembert, der in seinem Artikel „Genève" (1757) am Beispiel der Sozinianer in Genf eine tolerante und (implizit) säkulare Ordnung fordert, entschloss sich aufgrund der bedrohlichen Zuspitzung gegen diesen religionsfeindlichen Artikel, das Projekt der *Encyclopédie* zu verlassen. Rousseau, dessen Schriften *Contrat social* (1762) und *Émile* (1762) nicht in erster Linie wegen ihres (radikal)demokratischen Inhalts, sondern wegen der darin enthaltenen Kritik des Christentums verurteilt und verbrannt wurden, konnte sich nicht wie D'Alembert zurück ziehen. Ihm stand nur der Weg in das preußische (Neuchâtel in der Schweiz, das sich seit 1707 unter preußischer Herrschaft befand) und englische Exil offen.

In diesem Kontext der konkreten Bedrohung von Leib und Leben formierte sich – vor allem durch das Autorenkollektiv der Beiträger der *Encyclopédie* – die Partei der *philosophes*, die sich epistemologisch auf die Naturgesetze Isaac Newtons, den Sensualismus John Lockes und den Skeptizismus Pierre Bayles stützten und dabei diese Positionen weiter radikalisierten und politisierten. Sowohl in ihren jeweiligen Einzelwerken als auch im Kollektiv der *Encyclopédie* stellte die Naturphilosophie gleichermaßen einen Gegenpol zu kirchlichen Dogmen einerseits und zur bestehenden sozialen Ordnung andererseits dar. Mit der weiten Verbreitung der *Encyclopédie* in die Häuser der Eliten des *Ancien Régime*, was für die Verleger „Glänzende Geschäfte" (Darnton 1998) und für die Aufklärung das „heimliche Einflößen der radikalen Weltanschauung […] in die Hauptarterien der französischen Gesellschaft" (Israel 2008, S. 843) bedeutete, wurde mit den Mitteln der Naturwissenschaft der Geltungsanspruch der christlichen Offenbarung in den Bereich des privaten Glaubens gedrängt. Eine der Hauptstrategien der Enzyklopädisten war es, das „sichere Wissen" vom Glauben zu trennen. Dies wurde in erster Linie mit Rekurs auf die wissenschaftliche Methodik des Newtonianismus – Beobachtung, Induktion, Gesetzmäßigkeit – bewerkstelligt, aber oftmals auch mit dem normativen Maßstab der Nützlichkeit für das menschliche Leben durchgeführt. So fragte Diderot im Artikel „Encyclopédie", welche Berechtigung Wissen denn habe, wenn es nicht auf das Glück des Menschen gerichtet sei, und D'Alembert beschrieb bereits im *Discours Préliminaire*, dem epochalen Werbetext der *Encyclopédie*, wie sich aus dem sensualistischen

Grundsatz *Nihil est in intellectu quod non prius in sensu fuerit*[3] unweigerlich das Primat des materiellen Nutzens entwickeln lässt: „Tausend Bedürfnissen unterworfen, bis in den letzten Punkt für die Einwirkung äußerer Körper sensibel, wäre [unser Körper] bald zerstört, wenn die Sorge um seine Erhaltung uns nicht beschäftigen würde" (D'Alembert 1751, S. ii). Die umfassende Neugründung des Wissens und die damit einhergehende Säkularisierung der sozialen und politischen Ordnung ergeben sich aus diesem Grundsatz erst, wenn – wie es die Enzyklopädisten in unzähligen Artikeln tun – Punkt für Punkt argumentiert wird, dass die Religion ohne Nutzen für das menschliche Leben ist.

Neben der enzyklopädischen „Kriegsmaschine", die sich im Ganzen gegen die „politisch-religiöse Herrschaft" (Le Ru 2007, S. 7) richtete, gab es zahlreiche Einzelwerke in der zweiten Hälfte des 18. Jahrhunderts in Frankreich, die nichts anderes zum Ziel hatten, aber jeweils unterschiedliche Aspekte fokussierten und verschiedenartig vorgingen: Man kann eine epistemologische Kritik mit einer mehr theoretischen Ausrichtung (Locke, Condillac) und einer mehr praktischen Ausrichtung (Diderot, Helvétius, d'Holbach) von einer institutionellen Kritik (D'Alembert), einer systematischen Kritik (d'Holbach, Rousseau) und einer gemäßigten Kritik (Bayle, Voltaire) unterscheiden.

Auf der epistemologischen Ebene greifen der Sensualismus, dessen Grundlagen John Locke formulierte und von Étienne Bonnot de Condillac zunächst im *Traité des Sensations* (1754) und schließlich in der *Logique* (1780) radikalisiert und politisiert wurde, und der Materialismus, der von der cartesianischen Physik ausgeht, und als dessen berühmt-berüchtigter Vertreter Julien Offray de La Mettrie zu nennen ist, die Religion in ihrem Geltungsgrund an. Weder die (christliche) Offenbarung noch der Gottesglaube liefern die Grundlage für Wissen, Weltverstehen und menschliches Verhalten, sondern die sinnliche Wahrnehmung bzw. der körperliche Aufbau des Menschen. An diese Traditionslinie der Religionskritik knüpfen die Materialisten Diderot, Helvétius und d'Holbach durch eine neue, sensualistisch-materialistische Wissensordnung an, fokussieren jedoch die praktischen Konsequenzen ihrer epistemologischen Annahmen. So lässt Diderot beispw. in *Suite de l'entretien [entre d'Alembert et Diderot]* (1769) den Arzt Bordeu gegenüber der Mademoiselle de L'Espinasse die Konsequenzen entwickeln, die sich aus dem (sensualistischen) Prinzip des Vorrangs des Angenehmen und des Nützlichen vor allem Unangenehmen und Unnützem ergeben, nämlich eine sexuelle Revolution der Gesellschaft des *Ancien Régime*. Claude Adrien Helvétius vertritt 1758 in *De l'Esprit* und im posthum veröffentlichten *De l'homme* (1773) einen starken Egalitarismus, der sowohl den

---

3 „[…] nichts [ist] im Verstand, was nicht erst in den Sinnen war" (Übers. Edith Stein). Ein bereits Aristoteles zugeschriebener Satz, der im französischen Sensualismus spätestens durch die Condillac'sche Adaption John Lockes (Traité des Sensations, 1754) zum Paradigma wurde. Die erste belegbare Quelle ist Thomas von Aquin, Quaestione 2, Artikel 3 (vgl. Stein 1952, S. 54).

Geschlechtsunterschied als auch jede Art von Fähigkeitsunterscheidung allein der Erziehung und anderen externen Umständen zuschreibt. Der gleiche physische Aufbau der Menschen sei – im Gegensatz zum Denken Diderots, der von dem singulären Aufbau aller Materie ausgeht – die Grundlage für Fühlen, Erinnern und Denken. „Die allgemeine Konklusion dieser Abhandlung [De l'Esprit] ist, dass alle Menschen, ihre gemeinsame gute [körperliche] Organisation vorausgesetzt, in sich die physische Macht haben, sich zu den höchsten Ideen zu erheben; und dass der Unterschied im Geist, den man zwischen ihnen bemerkt, von den diversen Umständen abhängt, in denen sie sich platziert befinden und von der unterschiedlichen Erziehung, die sie empfangen. Diese Konklusion macht die Bedeutung der Erziehung spürbar" (Helvétius 1825, S. 595).

Die Bedeutung der Erziehung wurde von vielen Aufklärern zu einer institutionellen Religionskritik ausgebaut. Dabei spielt die Fokussierung der Entwicklung des Kindes eine doppelte Rolle: Zum einen wird die Analogie von kindlicher Ontogenese und Ideengenese dazu genutzt, die Erklärung des Denkens, Urteilens und Handelns von (religiösen) Vorurteilen zu befreien. Bereits Locke bedient sich dieser Analogie; Condillac entwickelt in seiner *Logique* (1780) daraus eine Art Ideologiekritik, da Kinder den intuitiv „richtigen" Zugang zum Lernen durch die Sinne hätten, während Neugierde und Gewohnheiten die „richtige" Form des Denkens – nämlich „beobachten und unsere Urteile an der Beobachtung und an der Erfahrung prüfen" (Condillac 1959, S. 11) – überformten. Selbstverständlich steckt auch in dieser Darstellung des „richtigen" Denkens die implizite Kritik an den existierenden Erziehungssystemen. Dies ist nun der andere entscheidende Aspekt der Fokussierung auf Erziehung in den Aufklärungstexten: der Angriff auf die kirchliche Erziehung der Kinder. Am Ende dieser Kritik steht die säkulare öffentliche Erziehung, wie sie während der Revolution in Auseinandersetzung mit dem widerständigen Klerus eingerichtet wurde. Im vorrevolutionären *Ancien Régime* gab es jedoch bereits eine langanhaltende Diskussion um die Sinnlosigkeit des lateinischen Unterrichts, der die ohnehin schon knappe Unterrichtszeit auf dem Lande – im Sommer mussten die Kinder auf den Feldern arbeiten – mit einer toten Sprache blockierte. D'Alembert griff den bereits vorhandenen Diskurs in seinem Artikel *Collège* (1753) auf und argumentierte hier vor allem gegen die lateinische Sprache und natürlich gegen den Inhalt des Unterrichts, der die Schüler „dümmer und unwissender" (D'Alembert 1753, S. 635) mache. Er schlug stattdessen Fremdsprachenunterricht, Geschichte, Wissenschaftsgeschichte, Physik und Mathematik, Geographie, Rhetorik und Philosophie – namentlich Locke, Seneca und Epiktet – und lediglich die Bergpredigt von Jesus Christus vor. Ein größerer Gegensatz zum *ratio studiorum* der Jesuiten war im Jahr 1753 kaum vorstellbar. Das änderte sich bereits erheblich mit dem Verbot der Jesuiten 1762 als ungefähr die Hälfte aller *collèges* geschlossen wurde und vermehrt private Kleinschulen in den Städten ihre Tore gegen Geld öffneten.

Der Materialist d'Holbach entwarf – neben Rousseau – eine systematische Religionskritik. In dem 1766 anonym publizierten *Christianisme dévoilé* trat er durch eine kurze Historisierung von Judentum und Christentum den Beweis an, dass der Inhalt der Religionen mit den historischen Quellen nicht übereinstimme und ihre Wirkungen für das menschliche Zusammenleben desaströs seien. Es ist – abgesehen von Rousseaus *Religion civile* - der einzige Versuch, das Verhältnis zwischen Gesellschaft und Religionen systematisch zu erfassen. „Als Bürger greife ich die Religion an, weil sie mir für das Glück des Staates schädlich, feindlich gegenüber dem Fortschritt des menschlichen Geistes und einer gesunden Moral [...] entgegen gesetzt erscheint" (d'Holbach 1971, S. 98). Nachdem er gezeigt hat, dass es in aller Regel unreflektierte Gewohnheit sei, welche die Menschen an ihrem jeweiligen, kontingenten Glauben festhalten ließe, widmet er sich dem Interesse der Mächtigen am Erhalt der Religionen. „In der Tat machte das Christentum diejenigen Fürsten, die es bevorzugten, immer zu Despoten und Tyrannen [...] und es lieferte ihnen die Völker wie Herden von Sklaven aus, über die sie nach ihrem Willen verfügen konnten" (d'Holbach 1971, S. 121). Die Verbindung von politischem Herrschaftsinteresse und Religion – einer der Gründe, warum Marx im französischen Materialismus einen direkten Vorläufer des Kommunismus sieht[4] - formulierte d'Holbach noch schärfer als Rousseau, auch wenn sie in ihrer Kritik an der sklavischen Wirkung des Christentums übereinstimmen. Doch im Gegensatz zu d'Holbach entwarf Rousseau nicht nur eine systematische Kritik des Verhältnisses von Religion und Staat, sondern eben auch ein systematisches Gegenkonzept, wie denn das Verhältnis im Sinne der Volkssouveränität konkret zu regeln sei. D'Holbach bietet hier nur einen allgemeinen Verweis auf die Bedeutung der öffentlichen Erziehung, die „von den öffentlichen Interessen geleitet ist und den Menschen immer beibringen sollte, sich gegenseitig zu schätzen, die Missachtung der Anderen zu fürchten und die Niedertracht mehr zu fürchten als den Tod" (d'Holbach 1971, S. 134).

Schließlich ist noch das vielleicht prominenteste Beispiel aufklärerischer Religionskritik zu nennen, das jedoch im Vergleich zum bisher Genannten ausgesprochen zahm ausfällt: Die gemäßigte Religionskritik der Toleranzdenker. Für den kantianischen Interpreten der Aufklärung Ernst Cassirer ist „das Prinzip der Glaubens- und Gewissensfreiheit [...] der Ausdruck einer neuen positiv religiösen Grundkraft, die für das Jahrhundert der Aufklärung bestimmend und für sie schlechthin eigentümlich ist" (Cassirer 2007, S. 171). Cassirer sieht in der Trennung von Wissen und Glauben in erster Linie die Schaffung des Raums einer religiösen Wahl, welche den Gläubigen eine Aneignungsdimension eröffnet, die vorher durch Tradition und Autorität besetzt war. Damit trifft Cassirer allerdings eher das Anliegen des moderaten

---

4 Karl Marx, 1972 [1845] S. 138: „Wie der *kartesische* Materialismus in die *eigentliche Naturwissenschaft* verläuft, so mündet die andre Richtung des französischen Materialismus direct in den *Sozialismus* und *Kommunismus*.".

Aufklärers Voltaire, der im Gegensatz zu seinen materialistischen, radikalen Zeitgenossen Diderot, Helvétius, d'Holbach und in einem gewissen Maß auch Rousseau, keineswegs für die Abschaffung der Religionen eintrat. Voltaire, der 1763 anlässlich der tragischen Geschichte der Familie Calas, in der sich ein Sohn selbst umbrachte, der Vater aber des Mordes beschuldigt wurde, weil der Sohn katholisch und der Rest der Familie protestantisch war, seinen *Traité sur la Tolérance* publizierte, richtete sich in erster Linie gegen exzessive Religiosität. Mit vielen Zitaten aus Judentum und Christentum belegte Voltaire durch eine immanente Kritik, dass Toleranz und nicht Intoleranz das Gebot der Religionen ist. D'Alembert, ein enger Freund Voltaires, vertritt hier gleichsam die umgekehrte Auffassung von Toleranz. In einem seiner vielen Briefe an Voltaire, die gewöhnlich von den Attacken auf die *Enzyklopädisten* und deren Kabale untereinander berichten, setzt D'Alembert die „canaille jésuitique", die „canaille jansénienne", die „canaille sorbonique" mit der „canaille intolérante" gleich (D'Alembert 1967, S. 63). Für D'Alembert gibt es aber nicht nur zwischen den christlichen Religionen keinen Unterschied: „In der Tat gibt es unter jener Vielzahl von Religionen, welche die Oberfläche der Erde bedecken, nicht eine Nation, die nicht glaubt, die wahre zu besitzen; somit würden Elemente der Moral, die das gesamte Universum umfassen müssen, ganz vergeblich über den Vorrang einer Religion vor einer anderen entscheiden" (D'Alembert 1986, S. 77 f.). D'Alembert argumentiert zwar an vielen Stellen – ähnlich wie Voltaire – explizit gegen religiöse Exzesse und redet immer wieder der katholischen Religion aus Gründen der Zensur das Wort. Doch im Gegensatz zu Voltaire verbannt er alle religiösen Aussagen – mit Verweis auf ihren spekulativen Status - aus seiner Wissensordnung, den „Elementen". Für D'Alembert ist Toleranz also genau das, was sie für Cassirer nicht sein soll: Die Indifferenz gegenüber allen Religionen, die *per definitionem* den gleichen spekulativen Status haben.

Die Religionskritik der Aufklärer, insbesondere der atheistischen Materialisten, ist im Denken radikaler als in den konkreten oder auch abstrakten politischen Forderungen und Entwürfen. In diesem Punkt hat Robespierre dann Recht, wenn er ihnen vorwirft, dass „diese Sekte [die Enzyklopädisten] in Sachen Politik immer unter den Rechten des Volkes blieb, in Sachen der Moral [aber] weit über die Zerstörung der religiösen Vorurteile hinaus ging." (Robespierre 1967, S. 454). Rousseau vereint beides, die „Rechte des Volkes" und die Zurückweisung der Religion. Allerdings erfindet er eine neue, deren Ambivalenz nicht nur von Robespierre als eine politische Theologie gelesen wurde.

2. Rousseaus systematischer Gegenentwurf: die Religion civile

Rousseaus Konzept gilt als „erste systematische Antwort" (Maier 1975, S. 123) auf die Frage, welche Rolle die Religion für den sich selbst begründenden Staat einnehmen kann. Doch nicht nur das Verdienst des Ersten kommt Rousseau zu, sondern auch jenes der jahrhundertelang anhaltenden Faszination für sein ambivalentes Konzept. Dieses trägt nämlich in sich die spannungsreiche Verbindung von moderner, individueller und kollektiver Autonomievorstellung (ausgedrückt in *civile*) mit vorgängigen Traditionen und der Möglichkeit von Transzendenz (ausgedrückt in *religion*). Berühmt wurde das Konzept der *Religion civile* noch vor ihrem Erscheinen im Jahr 1762: Das Verbot des *Émile* in Paris bot der Genfer Oligarchie[5] die Vorlage, nicht nur den *Émile*, sondern auch gleich den *Contrat social* zu verurteilen. Der offizielle Grund des Verbots der beiden Bücher und der Verfolgung Rousseaus war seine „Gottlosigkeit"[6]. Und diese drücke sich im *Émile* in der dort skizzierten *religion naturelle* und im *Contrat social* in der *Religion civile* aus.

Es gibt vier Kontexte, in denen Rousseau das Konzept der *Religion civile* behandelt, und diese Kontexte führen zu einer jeweils unterschiedlichen Akzentuierung ihres Verständnisses. In der *Lettre à Voltaire* (1756) tritt das Konzept im Zusammenhang mit Rousseaus Überlegungen über seinen eigenen Glauben auf; in der ersten Fassung des *Contrat social* (vgl. *Genfer Manuskript*, 1758-60) bildet die Unterdrückung der Protestanten den bestimmenden Kontext; im endgültigen *Contrat social* (1762) wird die *Religion civile* in Verbindung mit dem institutionellen Funktionieren der Republik behandelt; in der ersten der *Lettres écrites de la Montagne* (1764) verteidigt Rousseau sein Konzept gegen den Vorwurf der Gottlosigkeit. Für die systematische Darstellung des Konzeptes werden hier nur die ersten drei Texte herangezogen.

Rousseau entwickelt die Idee einer *Religion civile* zuerst in der *Lettre à Voltaire* vom August 1756, in dem er sein eigenes Glaubensbekenntnis mit der Forderung nach Glaubens- und Gewissensfreiheit im Rahmen eines „bürgerlichen Glaubensbe-

---

5 Seit dem 17. Jahrhundert hatte sich in Genf eine Oligarchie - ironischerweise unter dem Namen *Citoyens* - aus der Bürgerklasse, die *Bourgeoisie* genannt wurde, entwickelt. Diese Oligarchie besetzte zunächst legitimer Weise die Exekutive, den *Petit conseil*, und nach und nach – illegitimer Weise - auch die Plätze des *Conseil des Deux Cents*. Die Bürgerversammlung, *Conseil général*, wurde durch die beiden oligarchisch usurpierten Institutionen faktisch entmachtet.Die Verurteilung Rousseaus, die Verbrennung seiner Werke 1762 und die Verfolgung seiner Person, gingen vom oligarchisch besetzen *Petit conseil* aus.

6 Neben dem Wort „impie" (gottlos), dass im Urteil des *Parlament de Paris* zentral ist, warf der Genfer *Petit Conseil* Rousseau vor, mit dem *Émile* und dem *Contrat social* „die christliche Religion und alle Regierungen zu zerstören" (Dufour 1927, S. 370). Dass der *Petit Conseil* in Genf beide Bücher verbot, lag allerdings weniger an Rousseaus Angriff auf das Christentum, sondern viel mehr an Rousseaus Parteinahme für die Republikaner im Genfer Konflikt zwischen Bürgerschaft und Oligarchie. Dennoch waren es seine Beschreibung der *religion naturelle* im *Émile* und sein Angriff auf das Christentum in der *Religion civile*, die gegen ihn verwendet wurden.

kenntnisses" (Rousseau 1969, S. 1073) verbindet. Dieser Zusammenhang – Glaube an die Unsterblichkeit der Seele und an eine wohlwollende Vorsehung, staatlich garantierte Glaubensfreiheit durch ein Verbot der Intoleranz, notwendiges Bekenntnis der Bürger auf einen moralischen Kode – stellt bereits die Struktur des Konzeptes der *Religion civile* dar, wie sie von Rousseau später in den beiden Fassungen des *Contrat social* vorgestellt wird. In der *Lettre à Voltaire* wird jedoch im Gegensatz zu den anderen Textstellen eine mögliche konstitutive Verbindung von religiösem Glauben und dem Konzept der *Religion civile* aufgezeigt. Der Gedankengang geht von Rousseaus Theodizee aus, dass der Mensch – und nicht die Natur - Ursache allen Übels auf der Welt sei. Damit ist die Unterscheidung von einem prinzipiell guten Universum und einem akzidentiell schlechten Einzelschicksal geschaffen, die das Fundament für Rousseaus Glaubensbekenntnis legt: „Die wahren Prinzipien des Optimismus können sich weder aus den Eigenschaften der Materie noch aus der Mechanik des Universum ableiten lassen, sondern einzig durch Induktion der Perfektionen von Gott, der allem voran geht"(Rousseau 1969, S. 1068). Aus diesem Glaubensbekenntnis, das Rousseau als *religion naturelle* in der *Profession de foi du vicaire savoyard* des *Émile* ausarbeitet (vgl. Rousseau 1969, S. 565-614), folgen nun zwei politische Forderungen. Zum einen ist sich Rousseau bewusst, dass es keinen Beweis für die Existenz Gottes geben kann und dass er deswegen nicht fordern darf, an ihn zu glauben. In dieser Hinsicht haben die Theisten und die Atheisten einen gleichwertigen Anspruch auf ihre jeweilige Wahrheit. Daraus entsteht die politische Forderung, dass sich Gläubige und Ungläubige in der Unbeweisbarkeit ihrer jeweiligen Haltung akzeptieren müssen. Zum anderen aber gibt der Glaube den Menschen Trost und Sinn und es wäre „unmenschlich, zufriedene Seelen zu verstören und die Menschen hoffnungslos verzweifeln zu lassen, indem man ihnen beibringt, daß nichts sicher noch nützlich ist" (Rousseau 1969, S. 1072). Insofern sollen die *philosophes* zwar den „Aberglauben, der die Gesellschaft stört, angreifen" aber „die Religion, welche die Gesellschaft unterstützt, respektieren" (Rousseau 1969, S. 1072).

Beide Forderungen, Glaubensfreiheit und Unterstützung eines gesellschaftlich nützlichen Glaubens, werden dann im Konzept der *Religion civile* vereint, das als einzige staatliche Einmischung in Gewissensfragen rechtlich vorgeschrieben werden soll: „Es gibt eine Sorte von Glaubensbekenntnis, gebe ich zu, das die Gesetze durchsetzen können; aber abgesehen von den Prinzipien der Moral und des natürlichen Rechts muss dieses rein negativ sein, weil Religionen existieren können, welche die Grundlagen der Gesellschaft angreifen und weil man damit beginnen muss, diese Religionen auszulöschen, um den Frieden des Staates zu sichern" (Rousseau 1969, S. 1073). Bereits in dieser ersten Fassung der *Religion civile* liegt die Betonung auf dem Ausschluss der Intoleranz, die nicht nur religiös sondern auch ,bürgerlich' sein kann: „Somit nenne ich aus Prinzip intolerant jeden Menschen, der sich vorstellt, dass man kein guter Mensch sein kann, ohne all das zu glauben, was er selber glaubt und unerbittlich alle verdammt, die nicht wie er denken" (Rousseau 1969, S. 1073). Insofern werden hier, wie in den beiden Fassungen des *Contrat social*, religiöse und bürgerliche Intoleranz gleichermaßen verneint und folglich wird ein Verstoß gegen das bürgerliche Glaubensbekenntnis auch nicht als „ungläubig" sondern als „meuterisch" (Rousseau 1969, S. 1073) bezeichnet.

Diese erste Fassung der *Religion civile* stellt zumindest die Verbindung zwischen einer optimistischen Haltung der Bürger und ihrem religiösen Glauben her. Gleichzeitig wird festgehalten, dass es aufgrund der Unmöglichkeit eines Gottesbeweises geboten ist, Atheisten als gleichwertige Gesellschaftsmitglieder zu akzeptieren. Weder Theismus noch Atheismus lassen sich beweisen (Rousseau 1969, S. 1072) und sind deswegen nicht einzufordern – das ist die Absage an einen konstitutiven Zusammenhang von religiösen Glauben und Staatsbürgerschaft. Was bleibt und was in den Fassungen des *Contrat social* weiter ausgearbeitet wird, ist der funktionale Zusammenhang von Religion und Bürgergemeinschaft, das heißt, inwiefern der religiöse Glaube für die Bürgergemeinschaft nützlich gemacht und seine schädliche Wirkung verhindert werden kann.

Die beiden Fassungen des Gesellschaftsvertrages (*Manuscript de Genève* 1755-60; *Contrat social* 1762) konzentrieren sich auf die Funktion der *Religion civile* für den Staat. Dabei steht die negative Aufgabe – das Verbot der Intoleranz – an erster Stelle. In beiden Fassungen des *Contrat social* untersucht Rousseau zunächst systematisch und historisch die Verbindung von Religion und Staat. Dabei unterscheidet er drei mögliche Arten von Religion: die „Religion des Menschen", die „Religion des Bürgers" und die „Religion des Priesters". Letztere, worunter auch das „römische Christentum" (Rousseau 1964, S. 336) fällt, stelle seine eigene Autorität neben das politische Recht, so dass die „Religion des Priesters" immer im Widerspruch zum Staat stehe und damit politisch untauglich sei. Die „Religion des Bürgers" ist jene der antiken Stadtstaaten, in der Vaterlandsliebe und Gottesdienst, Verbrechen und Sakrileg, Stadtgrenze und Religionsgrenze in Eins fallen. Diese Religion habe Vor- und Nachteile für die politische Gemeinschaft; von Vorteil ist die Gesetzestreue und die Opferbereitschaft, von Nachteil die Neigung zur Tyrannei und blutiger Intoleranz. Die „Religion des Menschen" ist ein „rein spiritueller Kult für Gott", die „reine und einfache Religion des Evangeliums" und der „wahre Theismus" (Rousseau 1964, S. 336) ohne Kirche oder Bräuche und gemäß den Pflichten der Moral. Und genau dieser ‚wahre Theismus' sei für den Staat schädlich, weil – und hier deckt sich die Kritik Rousseaus mit jener d'Holbachs - „sie [die wahre Religion] nur Dienstbarkeit und Abhängigkeit [predigt]", so dass die „wahren Christen dazu gemacht sind, Sklaven zu sein" (Rousseau 1964, S. 339).

Aus dieser Analyse der politischen Untauglichkeit bestehender Auffassungen der Religion entwickelt Rousseau die Idee der *Religion civile*. Im Gegensatz zur *Lettre à Voltaire* geht es in den Gesellschaftsentwürfen um die Kompatibilität von Religion und Staat und nicht um eine Sicherung der eigenen Glaubensauffassung. Diese Kompatibilität soll durch eine Grenzziehung erreicht werden: Das Recht des Staates auf Einsicht in individuelle Absichten wird durch den öffentlichen Nutzen bestimmt, so dass „die [Rechts]Subjekte bezüglich ihrer Meinungen dem Souverän nur in dem Maße Rechenschaft schulden, wie diese Meinungen für die Gemeinschaft wichtig sind" (Rousseau 1964 , S. 340). Religion und Staat können also zusammen bestehen, wenn beide eine Grenze anerkennen, die einerseits durch die Zustimmung aller Bürger legitimiert ist – „Jeder Bürger muss dazu angehalten werden, dieses Glaubensbekenntnis vor einem Beamten auszusprechen und ausdrücklich all seine Dogmen anzuerkennen" (Rousseau 1964, S. 340-41) – und andererseits bestimmten Kriterien entspricht. Diese Kriterien sind die Dogmen der *Religion civile*, nämlich „die Existenz einer wohltuenden, mächtigen, intelligenten, vorsehenden und fürsorgenden Gottheit, das Leben nach dem Tod, das Glück der Gerechten und die Bestrafung der Bösen, die Heiligkeit des Gesellschaftsvertrages und der Gesetze" (Rousseau 1964, S. 341) sowie das Verbot der Intoleranz. Obwohl das „Bekenntnis eines rein bürgerlichen Glaubens" (Rousseau 1964, S. 340) immerhin die Existenz Gottes mit einschließt, stellt es für Rousseau nicht Ausdruck von Religiosität sondern von Sozialität dar, weil es die „Gefühle von Sozialität, ohne die es unmöglich ist, ein guter Bürger noch oder ein treuer Untertan zu sein" (Rousseau 1964, S. 340), vereinigt. Die Funktion des Glaubens an einen Gott wird somit für die soziale Integration und Kohäsion instrumentalisiert. Die vorrechtliche Einstellung – ein guter Bürger sein zu wollen – wird in einen rechtlichen Modus gefasst, nämlich in ein administrativ beglaubigtes Bekenntnis, dessen Verweigerung den staatlichen Ausschluss, allerdings mit dem Recht, das Privateigentum ins Exil mitzunehmen, nach sich zieht und dessen Verletzung bei vorher abgelegtem Bekenntnis mit dem Tod zu bestrafen sei. Beide Sanktionen beziehen sich ausdrücklich – der Straftatbestand wird eben nicht „gottlos" sondern „unsozial" genannt (Rousseau 1964, S. 340) - nicht auf die Ungläubigkeit, sondern auf die Nicht-Anerkennung der Grundlage des Staates, des Gesellschaftsvertrages und seiner Grundgesetze.

Dass die Grenze zwischen Staat und Religion nicht selbst Ausdruck eines religiösen Glaubens ist, sondern die Ermöglichungsbedingung für verschiedene Religionen innerhalb eines Staates, wird vor allem in der Darstellung der Auswirkung der Intoleranz deutlich. Rousseau bezeichnet Intoleranz als „das fürchterliche Dogma, das die Erde verzweifeln lässt", weil die Haltung „Man muss wie ich denken, um gerettet zu werden" in den „Krieg der Menschheit" führe (Rousseau 1964, S. 341). Das bürgerliche Glaubensbekenntnis lässt nicht zu, den Mitbürger als Andersdenkenden zu verfolgen, weil sich zum Ersten alle Bürger darin zur Toleranz verpflichten und zum Zweiten die Glaubensauffassungen in ihren praktischen Wirkungen durch die Einhaltung der „bürgerlichen Pflichten" (Rousseau 1964, S. 342) begrenzt werden.

Die Fassung der *Religion civile* im *Contrat social* weicht von jener im *Genfer Manuskript*, dem Rohentwurf des *Contrat social*, darin ab, dass die Passage über die Intoleranz kürzer ausfällt und die radikaldemokratische Dimension der *Religion civile* konzipiert wird. Denn die Formel des bürgerlichen Glaubensbekenntnisses wird nun um den radikaldemokratischen Zusatz bereichert, dass es „dem Souverän zusteht, die [Glauben]Artikel festzulegen" (Rousseau 1964, S. 468). Auch die Intoleranz wird nun vermehrt aus der Perspektive einer funktionierenden (zunächst noch fürstlichen) Souveränität wahrgenommen: „Überall wo die theologische Intoleranz erlaubt ist, ist es unmöglich, dass sie nicht auch Auswirkungen auf das Bürgertum hat; und sobald sie das hat, ist der Souverän nicht mehr der Souverän, auch nicht im Weltlichen: dann sind die Priester die wahren Herren, die Könige sind nur ihre Beamten" (Rousseau 1964, S. 469). Unter der Voraussetzung des Staates entsteht erst das problematische Verhältnis zur Religion und beginnt diese, dysfunktional zu werden. Damit wird der doppelte Bezug zur Volkssouveränität deutlich: Die *Religion civile* (in der Fassung des *Contrat social*) ist gleichzeitig Teil des Programmes der radikaldemokratischen, kollektiven Selbsteinwirkung *und* Schutz der Volkssouveränität vor den konstitutiv übergriffigen Religionen, die das Funktionieren des souveränen Staates und damit auch der Volkssouveränität verhindern. Der säkulare Staat ist für Rousseau funktionale Voraussetzung der Demokratie.

Vergegenwärtigt man sich den Hauptunterschied zwischen Religionen und der *Religion civile*, dann kommt man unmittelbar zur radikaldemokratischen Dimension des Konzeptes: die *Religion civile* ist selbstgemacht, die Religionen sind dagegen überliefert und offenbart. Die Autorität, mit der die *Religion civile* auftritt, ist die gleiche, mit der die Gesetze des *Contrat social* auftreten: Sie werden vom Souverän formuliert oder zumindest akzeptiert.[7] Diese positive Dimension der radikaldemokratischen Volkssouveränität, das heißt der Aspekt der kollektiven Autonomie, wird flankiert von einer negativen Dimension von Souveränität, die dem Urteilsvermögen der Mitglieder des Gesellschaftsvertrages einen eigenen Raum garantiert. Das Dogma der Toleranz, wie es Rousseau nennt, impliziert die Gewissenshoheit des Einzelnen, die Anerkennung der souveränen Urteilskraft. Dies ist ebenso Ausdruck der Volkssouveränität, da sich diese auf der Willensfreiheit der Einzelnen gründet. Eine Gesellschaftsform, die den Gebrauch der Urteilskraft durch Entmündigung, Gängelung, Vorschriften oder eine auf Äußerlichkeiten ausgerichtete Anerkennungsstruktur überflüssig macht, wird keine souveränen Bürger hervorbringen. Die *Religion civile* nimmt dagegen die Urteilskraft des Einzelnen ernst. „Das souveräne, sittliche Volk darf keinem fremden Willen unterworfen werden. Das gilt auch für den Bereich

---

7 Neben der Formulierung, dass der Souverän die Glaubensartikel verfasse (Rousseau 1964, 468) gibt es auch noch jene, dass das Glaubensbekenntnis vor einem Beamten von jedem einzelnen Bürger abzulegen sei (Rousseau 1964, S. 340-41). In der Korsika-Schrift spricht Rousseau von einem Schwur, der „unter dem Himmel und mit der Hand auf der Bibel" von jedem männlichen Mitglied Korsikas zu absolvieren ist (Rousseau 1964, S. 943).

der Religion, weshalb undenkbar ist, dass der Gesetzgeber dem Volk eine Religion vorschreibt" (Rehm 2000, S. 226). Aus diesem Grund kann Rousseau auch nicht die Atheisten ausschließen. Da es keinen Gottesbeweis gibt, kann der souveränen Urteilskraft nicht zugemutet werden, einen religiösen Glauben akzeptieren zu müssen (Rousseau 1969, S. 1072).

3. Religion und Revolution: Zwischen Säkularismus, klerikaler Konterrevolution und Revolutionskult

Die Revolutionszeit lässt sich bezüglich ihres Verhältnisses zu den Religionen in drei Phasen unterteilen: in eine säkulare Phase bis zum Frühjahr 1790, in der allein die Verstaatlichung der Kirchengüter und die Abschaffung des Zehnten von Bedeutung waren; in eine Phase des eskalierenden Konfliktes zwischen Klerus und Revolutionären; in die Phase der Entchristianisierung (*déchristianisation*) und des Revolutionskultes. Am Ende, in der Verfassung von 1795, steht ein erster Entwurf des laizistischen Staates, der sich sowohl gegen die Vorherrschaft des katholischen Klerus wie auch gegen die einer jeden anderen Religion wendet: „Niemand kann daran gehindert werden, den Kult seiner Wahl auszuüben, wenn er sich an die Gesetze hält. Niemand kann dazu gezwungen werden, sich an den Ausgaben eines Kultes zu beteiligen. Die Republik zahlt keinem Kult ein Gehalt" (Artikel 354).[8]

Dieser, für die Protestanten höchst wünschenswerte Ausgang, war zu Beginn der Revolution nicht abzusehen. Obwohl seit den 1770er Jahren ein signifikanter Rückgang der religiösen Praktiken stattfand – es wurden weit weniger religiöse Bücher verkauft, weniger Messen angefordert, weniger Pilgerfahrten unternommen und weniger Bußprozessionen nachgefragt (vgl. Langlois et al. 1996, S. 26) - kann von einer mehrheitlichen säkularen Haltung keine Rede sein. Die Zentren des radikalen Denkens waren, wie bereits die Verbreitung der *Encyclopédie* anzeigt (vgl. Darnton 1998, S. 363), die großen Städte, vor allem Lyon und Paris. Während „die radikale Bourgeoisie im Westen mit der Masse der Bauern nur zusammenprallt, kann sie dagegen in der Pariser Region den Rest der Bevölkerung, der ihre Vorsicht teilt, mit auf den Weg in die Radikalisierung nehmen, der in die Entchristianisierung führt" (Langlois et al. 1996, 27). Der Radikalitätsgrad der Regionen lässt sich in den *Cahiers de doléances* herauslesen, in denen beispw. die Abschaffung des Zehnten nur in diesen Zentren verlangt wurde, während in jenen Gebieten, die von dieser Abgabe am härtesten betroffen waren, lediglich eine Reform gewünscht wurde. Die katholische Religion war durch ihre Verankerung in den Gemeinden gut etabliert. Es wäre wohl nicht so schnell zu einem säkularen Staat gekommen, wenn sich der Klerus

---

8 http://www.conseil-constitutionnel.fr/conseil-constitutionnel/francais/la-constitution/les-constitutions-de-la-france/constitution-du-5-fructidor-an-iii.5086.html.

dem Verfassungsschwur ohne Widerstand unterworfen hätte. Denn sowohl seine erfolgreiche Ablehnung der Gleichberechtigung der Protestanten als auch seine starke, aber schweigende Präsenz in der *Assemblée Nationale* und der *Constituante* hatten – trotz der Verstaatlichung der Kirchengüter – die Zeichen auf die Entwicklung einer von Rom unabhängigen, gallikanischen Kirche gesetzt. Für die Protestanten bedeutete dies die Prolongierung ihres minderwertigen Bürgerstatus, den sie mit dem Toleranzedikt von 1787 von Louis XVI erhalten hatten. Darin wurde ihnen vom Staat zumindest die legale Eheschließung – der Beginn der säkularen Heirat –, die private Ausübung ihres Glaubens, der Zutritt zu bürgerlichen Berufen und das Fernbleiben von katholischen Prozessionen erlaubt. Dies änderte sich auch nicht grundlegend durch die *Déclaration des Droits de l'homme et du citoyen* vom August 1789. Zwar war der Zehnte bereits abgeschafft und regelte der dort enthaltene Artikel 6 den Zugang zu allen Ämtern in einem nicht-diskriminierenden Sinn – abgesehen von Frauen und Juden, letzteren wurde erst in einem Dekret im September 1791 der Bürgerstatus zuerkannt, den Frauen bis 1944 nur eine passive Staatsbürgerschaft. Doch in den Verhandlungen um Artikel 10, dem Toleranz-Artikel, setzte sich der Klerus gegen die Verfechter religiöser Gleichheit durch. Der Zusatz „vorausgesetzt, dass ihre [die Meinungen] Äußerung nicht die durch das Gesetz etablierte öffentliche Ordnung stört"[9] öffnete wieder die Möglichkeiten, die Protestanten auszuschließen.

Der Klerus stimmte jedoch nicht nur bezüglich der Religionsfragen in einem konservativen Sinn ab. Versteckt hinter seiner öffentlichen Zurückhaltung innerhalb und außerhalb der *Assemblée* und der *Constituante* „konstituierte er den harten Kern, wenn nicht das dominierende Element der konservativen Opposition" (Langlois et al. 1996, 28). Das wurde der Öffentlichkeit erst bewusst, als sich weit über die Hälfte der Kleriker weigerten, den von ihnen verlangten Schwur auf die *Constitution civile du clergé* (Bürgerliche Verfassung des Klerus) zu leisten. Zu der Forderung nach dem Schwur kam es, weil die Verstaatlichung der Kirchengüter die Frage nach der Entlohnung der Kleriker notwendig stellte. Den angeführten Grund für ihren neuen Beamtenstatus bildeten die Tätigkeiten in der Gemeinde. Mit dieser Umwidmung des Gottesdiensts in einen Staatsdienst war jedoch verbunden, dass erstens die katholische Kirche als Staatsreligion anerkannt wurde und zweitens der Staat über die Ordnung des Klerus bestimmen konnte. Dies führte zur Formulierung der *Bürgerlichen Verfassung des Klerus* im Sommer 1790: Die Bischöfe sollten von den lokalen Kommunen gewählt, der Papst nur noch als Bischof von Rom betrachtet werden. Der Befehl, den Schwur auf diese Verfassung zu leisten, wurde zunächst nur von einem Drittel der Kleriker befolgt. Der Papst, der bereits die *Déclaration des Droits de l'homme* verurteilt hatte, sprach auch über diese Reform sein Verdikt. Die Beziehungen zwischen Rom und Paris kamen im Mai 1791 zum Stillstand. Während sich

---

9 https://www.legifrance.gouv.fr/Droit-francais/Constitution/Declaration-des-Droits-de-l-Homme-et-du-Citoyen-de-1789.

der neue, konstitutionelle Klerus organisierte und arrangierte – einige Geistliche wurden schließlich auch zu glühenden Revolutionären, wie der Fall des Euloge Schneider[10] zeigt – widersetzte sich über die Hälfte der Kleriker dem Schwur, der sogenannte *clergéréfractaire* oder *les réfractaires*. Es kam zu ersten Übergriffen auf Klöster und Kirchen, Störungen der Gottesdienste durch Revolutionsbefürworter, auf welche die *Assemblée* noch mit einem Entgegenkommen an die *réfractaires* reagierte. Sie durften in den Kirchen der konstitutionellen Kleriker Gottesdienste abhalten. Unter der immer bedrohlicher werdenden außenpolitischen Lage und der steten Gefahr der Konterrevolution beschloss die *Assemblée* im Mai 1792 schließlich die Ausweisung der *réfractaires* bzw. ihre Inhaftierung. Weil damit aber auch diejenigen Tätigkeiten, die der Klerus bisher noch zugewiesen bekommen hatte, personell gar nicht mehr vom konstitutionellen Klerus geleistet werden konnten, wurden die administrativen Aufgaben der Geburten- und Todesfalleintragungen, ganz neu auch der Scheidungen, der Unterricht und die Krankenhäuser nun offiziell zu staatlichen Aufgaben – und der katholische Kult nur noch ein Kult unter anderen. „Hier ist der Knotenpunkt der trennenden Dynamik von Staat und Kirche, der Scheidung von Religion und Revolution: In zwei Jahren wechselte man von einer Welt, wo der römische Katholizismus im Königreich in einer Monopolsituation war, die exklusive Religion des Staates, zu einer Welt, in der er nicht mehr war als ein Kult, der noch für eine gewisse Zeit toleriert wurde" (Fauchois 1989, S. 54). Der Schritt zur massiven Gewalt gegen katholische Priester, wie beispw. die Septembermassaker 1792, muss jedoch vor allem im Zusammenhang mit dem Vormarsch und den Vergeltungsdrohungen der Alliierten (1792 nur Preußen und Österreich, ab der Ermordung des Königs 1793 auch Großbritannien, Portugal, Spanien, italienische und deutsche Kleinstaaten) gesehen werden. Zusammen mit dem jahrelangen Aufstand in der *Vendée* ab März 1793, an dem auch einige konstitutionelle Kleriker und *réfractaires* beteiligt waren, wurde es grundsätzlich möglich, alle Kleriker für Konterrevolutionäre zu halten. Die Entchristianisierung, die vom Herbst 1793 bis zum Frühjahr 1794 andauerte, ging mit dem Streben nach einem eigenen, revolutionären Kult einher, den der Abgeordnete Joseph Fouché im Département Nièvre im Frühherbst 1793 einzuführen begann und der vom Nationalkonvent dankend aufgenommen wurde.

Es standen sich nun „zwei antagonistische Religionen, die katholische und die revolutionäre" (Langlois et al. 1996, 38) gegenüber. Die von Fouché praktizierte Instrumentalisierung der ‚alten‘ religiösen Plätze, Riten und Routinen zur Mobilisierung der Bürger_innen für die Revolutionskriege wurden in Paris übernommen und ausgeweitet. Der revolutionäre *Culte de la Raison* schlug sich in erster Linie in einer

---

10 Robespierre geht in seiner Rede vom 5. Februar 1794 auf den Fall ein, den er als Beispiel für die falsche Militanz gegen die Kirche zitiert. Schneider war ehemaliger Franziskaner, Priester und schließlich militanter Revolutionär. Er wurde im April 1794 in Paris hingerichtet.

Umwidmung der Kirchen nieder, die nun zu Tempeln der Vernunft und der Republik wurden. Der *Culte de la Raison* blieb abstrakt, grenzte Vernunft von Religion ab und war auf die revolutionären Zentren beschränkt. Anders der *Culte de l'Être suprême*, den Robespierre – je nach Interpretationsperspektive - entweder als Gegengewicht zum atheistischen oder zumindest deistischen *Culte de la Raison* oder zur Legitimation der *Terreur* etablierte (Fauchois 1989, S. 83). Dieser richtete sich an das religiöse Gefühl. In einer Rede vor dem Nationalkonvent vom 26. März 1793 rechtfertigte sich Robespierre noch gegenüber jenen, „die aufgeklärter sind als ich es bin" (Robespierre 1953, S. 235), weil er den Glaube an das höchste Wesen in den Nöten der Revolutionszeit brauche und dies „ein Gefühl [seines] Herzens" (ebd. S. 234) sei. Ein Jahr später erließ er dagegen ein Dekret, das den Glauben an einen konfessionslosen Gott zur Bürgerpflicht erklärte. Mit der Begründung der tugendhaften *Terreur* in seiner Rede vom 5. Februar 1794 als notwendigen Einsatz der demokratischen Regierung in Revolutionszeiten wurden die militanten Anti-Klerikalen genauso zu Staatsfeinden wie die aufständischen Royalisten und romtreuen Priester, da beide Gruppen das Ziel hätten, die Revolution zu destabilisieren. Der „gewaltvolle Angriff gegen die religiösen Vorurteile" habe „die Samen des Bürgerkriegs verteilt" und schade der „gesunden Politik [...] der Freiheit der Kulte" (Robespierre 1967, S. 363). Mit seiner Vorstellung des Dekrets des Wohlfahrtausschusses vom 7. Mai 1794 vor dem Nationalkonvent brach Robespierre jedoch selbst mit der Freiheit der Kulte: Atheisten wurden explizit zu Konterrevolutionären, weil ihre nihilistische Doktrin „das Laster erfreut, die Tugend betrübt und die Menschheit degradiert" (Robespierre 1967, S. 452). Explizit verurteilte er hier die radikalen Aufklärer, die Enzyklopädisten, die einen Patriotismus durch ihren atheistischen Materialismus verunmöglichten. Während Rousseau die Volkssouveränität mit aller Deutlichkeit gegen die Regierung konzipierte und Tugend für ihn deshalb auch niemals eine Frage der Regierenden sein konnte sondern nur ein Erziehungsziel der sozialen Institutionen, setzte Robespierre auf die Tugend der Regierung, die er letztlich nur durch das überirdische Sanktionspotential eines höchsten Wesens garantiert denken konnte (vgl. Robespierre 1967, S. 453). Das Dekret machte den Glauben an einen konfessionslosen Gott und an die Unsterblichkeit der Seele zur Pflicht und führte die neuen Feiertage der Republik ein. Damit endete die Opposition von Religion und Revolution, jedoch ohne das Christentum zu rehabilitieren.

Literaturverzeichnis

Cassirer, Ernst (2007), *Die Philosophie der Aufklärung* [1932], Hamburg.

Condillac, Étienne Bonnot de (1959), „Die Logik oder die Anfänge der Kunst des Denkens" [1780], in: Georg Klaus (Hg.) *Étienne Bonnot de Condillac. Die Logik oder die Anfänge der Kunst des Denkens, Die Sprache des Rechnens*, Ost-Berlin. S. 1-116.

D'Alembert, Jean le Rond (1751), „Discours Préliminaire des Editeurs", in: *Encyclopédie, ou dictionnaire raisonné des sciences, des arts et des métiers, etc.,* eds. Denis Diderot and Jean le Rond d'Alembert. University of Chicago: ARTFL Encyclopédie Project (Spring 2016 Edition), Robert Morrissey and Glenn Roe (eds), http://encyclopedie.uchicago.edu/.

D'Alembert, Jean le Rond (1753), „Collège", in: *Encyclopédie, ou dictionnaire raisonné des sciences, des arts et des métiers, etc.,* eds. Denis Diderot and Jean le Rond d'Alembert. University of Chicago: ARTFL Encyclopédie Project (Spring 2016 Edition), Robert Morrissey and Glenn Roe (eds), http://encyclopedie.uchicago.edu/.

D'Alembert, Jean le Rond (1967), „Brief an Voltaire, 13. Mai 1759", in: *Oeuvres complètes de d'Alembert*, Bd. V, Genf. S. 63

D'Alembert, Jean le Rond (1986), *Essai sur les Éléments de Philosophie* [1759], Paris.

Darnton, Robert (1998), *Glänzende Geschäfte. Die Verbreitung von Diderots ‚Encyclopédie' oder: Wie verkauft man Wissen mit Gewinn?,* Frankfurt.

D'Holbach, Paul-Henri Thiry (1971), „Le Christianisme dévoilé" [1766], in: Charbonnel, Paulette (Hg.), *D'Holbach. Premières Oeuvres*, Paris. S. 94-138.

Diderot, Denis (1755), „Encyclopédie", in: *Encyclopédie, ou dictionnaire raisonné des sciences, des arts et des métiers, etc.,* eds. Denis Diderot and Jean le Rond d'Alembert. University of Chicago: ARTFL Encyclopédie Project (Spring 2016 Edition), Robert Morrissey and Glenn Roe (eds), http://encyclopedie.uchicago.edu/ .

Dufour, Théophile (1927), *Correspondance Générale de J.-J. Rousseau*, Bd. VII, Paris.

Fauchois, Yann (1989), *Religion et France Révolutionnaire*, Paris.

Helvétius, Claude Adrien (1825), *Oeuvres Complètes*. Nouvelle Édition, Bd. 1, Paris.

Israel, Jonathan (2008), *Enligthenment Contested.Philosophy, Modernity, and the Emancipation of Man 1670-1752*, Oxford New York.

Langlois, Claude; Tackett, Timothy; Vovell, Michel (1996), *Atlas de la Révolution Française*, Bd. 9, Paris.

Le Ru, Véronique (2007), *Subversives Lumières. L'Encyclopédie comme machine de guerre*, Paris.

Maier, Hans (1975), *Revolution und Kirche. Zur Frühgeschichte der christlichen Demokratie*, München.

Marx, Karl (1972), „Die Heilige Familie" [1845], in: Marx, Karl; Engels, Friedrich, *Werke*, Bd. 2, Ostberlin. S. 3 – 223.

Naumann, Manfred (1964), „Zur Publikationsgeschichte des 'Christianisme dévoilé'", in: Dietze, Walter; Krauss, Werner (Hg.), *Neue Beiträge zur Literatur der Aufklärung*, Berlin. S. 155-183.

Poland, Burdette C. (1957), *French Protestantism and the French Revolution*, Princeton New Jersey.

Rehm, Michaela (2000), „Ein rein bürgerliches Glaubensbekenntnis: Zivilreligion als Vollendung des Politischen?", in: Brandt, Reinhard; Herb, Karlfriedrich (Hg): *Jean-Jacques Rousseau. Vom Gesellschaftsvertrag oder Prinzipien des Staatsrechts*, Berlin. 213-239.

Robespierre, Maximilien (1953), ‚Séance du 26. März 1792', in: Bouloiseau, Marc; Soboul, Albert; (Hg.), *Oeuvres de Maximilien Robespierre*, Bd. VIII, Paris. S. 229-241.

Robespierre, Maximilien (1967), „Séance du 5. Februar 1794", in: Bouloiseau, Marc; Soboul, Albert (Hg.), *Oeuvres de Maximilien Robespierre*, Bd. X, Paris. S. 350-366.

Robespierre, Maximilien (1967), „Séance du 7. Mai 1794", in: Bouloiseau, Marc; Soboul, Albert (Hg.), *Oeuvres de Maximilien Robespierre*, Bd. X, Paris. S. 442-464.

Rousseau, Jean-Jacques (1964), „Du Contract Social ou Essai sur la Forme de la République (première version)" [unveröff. (Genfer) Manuskript 1755-60], in: Gagnebin, Bernard; Raymond, Marcel (Hg.), Jean-Jacques Rousseau – *Œuvres Complètes* III, Paris. S. 279-346.

Rousseau, Jean-Jacques (1964), „Du Contrat social ou Principes du Droit Politique" [1762], in: Gagnebin, Bernard; Raymond, Marcel (Hg.), Jean-Jacques Rousseau – *Œuvres Complètes* III, Paris. S. 347-470.

Rousseau, Jean-Jacques (1964), „Projet de Constitution pour la Corse" [1825], in: Gagnebin, Bernard; Raymond, Marcel (Hg.), Jean-Jacques Rousseau – *Œuvres Complètes* III, Paris. S. 899-950.

Rousseau, Jean-Jacques (1969), „Lettre à Voltaire 18. Août 1756", in: Gagnebin, Bernard; Raymond, Marcel (Hg), Jean-Jacques Rousseau – *Œuvres Complètes* IV, Paris. S. 1057-1075.

Rousseau, Jean-Jacques (1969), „Émile" [1762], in: Gagnebin, Bernard; Raymond, Marcel (Hg), Jean-Jacques Rousseau – *Œuvres Complètes* IV, Paris. S. 241-881.

Stein, Edith (1952), *Des Hl. Thomas von Aquino Untersuchungen über die Wahrheit* [übers. Stein, Edith), Band 1, Freiburg.

Norbert Campagna

Die Frage nach der Trennung von Kirche und Staat bei Benjamin Constant und Alexis de Tocqueville

Einleitung

Alexis de Tocqueville wurde 1805 in Paris geboren. Genau ein Jahrhundert später wird, auch in Paris, und zwar in der *Assemblée nationale*, der Tocqueville zu seiner Zeit als Abgeordneter angehört hatte, das Gesetz geboren, durch das von diesem Zeitpunkt an in Frankreich die Kirche offiziell vom Staat getrennt wird.[1] Die *grande nation* ist nunmehr eine *république laïque*.[2] Die Debatte um die Trennung verlief nicht ohne ganz vehemente verbale Konflikte. Ihre Wurzeln hat sie in einer weit zurückliegenden Vergangenheit[3] und die Debatten sind noch lange nicht abgeschlossen.[4]

In der Einleitung zu einer 1858 unter dem Titel *La liberté religieuse* veröffentlichten Sammlung von Artikeln schreibt Édouard Laboulaye, einer der führenden liberalen Denker und Akteure seiner Zeit, dass die religiöse Freiheit wesentlich zwei miteinander zusammenhängende Dimensionen umfasst, und zwar erstens die Gewissensfreiheit und zweitens die politische Unabhängigkeit der religiösen Gemeinschaf-

---

1 Der Singular „Kirche" soll hier nicht darüber hinwegtäuschen, dass die durch das Gesetz bewirkte Trennung *alle* organisierten religiösen Gemeinschaften betrifft. Sein Gebrauch spiegelt den damals üblichen Gebrauch in den Debatten wider. Und dieser Gebrauch erklärt sich dadurch, dass die katholische Kirche damals die stärkste organisierte religiöse Gemeinschaft in Frankreich war. Sie war aber nicht die einzige vom Staat anerkannte religiöse Gemeinschaft – neben ihr wurden etwa auch der Protestantismus und das Judentum anerkannt.
2 Elsass und Lothringen – das gesamte *département* der *Moselle* und ein Teil der *Meurthe-et-Moselle* – gehörten damals – und seit 1871 – zu Deutschland, so dass das Gesetz sie nicht betraf. Als diese Territorien nach der deutschen Niederlage im Jahre 1918 wieder französisch wurden, galt für sie eine Sonderregelung, die auch heute noch in Kraft ist. Diese Regelung betrifft etwa den Religionsunterricht an den öffentlichen Schulen oder die Schließung der Geschäfte am Karfreitag.
3 Von Philipp dem Schönen über den Gallikanismus bis ins 20. Jahrhundert hinein, widersetzt sich der französische Staat dem Einfluss der Kirche auf die Politik. Dabei muss aber festgehalten werden, dass durch das Gesetz von 1905 nicht nur die Trennung von *Rom* bewirkt werden soll – eine Trennung die, wie das eben genannte Beispiel des Gallikanismus zeigt, die Möglichkeit einer nationalen Kirche bestehen lässt –, sondern eine Trennung von allen religiösen Gemeinschaften.
4 Im Dezember 2014 mussten sich etwa Gerichte mit der Frage befassen, ob eine Stadt, also ein öffentlicher Akteur, der dem Gesetz von 1905 unterworfen ist, für Weihnachten eine Krippe in einem öffentlichen Ort – etwa einem kommunalen Gemeindehaus – einrichten durfte.

ten (Laboulaye 1858, S. vii). Diese zweite Dimension, die Laboulaye mit der Trennung von Kirche und Staat gleichsetzt, gilt ihm als Garantie für die erste.

Den Begriff der religiösen Freiheit ist dabei auf doppelte Weise zu interpretieren, und zwar einerseits als Freiheit des Staates von der Religion und andererseits als Freiheit der Religion vom Staat. Gemäß der ersten Interpretation muss der Staat seinen politischen Kurs bestimmen können, ohne sich an religiöse Vorgaben halten zu müssen. Das bedeutet u.a. auch, dass der Klerus keinen Einfluss auf die Gestaltung der Politik haben darf. Es schließt allerdings nicht aus, dass er eine religionskonforme Politik führt, also eine Politik, deren Inhalte mit denen einer bestimmten Religion übereinstimmen. Aber er darf diese Politik nicht führen, *weil* sie religionskonform ist.[5] Gemäß der zweiten Interpretation des Begriffs der religiösen Freiheit, müssen die religiösen Gemeinschaften ihre internen Angelegenheiten abseits von staatlichen Eingriffen regeln können. Zu diesen Angelegenheiten gehören etwa die Festlegung der religiösen Lehren, die Ernennung religiöser Würdenträger, das Verhängen religiöser Sanktionen, usw. Das schließt nicht aus, dass die religiösen Gemeinschaften, wie alle anderen Gemeinschaften – politische Parteien, Gewerkschaften, Umweltschutzverbände, usw. –, dem allgemeinen Gesetz unterworfen sind, so dass der Staat durchaus das Recht, wenn nicht sogar die Pflicht, hat, aus religiösen Motiven begangene Straftaten gesetzlich zu ahnden.[6] Auch muss der Staat jedem Gläubigen das Recht garantieren, aus einer Religionsgemeinschaft austreten zu dürfen. Gemäß der ersten Interpretation ist es ihm aber strikt untersagt, aus religiösen Motiven einzugreifen. Diesem religionsinternen Aspekt der zweiten Interpretation kann noch ein interreligiöser Aspekt hinzugefügt werden, demzufolge dem Staat auch untersagt wird, sich auf jegliche Art und Weise in den Konkurrenzkampf der Religionen einzumischen – zumindest solange dieser Konkurrenzkampf gewaltlos verläuft und die für alle Gemeinschaften und die den Konkurrenzkampf aller Gemeinschaften regelnden Normen eingehalten werden.

Die Gegner der Religion im Allgemeinen und der Kirche im Besonderen berufen sich hauptsächlich, wenn nicht sogar ausschließlich, auf die erste dieser beiden Interpretationen. Für sie gilt es, das Gesetz von allen religiösen Relikten zu befreien, und das ist in ihren Augen nur möglich, wenn der Staat sich vor keiner religiösen Instanz zu verantworten hat. Sie sind meistens kaum oder sogar überhaupt nicht am Schicksal der Religion und der religiösen Gemeinschaften interessiert. Und wenn einige

---

5 So kann etwa ein Verbot der Euthanasie lediglich durch die Angst vor einem Missbrauch bedingt sein und braucht nicht durch das religiöse Prinzip der Heiligkeit des Lebens begründet zu werden. Oder man kann das Prinzip der Solidarität anwenden, ohne es durch Rückgriff auf die christliche Nächstenliebe zu begründen.

6 Im Falle von Tieren ist der Staat offener für religiös motivierte Handlungen die von einem großen Teil der Bevölkerung als grausam betrachtet werden – man denke hier etwa an rituelle Schächtungen. Problematischer sind Fälle wie die sowohl für das Judentum als auch den Islam charakteristische Beschneidung des männlichen Genitals.

von ihnen an deren Schicksal interessiert sind, dann nur insoweit sie einen instrumentellen Charakter im Dienste des Staates und der politischen Machthaber haben können. Wenn der Staat nicht ohne die Religion als Herrschaftsinstrument auskommt, dann sollte er auf sie zurückgreifen können, aber er sollte sie zugleich völlig unter seine Kontrolle bringen. Geht man diesen Weg konsequent, dann landet man beim sogenannten Cäsaropapismus – der oberste weltliche Herrscher (*caesar*) ist zugleich oberster spiritueller Herrscher (*papa*).[7] Hobbes ist u.a. der Auffassung, dass der Konflikt zwischen weltlicher Politik und religiöser Moral nur dadurch vermieden werden könne, dass der Souverän den Inhalt der religiösen Moral selbst festlegt.

Jemandem wie Laboulaye ist das Schicksal der Religion nicht gleichgültig. Wenn er in der Einleitung zu seinem vorhin erwähnten Buch schreibt, die Religion sei „die größte der politischen Kräfte" (Laboulaye 1858, S. xiii), so ist das nicht im Sinne der Tradition zu verstehen, die in der Religion nur ein *instrumentum regni*, also ein Herrschaftsinstrument in den Händen der Mächtigen, sieht. Als konsequenter Liberaler versteht Laboulaye die Dimension des Politischen nicht nur einseitig, als Einfluss des Staates auf das Leben der Individuen, sondern er berücksichtigt auch den Einfluss der Individuen auf den Staat, und vor allem den Einsatz der Individuen für die Freiheit, eine Freiheit die durch den Staat gefährdet werden kann. In einem der im Buch abgedruckten Artikel heißt es: „Nur durch den Glauben ist der Mensch etwas, er opfert sich nur für Ideen, er widersetzt sich nur im Namen der Pflicht, und deshalb kann man sagen, dass die religiöse Frage, betrachtet man nur die weltlichen Angelegenheiten, mehr denn je eines der großen Probleme der Zukunft ist" (Laboulaye 1858, S. 72).

In diesem Beitrag möchte ich mich mit diesem besagten großen Problem der Zukunft befassen, zumal es immer noch ein Problem der Gegenwart ist. Dabei werde ich einen bestimmten Aspekt des Problems herausheben und mich auf die Diskussion dieses Aspekts bei zwei Autoren beschränken. Es wird mir darum gehen zu sehen, ob der Staat etwas tun soll, um erstens die Religion als solche, und zweitens religiöse Gemeinschaften zu fördern – ob eine, alle oder nur einige, ist eine Zusatzfrage. Falls die Religion nicht ohne religiöse Gemeinschaften bestehen kann, ist die Antwort auf die erste Frage zugleich die Antwort auf die zweite.[8] Die beiden erwähnten Autoren sind Benjamin Constant und Alexis de Tocqueville, zwei der gro-

---

7 Auch wenn beide lateinischen Begriffe einer bestimmten, römischen, Tradition entsprechen, kann ihre Zusammensetzung doch allgemein gebraucht werden. Dabei ist zu beachten, dass im Cäsaropapismus die weltliche Autorität die religiösen Inhalte bestimmt. Wo die religiöse Autorität die weltlichen und damit auch politischen Inhalte bestimmt, haben wir es eher mit einer Hierokratie zu tun.

8 Auch wenn die Frage, ob es religiöse Gemeinschaften ohne Religion auf den ersten Blick absurd erscheint, lässt sich ihr doch ein Sinn abgewinnen, wenn man im Begriff der Religion den Aspekt des äußeren Ritus oder der bloß nominellen Zugehörigkeit vom Aspekt des inneren Glaubens unterscheidet. Hier ließe sich dann fragen, ob der Staat den Übergang einer bloßen *de facto* oder *de iure* zu einer sozusagen *de credo* religiösen Gemeinschaft fördern darf und soll.

ßen französischen Theoretiker des Frühliberalismus, die sich beide ausführlich mit der Frage der politischen Relevanz der Religion befasst haben.[9] Eine ihrer Grundprämissen lautet: Ohne Religion, sprich ohne religiöses Bewusstsein, kann es keine politische und bürgerliche Freiheit geben. Diese Grundprämisse verweist bei beiden Autoren einerseits darauf, dass der Mensch sich nur dann als Subjekt der Freiheit denken kann, wenn er sich seiner Würde bewusst wird, wobei dieses Bewusstsein ihm nur durch ein religiöses Denken vermittelt werden kann, da nur ein solches Denken den Menschen in eine Sphäre versetzt, in welcher er sich als ein spirituelles Wesen begreift. Und sie verweist andererseits darauf, dass das Individuum nur dann Opfer für die Freiheit und deren Erhalt bringen wird, wenn sein Handeln durch religiöse Motive bestimmt wird. Die Religion spielt somit eine Rolle auf theoretischer und auf praktischer Ebene. Sie ist eine Denk- und eine Handlungsvoraussetzung: ohne sie kann man die menschliche Würde nicht denken, und ohne sie kann ein selbstloses Handeln im Sinne dieser Würde nicht stattfinden.

Wenn man nun davon ausgeht, dass ein liberaler Staat sich der Freiheit und der ihr zu Grunde liegenden menschlichen Würde verschreibt[10], dann wird man fragen müssen, ob diesem Staat die Religion gleichgültig sein kann, wurzeln doch Freiheit und Würde, wenn man Constant und Tocqueville folgt, letztlich in ihr.[11] So hatte Ernst-Wolfgang Böckenförde einst behauptet, „der freiheitliche, säkularisierte Staat leb[e] von Voraussetzungen, die er selbst nicht garantieren kann" (Böckenförde 1992, S. 112). Bei Constant und Tocqueville geht es nicht bloß um das Leben des Staates, sondern auch um die Bewahrung der Würde und Freiheit der Individuen. Für sie lautet die Frage, was der freiheitliche, säkularisierte Staat unternehmen darf, um das Bewusstsein der Würde und der Freiheit direkt oder indirekt in den Individuen zu fördern. Und da in ihren Augen Würde und Freiheit mit Religion zusammen-

---

9   Im Gegensatz zu Tocqueville, der kein spezifisches Werk zur Religion verfasst hat, ist Constant der Autor einer, posthum erschienenen, groß angelegten Studie über die Entwicklung der Religionen. Was auch immer der religionshistorische Wert der Ausführungen Constants sein mag, so enthält das Buch eine Fülle von Bemerkungen, die auf die politische Relevanz der Religion, und vor allem des religiösen Gefühls eingehen. Lucien Jaume weist darauf hin, dass Constants Buch über die Religion „fast einen Skandal bei den Liberalen hervorruft" (Jaume 2008, S. 176), da diese nicht verstehen, wieso Constant der Religion eine derart große Rolle zuschreibt. Für eine Diskussion der Einbettung der Religion in das Gesamtdenken dieser beiden Autoren, verweise ich auf Campagna 2001 und Campagna 2003.

10   „Die Würde des Menschen ist unantastbar", wie es im Deutschen Grundgesetz (Art. 1 Abs. 1) heißt.

11   In seinen *Commentaries on the Constitution of the United States*, schreibt Joseph Story 1833, dass es ganz normal ist, das seine republikanische Regierung die christliche Religion unterstützt, da diese die Religion der Freiheit ist (Auszug in: Dreisbach & Hall 2009, S. 435).

hängen, lautet die Frage schlicht und einfach, was der freiheitliche, säkularisierte Staat für die Religion tun darf und gegebenenfalls tun soll.[12]

Für Constant und Tocqueville gibt es dabei zwei Politiktypen, die es absolut zu vermeiden gilt, und die gleichsam zwei Extrempositionen darstellen. Der erste, überkommene, geht sozusagen von einer staatlich verordneten Religion aus. Dieses Modell kennzeichnete das *Ancien Régime* und habe der Religion geschadet, da die Gegner des Staates sich gleichfalls zu Gegnern der Religion entwickelten. Das alte Band zwischen Staat und Religion muss geschnitten werden. Aber, und damit sind wir beim zweiten Extrem, man dürfe nicht so tun, als sei die Religion eine reine Privatsache[13], oder als sei die Religion schädlich für die Freiheit, so dass dem Staat die Aufgabe zukommen würde, die Religion zu bekämpfen. Um es zusammenfassend zu sagen: für Constant und Tocqueville darf weder die Freiheit im Namen der Religion gehemmt, noch darf die Religion im Namen der Freiheit bekämpft werden.[14]

Mein Beitrag ist in drei Teile gegliedert. In einem ersten Teil gehe ich auf die politische Rolle der Religion bei Constant und Tocqueville ein[15] und zeige, wie beide Denker einen Zusammenhang zwischen Religion, Freiheit und Würde herstellen. In den beiden nächsten Teilen wird zu sehen sein, welche Konsequenzen beide aus ihren Ansichten bezüglich der politischen Rolle der Religion ziehen. Zuerst wird Constants religionspolitisches Programm im zweiten Teil des Beitrags diskutiert. Auch wenn er grundsätzlich für eine Trennung plädiert, erwähnt er an einer Stelle seiner Schriften die Möglichkeit einer staatlichen Subventionierung bestimmter religiöser Gemeinschaften. Tocqueville, der sich am amerikanischen Beispiel orientiert, erwähnt eine solche Subventionierung nicht. Allerdings, wie wir im dritten Teil des Beitrags sehen werden, ruft er die öffentlichen Autoritäten dazu auf, die Menschen indirekt zur Religion hinzuführen.

---

12 Uhde stellt den Zusammenhang zwischen Staat, Religion und Freiheit bei Tocqueville ganz schön dar, wenn sie schreibt: „Durch die Wechselbeziehung der Religion mit der Freiheit und die Erklärung der Freiheit zum Staatszweck findet Tocqueville einen inhaltlichen Staatsbegriff, der über die Vorstellung des Staates als ‚Institution zur Daseinsermöglichung‘ hinausgeht" (Uhde 1978, S. 97).

13 So dass man etwa ihren politischen Nutzen abstreitet. In einem Brief Tocquevilles an Arthur de Gobineau heißt es: „Leider haben wir andere Meinungsverschiedenheiten, und weitaus schlimmere. Ihr scheint mir bis zum politischen Nutzen der Religionen in Frage zu stellen. Hier bewohnen Sie und ich die Antipoden" (Tocqueville OC IX , S. 68).

14 Beide Autoren würden folgende Aussage von Galston unterschreiben: „[N]either secularism nor fundamentalism can serve as an adequate basis for a liberal society" (Galston 1987, S. 517).

15 Ich werde mich hier auf eine Diskussion der christlichen Religion beschränken. Auf eine Diskussion des Islam bei Tocqueville – aber auch bei anderen liberalen Denkern – einzugehen, würde zu weit führen, wäre aber durchaus die Mühe wert, dass man ihr einen eigenen Beitrag, wenn nicht sogar ein eigenes Buch widmet.

1. Die politische Rolle der Religion bei Constant und Tocqueville

Constant und Tocqueville sind beide gleichermaßen davon überzeugt, dass Religion eine notwendige Bedingung für Freiheit[16] ist. In seiner Schrift über die Religionen schreibt Constant: „[K]ein unreligiöses Volk ist frei geblieben" (Constant 1999, S. 62). Und bei Tocqueville, der den kategorischen Behauptungen vorsichtige Formulierungen vorzieht[17], wird es einige Jahrzehnte später lauten: „[I]ch bin dazu geneigt zu denken, dass [der Mensch], wenn er nicht den Glauben hat, dienen muss, und dass er, wenn er frei ist, glauben muss" (Tocqueville OC I, 2, S. 29).[18]

Während bei Tocqueville, wie wir noch sehen werden, der Glaube an die religiösen Dogmen maßgeblich ist, legt Constant einen großen Wert auf das religiöse Gefühl.[19] Seine eben zitierte Aussage wäre demnach wie folgt zu verstehen: wo das religiöse Gefühl abnimmt oder fehlt, wird auf die Dauer auch die Freiheit verschwinden bzw. gar nicht aufkommen. Eine präzise Bestimmung dieses religiösen Gefühls gibt Constant nicht. An einer Stelle beschreibt er es als „die Antwort auf jenen Schrei der Seele, den niemand zum Verstummen bringen kann, auf jenen Schwung zum Unbekannten, zum Unendlichen, den niemand ganz zähmen kann, wie sehr er sich auch Ablenkung sucht, mit welcher Fertigkeit er sich auch betäuben oder sich herabwürdigen mag" (Constant 1999, S. 50). Der Hinweis auf die Ablenkung könnte eine Anspielung auf Pascals „divertissement" sein, durch den der Mensch sich selbst davon ablenkt, seine existentielle Situation zu betrachten und über sie zu reflektieren. Während sich bei Pascal aber der Mensch vor dem Schweigen der unendlichen Räume fürchtet und seiner eigenen Wertlosigkeit bewusst ist, da er keiner Antwort auf seine Frage nach dem Sinn gewahr wird, ist Constant näher an Kants Position, für den der Blick in das weite Universum eine Art *ratio cognoscendi* der Werthaftigkeit des Seins ist. Bei Constant fühlt sich die Seele im Unbekannten geborgen, denn sie empfindet dort die Präsenz bestimmter übernatürlicher sinnstiftender Mächte. Die rein empirische Existenz des Individuums, aber auch die Existenz der historisch und sozial situierten Menschheit, verweisen auf etwas, das diese Begebenheiten transzendiert und sie in einen Sinnzusammenhang stellt.

---

16 Es sei gleich hier darauf aufmerksam gemacht, dass sowohl Tocqueville als auch Constant einen normativen Begriff der Freiheit benutzen und Freiheit nicht mit Willkür gleichsetzen. „Tocquevillian liberty", so Cheryl Welch, „contains some dimension of duty and loyalty to a larger whole" (Welch 2001, S. 53). Nur als solche, so Welch weiter, kann sie als Ausdruck der menschlichen Würde angesehen werden.

17 Hier ist sogar eine doppelte Vorsicht. Tocqueville sagt nicht nur „Ich denke", sondern „Ich bin geneigt zu denken".

18 In einem Nachruf auf seinen Freund Tocqueville, schreibt Jean-Jacques Ampère: „[D]enn er nahm nicht an, ich habe ihn dies oft sagen hören, dass ein unreligiöses Volk fähig sein konnte, frei zu sein" (Tocqueville OC XI, S. 448).

19 Um komplett zu sein, müsste man hier noch den religiösen Rationalismus von Vinet, Guizot und Cousin erwähnen (Dazu Battista 1976, S. 31).

Für Constant ist der Mensch das einzige Wesen das in der Lage ist, das religiöse Gefühl zu empfinden. Und er ist auch der Überzeugung, dass alle Menschen dieses religiöse Gefühl empfinden können. Das religiöse Gefühl könne sicherlich temporär zum Schweigen gebracht werden, etwa durch Ablenkung, aber das bedeute nicht, dass damit auch die Fähigkeit, dieses Gefühl zu empfinden, verschwindet. Die Natur habe jeden Menschen dazu befähigt, sich der Existenz eines transzendenten Sinns gewahr zu werden.[20]

Dieser Rückgriff auf die Natur als Ursprung des religiösen Gefühls erlaubt es Constant auch, das Argument der Illusion zu widerlegen. Dieses Argument besagt, dass wir nicht ausschließen können, dass wir uns die Existenz eines transzendenten Sinns nur vorspiegeln, dass es also eine Illusion ist, die, wie Freud später sagen wird, aus dem Wunsch oder gar der Begierde entsteht, einen Sinn zu finden. Constant ist der Überzeugung, dass die Natur nichts umsonst tue und uns nicht täuschen könne. Wenn sie uns demnach das Gefühl der Existenz unsichtbarer Mächte gibt, dann existieren diese Mächte auch.

Das religiöse Gefühl darf, laut Constant, aber nicht mit den historischen Religionen gleichgesetzt werden. Es bildet für ihn vielmehr den formlosen Urquell, aus dem alle Religionen hervorgehen. Diese sind demnach nichts anderes als der immer unvollkommene Versuch, dem religiösen Gefühl einen wahrnehmbaren Ausdruck zu geben. Die konstitutionelle Unvollkommenheit der Religionen bedeutet deshalb aber nicht, dass sie alle gleichwertig sind. Vielmehr entwickeln sie sich, so immer noch Constant, mit dem menschlichen Geist.[21] Diese Entwicklung kann zwar zeitweilig gehemmt werden, aber nie definitiv. Die etablierten Religionen können dabei ein Hemmnis darstellen, da die Priesterkaste Eigeninteresse entwickelt, die nicht unbedingt mit den Interessen der Menschheit übereinstimmen. In solchen Epochen entsteht dann einerseits der Ruf nach religiöser Freiheit und andererseits der Kampf gegen das Religiöse als solche – weil nicht genügend zwischen dem Religiösen und den gesellschaftlichen Manifestationen des Religiösen – also den Religionen – unterschieden wird. Mit der Zeit setzt sich aber das religiöse Gefühl durch, und die alte Religion wird durch eine neue ersetzt. Als protestantischer Autor der im Übergang vom 18. zum 19. Jahrhundert lebt, sieht Constant im Christentum, und vornehmlich im Protestantismus, die bislang reinste Ausprägung des religiösen Gefühls.

---

20 Die Religion ist aber nur eines der Eingangstore zu dieser Transzendenz. An einer Stelle erwähnt Constant auch die Künste (vgl. Constant 2004, S. 191). Die Kunst wird auch von Vacherot erwähnt, der in ihr behauptet, sie würde die Religion ersetzen (vgl. Vacherot 1860, S. 63). Todorov sieht auch in der Liebe ein solches Eingangstor bzw. einen Ursprung für das Gefühl des Unendlichen (vgl. Todorov 1997, S. 150).

21 Constant vertritt eine optimistische Geschichtsphilosophie, die in der Geschichte den sich nie abschließenden Prozess der intellektuellen und moralischen Vervollkommnung des Menschen sieht.

Die politische Rolle des religiösen Gefühls[22] lässt sich hauptsächlich an zwei Elementen festmachen, die aber ganz eng miteinander zusammenhängen. Einerseits vermittelt uns das religiöse Gefühl den Sinn für unsere eigene Würde.[23] Insofern wir die einzigen Wesen sind, die sich der Sinnhaftigkeit des Seins bewusst werden können, nehmen wir eine herausgehobene Stellung in der Schöpfung ein, und darin besteht gerade unsere Würde. Und diese Würde ist andererseits das, was unsere Freiheit begründet. Weil wir Würde haben, haben wir ein Recht auf Freiheit, weil nur Freiheit einem Wesen mit Würde geziemt. Diese Freiheit ist aber nicht bloß als die Freiheit eines empirischen Individuums zu sehen, sondern jedes empirische Individuum ist der Träger einer die Menschheit insgesamt kennzeichnenden Freiheit. Durch das religiöse Gefühl nimmt sich das Individuum als Teil der Menschheit wahr, und diese Wahrnehmung begründet die Opferbereitschaft für die Freiheit. Nur wer den Wert einer freien Menschheit sieht, wird bereit sein, bis hin zu seinem eigenen Leben für die Verwirklichung dieses Wertes zu opfern.

Diese Opferbereitschaft manifestiert übrigens auch eine andere Dimension unserer Würde. Constant stellt nämlich das individuelle Eigeninteresse und das religiöse Gefühl einander gegenüber.[24] Auch wenn das individuelle Eigeninteresse uns nicht unbedingt zu kriminellen Taten verführt – vor allem nicht, wenn es aufgeklärt oder wohlverstanden ist –, so kann man doch nicht von ihm erwarten, dass es uns zur Opferbereitschaftführt, aus der wir keine größeren Vorteile ziehen können. Doch das Opfer des eigenen Lebens ist ein solches Opfer. Während das wohlverstandene Eigeninteresse uns demnach immer auf unsere animalische Natur zurückführt – für diese ist die individuelle Selbsterhaltung der höchste Wert –, erhebt uns das religiöse Gefühl über diese animalische Natur, da es uns gewahr werden lässt, dass wir in der Lage sind, uns für höhere Werte als die Selbsterhaltung zu opfern. Aus der Sicht des wohlverstandenen Eigeninteresses ist das Selbstopfer – auch wenn es für die Freiheit geschieht – dumm oder unvernünftig, aus der Sicht des religiösen Gefühls ist ein Handeln bloß nach dem Selbstinteresse niedrig, eine Form der Herabwürdigung (Constant 1999, S. 30ff.).

Wenn die Erhaltung der Freiheit die Opferbereitschaft für sie verlangt und wenn diese Opferbereitschaft das religiöse Gefühl voraussetzt, dann versteht man, wieso Constant behaupten kann, dass kein unreligiöses Volk frei geblieben ist. Ein solches Volk wird nämlich bereit sein, seine Freiheit auf dem Altar der Selbsterhaltung oder sogar schon des materiellen Glücks zu opfern.

---

22 Man könnte hier auch die politische Rolle einer auf das religiöse Gefühl gegründete Konzeption der Religion erwähnen. So hält etwa Garston fest: „[A] religion of private sentiment, stripped of doctrinal and rational content and thus made useless to those who might try to wield it as an authority over others" (Garston 2009, S. 294).

23 Constant gibt aber zu, dass es auch Fälle geben kann, in denen man moralisch leben kann, ohne ein religiöses Gefühl zu verspüren (vgl. Constant 1997, S. 141).

24 Zu Constants Kritik am Utilitarismus, siehe Campagna 2011.

Dieses materielle Glück, das im 19. Jahrhundert u.a. dank der Industrialisierung einer immer größeren Zahl von Menschen – zumindest in Westeuropa und den Vereinigten Staaten von Amerika – zugänglich gemacht wurde, spielt auch eine wichtige Rolle in den Ausführungen Tocquevilles zur Demokratie. Den Begriff der Demokratie versteht Tocqueville dabei nicht primär politisch, sondern rechtlich und sozial: Eine demokratische Gesellschaft ist eine Gesellschaft, in welcher die Menschen sich als rechtlich Gleiche begegnen. Sie unterscheidet sich von einer aristokratischen Gesellschaft, in welcher es naturgegebene und sich im Recht ausdrückende Standesunterschiede gibt.

Amerika liefert Tocqueville Elemente für die Bestimmung des Idealtyps einer modernen demokratischen Gesellschaft und er zieht auch aus dem amerikanischen Beispiel eine ganze Reihe Lehren für die Bestimmung des Platzes, die die Religion in einer demokratischen Gesellschaft haben sollte. Was ihm dabei auffällt ist, dass die in einer demokratischen Gesellschaft lebenden Menschen einen großen, um nicht zu sagen einen übergroßen, Wert auf den Genuss materieller Güter legen. Dass sie diesen Genuss auf eine zivilisierte Art und Weise suchen und ebenfalls nicht nach unmoralischen Genüssen streben, ist zwar zu begrüßen, ändert aber nichts an der Tatsache, dass sie vergessen, dass es neben den materiellen Gütern auch noch andere Güter gibt, und dass das menschliche Individuum seiner wesentlichen Bestimmung nach mehr ist als ein hedonistischer Nutzenmaximierer.

Hinzu kommt, dass die Menschen in einer demokratischen Gesellschaft die rechtliche Gleichheit auch im Sinne einer intellektuellen Gleichheit verstehen, so dass niemand einsieht, wieso er seinen Verstand dem Verstand eines anderen unterwerfen sollte. Auch wenn sie Descartes nie gelesen haben, wenden die Amerikaner die Methode des französischen Philosophen in ihrem Alltag an und sie akzeptieren keinen Gedanken, wenn sie ihn nicht selbst vorher überprüft und als wahr identifiziert haben.

Würden die Amerikaner diese Prüfung radikal durchführen, bliebe kein Gedanke vom Skeptizismus verschont.[25] Dieser Skeptizismus sei aber kein bloß provisorischer, sondern er sei unaufhebbar, da es viele Sätze gibt, hinsichtlich derer wir nie mittels des bloßen Verstandes bestimmen können, ob sie wahr oder falsch sind. Wie Pascal, der zu seinen Referenzautoren zählt, ist auch Tocqueville der Überzeugung, dass der menschliche Verstand wesentlich begrenzt ist, und dass die Grundprinzipien, für die Descartes eine verstandesmäßige Evidenz forderte, anders als verstandesmäßig erfasst werden müssen. Die der Vernunft unzugängliche Evidenz bestimmter Wahrheiten muss mittels des Herzens erfasst werden.

---

25 Vielleicht mehr noch als der militante Atheismus – der zumindest noch den Gedanken der Wahrheit aufrecht erhält –, ist der Skeptizismus gefährlich. Zur Frage des Skeptizismus bei Constant und Tocqueville, siehe Campagna 2013.

Dies gilt besonders für die Religion. Im Gegensatz zu Constant, der das religiöse Gefühl ins Zentrum seiner Überlegungen stellt, betont Tocqueville die Rolle religiöser Dogmen.[26] Sie werden akzeptiert, ohne diskutiert zu werden, und bilden einen Fundus von Sätzen, die der Großteil der Mitglieder einer Gesellschaft akzeptiert.[27] Sie geben somit der Gesellschaft einen Zusammenhalt, den die bloße Interessenübereinstimmung ihr nicht geben könnte. Dabei ist die Frage nicht, ob die Dogmen wahr oder falsch sind. Der Glaube an falsche Dogmen kann seine bloß diesseitige Rolle prinzipiell ebenso gut erfüllen wie der Glaube an wahre Dogmen.[28]

Abgesehen von der Tatsache, dass religiöse Dogmen dazu beitragen, die Gesellschaft zusammenzuhalten, spielen sie auch eine wichtige Rolle im Leben des Individuums. Indem sie jedem Zweifel entzogen sind, bilden sie eine Art Wegweiser für das Individuum, das dadurch erst handlungsfähig wird. Wer immer nur zweifelt, wird niemals zum Handeln übergehen, und auch wer handelt, aber in seinem Handeln ständig an seinen Handlungsprinzipien zweifelt, wird kaum erfolgreich sein können.

Um diese handlungsleitende und sogar zum Teil handlungsermöglichende Funktion der religiösen Dogmen angemessen zu verstehen, muss darauf hingewiesen werden, dass sich Tocqueville zu Folge aus den religiösen Dogmen moralische Ideen ergeben, so dass diese Dogmen nicht nur Wahrheiten über Gott und das Jenseits enthalten, sondern auch über das Gute und das Böse. Und diese moralischen Wahrheiten besitzen die Festigkeit der religiösen Dogmen aus denen sie sich ergeben. Die Existenz von Dogmen ist besonders in einer demokratischen Gesellschaft wichtig, da eine solche Gesellschaft extrem lebendig ist und es eine große soziale Mobilität in ihr gibt. Der extremen Mobilität im sozialen Leben der Individuen muss ein immobiles Element in ihrem intellektuellen Leben entgegengesetzt werden.

Wie schon vorhin erwähnt, strebt der demokratische Mensch nach materiellen Gütern und in diesem Streben, wie auch in seiner allgemeinen Lebensweise, bleibt er in der Dimension der Kurzfristigkeit. Insofern besteht die Gefahr, dass er sich einer von ihm selbst gewählten politischen Macht unterwirft, die ihm ein Leben im Wohlstand verspricht, vorausgesetzt, er lässt sie schalten und walten wie sie will.

---

26 Dies – aber auch seine eigene Erziehung durch den Abbé Lesueur – erklärt auch, wieso er dem Katholizismus größere Aufmerksamkeit schenkt als dem Protestantismus. Während es Constant eher darum geht, die Affinitäten zwischen Protestantismus und Liberalismus aufzuzeigen, will Tocqueville, wie es Hinckley in der Überschrift eines Aufsatzes formuliert, „[make] Catholicism Safe for Liberal Democracy" (Hinckley 1992).

27 Mehrere Autoren haben auf das Paradox hingewiesen, dass bei Tocqueville um der Bewahrung der menschlichen Freiheit willen, die Freiheit der Kritik oder Hinterfragung beschränkt werden muss. Siehe u.a. Zuckert 1991; Hancock 1991; Hennis 1992. In einem Brief an Kergorlay schreibt Tocqueville, viele Protestanten würden sich in Amerika dem Katholizismus zuwenden, und er gibt dazu folgende Erklärung: „Ihre Vernunft ist ihnen eine Last, die auf ihnen wiegt und die sie mit Freude opfern" (Tocqueville OC XIII, 1, S. 229).

28 Ein Unterschied besteht nur hinsichtlich des jenseitigen Lebens. Wer an falsche Dogmen glaubt, kommt nicht ins Paradies.

Zur Bezeichnung eines solchen Zustandes hat Tocqueville den Begriff des demokratischen Despotismus geprägt. Wie jede Form von Despotismus, setzt sich auch der demokratische Despotismus über den Respekt der menschlichen Würde hinweg, aber während die traditionellen Formen des Despotismus dies durch ein extrem grausames Handeln taten, tut der demokratische Despotismus es auf eine sanfte Art und Weise. Die traditionellen Formen des Despotismus verletzten in erster Linie die körperliche Integrität, die neue Form des Despotismus kümmert sich im Gegenteil um das Wohlergehen des Körpers, verletzt aber das, was die eigentliche Würde des Menschen ausmacht, nämlich die Freiheit in der Form der Selbstbestimmung. Der demokratische Despotismus macht aus erwachsenen Menschen kleine Kinder und behandelt sie dementsprechend. Und das Schlimmste ist, dass er dies mit der Zustimmung der Betroffenen tut. Insofern nämlich die Individuen nach materiellem Wohlergehen streben und der Staat sie in dieser Hinsicht zufriedenstellt, sind sie bereit, auf ihre eigentliche Freiheit zu verzichten.

Die politische Rolle – bzw. eine der politischen Rollen – der Religion besteht für Tocqueville darin, diese Zustimmung zu erschweren, und dies tut sie, indem sie u.a. das – eine aristokratische Weltsicht ausdrückende – Bewusstsein der eigenen Würde in den Individuen entwickelt oder verstärkt.[29] Indem er sich nicht nur als aus einem materiellen Körper bestehend sieht, der, wie alle Körper, vergänglich ist, sondern auch und vor allem als ein Wesen mit einer unvergänglichen Seele, wird der demokratische Mensch gewahr, dass er über der bloß materiellen Welt steht. Und es ist dieses Darüber-Stehen, das seine Würde ausmacht. Das Bewusstsein dieses Darüber-Stehens bringt auch mit sich, dass er sich nicht nur um materielle Dinge kümmert, sondern auch um sein spirituelles Wohlergehen. So bemerkt Tocqueville, dass in Amerika an jedem siebten Tag das gesamte ökonomische Leben ruht und jeder Zeit hat, seinen Blick nach innen zu werfen, bevor er ab Montag wieder in das rein weltliche Leben untertaucht. Die Religion ist somit ein Faktor, der dem Hedonismus entgegenwirkt, und damit auch dem Risiko, dass sich raffinierte Politiker dieses Hedonismus bedienen, um ihre paternalistische Herrschaft zu etablieren. Die Religion verurteilt aber den Hedonismus nicht absolut, denn, wie Tocqueville notiert, lässt sich der demokratische Mensch nicht von seinem hedonistischen Kurs abbringen, und man kann nur darauf hoffen, diesen Kurs zu kanalisieren, nicht aber, ihn in eine vollständig verschiedene Richtung – also Richtung Asketismus – zu lenken.

Diese Kanalisierung des Hedonismus durch die Religion erfolgt auch auf dem Weg eines Abbringens des demokratischen Menschen vom kurzfristigen Denken. Indem dieser Mensch nämlich glaubt, dass er eine unvergängliche Seele hat und dass Gott nach dem Tod ein Urteil über diese Seele fällen wird, wird er seinen Blick auf die ferne Zukunft richten. Dementsprechend wird er lernen, nicht nur die kurzfristi-

---

29 Die Religion, so Lawler, unterstützt und belebt, „the aristocratic opinion that human beings exist for more than the enjoyment of vulgar passions" (Lawler 1991, S. 119).

gen Konsequenzen seines Handelns zu berücksichtigen, sondern auch die mittel- und langfristigen. Und tut er dies, so wird einsehen, dass beim Opfer seiner Freiheit auf dem Altar des Wohlstands die Rechnung vielleicht kurzfristig aufgeht, dass sie dies aber nicht mehr tut, wenn man eine mittel- oder langfristige Perspektive einnimmt.

Auch wenn die Ausführungen dieses Beitragsteils nur einen kurzen Einblick in die Werke Constants und Tocquevilles geben, so sollen sie verdeutlichen, dass für beide Denker die Religion eine eminent wichtige Rolle bei der Erhaltung der Freiheit in einem politischen Gemeinwesen spielt. Wurde sie in der Vergangenheit oft als *instrumentum regni* gesehen, also als Instrument, durch das die Freiheit der Untertanen oder Bürger gefährdet wurde, so sehen Constant und Tocqueville in ihr ein *instrumentum libertatis*, ein Instrument der Freiheit. Doch wie soll der Staat mit diesem Instrument umgehen? Widerstrebt dem Staat die Freiheit seiner Bürger, dann wird er die Religion bekämpfen. Ist ihm die Freiheit seiner Bürger gleichgültig, dann wird ihm auch die Religion gleichgültig sein. Liegt ihm aber die Freiheit seiner Bürger am Herzen, dann stellt sich für ihn die Frage nach dem angemessenen Umgang mit einem zweischneidigen Instrument, denn, wie gesagt, kann die Religion sowohl ein *instrumentum regni* als auch ein *instrumentum libertatis* sein.

2. Staat und Religion bei Benjamin Constant

Wie es sich für einen liberalen Denker gehört, tritt Constant für eine absolute Religionsfreiheit ein. Jedem Individuum soll die Freiheit gelassen werden, an den Gott zu glauben, den er für den richtigen hält, und diesen Gott auch so zu verehren, wie er es für richtig hält. Die einzige Bedingung ist, dass er dabei nicht die Rechte seiner Mitmenschen verletzt.

Diese Religionsfreiheit umfasst auch die Atheisten, die noch bis ins 18. Jahrhundert wegen ihres Unglaubens bestraft wurden. Insofern der religiöse Unglaube negative Konsequenzen für die Bewahrung der Freiheit haben kann, muss Constant sich der Frage stellen, ob man nichts tun sollte, um die Ausbreitung des Atheismus zu bremsen. Wenn die Freiheit den religiösen Glauben als notwendige Bedingung voraussetzt, dann stellen die Atheisten – die nicht nur die Wahrheit einer bestimmten Religion in Frage stellen, sondern die Objektivität des religiösen Gefühls als solchen[30] – eine Gefahr für die Freiheit dar. Und wenn es die Rolle des Staates ist, die Freiheit zu schützen, dann wird man berechtigt sein zu fragen, ob es nicht Aufgabe des Staates ist, gegen den Atheismus vorzugehen. Das bedeutet nicht, dass die Athe-

---

30 Objektiv wäre das religiöse Gefühl dann, wenn es sich auf eine ihm entsprechende Wirklichkeit bezieht, wenn es also das wirklich gibt, was uns das religiöse Gefühl fühlen lässt. Wenn ein solches objektives Korrelat fehlt, haben wir es mit einem rein subjektiven Gefühl zu tun.

isten auf dem Scheiterhaufen verbrannt oder sonstwie hingerichtet werden sollen, aber man könnte zumindest erwarten, dass ihnen verboten wird, ihre Ansichten zu veröffentlichen oder kundzutun. Die Atheisten hätten dann zwar Gewissensfreiheit, aber keine Ausdrucksfreiheit. Man könnte straflos Atheist sein, aber man dürfte keine Propaganda für den Atheismus machen. Es sind dies Fragen bzw. Gesichtspunkte, die zu berücksichtigen sind, wenn man einen notwendigen Zusammenhang zwischen Freiheit und Religion etabliert.

Wenn man auf ein Problem stößt, das einen zu einer unliebsamen Lösung führen kann, hat man grundsätzlich drei Möglichkeiten zur Verfügung. Man kann erstens die unliebsame Lösung als den unweigerlich zu bezahlenden Preis akzeptieren – „to bite the bullet“, wie es die Angelsachsen formulieren. Diese erste Möglichkeit muss als *ultima ratio* angesehen werden, sieht sie doch manchmal wie ein Verrat an den Prinzipien aus. Würde Constant ein Ausdrucksverbot für die Atheisten verlangen, dann würde er ein fundamentales Prinzip des Liberalismus aufgeben. Eine zweite Möglichkeit besteht darin, das Problem als ernsthaftes Problem anzusehen, der unliebsamen Lösung aber andere Lösungen an die Seite zu stellen, Lösungen, die zumindest genausogut das Problem lösen können, die aber keinen Verrat an den Prinzipien darstellen. Die dritte Möglichkeit besteht schließlich darin, dass man die Notwendigkeit leugnet, eine Lösung suchen zu müssen, wobei man entweder behaupten kann, dass es das Problem überhaupt nicht gibt, oder aber, dass das Problem die Lösung sozusagen schon enthält.

Constant entscheidet sich für diese dritte Möglichkeit. Dabei geht er in zwei Schritten vor. In einem ersten Schritt weist er darauf hin, dass eine Verfolgung der Atheisten durch den Staat das Problem nicht lösen, sondern noch verschlimmern wird. Die Verfolgung durch den Staat oder durch die religiösen Autoritäten, oder gar durch beide, lenkt den Atheisten davon ab, sich mit sich selbst und mit seinem Unglauben zu befassen. Anstatt sich mit der Leere seines Unglaubens auseinanderzusetzen, identifiziert er sich umso stärker mit diesem, da er mit der Verteidigung dieses Unglaubens gleichzeitig seine Freiheit[31] und vielleicht sogar sein Leben verteidigt. Außerdem muss man bedenken, dass die Öffentlichkeit sich oft mit den Verfolgten und Unterdrückten identifiziert, zumal wenn diese einen heftigen Widerstand leisten und durch ihre Opferbereitschaft ein Zeugnis davon ablegen, dass die von ihnen vertretenen Gedanken, zumindest für sie, wertvoll sind. Wenn nicht Sympathie, so könnte eine brutale Verfolgung der Atheisten zumindest ein Mitleidsgefühl bei einem großen Teil der Bevölkerung provozieren und damit einher gehend eine negative Einstellung dem Staat gegenüber. Und da dieser die Religion verteidigt, kann

---

31 In dieser Verteidigung der Gedankenfreiheit durch den Ungläubigen sieht Constant eine Art Reverenz des Unglaubens gegenüber dem religiösen Gefühl, da der Ungläubige mit seiner bis zur Selbstaufopferung gehende Verteidigung zeigt, dass es in ihm etwas gibt, das das rein Materielle transzendiert (Constant 1999, S. 63).

die negative Einstellung dem Staat gegenüber sich in eine negative Einstellung der Religion gegenüber verwandeln.

Dementsprechend meint Constant, dass man die Atheisten in Ruhe lassen sollte. Sie werden dann Zeit haben, einen Blick nach innen zu werfen und werden dort der Leere gewahr, die ein Leben ohne religiösen Glauben begleitet. Und dann, so Constant, würden sie von alleine schweigen (vgl. Constant 1997, S. 144). Insofern löst sich das Problem einer möglichen Verbreitung des Atheismus von selbst.

Aber auch wenn die Atheisten nicht schweigen sollten, so stellt der Atheismus dennoch keine Gefahr dar, da, so Constant, das Menschengeschlecht nie ohne die Idee Gottes auskommen wird (vgl. Constant 1997, S. 143), wobei es ihm hier nicht nur darum geht zu behaupten, dass die Menschheit immer eine Idee Gottes haben wird – eine solche Idee hat schließlich auch der Atheist, wenn er sinnvollerweise die Existenz Gottes leugnet –, sondern darüberhinaus auch, dass die große Mehrheit der Menschen immer an übernatürliche Mächte glauben wird, auch wenn dieser Glaube sporadisch vielleicht zum Schweigen gebracht werden kann. Der Unglaube, so Constant, passt nicht mit der menschlichen Natur zusammen (vgl. Constant 1999, S. 566).

Wenn das religiöse Gefühl derart stark im Menschen verankert ist, dass es, zumindest bei der großen Mehrzahl der Menschen, nie ganz verschwinden wird, dann braucht der Staat sich nicht um den Erhalt des religiösen Gefühls zu kümmern. Und wenn er es nicht tun *müsse*, dann erübrigt sich eigentlich die Frage, ob er es *solle* oder ob er es *dürfe*.

Anders ist es um die Religionen bestellt. Eine bestimmte Religion erhält sich nicht dadurch, dass sie in unserer menschlichen Natur verankert ist. Religionen entstehen und vergehen, aber meistens stemmen sie sich ihrem Vergehen entgegen. Wenn dieser Widerstand sich gegen den Versuch einer gewaltsamen Zerstörung der betreffenden Religion richtet, kann er durchaus legitim sein. Nimmt er aber selbst eine gewaltsame Form an und richtet er sich gegen eine neue Religion, die ihrerseits nur auf friedliche Mittel zurückgreift, um sich zu verbreiten, dann ist er illegitim.

In diesem Konflikt der Religionen gegeneinander kann es durchaus vorkommen – und die Geschichte liefert genügend Beispiele dafür –, dass eine bestimmte Religionsgemeinschaft an den bewaffneten Arm des Staates appelliert, um ihr Monopol zu garantieren. Und genau hier muss der Staat sich eines jeglichen Eingriffs enthalten. Ein staatlicher Eingriff zum Schutz einer bestimmten Religion schadet sowohl dem Religiösen als auch dem Politischen. Dem Religiösen, weil in den Köpfen vieler Menschen das Religiöse mit der Verfolgung Unschuldiger assoziiert wird, und dem Politischen, weil der Staat mit der intoleranten Religion gleichgesetzt wird, so dass man nicht nur die Religion, sondern auch den Staat bekämpfen wird.

Der Staat sollte sich damit begnügen, die Friedfertigkeit des religiösen Konkurrenzkampfes zu garantieren, was u.a. heißt, dass er dafür sorgen muss, dass erstens niemand gezwungen wird, einer Religionsgemeinschaft beizutreten, dass zweitens jeder die Freiheit hat, aus einer Religionsgemeinschaft auszutreten, dass drittens die rechtlich geschützte Integrität eines jeden Gläubigen innerhalb der religiösen Gemeinschaften respektiert wird und dass viertens die Religionsgemeinschaften nicht auf Gewalt zurückgreifen.

Vor dem Hintergrund seiner optimistischen Geschichtsphilosophie ist Constant davon überzeugt, dass sich auf dem freien Marktplatz der religiösen Meinungen am Schluss immer diejenige durchsetzen wird, die ein aufgeklärteres bzw. ein edleres Bild des Menschen und seiner Beziehungen zum Transzendenten hat. Genauso wie der Mensch sich auf moralischem und intellektuellem Terrain vervollkommnet, vervollkommnet er sich auch in der religiösen Dimension. Wenn sie überhaupt auftreten, dann sind Rückschritte immer nur kurzlebig, und der Zivilisationsprozess wird sich fortsetzen – geleitet durch die Vorsehung, der es nicht um ein hedonistisch verstandenes Glück, sondern um die Vervollkommnung des menschlichen Geschlechts geht.

Insofern zu einem bestimmten historischen Zeitpunkt der geistige Entwicklungsstand der Menschen innerhalb einer Gesellschaft nie für alle derselbe ist, und insofern auch mit Unterschieden auf der Ebene der Einbildungskraft gerechnet werden muss, ist davon auszugehen, dass in jeder Gesellschaft ganz unterschiedliche religiöse Vorstellungen zu finden sein werden, und somit auch ein religiöser Pluralismus.

Der religiöse Pluralismus wirkt sich positiv auf das Verhältnis der Religionen untereinander aus, da die Konkurrenz sie zur dynamischen Entwicklung zwingt.[32]

Dieser Pluralismus kommt auch dem Staat zugute, weshalb dieser es demnach vermeiden solle, ihn zu untergraben. Wo nämlich eine Religionsgemeinschaft herrscht, stellt sie eine unmittelbare Gefahr für den Staat dar. Und wo nur zwei große Religionsgemeinschaften zu finden sind, besteht die Gefahr des religiösen Bürgerkriegs. Diesen Gefahren begegnet man aber nicht, wo es viele kleinere Religionsgemeinschaften gibt.[33]

Die absolute Neutralität des Staates scheint somit das Prinzip zu sein, das Constant als Antwort auf die Frage nach der Haltung des Staates bezüglich der Religionen vertritt. Durch diese Neutralität lässt er die durch eine weise Vorsehung geleitete Entwicklung ihren natürlichen – bzw. übernatürlichen – Lauf nehmen. Ganz allgemein vertritt Constant die Ansicht, dass der Staat sich nicht in den natürlichen Lauf

---

32 Mably ist hingegen der Überzeugung, dass der religiöse Pluralismus zur religiösen Gleichgültigkeit, diese zum Atheismus und dieser zum Untergang der Sitten führt (Mably 1789, S. 346). Da er aber einsehen muss, dass das Ideal „Ein Staat, eine Religion" nicht mehr zu verwirklichen ist, plädiert er dafür, keine neuen Religionen zuzulassen.

33 James Madison wird verschiedentlich auf diesen Vorzug des religiösen Pluralismus hinweisen. Die Pluralität religiöser Gemeinschaften ist, so meint er in einem Beitrag in der Virginia Ratifying Convention aus dem Jahr 1788, „the best and only security for religious liberty in any society" (zit. nach: Dreisbach & Hall 2009, S. 393).

der Dinge einmischen sollte, auch nicht, um ihn eventuell zu beschleunigen. Ein staatlicher Eingriff in religiöse Angelegenheiten, so Constant, hat immer negative Auswirkungen, mag der Staat hemmend oder fördernd eingreifen (Constant 2004, S. 148).

Die Vorsehung hat es auf die Vervollkommnung des menschlichen Geschlechts abgesehen. Diese Vervollkommnung verweist auf die menschliche Würde. Demnach braucht der Staat die Religion nicht zu schützen, um die menschliche Würde zu wahren. Er soll sich aus allem heraushalten und sich damit begnügen, sie vor jeder Form von Entwürdigung durch andere zu schützen.

In der späten Fassung der *Principes de politique* findet sich allerdings eine Stelle, in der Constant dem Neutralitätsprinzip zu widersprechen scheint. Dort erlaubt er dem Staat nämlich, bestimmte religiöse Gemeinschaften finanziell zu unterstützen, indem er ihre Priester besoldet.[34] Das Besoldungskriterium, also das Kriterium anhand dessen bestimmt werden, welcher Kultus öffentliche Gelder bekommen soll, ist allerdings kein religiöses – Finanzierung derjenigen Kulte, die wahr bzw. der Wahrheit am nächsten sind –, sondern ein rein quantitatives. Besoldet werden sollen nämlich nur die Priester bzw. der Klerus der großen religiösen Gemeinschaften. Ab wann eine solche Gemeinschaft als groß genug anzusehen ist, sagt Constant nicht, genauso wenig wie er sagt, wer über die Größe zu entscheiden hat. Er äußert sich auch nicht darüber, ob man die Größe an der Anzahl der Angehörigen der jeweiligen Glaubensgemeinschaften oder an der Zahl der Teilnehmer an den Gottesdiensten messen sollte. Wir erfahren nur, dass der Staat diejenigen religiösen Gemeinschaften finanziell unterstützen soll, die „etwas zahlreich"[35] sind.

Constant selbst ist der Überzeugung, dass eine solche Kirchenpolitik den „wahren Prinzipien" nicht widerspricht. Dabei sollte man zwischen zwei Prinzipien unterscheiden. Einerseits hätten wir das Prinzip das den Staat dazu verpflichtet, keine Religion zu unterstützen und somit eine Trennung zwischen dem Staat und den Kirchen instauriert. Und andererseits wäre das Gerechtigkeitsprinzip, das dem Staat aufer-

---

34 Auch Laboulaye spricht sich für eine Besoldung des Klerus durch den Staat aus. Dabei bemerkt er u.a., dass der Staat die „Existenz der Kirchen [hier im Sinne von Glaubensgemeinschaften – N.C.] und der Schulen" gegen den Egoismus und die Knauserigkeit der Individuen schützen muss (vgl. Laboulaye 1858, S. 68). Im Falle der Kirchen tut er dies dadurch, dass er die Priester besoldet, ohne aber, und diese Bemerkung ist für Laboulaye wichtig, dass die Priester dadurch zu Staatsbeamten werden. Wenn nämlich die Priester Staatsbeamte wären, dann wäre das Prinzip der Trennung von Kirche und Staat – ein Prinzip, an dem Laboulaye festhält – aufgehoben. Er sieht den Staat vielmehr nur als ein Zwischenglied: „Wenn der Staat den Kultus finanziert, ist er nicht der Vermittler und der Kassierer der Gläubigen" (Laboulaye 1858, S. 67). Da die Glaubensgemeinschaften keinen wirklichen Zwang auf die Gläubigen ausüben können, der Staat dies aber tun darf, und da viele Gläubigen ihren Klerus nur finanzieren werden, wenn sie dazu gezwungen werden, tritt Laboulaye für eine Art Zwangskirchensteuer ein. Auf diese Weise ist es etwa dem französischen Staat gelungen, vier Glaubensgemeinschaften zu finanzieren. Laboulaye geht aber nicht auf das Kriterium ein, durch das bestimmt wird, welche Glaubensgemeinschaften öffentliche Gelder bekommen sollten.

35 „[L]es communions qui sont un peu nombreuses", heißt es im Original.

legt, nicht auf Grund normativ irrelevanter Faktoren zu diskriminieren. Constant scheint nicht zu glauben, dass das Trennungsprinzip verletzt wird. In den Augen des französischen Liberalen verlangt das Trennungsprinzip nur, dass der Staat keinen Kultus gebietet und keinen Kultus verbietet. Aus diesem Verbot eines Gebietens und Verbietens folgt nicht, so Constant, dass der Staat keinen Kultus finanziell unterstützen darf.

Wenn Constant auch recht haben mag mit dieser letzten Behauptung, so darf man sich doch fragen, ob das Prinzip der Religionsfreiheit als ein Prinzip des Ge- und Verbietens zu interpretieren ist. Vielmehr könnte es als ein Nichteinmischungsprinzip interpretiert werden. Dabei wird man allerdings präzisieren müssen, dass der Staat sich sehr wohl aus Gründen der öffentlichen Sicherheit in die Angelegenheiten der religiösen Gemeinschaften einmischen darf. Eine Einmischung darf etwa dann geschehen, wenn Mitglieder einer religiösen Gemeinschaft von anderen Mitgliedern bedroht werden. Sie kann auch dann geschehen, wenn z.B. eine Kirche baufällig ist und der Bürgermeister oder eine andere für die öffentliche Sicherheit zuständige Instanz die Benutzung aus Gründen der öffentlichen Sicherheit verbietet. Diese Einmischungen geschehen aber nicht aus religiösen Gründen.

Wie begründet Constant seine Einmischungserlaubnis? Hier der Wortlaut seiner Begründung: „Es ist nicht gut, wenn man im Menschen die Religion und das finanzielle Interesse in Konkurrenz zueinander treten lässt. Den Bürger dazu zu zwingen, unmittelbar denjenigen zu bezahlen, der in einem gewissen Sinn sein Interpret bei dem Gott ist, den er anbetet, läuft darauf hinaus ihm anzubieten, einen unmittelbaren Profit zu erzielen, wenn er seinen Glauben aufgibt; es heißt, ihm Gefühle kostspielig zu machen, die die Ablenkungen der Welt bei den einen und die Arbeit bei den anderen schon genügend bekämpfen" (Constant 1980, S. 407).

Hier ist zuerst zu bemerken, dass nicht alle Religionen einen vollberuflichen Interpreten brauchen. Wichtiger ist aber, dass man nicht unbedingt seinen Glauben aufgeben muss, wenn man aufhört, einen Priester zu bezahlen. Wenn es keine katholischen Priester und Kleriker im Allgemeinen mehr geben würde, dann könnte trotzdem noch jeder weiter an den Gott des Katholizismus glauben. Nicht der Glaube als solcher wird aufgegeben, sondern die institutionelle Praxis bestimmter Riten.

Man könnte aber noch einen Schritt weiter gehen und behaupten, dass die natürliche Entwicklungstendenz der Religionen darauf hinausläuft, alle Interpreten zwischen den Menschen und der Gottheit abzuschaffen. Wenn demnach der Staat die Priester besoldet, dann unterstützt er religiöse Formen, die nicht im Einklang mit der natürlichen Entwicklung sind. Damit stellt sich der Staat also der natürlichen Entwicklung der religiösen Formen – die eigentlich nur die natürliche Entwicklung des menschlichen Geistes zu einer immer höheren Vollkommenheit widerspiegeln – entgegen. Und das bedeutet, dass er das Prinzip des Respekts der freien Entwicklung der Kräfte des menschlichen Geistes verletzt.

Durch die Besoldung der Priester der einigermaßen zahlreichen religiösen Gemeinschaften gibt der Staat auch zu verstehen, dass „diese Kommunikation [scil. des Menschen mit Gott] nicht unterbrochen ist, und dass die Erde den Himmel nicht verleugnet hat". (Constant 1980, S. 407). Der Staat hat demnach die Aufgabe, eine Art *memento Dei* zu instaurieren. In einer freien Gesellschaft soll dies aber nicht dadurch geschehen, dass er diejenigen strafrechtlich verfolgt, die sich nicht an Gott erinnern wollen, sondern dass er die Erinnerung dadurch aufrecht zu erhalten versucht, dass er diejenigen besoldet, die an Gott erinnern.

Aber warum sollte der Staat nicht alle religiösen Gemeinschaften besolden? Hierzu meint Constant: „Die im Geburtsprozess befindlichen Sekten haben es nicht nötig, dass die Gesellschaft sich des Unterhalts ihrer Priester annimmt. Sie befinden sich im Fieber einer beginnenden Meinung und einer tiefen Überzeugung" (Constant 1980, S. 407). Constant geht demnach davon aus, dass die Gläubigen etablierter Religionen keinen derart tiefen Glauben mehr haben, dass er sich gegen die finanziellen Interessen durchsetzen könnte. Vom Durchschnittsmitglied einer etablierten Religion ist demnach zu erwarten, dass es, wenn es etwa 10 Euros zur Verfügung hat, diese lieber für eine Freizeitaktivität ausgibt, als damit seinen Beitrag zur Finanzierung eines Priesters derjenigen Religion zu leisten, zu der er sich bekennt. Mit anderen Worten: die Intensität des Glaubens scheint mit der Größe der Religionsgemeinschaft abzunehmen. Und wenn die Intensität des Glaubens abnimmt, dann nimmt auch der Wille ab, etwas für diesen Glauben zu opfern. Und wenn nichts mehr für den Glauben geopfert wird, dann, so scheint Constant vorauszusetzen, verschwindet dieser Glaube.

Die Diskriminierung zwischen den mit öffentlichen Geldern finanzierten und den nicht-finanzierten Religionsgemeinschaften beruht demnach letzten Endes auf einer Art Bedürfnisprinzip. Eine Religionsgemeinschaft, die Priester ohne staatliche Unterstützung unterhalten kann, braucht keine staatliche Unterstützung. Und eine Religionsgemeinschaft die dies nicht kann, braucht eine solche Unterstützung und soll sie auch erhalten. Und um zu bestimmen, ob eine Religionsgemeinschaft ihre Priester ohne staatliche Unterstützung unterhalten kann, wird die Zahl der Mitglieder betrachtet.

Was Constant hier vollkommen zu übersehen scheint ist, dass große religiöse Gemeinschaften durchaus Geldeinnahmen haben können, die unabhängig von den Beiträgen der einzelnen Gläubigen sind. Solche Beiträge waren vielleicht nötig, um Ländereien, Gebäude, usw. zu kaufen, aber sobald eine religiöse Gemeinschaft über genügend solcher Einnahmequelle verfügt, kann sie sich prinzipiell zu einem großen Teil aus ihnen finanzieren. Mag man demnach auch Constants Ansicht teilen, dass man einen Unterschied machen kann zwischen religiösen Gemeinschaften die eine Finanzierung brauchen und solchen, die keine Finanzierung nötig haben, so hat man doch gute Gründe, sein Kriterium in Frage zu stellen. Es wäre angemessener, wenn der Staat sich am tatsächlichen Reichtum der religiösen Gemeinschaften ausrichten würde.[36]

M.E. ist das von Constant angeführte Unterscheidungskriterium nur dadurch zu rechtfertigen, dass er verhindern will, dass irgendjemand eine Religion gründet, sich als Priester dieser Religion ausgibt, und dann vom Staat besoldet werden will. Um die staatliche Finanzierung bestimmter Kulte zu rechtfertigen, hatte Constant darauf hingewiesen, dass man den Glauben nicht mit dem finanziellen Interesse in Konkurrenz gleichsetzen sollte. Um die staatliche Finanzierung bloß bestimmter Kulte, und zwar der etwas zahlreichen, zu rechtfertigen, hätte er darauf hinweisen können, dass man keine Situation entstehen lassen sollte, in welcher der Glaube als Vorwand genommen wird, um finanzielle Interessen zu befriedigen.

Als Schlussüberlegungen seiner Ausführungen zur Frage nach der Religion in den *Principes de politique* schreibt Constant: „Es ist mit der Religion wie um die großen Straßen bestellt: ich mag es, wenn der Staat sie unterhält, vorausgesetzt er lässt jedem die Freiheit, die Pfade vorzuziehen" (Constant 1980, S. 407). Große Straßen werden vom Staat finanziert, und zwar mittels Steuergelder. Jeder Steuerzahler trägt demnach zu ihrer Finanzierung bei, unabhängig davon, ob er diese Straßen benutzt oder nicht, und sogar unabhängig davon, ob er indirekt von diesen Straßen profitiert oder nicht.[37]

In seinem polemischen Text *L'Église et la république* aus dem Jahr 1904, nimmt Anatole France nicht die großen Verkehrswege als Vergleich, sondern das Theater (France 1964, S. 119). Der Staat subventioniert die Theater, obwohl viele Menschen nicht ins Theater gehen. Sollte er demnach nicht auch die Religionen subventionieren dürfen, obwohl viele Menschen nicht glauben? Für Anatole France besteht ein erheblicher Unterschied zwischen beiden Fällen. Es ist nämlich nicht dasselbe, ob man mit seinen Steuern zu etwas beiträgt, was man nicht mag, oder ob man damit zu etwas beiträgt, woran man nicht glaubt. Im Falle des Theaters geht es um eine bloße Geschmackssache[38], im Falle der Religion um eine Gewissenssache. Mag der Staat auch das Recht haben, die Menschen dazu zu zwingen, Dinge zu unterstützen, die ihrem Geschmack widersprechen oder die sie zumindest nicht interessieren, so hat er doch kein Recht sie zu Dingen zu zwingen, die ihrem Gewissen widersprechen.

Der Fall der Religion ist demnach laut Anatole France ganz anders gelagert als der Fall der Theater oder der großen Verkehrswege. Wenn schon, dann wäre es angemessener, einen Vergleich mit der öffentlichen Finanzierung des Heeres zu ziehen. Radikalpazifisten lehnen das Heer aus Gewissensgründen ab und lehnen es dementsprechend auch ab, dass ein Teil ihrer Steuern ins Heer fließt. Allerdings profitieren

---

36 Das würde natürlich voraussetzen, dass die Religionsgemeinschaften ihre Konten offenlegen.
37 Es könnte etwa jemand von den Produkten profitieren, deren Transport die Existenz großer Verkehrswege voraussetzt, ohne dass er selbst diese Wege direkt benutzt.
38 Wenn man einer Religion angehört, die im Theater etwas Teuflisches sieht, ist die Situation aber eine andere.

die Radikalpazifisten vom Schutz, den ein öffentliches Heer bieten kann.[39]Im Fall der Straßen kann man sich frei entscheiden, ob man sie benutzen wird oder nicht.[40] Aber wenn das Heer das Land an den Grenzen verteidigt, dann ist schwer zu sehen, welche Form ein *opting out* hier annehmen könnte.[41]

Jemand wie Constant könnte eine ähnliche Überlegung bezüglich der Religion anstellen. Auch die Atheisten profitieren davon, dass die Religionen den Glauben an die Menschenwürde fördern. Man könnte sogar behaupten, dass man sie frei ihren Unglauben hegen lässt, weil man ihre Würde anerkennt. Oder anders gesagt: tolerante Religionen bilden eine wichtige Bedingung der Möglichkeit für die Freiheit der Atheisten, zu keinem religiösen Glauben bzw. zur Teilnahme an keinen religiösen Handlungen gezwungen zu werden. Insofern liegt es letztendlich im Interesse der Atheisten, dass der religiöse Glaube erhalten bleibt. Wenn demnach die vom Atheisten gezahlten Steuern *unmittelbar* zur Besoldung der Priester benutzt werden, dann werden sie doch *mittelbar* zum Schutz seiner Würde benutzt.[42]

Ob der Atheist sich durch solche Überlegungen überzeugen lassen wird oder nicht, sei dahin gestellt. Aber wenn sich genügend Atheisten finden, um sich der sogenannten *religion de l'humanité* anzuschließen, die der Atheist Auguste Comte ins Leben rief, dann wären sie gemäß Constants Aussagen berechtigt, eine Besoldung ihrer Priester aus öffentlichen Geldern zu verlangen.[43]

Um die hier besprochene Stelle angemessen zu verstehen, sollte man sie in ihrem historischen Kontext betrachten. Die späte Fassung der *Principes de politique* ist eine Schrift, die mit dem politischen Tagesgeschehen in Verbindung steht, und wie jeder, der schon einmal selbst unmittelbar am politischen Geschäft beteiligt war,

---

39 Ich sehe hier davon ab, dass manche Radikalpazifisten die Ansichten vertreten, dass Heere nutzlos sind.

40 Es ist allerdings äußerst schwer sich dafür zu entscheiden, keine Produkte mehr zu kaufen, die auf Straßen transportiert wurden. Auch wenn man nicht direkt von den Straßen profitiert, indem man sie selbst benutzt, so profitiert man doch immer indirekt von ihnen.

41 Der Radikalpazifist hat natürlich immer die Möglichkeit, im Kriegsfall auszuwandern. Aber wie ist es, wenn der Kriegsfall nicht eintritt, weil die Existenz eines starken Heers jeden Feind von einem Angriff abhält?

42 Erwähnenswert ist in diesem Kontext noch eine Bemerkung des Ökonomisten Say. Dieser schreibt nämlich: „[E]in Kultus mittels dessen alle Menschen als Brüder leben würden, sich nicht gegenseitig irreführen würden, sich nicht gegenseitig plagen würden, könnte reichlich bezahlt werden, ohne zu teuer zu sein, vorausgesetzt, dieselben Vorteile ließen sich nur um diesen Preis bekommen" (Say 2003, S. 683). Nimmt man auf der einen Seite die Kosten der Kriminalität, usw. und vergleicht man sie mit den Kosten eines bezahlten Klerus durch dessen Predigten die Menschen tatsächlich vom Verbrechen abgehalten werden, dann, so Say, ist der Gewinn weitaus höher als die Ausgaben. Dies entspricht etwa dem Gedanken, dass das in Schulen und Bildung investierte nicht in Gefängnisse investiert werden muss und einen Mehrwert schafft.

43 Hier stellt sich das Problem, wie man den Begriff der Religion zu verstehen hat. Wenn man ihn für den Glauben an persönliche Gottheiten reserviert, dann kann es keine Menschheitsreligion geben. Wenn man aber jeden Glauben an eine die Individuen transzendierende Entität als Religion bezeichnet, dann kann es eine Menschheitsreligion geben, genauso wie es eine Staatsreligion, eine Rassereligion, oder was sonst immer geben kann. Man kann sehr wohl in der Menschheit, im Staat, usw. ein funktionales Äquivalent zu Gott sehen.

weiß, wird man durch die realexistierende politische Situation oft gezwungen, Wasser in seinen Wein zu schütten und Zugeständnisse zu machen, um einen möglichst großen Konsens zu erreichen. Obwohl Constant während Jahren Napoleon gegenüber abgeneigt war, wird er sich ihm anschließen, als der zunächst auf Elba Verbannte zurückkehrt und von Toulon aus erfolgreich nach Paris marschiert, um dort wieder die Macht zu übernehmen. Er wird sogar eine Verfassung bzw. einen Verfassungszusatz aufstellen – die sogenannte *Constantine* –, und die *Principes de politique* sind eine Art Kommentar zum *Acte additionnel aux Constitutions de l'Empire*. Den Hintergrund bildet aber auch das zwischen dem napoleonischen Frankreich und Rom abgeschlossene Konkordat, sowie die *Charte constitutionnelle* vom 4. Juni 1814. Diese Charta wird nach der ersten Niederlage Napoleons erlassen und enthält in ihrem siebten Artikel folgende Bestimmung: „Die Priester (*ministres*) der katholischen, apostolischen und römischen Religion und der anderen christlichen Kulte beziehen allein eine Besoldung aus dem königlichen Tresor".[44] Constant scheint diese Bestimmung der Charta bestehen lassen zu wollen, vielleicht um eine Abwendung des christlichen Klerus von Napoleon zu verhindern. Sie taucht allerdings nicht explizit im *Acte additionnel* auf.

Constant wird davon absehen, den Inhalt des sechsten Artikels der *Charte* zu übernehmen, der die katholische Religion als Staatsreligion etabliert. Der fünfte Artikel der *Charte* – „Jeder vertritt seine Religion mit einer gleichen Freiheit und erhält für seinen Kultus einen gleichen Schutz" – wird aber seinem Inhalt nach übernommen – „Die Kultusfreiheit wird jedem gewährt".

Constants Eintreten für eine Besoldung des Klerus bestimmter Religionen scheint, um es zusammenzufassen, eher konjunkturell als prinzipiell bedingt zu sein, d.h. es ist eher als eine Art Anpassung an die konkreten Begebenheiten, denn als Konsequenz aus den liberalen Grundprinzipien Constants zu sehen.

3. Staat und Religion bei Alexis de Tocqueville

Während seines Aufenthalts in den Vereinigten Staaten Anfang der 1830er Jahre hatte Tocqueville die Gelegenheit, das amerikanische System der Trennung von Kirche und Staat vor Ort kennenzulernen. Dabei musste ihm auffallen, dass die von Thomas Jefferson erwähnte „wall of separation" sowie auch der erste Zusatz zur amerikanischen Verfassung eigentlich nur die Möglichkeit einer *nationalstaatlich* aufgezwungenen Religion ausschlossen. Angesichts der zahlreichen religiösen Gemeinschaften die man damals in Amerika vorfand, wollte der Zentralstaat eine strikte Neutralität gegenüber diesen Gemeinschaften einnehmen. Die „wall of separation" zwischen

---

44 In: *Les Constitutions de la France depuis 1789*, S. 219.

Staat und Religion bedeutete aber nicht, dass auch die amerikanische Gesellschaft als solche von der Religion getrennt sein sollte. Tocquevilles Beschreibung der amerikanischen Verhältnisse streicht den enormen sozialen Einfluss der Religion hervor, ein Einfluss der auch eine politische Dimension hat und der deshalb zu einer genaueren Analyse des Verhältnisses zwischen Staat und Religion Anlass geben sollte.[45] Wie etwa Goldstein feststellt, geht es Tocqueville nicht um eine philosophische Diskussion des Trennungsprinzips, sondern ihn interessiert in erster Linie „its ability to strengthen religion" (Goldstein 1975, S. 34).[46]

Aus den Betrachtungen zur Geschichte seines eigenen Landes weiß Tocqueville, dass die Allianz zwischen Thron und Altar verheerende Folgen für beide haben kann.[47] Wie für viele anderen liberalen Denker gilt auch für Tocqueville, dass die Religion dadurch nur verlieren kann, dass sie sich der Politik nähert und im weltlichen Arm des Staates ein Instrument zu ihrer Verteidigung oder Durchsetzung sieht. Der eventuelle kurzfristige Gewinn sollte nicht über den mittel- und langfristigen Verlust hinwegtäuschen. Den Amerikanern hält Tocqueville zu Gute, dass sie die Religion vor einer Einmischung in die Politik bewahrt haben. Während die Religion sich im Medium der ewigen Wahrheiten bewegt, unterliegt die Politik dem täglichen Konkurrenzkampf der Meinungen. Würde die Religion sich in diese Sphäre wagen, würde sie ihren eigentlichen Charakter verlieren und wäre dann auch nicht mehr in der Lage, jene Dogmen aufrecht zu erhalten, die den Zusammenhang der Gesellschaft und die Handlungsfähigkeit des Individuums garantieren.[48]

---

45 Es gibt eine Fülle von Büchern, die sich einerseits mit dem Einfluss der Religion auf das soziale und politische Leben der Amerikaner, und andererseits mit der Frage der Trennung von Staat und Religion bzw. Kirchen befassen. Erwähnt seien hier nur Butler e.a. 2003 und Lacorne 2012 für die erste Frage und Lambert 2008 für die zweite. Die reichhaltige Textsammlung von Dreisbach und Hall (2009) gibt einen sehr guten Überblick über die Debatten im 18. und 19. Jahrhundert.

46 In dieser Hinsicht liegt Kessler nicht ganz richtig mit seiner Feststellung, Tocqueville verändere die Fragestellung von „Welche politische Organisationsform ist die beste für die Religion?" zu „Welche Religion ist die beste für die politische Organisationsform?" (Kessler 1994, S. 33). Beide Fragen sind für Tocqueville wichtig.

47 In einem Brief an Reeve unterscheidet Tocqueville zwei Formen der Unterwerfung der Kirche, und zwar einerseits die absolute Unterwerfung unter den Papst, so dass den lokalen Kirchen kein Entscheidungsspielraum mehr übrig bleibt, und andererseits die Unterwerfung unter den Staat. Wenn schon Unterwerfung, so Tocqueville, dann ist die erste noch der zweiten vorzuziehen (vgl. Tocqueville OC VI, S. 200).

48 Für de Sanctis spielt die Religion eine doppelte Rolle bei Tocqueville: einerseits gibt die dem Menschen letzte Antworten auf seine Fragen, Antworten die die Vernunft allein nicht in der Lage ist zu geben, und andererseits „rettet sie das Handeln des Menschen vor der Ungewissheit die sich aus der Unfähigkeit [der Vernunft – N.C.] ergibt, letzte Antworten zu geben, die das praktische Leben adäquat begründen können" (de Sanctis 1991, S. 110). Kahan seinerseits unterscheidet eine utilitaristische und eine perfektionistische Perspektive: „When Tocqueville talks about religion checking democracy's bad tendencies, he adopts a utilitarian perspective, and when he talks about religion encouraging democratic souls to pursue 'higher' goals, he adopts a perfectionist perspective" (Kahan 2014, S. 191).

Diese Nicht-Einmischung der Religion in die Politik bedeutet aber keineswegs, dass sich die religiösen Gemeinschaften überhaupt nicht in Angelegenheiten einmischen dürfen, die dem Bereich des Politischen angehören. Wenn der Staat eine Politik betreibt, die die Würde des Menschen antastet, dann ist es die Pflicht der religiösen Instanzen, diese Politik zu verurteilen und gegebenenfalls zum Widerstand gegen sie aufzurufen.[49] In einem Brief vom 7. September 1831 an den Abbé Lesueur, lobt Tocqueville die französischen Priester in Kanada: „Tatsache ist, dass [der Priester] der erste ist, der Widerstand gegen die Unterdrückung leistet, und das Volk sieht in ihm seine zuverlässigste Stütze. Somit sind die Kanadier religiös aus Prinzip und aus politischer Leidenschaft. Der Klerus bildet dort die hohe Klasse, nicht weil die Gesetze, sondern weil die [öffentliche] Meinung und die Sitten ihn an die Spitze der Gesellschaft stellen" (Tocqueville OC XIV, S. 130).[50]

Tocqueville kann aber auch dem Klerus gegenüber kritisch sein bzw. dessen Schwachstellen aufdecken, und dies u.a., um dem Klerus selbst dienlich zu sein. Insofern er eine Körperschaft bildet, schreibt Tocqueville in *L'Ancien Régime et la Révolution*, besitzt der katholische Klerus sozusagen von Natur einen Dominanzinstinkt, d.h. er will sich selbst behaupten und anderen seine Interessen aufdrängen (Tocqueville OC II, 2, S. 347). Allerdings scheint ihm die Gefahr einer Unterdrückung durch die Priester ziemlich unbedeutend zu sein: „Möge Gott doch, dass unsere Gesellschaft nichts anderes zu bekämpfen habe als die Dominanz der Priester! der Sieg wäre nicht lange zweifelhaft" (Tocqueville OC III, 2, S. 567). Was ihm mehr Angst macht, ist eine mögliche Instrumentalisierung der Religion und der Priester durch die Regierung: „[D]ie wahre Gefahr besteht darin, dass die Regierung das Erwachen des religiösen Glaubens zu seinem Profit ausnutzen möchte, dass er sich des Klerus' bemächtigt, indem er seinen Leidenschaften und Interessen schmeichelt, dass er aus ihm ein Regierungsinstrument macht" (Tocqueville OC III, 2, S. 590). Diese Zeilen können sowohl als Warnung an die Regierung, als auch als Warnung an den Klerus gelesen werden. Warnung an die Regierung: wer den Klerus und damit die Religion zu Herrschaftszwecken benutzt, erweckt Missmut gegenüber der Religion und sägt damit selbst den Ast ab, auf dem die öffentliche Ruhe und der öffentliche Frieden beruhen. Warnung an den Klerus: ein Klerus der sich durch die Regierung instrumentalisieren lässt, wird mit dieser Regierung fallen. Die Priester

---

49 Eigentlich ist ein expliziter Aufruf zum Widerstand nicht unbedingt notwendig. Manchmal genügt die bloße Predigt des Evangeliums, um einen Widerstand hervorzurufen: „Das Christentum ist eine Religion freier Menschen; und [die Meister] befürchten, dass, indem man sich in den Seelen ihrer Sklaven entwickelt, man dort einige der Instinkte der Freiheit erweckt" (Tocqueville OC III, 1, S. 45). Diese Instinkte der Freiheit wird man nicht nur bei den Sklaven erwecken, sondern auch bei den demokratischen Menschen – bzw. wird man sie dort weiter am Leben halten. Für den Staat stellt sich in diesem Zusammenhang die Frage, ob er die Evangelisierung der Sklaven zur Pflicht machen sollte.

50 In diesem Sinne schreibt etwa auch Stephen Carter: „[T]he principal value of religion to a democratic polity is its ability to preach resistance" (Carter 1993, S. 68).

müssen von der politischen Macht fern gehalten werden. So schreibt Tocqueville in einem Brief an Paul Clamorgan: „Und Ihr könnt, wenn Ihr wollt, hinzufügen, dass ich die Religion respektiere, aber dass ich niemals der Mann des Klerus war, noch jemals sein werde. Ich ehre den Priester in der Kirche, aber ich werde ihn stets aus der Regierung heraushalten, wenn ich einen wie auch immer gearteten Einfluss hierauf habe" (Tocqueville OC X, S. 106).[51]

Die Religion, und vor allem auch der Klerus, der ihr Sprachrohr ist, sollte sich nicht damit begnügen, auf theoretischer Ebene die Würde des Menschen zu behaupten, sondern sie soll auch auf praktischer Ebene tätig werden, wenn der Staat die menschlichen Freiheiten zu untergraben sucht. Sie sollte lediglich darauf verzichten, selbst den Staat zur Untergrabung bestimmter Freiheiten – Gewissensfreiheit, Religionsfreiheit, ... – zu benutzen. Die Religion, so könnte man es auch ausdrücken, sollte eine kritische Rolle der politischen Macht gegenüber einnehmen, ohne aber selbst eine solche Macht ausüben zu wollen.

Aber wie sollte sich der Staat bezüglich des religiösen Glaubens seiner Bürger positionieren? Dass es ihm untersagt ist, eine bestimmte Religion zur Staatsreligion zu erheben, bedeutet noch nicht, dass er nichts unternehmen darf, um die Religiosität als solche zu fördern bzw. nichts unternehmen darf, das die Religiosität untergraben könnte. Im zweiten Band der *Démocratie* geht Tocqueville auf die Kunst des Gesetzgebers ein und betont dabei zwei Elemente (vgl. Tocqueville OC I, 2, S. 150). Der Gesetzgeber soll erstens die dem Geist einer Epoche charakteristische Tendenz erkennen, um dann zweitens zu entscheiden, wo er diesen Geist unterstützen kann und wo er ihn bremsen soll. Sich ganz dem Geist einer Epoche widersetzen sollte der Gesetzgeber nicht, weil er den Missmut der Menschen und damit eventuell eine Revolution oder die Abwahl der Regierenden provozieren würde. Sich ganz dem Geist einer Epoche hingeben sollte der Gesetzgeber aber auch nicht, da dadurch die Gefahr entsteht, dass wesentliche Werte nicht mehr verteidigt werden. Der Gesetzgeber muss also stets zwischen der Skylla einer frontalen Opposition gegen den Zeitgeist und der Charybdis einer völligen Unterwerfung unter den Zeitgeist manövrieren.

Im Falle der Demokratie tendiert der menschliche Geist in die Richtung einer immer mehr Bereiche des menschlichen Lebens umfassenden Gleichheit und auch in Richtung Hedonismus. Soll verhindert werden, dass die sublimen Elemente der menschlichen Natur, also das, was ihn aus der Menge aller anderen Lebewesen und Dinge heraushebt und somit die Basis für die ihm eigene Würde bildet, in Vergessenheit geraten bzw. von den Individuen vernachlässigt werden, wie ein Feld, das

---

51 1852 schreibt ein schon fast illusionslos gewordener Alexis Tocqueville an seinen Bruder Edouard, es mache ihn traurig und störe ihn zu sehen, wie „ein Teil des Klerus sich so einfach durch die ihm angebotenen groben Köder gewinnen lässt", sowie auch „jene Sehnsucht zur Tyrannei, diesen Reiz für die Unterwerfung, diesen Geschmack für die Macht, den Gendarmen, den Zensor, das Schafott (*gibet)*" Tocqueville (Tocqueville OC XIV, S. 277).

man nicht bewirtschaftet und das nach Jahren nur noch Unkraut hervorbringt, dann müssen die dem demokratischen Menschen spezifischen Tendenzen gemäßigt werden. Und diese Mäßigung gehört zu den Aufgaben des Gesetzgebers.

In diesem Kontext rät Tocqueville dem Gesetzgeber, nichts gegen eine fest etablierte Religion zu unternehmen, wie falsch oder absurd diese Religion auch sein mag (vgl. Tocqueville OC II, 2, S. 151). Es ist also nicht die Aufgabe der Regierung, etwa die Schüler derart aufzuklären, dass sie die Falschheit oder Absurdität der herrschenden Religion erkennen und sich dann von ihr abwenden. Tocqueville wird zwar nicht müde zu behaupten, dass es wichtig ist, die Demokratie aufzuklären, aber diese Aufklärung hat ihre Grenzen.[52] Tocqueville hat die Regierenden davor gewarnt, an allen Schulen, also auch an Gymnasien, Lateinisch und Griechisch als Unterrichtsfächer anzubieten.[53] Die zu Bürgern gewordenen Schüler könnten sich nämlich an den Beispielen der Römer und Griechen orientieren und im Namen bestimmter demokratischer Ideale die öffentliche Ordnung stören – man denke etwa an das Beispiel der Gracchen in der römischen Antike[54]. Ähnlich im Fall der Religion: zerstört die Regierung durch eine zu weit getriebene Aufklärung die Dogmen die eine große Mehrheit der Bevölkerung trotz ihrer eventuellen Absurdität als Wahrheit akzeptiert, dann zerstört sie eine der Wurzeln, wenn nicht sogar die einzig noch bestehende Wurzel des Gedankens einer dem Menschen inhärente Würde. Solange der Mensch an ein Leben nach dem Tod, und solange er an irgendeine Form von Gericht nach dem Tod glaubt, wird er sich als ein freies und verantwortliches Wesen denken, und nur solange wie er sich als ein freies und verantwortliches Wesen denkt, wird er sich auch als ein mit Würde begabtes Wesen denken können. Im Rahmen der Erziehungspolitik sollte die Regierung dementsprechend auf jede Maßnahme verzichten, durch die sich ein religiöser Skeptizismus in die Geister der Kinder einschleichen könnte.

Tocqueville begnügt sich aber nicht mit der Aussage, der Staat dürfe eine etablierte Religion nicht durch eine zu weit getriebene Aufklärung zum Verschwinden bringen. Auch wenn er nicht behauptet, der Staat müsse sich der religiösen Erziehung seiner Bürger annehmen, so kommt dem Staat doch die Aufgabe zu, den Blick des Menschen auf die Zukunft zu lenken: „Die Regierungen müssen sich darum bemühen, den Menschen den Geschmack für die Zukunft zu geben, der ihnen nicht mehr

---

52 Bei Tocqueville geht es nicht um eine Aufklärung der Vernunft, sondern um eine Aufklärung des Eigeninteresses. Der demokratische Mensch sollte nicht den Mut haben, sich seines eigenen Verstandes zu bedienen, sondern die Charakterstärke die nötig ist, um seinen unmittelbaren Neigungen zu widerstehen.

53 Diese Fächer sollten nur an höheren Lehranstalten, die lediglich einer Elite zugänglich sind, angeboten werden.

54 Es mag sein, dass Tocqueville dieses Beispiel im Kopf hatte, sowie denjenigen, der sich im revolutionären Frankreich an dem antiken Beispiel inspirierte: Gracchus Baboeuf. Ganz allgemein sei gesagt, dass sich die französischen Revolutionäre an der – vor allem – römischen Antike inspirierten, entweder direkt, oder über den Umweg der Schriften Rousseaus oder Mablys.

durch die Religion oder den sozialen Zustand inspiriert wird, und sie müssen, ohne es zu sagen, den Bürgern jeden Tag auf praktische Weise beibringen, dass der Reichtum, der Ruhm, die Macht nur durch die Arbeit zu erlangen sind [...]" (Tocqueville OC I, 2, S. 157). Kurz davor hatte er hinsichtlich der Religionen behauptet, „einer ihrer wichtigsten politischen Aspekte" bestünde darin, den Blick auf die Zukunft zu lenken und sein Handeln demnach auch in einer langfristigen Perspektive zu sehen, anstatt sich der unmittelbaren Befriedigung der Begierden hinzugeben (vgl. Tocqueville OC I, 2, S. 155). Wer an eine mögliche Belohnung oder Bestrafung im Jenseits denkt, wird nicht so leicht einer Versuchung nachgeben, die ihm eine unmittelbare Lustbefriedigung verspricht. Indem er dieser Versuchung widersteht, kann er sich auch seiner Freiheit bewusst werden, und damit auch seiner Würde.

Wichtig an der vorhin zitierten Stelle ist der kleine Einschub „ohne es zu sagen".[55] Auch hier sieht man eine Grenze der Aufklärung, und Tocqueville, so könnte man sagen, reiht sich in die Tradition der *arcana imperii* ein[56] und schließt ebenfalls an Platons Theorie der edlen Lüge an. Wenn es sein muss, dann ist es legitim, die Bürger zu täuschen – allerdings sollte es immer nur zu ihrem Wohl sein. In einer demokratischen Gesellschaft müssen die Bürger den Eindruck gewinnen, als ob die Reichen, die Ruhmvollen und die Mächtigen ihren Reichtum, ihren Ruhm und ihre Macht einzig und allein der Arbeit und der weisen Voraussicht verdanken – und nicht etwa dem Zufall oder gar kriminellen Machenschaften. Neben der Tradition der *arcana imperii* mobilisiert Tocqueville hier noch eine andere Tradition, nämlich die der Fürstenspiegel: der Fürst soll ein Beispiel für seine Untertanen sein. Wenn die Regierenden ihre Bürger dazu bringen wollen, an die Zukunft zu denken, dann müssen sie selbst zuerst den Eindruck erwecken, als dächten sie an die Zukunft.

Tocqueville ist aber noch nicht am Ende seiner Überlegungen: „Ich zweifle also nicht daran, dass man die Bürger, indem man sie daran gewöhnt, an die Zukunft zu denken, langsam dem religiösen Glauben nähert, und ohne dass sie es selbst wüssten" (Tocqueville OC I, 2, S. 157). Die versteckte Agenda der Regierung scheint es also zu sein, die Bürger wieder zum religiösen Glauben hinzuführen. Normalerweise ziehen die Menschen die Zukunft in Betracht, weil sie einen religiösen Glauben haben. Wenn nun aber der religiöse Glaube nicht mehr da ist, dann muss der Blick der

---

55 In einem Brief an Corcelles aus dem Jahr 1851 schreibt Tocqueville, man sollte die öffentliche Meinung nicht dadurch in Angst versetzen, dass man den religiösen Glauben durch politische Handlungen wieder aufleben lässt (vgl. Tocqueville OC XV, 2, S. 49).

56 Ist es übertrieben, Tocqueville als der ‚Machiavelli der Demokratie' zu bezeichnen? Eduardo Nola, der für die historisch-kritische Ausgabe der *Démocratie* verantwortlich zeichnet, sieht in Tocqueville „the detective who will solve the tangle of democratic obscure secrets and concealments" (Nola 2014, S. 16). Nola meint hiermit in erster Linie den versteckten Werdegang der Demokratie, den Tocqueville als einen durch die göttliche Vorsehung geleiteten Werdegang deutet. Man könnte aber auch sagen, dass Tocqueville zeigt, wie die dem aristokratischen Geist treuen Akteure – und Tocqueville ist selbst ein solcher Akteur – hinter den Kulissen dafür sorgen, dass dieser Geist nicht ganz in der Demokratie verlorengeht. Wichtig sind in diesem Kontext die Kapitel der *Démocratie* die Tocqueville dem Gerichtswesen widmet.

Menschen durch etwas anderes auf die Zukunft gelenkt werden, und zwar durch die Gesetze der Regierenden. Indem dies aber geschieht, finden die Menschen zum religiösen Glauben zurück. Der Blick auf die Zukunft und der religiöse Glauben scheinen somit immer Hand in Hand zu gehen. Und Tocqueville schließt das XVII. Kapitel mit der Aussage ab: „So ergibt sich, dass das Mittel, das den Menschen bis zu einem gewissen Grade erlaubt, ohne Religion auszukommen, alles in allem vielleicht[57] das einzige ist das uns übrigbleibt, um die Menschheit über einen langen Umweg wieder zum Glauben zu bringen" (Tocqueville OC I, 2, S. 157).

Tocqueville schreckt dabei nicht davor zurück, die Regierenden zur Heuchelei aufzurufen: „Ich glaube, dass das einzige wirksame Mittel, dessen sich die Regierungen bedienen können, um das Dogma der Unsterblichkeit der Seele wieder in Ehre zu setzen, darin besteht, jeden Tag so zu handeln, als ob sie selbst daran glaubten; und ich glaube, dass nur wenn sie sich selbst aufs Genaueste an die religiöse Moral in den großen Angelegenheiten halten, sie sich brüsten können, den Bürgern beibringen zu können, sie [scil. die religiöse Moral] zu kennen, zu lieben und in den kleinen Angelegenheiten zu respektieren" (Tocqueville OC I, 2, S. 153).[58] Die Frage ist also nicht, ob die Regierenden an die Unsterblichkeit der Seele glauben, sondern wie sie die Bürger am wirksamsten dazu bringen können zu glauben, dass sie, die Herrschenden, an die Unsterblichkeit der Seele glauben. Wenn die Bürger annehmen, dass die Regierenden an die Unsterblichkeit der Seele glauben, dann werden auch die Bürger an diese Unsterblichkeit glauben. Und der wirksamste Weg den Glauben der Bürger an den Glauben der Regierenden zu erwecken, besteht nicht in einer Allianz der Regierenden mit dem Klerus und einer eventuell damit zusammengehenden Sakralisierung des Staates oder der Regierenden, sondern er besteht im moralkonformen Handeln. Wenn die Regierenden den Eindruck erwecken, sie würden göttliche Strafen im Fall eines unmoralischen Handelns in großen Angelegenheiten befürchten, dann werden auch die Bürger entsprechende göttliche Strafen im Fall eines moralwidrigen Handelns in ihren kleinen alltäglichen Handlungen befürchten. Auch hier scheint Tocqueville sich am Modell der Fürstenspiegel zu orientieren. Und wenn er die eben zitierte Stelle mit dem Satz einleitet, dass das, was er sagen wird, ihm „sehr in den Augen der Politiker schaden wird" (Tocqueville OC I, 2, S. 153), so ist das nur bedingt wahr. Auch wenn kein Zweifel besteht, dass viele Politiker die religiöse Moral als etwas Lästiges empfinden und sich nicht daran halten wollen, so lässt sich doch sagen, dass es für sie genügt, den Eindruck zu erwecken, als ob sie sich daran halten würden. Der Fürst bei Machiavelli muss zwei Künste beherrschen:

---

57 Tocqueville legt sich, wie so oft, wieder nicht kategorisch fest.
58 Ganz davon abgesehen, dass er eine solche Heuchelei verurteilt, meint Constant, dass in einer Epoche des um sich grassierenden Unglaubens es den Regierenden nicht gelingen wird, durch vorgeheuchelten Glauben die Menschen wieder zum Glauben zu führen (Constant 2004, S. 150).

simulare und *dissimulare*.[59] Solange es den Regierenden gelingt so zu tun, als ob sie sich an die religiöse Moral halten, spielt es an sich keine Rolle, ob sie sich auch tatsächlich daran halten oder nicht.[60] Aber vielleicht kommt hier auf eine versteckte Weise der Pascalsche Hintergrund zum Vorschein: wenn die Politiker über eine lange Zeit so handeln, als würden sie an die religiöse Moral glauben, dann werden sie am Ende auch tatsächlich daran glauben.[61]

Schluss

Für Constant und Tocqueville ist einzig und allein die Religion – von Constant in erster Linie als religiöses Gefühl, von Tocqueville in erster Linie als religiöse Dogmen gedacht – in der Lage, den Menschen von seiner Gefangenheit in der Immanenz zu befreien. Diese Gefangenheit bedroht seine Würde und damit auch die Grundlage seines Freiheitsbewusstseins. Blickt der Mensch nicht über den Rand seiner rein empirischen, raumzeitlichen Existenz, dann kann es ihm nicht gelingen, sich als Wesen zu begreifen, das von allen anderen empirischen, raumzeitlichen Existenzen – denken wir hier etwa an die Tiere – verschieden ist. Allein die Religion erlaubt ihm, die Sphäre der reinen Immanenz zu verlassen, und sich in eine Transzendenz zu projizieren, in welcher er nicht mehr mit den Tieren gleichgesetzt ist. Somit besteht ein ganz enger Zusammenhang zwischen Religion und menschlicher Freiheit.

---

59 Im 18. Kapitel des *Principe* schreibt Machiavelli, der Fürst müsse „essere gran simulatore e dissimulatore" (Machiavelli 1992, S. 283). Tocqueville war im Besitz der auf Französisch übersetzten Werke Machiavellis und hat im Jahre 1836 eine Reihe kurzer Anmerkungen zu Machiavelli niedergeschrieben. Dabei geht es ihm allerdings vor allem um Machiavellis Darstellung der florentinischen Republik (vgl. Tocqueville OC XVI, S. 541-550). In einem Brief an Gustave de Beaumont der zur selben Zeit verfasst wurde, äußert Tocqueville sich ganz kritisch zur allgemeinen Philosophie Machiavellis: „Für ihn ist die Welt eine große Arena, in der Gott abwesend ist, wo es keinen Platz für das Gewissen gibt, und wo jeder sich so gut es geht aus der Patsche zieht. Machiavel ist der Großvater des Herrn Thiers. Damit ist alles gesagt" (Tocqueville OC XIII, 1, S. 390).

60 Für die Gegner Machiavellis stand fest, dass Gott diejenigen Fürsten bestrafen wird, die nur so tun, als ob sie sich an die moralischen Vorschriften halten würden. Und er wird sie nicht nur im Jenseits bestrafen, sondern gegebenenfalls schon im Diesseits, damit auch jeder sehen kann, dass eine solche heuchlerische Politik nicht durch Erfolg gekrönt werden kann.

61 In seinen *Pensées* entwickelt Pascal das als „Pascals Wette" bekannte Szenario. Für einen Libertin, so Pascal, ist es vernünftiger, ein der religiösen Moral konformes Leben zu führen, als an seinem bisherigen Lebensstil festzuhalten. Ist es gleichwahrscheinlich, dass Gott existiert oder nicht existiert, und ist es dementsprechend gleichwahrscheinlich, dass unser Handeln von Gott beurteilt oder nicht beurteilt wird, dann sollte man so tun, als ob man an eine Beurteilung unseres Handelns durch Gott glaubt und ein gottgefälliges Leben führen. Denn tun wir es nicht, und existiert Gott, dann riskieren wir die ewige Verdammnis. Und tun wir es und Gott existiert nicht, dann riskieren wir nur, einige Jahrzehnte unseres Lebens ohne sinnliche Freuden zu verbringen. Pascal, dies sei hier noch abschließend bemerkt, hat einen großen Einfluss auf Tocqueville ausgeübt.

Dass der Staat nichts unternehmen darf, um den legitimen Gebrauch der menschlichen Freiheit einzuschränken, ist ein von allen liberalen Denkern geteiltes Prinzip. Der Liberalismus, zumindest der klassische, geht vom Primat der menschlichen Freiheit aus und denkt den Staat vor dem Hintergrund dieses Freiheitspostulats. Der Staat muss die menschliche Freiheit schützen und darf die menschliche Freiheit nicht bedrohen.

Sollte der Staat sich aber auch der Aufgabe annehmen, jene Vorbedingungen zu schützen oder gar her- bzw. wiederherzustellen, ohne die der Mensch sich nicht seiner Freiheit oder des natürlichen Rechts, einen legitimen Gebrauch seiner Freiheit zu machen, bewusst werden kann?[62] Sollte es dem liberalen Staat gleichgültig sein, wie die Menschen sich selbst betrachten?

John Rawls hat im Rahmen seines politischen Liberalismus erklärt, dass die liberalen Denker den Liberalismus nur mehr noch als eine Theorie des Gerechten und nicht mehr auch oder primär als eine Theorie des Guten betrachten sollten. Insofern es keine allgemein akzeptierte Definition des guten Lebens gibt, wohl aber, so meint Rawls, eine allgemein akzeptierte Dimension der gerechten sozialen Institutionen, sollte die Frage nach dem Guten den Individuen überlassen bleiben und nur die Normen der Gerechtigkeit sollten ihnen als allgemeine normative Vorgaben aufgezwungen werden – Vorgaben auf die sie selbst, so immer noch Rawls, hinter einem Schleier des Nichtwissens zugestimmt haben.

Rawls scheint aber übersehen zu haben, dass es nur dann Sinn macht, eine Theorie des Gerechten zu entwerfen, wenn man davon ausgeht, dass es auch gut ist, gemäß der Gerechtigkeit zu leben. Individuen, für die ein Leben im Rahmen gerechter Institutionen kein gutes Leben ist, werden sich wohl kaum darum bemühen, gerechte Institutionen zu schaffen.

Außerdem geht Rawls davon aus, dass der Mensch, der gerechte Institutionen schaffen soll, solche Institutionen auch tatsächlich schaffen kann. Rawls setzt, mit anderen Worten, die Wirkungsmächtigkeit des Menschen voraus und somit auch eine bestimmte Geschichtsphilosophie. Wie sehr er auch darum bemüht ist, seine Theorie der Gerechtigkeit von allem Metaphysischen frei zu halten, so kommt das Metaphysische doch immer wieder durch die Hintertür herein.

Constant und Tocqueville sind im Gegensatz zu Rawls der Auffassung, dass eine politische Theorie nicht auf eine bestimmte metaphysische Sicht des Menschen verzichten könne bzw. dass die politische Theorie unweigerlich den Stempel einer solchen Sicht trage. Und für sie ist auch klar, dass eine liberale politische Theorie den Menschen als ein Wesen voraussetze, das Würde besitzt, und das gerade wegen dieser Würde innerhalb von Institutionen zu leben verdiene, die ihm eine größtmögliche Freiheit gewähren. In ihren Augen könne die menschliche Würde nicht einfach

---

62 Es beginnt natürlich damit, dass man sie sich zuerst einmal bewusst macht.

als Grundaxiom gesetzt werden, sondern sie müsse in etwas verankert werden, das die Sphäre der empirischen Menschheit transzendiere.

Wenn man ihnen einen Vorwurf machen wollte, dann höchstens den, *nur* in der Religion jenen Faktor gesehen zu haben, der den Menschen davor bewahren kann, seine Würde zu vergessen. Damit soll nicht bestritten werden, dass die Religion ein solcher Faktor sein *kann*. Man kann sich aber durchaus auch nicht-religiöse Formen der Transzendenz vorstellen.[63] Wie wir gesehen haben, sagt Constant selbst, dass die Kunst uns den Weg zur Transzendenz öffnen kann, und Todorov, sich dabei auf Constant stützend, spricht von der Liebe zum Anderen, die einen solchen Weg darstellen könne.

Worauf es ankommt ist, dass das Individuum sich und seine unmittelbaren Begierden nicht als letzten Bezugspunkt betrachtet, und dass es nicht nur die Frage stellt „Was nützt *mir* das?" – wobei der Begriff des Nutzens hier in einem rein hedonistischen Sinn genommen wird –, sondern auch die Frage nach dem Sinn seines Lebens. Und es kann durchaus die Aufgabe des Staates sein, das Stellen der Sinnfrage zu fördern und einen Einblick in die möglichen Antworttypen zu liefern. Untersagt ist ihm nur, eine dieser Antworten als die einzig richtige darzustellen. Dabei kann die öffentliche Schule ein Ort sein, an dem man sich daran übt, die Sinnfrage zu stellen oder ihr zumindest gewahr zu werden.

Das schließt nicht aus, dass dabei auch die Religionen erwähnt werden. In einem liberalen Staat sollte die öffentliche Schule selbstverständlich keinen religiösen Proselytismus zulassen, aber es wäre falsch daraus zu schließen, dass er ganz auf eine Auseinandersetzung mit den Religionen und dem Religiösen verzichten sollte. Wie Jean-Marc Ferry richtig schreibt: „Die intellektuelle Ablehnung eines jeglichen Sinnangebots das von der Religion stammt, grenzt an militante Unkultur. Die Religion wird uns keine Lösungen bringen, aber ich denke, dass ihre Kultur dazu beitragen kann, unsere Probleme zu beleuchten und uns Lösungswegeaufzuzeigen" (Ferry 2013, S. 68). Der religiöse Diskurs ist einer der vielen sinngebenden Diskurse, und als solcher muss er berücksichtigt werden. Auch von der öffentlichen Schule, und damit auch vom Staat.

---

63 Agnès Antoine spricht von „Transzendenzdispositiven", die es in der demokratischen Gesellschaft einzurichten gilt (Antoine 2003, S. 67).

Literaturnachweise

Antoine, Agnès (2003): *L'impensé de la démocratie*, Paris.

Battista, Anna Maria (1976): *Lo spirito liberale e lo spirito religioso. Tocqueville nel dibattito sulla scuola*, Mailand.

Böckenförde, Ernst-Wolfgang (1992²): *Recht, Staat, Freiheit. Studien zur Rechtsphilosophie, Staatstheorie und Verfassungsgeschichte*, Frankfurt am Main.

Butler, John; Wacker, Grant & Balmer, Randall (2003): *Religion in American Life. A Short History*, Oxford.

Campagna, Norbert (2001): *Die Moralisierung der Demokratie. Alexis de Tocqueville und die Bedingungen der Möglichkeit einer liberalen Demokratie*, Cuxhaven und Dartford.

Campagna, Norbert (2003): *Benjamin Constant. Eine Einführung*, Berlin.

Campagna, Norbert (2011): ‚Les critiques politiques libérales de l'utilitarisme', in: Bozzo-Rey, Malik et Dardenne, Émilie (dirs.): *Deux siècles d'utilitarisme*, Rennes.

Campagna, Norbert (2013): ‚Das Verhältnis zwischen Liberalismus und Skeptizismus im Denken von Benjamin Constant und Alexis de Tocqueville', in: Ilbrig, Cornelia und Singh, Sikander (Hrsg.): *‚Wir sind keine Skeptiker, denn wir wissen'. Skeptische und antiskeptische Diskurse der Revolutionsepoche 1770 bis 1850. Wezel Jahrbuch. Studien zur europäischen Aufklärung. Band 14/15*, Hannover.

Carter, Stephen L. (1993): *The Culture of Disbelief*, New York.

De Sanctis, Francesco (1993): *Tocqueville. Sulla condizione moderna*, Mailand

Constant, Benjamin (1980): *Principes de politique applicables à tous les gouvernements représentatifs, et particulièrement à la Constitution actuelle de la France*, in: Constant, Benjamin: *De la liberté chez les Moderne. Écrits politiques*, Paris.

Constant, Benjamin (1999): *De la religion considérée dans sa source, ses formes et son développement*, Arles.

Constant, Benjamin (2004): *Commentaire sur l'ouvrage de Filangieri*, Paris.

Dreisbach, Daniel L. & Hall, Mark D. (2009) (eds.): *The Sacred Rights of Conscience*, Indianapolis.

Ferry, Jean-Marc (2013): *Les lumières de la religion*, Montrouge.

France, Anatole (1964): *L'Église et la république*, Paris.

Galston, William (1987): 'Tocqueville on Liberalism and Religion', in: Social Research, Vol. 54, Number 3.

Garston, Bryan (2009): *Constant and the religious spirit of liberalism'*, in: Rosenblatt, Helena (ed.): *The Cambridge Companion to Constant*, Cambridge.

Goldstein, Doris (1975): *Trial of Faith. Religion and Politics in Tocqueville's Thought*, New York, London, Amsterdam.

Hancock Ralph C. (1991): 'The Uses and Hazards of Christianity in Tocqueville's Attempt to Save Democratic Souls', in: Masugi, Ken (ed.): *Interpreting Tocqueville's Democracy in America*, Savage (Ma).

Hennis, Wilhelm (1992): 'Tocqueville's Perspective. *Democracy in America*: In Search of the "New Science of Politics"', in: Lawler, Peter A. (ed.): *Tocqueville's Political Science. Classic Essays*, New York und London.

Hinckley, Cynthia J. (1992): 'Tocqueville on Religion and Modernity : Making Catholicism Safe for Liberal Democracy', in: Lawler, Peter A. (ed.): *Tocqueville's Political Science. Classic Essays*, New York und London.

Jaume, Lucien (2008): *Tocqueville*, Paris.

Kahan, Alan S. (2014): Democratic Grandeur: How Tocqueville constructed his New Moral Science in America', in Dunn Henderson, Christine (ed.): *Tocqueville's Voyages*, Indianapolis.

Kessler, Sanford (1994): *Tocqueville's Civil Religion. American Christianity and the Prospects for Freedom*, Albany.

Laboulaye, Édouard (1858): *La liberté religieuse*, Paris.

Lacorne, Denis (2012): *De la religion en Amérique*, Paris.

Lambert, Frank (2008): *Religion in American Politics*, Princeton und Oxford.

Lawler, Peter (1991): 'Democracy and Pantheism', in: Masugi, Ken (ed.): *Interpreting Tocqueville's* Democracy in America, Savage (Ma).

Les Constitutions de la France depuis 1789, Paris 1997.

Mably, Gabriel Bonnot de (1789): *OC VIII. Observations sur le gouvernement et les loix des États-Unis d'Amérique*, Londres.

Machiavelli, Niccolò (1992): *Il Principe*, in: ders. *Tutte le opere*, Florenz.

Nola, Eduardo (2014): 'Hidden from View: Tocqueville's Secrets', in: Dunn Henderson, Christine (ed.): *Tocqueville's Voyages*, Indianapolis.

Say, Jean-Baptiste (2003): *Politique pratique*, in: ders. *Œuvres morales et politiques*, Paris.

Tocqueville, Alexis de (1961): *OC I, 1. De la démocratie en Amérique*, Paris.

Tocquville, Alexis de (1961): *OC I, 2. De la démocratie en Amérique*, Paris.

Tocqueville, Alexis de (1953): *OC II, 2. L'Ancien Régime et la Révolution. Fragments et notes inédites sur la Révolution*, Paris.

Tocqueville, Alexis de (1962): *OC III, 1. Écrits et discours politiques*, Paris.

Tocqueville, Alexis de (1985): *OC III, 2. Écrits et discours politiques*, Paris.

Tocqueville, Alexis de (1954): *OC VI. Correspondance anglaise*, Paris.

Tocqueville, Alexis de (1959): *OC IX. Correspondance d'Alexis de Tocqueville et d'Arthur de Gobineau*, Paris.

Tocqueville, Alexis de (1995): *OC X. Correspondance et écrits locaux*, Paris.

Tocqueville, Alexis de (1970): *OC XI. Correspondance d'Alexis de Tocqueville avec Pierre-Paul Royer-Collard et avec Jean-Jacques Ampère*, Paris.

Tocqueville, Alexis de (1977): *OC XIII, 1. Correspondance d'Alexis de Tocqueville et de Louis de Kergorlay*, Paris.

Tocqueville, Alexis de (1998): *OC XIV. Correspondance familiale*, Paris.

Tocqueville, Alexis de (1983): *OC XV, 2. Correspondance d'Alexis de Tocqueville et de Francisque de Corcelle. Correspondance d'Alexis de Tocqueville et de Madame Swetchine*, Paris.

Tocqueville, Alexis de (1989): *OC XVI. Mélanges*. Paris.

Todorov, Tzvetan (1997): *Benjamin Constant. La passion démocratique*, Paris.

Uhde, Uthe (1978): *Politik und Religion. Zum Verhältnis von Demokratie und Christentum bei Alexis de Tocqueville*, Berlin.

Vacherot, Etienne (1860): *La démocratie*, Paris.

Welch, Cheryl (2001): *De Tocqueville*, Oxford.

Zuckert, Catherine H. (1999), 'Political Sociology Versus Speculative Philosophy', in: Masugi, Ken (ed.): *Interpreting Tocqueville's* Democracy in America, Savage (Ma).

Skadi Siiri Krause

Der Kampf um die institutionelle Trennung von Kirche und Staat in Frankreich

Einleitung

In *De la démocratie en Amérique* (1835/1840) betont Alexis de Tocqueville, dass der Zustand der Religion in Amerika eines der Dinge sei, die den Amerikanern am meisten dabei helfe, ihre republikanischen Institutionen aufrechtzuerhalten. Der religiöse Geist übe eine direkte Macht über die politischen Leidenschaften und auch einen indirekten Einfluss auf die Sicherung der Moral aus.[1] Tocqueville weiß, dass eine solche Äußerung provozierend gegenüber seinen französischen Lesern ist. „Ich bewundere", heißt es im zweiten Band seines Hauptwerkes, den „religiösen Geist in Amerika [...]. Der Despotismus kommt ohne Glauben aus, die Freiheit nicht"[2]. Um Tocquevilles Aussagen zu verstehen, muss man den französischen Kontext im Auge haben, für den er schreibt, denn während evangelikale Christen in den USA die Gesellschaft durch freiwillige Hilfe verbessern wollen, nimmt man in Tocquevilles Heimatland an, dass allein dem Staat diese Aufgabe zukomme. Diese Vorstellung bedroht jedoch gleichsam die grundlegenden Voraussetzungen eines kirchlichen Loyalismus, müssen sich die Kirchen in ihrer Arbeit doch beständig als Instrumente der Regierung betrachten. Dazu kommt, dass die Französische Revolution die mythische Vision eines „Kulturkampfes" zwischen einem katholisch geprägten Frankreich und einem laizistischen Staat hinterlassen hat, welcher die politischen Debatten fast das ganze 19. Jahrhundert bestimmt. Durch die enge Verbindung von Monarchie und katholischer Kirche war bereits vor der Französischen Revolution eine kirchenkritische bis -feindliche Strömung entstanden. Dafür steht etwa Voltaires berühmtes *écrasez l'infâme*.[3] Der führende Aufklärer hält den Gottesglauben in den ungebildeten Bevölkerungsschichten zwar für unentbehrlich, richtet sich mit seinen spitzen Formulierungen aber gezielt gegen eine ihre spirituellen Befugnisse übersteigende Amtskirche.[4]

---

1 Vgl. Tocqueville 2010, Bd. 2, S. 473.
2 Tocqueville 2010, Bd. 2, S. 477-478. Alle Übersetzungen im Text von Skadi S. Krause.
3 In den 1760ern signierte Voltaire seine Briefe mit „écrasez l'infâme", auch abgekürzt zu „Ecrlinf". Siehe Warcy 1824, Bd. 1, S. 175.
4 Siehe Voltaire 1763, S. 153-158.

Während der Revolution richten sich dann alle Bemühungen darauf, die kirchlichen Standesprivilegien zu beseitigen. In den Jahren 1793 und 1794 kommt es jedoch zu einer regelrechten Welle der Entchristianisierung.[5] Dabei geht es nicht nur um die Auflösung der kirchlichen Privilegien, sondern auch um die Schaffung einer der Verfassung verpflichteten Nationalkirche, schließlich um die Abschaffung der katholischen Religion als solcher und ihre Substituierung durch national-revolutionäre Ersatzkulte.[6] Die vom Nationalkonvent angestrebte vollständige Trennung von Kirche und Staat (1794-1795) kann jedoch nicht umgesetzt werden.[7] Napoléon beendet den Kampf des revolutionären Frankreichs gegen die Kirche mit dem Konkordat von 1801, mit dem der Katholizismus zwar als Religion der Mehrheit anerkannt wird, die Geistlichen zugleich aber zu Angestellten des Staates werden.[8]

Das ist die Ausgangslage, unter der sich die Debatten in der Restauration und Julimonarchie entwickeln. Sie verdeutlichen einerseits ein Ringen um die Machtstellung der Kirche und andererseits die Entfaltung eines liberalen Staatsdenkens. Ziel dieses Beitrages ist es, den liberalen Begründungsdiskurs der Trennung von Kirche und Staat aufzuzeigen, der sich deutlich von dem Anti-Klerikalismus der Revolutionäre von 1789 und den Republikaner in der dritten Republik unterscheidet, weil er Fragen zum Verhältnis von Religion und Politik nicht mit einem säkularisierungstheoretisch verfassten Plädoyer für Religion als Privatsache beantwortet. Um dies zu zeigen, sollen nacheinander die kirchenpolitischen Auseinandersetzungen in der Restauration und die politischen Debatten in der Julimonarchie nachgezeichnet werden, bevor auf eine liberale Bestimmung der Trennung von Kirche und Staat eingegangen wird, wie sie vor allem von Denkern wie Benjamin Constant, François Guizot und Alexis de Tocqueville vorgetragen wird, die eine positive Definition der Rolle der Religion in der Gesellschaft vornehmen und sich damit deutlich von den religionspolitischen Diskursen der dritten Republik unterscheiden.

Kirchenpolitische Debatten in der Restauration

Die Erfahrungen der Revolutionszeit hinterlassen einen tiefen Gegensatz zwischen katholischer Kirche einerseits, die sich die Wiederherstellung der Monarchie auf ihre

---

5 Vgl. Ozouf 1996, S. 27-48.
6 Während die Gruppierung um Jacques-René Hébert dabei nicht nur eine antiklerikale, sondern generell eine antireligiöse Stoßrichtung verfolgte und einen Kult der Vernunft installieren wollte, versuchte Robespierre, obgleich ein entschiedener Gegner der katholischen Kirche, immer noch die Religion für politische Zwecke zu instrumentalisieren. Vgl. Hébert 2003.
7 Suratteau 1990, S. 79-92, 79.
8 Inhaltlich wird in dem Konkordat zu Fragen der Religion keine Stellung genommen. Auch der während der Revolution erfolgte Verkauf der Kirchengüter wird nicht rückgängig gemacht. Siehe Cholvy 2001, S. 22-26.

Fahnen schreibt, und den Anhängern der Republik andererseits.[9] Dieser Gegensatz verschärft sich nach der Verbannung Napoléons, als Ludwig XVIII. gleich nach seiner Thronbesteigung im Jahre 1814 den Katholizismus wieder zur Staatsreligion erhebt – eine Politik, die auch sein Bruder und Nachfolger Karl X fortsetzt. Der Verweis auf die „göttliche Vorsehung", welche die Bourbonen auf den französischen Thron zurückgerufen habe, eröffnet die Präambel der Charte von 1814.[10] Die Wiederherstellung des Bündnisses zwischen dem Thron des „allerchristlichen Königs" (so die Bezeichnung Ludwig XVIII. im zweiten Vertrag von Paris und im Konkordat-Entwurf von 1817) und der katholischen Kirche führt zur Erhebung des Katholizismus zur Staatsreligion. Die staatliche Besoldung der Priester, die unter Napoléon eingeführt wird, bleibt unangetastet.[11] Außerdem kommt es durch eine Serie von Verordnungen, die u.a. Spenden an kirchliche Einrichtungen erleichtern, die Arbeit an Sonn- und Feiertagen unter Strafe stellen, die Gründung von Frauenorden und die Neugründung von Diözesen fördern etc., zu einer Stärkung der sozialen Stellung der katholischen Kirche.[12]

Zu Beginn der Restauration fürchten viele Liberale deshalb, dass es zu einem neuen Machtzuwachs der katholischen Kirche und vor allem zu einer engen Verflechtung von Kirche und Monarchie kommt.[13] So erhält die katholische Kirche weitreichende Einflussmöglichkeiten in der Bildungspolitik. 1814 wird die Gründung weiterführender Schulen in kirchlicher Trägerschaft per Gesetz genehmigt.[14] 1822 wird dann das kirchliche Universitätsmonopol wiederhergestellt. Zwei Jahre später wird auch die Grundschulerziehung der Kirche unterstellt. Die Bereiche Bil-

---

9   Vgl. Curtis 2000; Ford 2005; Cahn/Kaelble 2008; Mollenhauer 2004, S. 202-230.
10 Vgl. Boudon 2007, S. 43-52; Ormières 2002, S. 47-93.
11 Conventionentre le souverain pontife Pie VII etS. M. Louis XVIII,roi de France et de Navarre, Rome, le 11 juin 1817, unter: https://fr.wikisource.org/wiki/Concordat_du_11_juin_1817. Siehe auch Sagnac 1905-1906, S. 189-210, 269-288, 433-453.
12 Um 1830 gibt es bereits wieder 40 600 katholische Priester. Spektakulär sind auch die Zahlen bei den religiösen Orden, insbesondere den weiblichen Ordensgemeinschaften. Zwischen 1800 und 1880 gründen sich fast 400 Orden neu und rund 200 000 Frauen legen ihr Ordensgelübde ab. Boudon 2007, S. 43-52.
13 Dass sich das Rad der Zeit dennoch nicht einfach zurückdrehen lässt, erkennen die Zeitgenossen bei den Streitigkeiten um ein neues Konkordat, über das in der Restauration mit Papst Pius VII. verhandelt wird. Der Konkordat-Entwurf von 1817 stellt im Kern das Konkordat von Bologna aus dem Jahr 1516 wieder her (Art. 1), wonach die Besetzung der Prälaturen dem König oblag. Die gleichfalls beschlossene Aufhebung der organischen Artikel von 1802, welche die Art der Religionsausübung und damit über die gesetzlichen Grundlagen hinaus die Einflussmöglichkeiten des Staates gegenüber der Kirche regelten, sorgen für großen Widerstand in der Regierung. Per Gesetz werden im Herbst 1817 die organischen Artikel de facto wiederhergestellt, was wiederum vom Papst abgelehnt wird. Die Verhandlungen werden daraufhin abgebrochen. Die Folge ist, dass das Konkordat von 1801 in Kraft bleibt. Das bedeutet jedoch, dass die vom König ernannten Bischöfe für 13 vakante und 42 durch das Konzil von 1817 neu geschaffene Diözesen nicht geweiht werden können. Erst eine Einigung mit dem Papst ermöglicht die Neubesetzung, wobei die vom Papst neu geschaffenen Diözesen von staatlicher Seite nicht anerkannt werden.
14 Vgl. Leniaud 1987.

dung und Kirche, die bis dahin in getrennten Ministerien untergebracht sind, werden 1828 vereint. Mit dem Segen des Staates, unabhängig von der Regierung, übernimmt die katholische Kirche damit einen prominenten Platz bei der Erstellung der Lehrpläne und bei der Erfüllung der Lehraufträge. Das führt dazu, dass die katholische Kirche bald ihre Stellung in der Erziehung und Bildung als ein unveräußerliches Recht verteidigt. Zwangsläufig wird daher, sobald die Hegemonie der Kirche im Bereich der Bildung in Frage gestellt wird, dies als ein aggressiver Angriff auf die Rechte der Kirche gewertet.[15]

Liberale drängen in diesen Auseinandersetzungen darauf, zwischen dem Führungsanspruch der Kirche und dem religiösen Bedürfnis der Gläubigen zu trennen.[16] Für sie gilt es, den Bruch und vollzogenen politischen und gesellschaftlichen Wandel zwischen *Ancien Régime* und postrevolutionärer Gesellschaft verständlich zu machen und ihn auch durch eine klare Trennung von Kirche und Staat zu untermauern.[17] So greift Benjamin Constant den Ruf nach einer geistigen Autorität, die die zerbrochene geistige Einheit und gesellschaftliche Harmonie wieder herstellen soll, scharf an. Er warnt vor einer „organisierten Tyrannei"[18], um das zu beenden, was man als spirituelle Rekonstruktion der Gesellschaft ansieht. Für Constant ist Religion weder ein starres Lehrgebäude von Dogmen, noch an eine bestimmte Staatsform gebunden. Zwar seien alle Vorstellungen von Recht, Ordnung und Sittlichkeit in ihr verwurzelt,[19] aber ihr Eigenwert beruhe nicht in der Absicherung von staatlicher Macht.[20] Ihr eigentlicher Kern, so Constant, liege in der Vitalität der Gemeinden und

---

15 Vgl. Nique 1990, S. 49.

16 Chateaubriand hatte mit *Le Génie du Christianisme* (1802) mehr als jeder andere die Sehnsucht nach religiöser Erfüllung als Bedürfnis seiner Zeit zum Ausdruck gebracht. In seinen *Mémoires d'outre tombe* (1849/50) bemerkt er später dazu: „Inmitten der Trümmer unserer Kirchen veröffentlichte ich das Génie du Christianisme. Die Gläubigen sahen es gerettet. Man empfand damals ein Bedürfnis zu glauben, eine Begierde nach religiösem Trost, die sich aus der langjährigen Entbehrung dieser Trostmittel herleitete. Welche übernatürlichen Kräfte waren zu erbitten für all das erlittene Unglück! Wie viele auseinandergerissene Familien mussten bei dem Vater der Menschen ihre Kinder suchen, die sie verloren hatten! Wie viele zerbrochene Herzen, wie viele vereinsamte Seelen verlangten nach einer göttlichen Hand, sie zu heilen! Man drängte sich in das Haus Gottes, wie man sich am Tag einer Seuche in das Haus des Arztes drängt. Die Opfer unserer Wirrnisse (und wie viele verschiedene Opfer waren es) retteten sich an den Altar wie Schiffbrüchige, die sich an den Felsen klammern, auf dem sie ihr Heil suchen." Das „christliche Erwachen", von dem Chateaubriand berichtet, entspricht dem Wunsch, nach den Umbrüchen der Revolution zu einer alltäglichen Routine und einer festen sozialen Ordnung zurückzukehren. Chateaubriand 1968, S. 255, 257. Vgl. auch Guizot 1868, S. LXVII-LXVIII.

17 Guizot 1868, S. LXVII-LXVIII.

18 Constant 1992, S. 345.

19 Constant 1824, Bd. 1, S. 161-162.

20 „[S]o ist der Mensch darum auch noch nicht religiöser, weil man ihm sagt, dass die Religion Nutzen schafft, denn man glaubt nicht an einen Zweck; endlich dient der Nutzen der Religion denen, welche herrschen, zum Vorwande, um das Gewissen derer, welche beherrscht werden, Gewalt anzuthun, der Gestalt, daß man ungläubigen Völkern mit einem Federzuge verfolgende Herren giebt." Constant 1824, Bd. 1, S. 130.

nicht in den Dogmen.[21] In seinen *Lectures sur la religion* (1817-1818) versucht er daher zu beweisen, dass so etwas wie eine „unabhängige Religion" möglich sei.[22] Im Gegensatz zu den Ultras wie Joseph de Maistre und Louis-Gabriel-Ambroise de Bonald, die nach der Revolution die Religion und die enge Verknüpfung von Kirche und Staat verteidigten, richtet sich Constant gegen die Stärkung der Religion auf Kosten der Freiheit. Gegen die Allianz von Thron und Altar führt Constant an, dass Freiheit und Religion vereinbar seien und sich gegenseitig stärken können, wenn es keine Vereinnahmung der Religion zu Staatszwecken gebe. In seinen Vorlesungen gibt Constant der Religionsfreiheit zudem eine zentrale Rolle bei der Unterscheidung von moderner und alter Freiheit. Bei den Alten, bemerkt er, werde kein Wert auf die individuelle Unabhängigkeit gelegt, weder in den Ansichten, noch in Fragen der Religion. Das Recht, die eigene religiöse Zugehörigkeit zu wählen, also das Recht, das die Modernen als eines der wertvollsten betrachten, sei für die Alten ein Verbrechen und ein Sakrileg gewesen. Es sei daher entlarvend, wenn einige Verteidiger der Religion Gesetze der Alten gegen fremde Götter anführen, um die Rechte der katholischen Kirche zu stärken. Dies so Constant, sei mit modernen Vorstellungen von Freiheit nicht mehr vereinbar.[23]

In den Auseinandersetzungen zwischen Royalisten und Liberalen ist die Haltung der Kirchenvertreter allerdings nicht einheitlich, gehören die katholischen Geistlichen doch selbst verschiedenen politischen Lagern an. Neben überzeugten Ultraroyalisten, wie den Bischöfen Clausel de Montals und Louis-Édouard-François-Désiré Kardinal Pie, gibt es auch viele gallikanische Geistliche, die keine Schwierigkeiten haben, sich mit einer formalen Trennung von Kirche und Staat abzufinden. Die meisten von ihnen sind erfahrene Administratoren, keine religiösen Eiferer. Starke Argumente gegen die Trennung von Kirche und Staat kommen dagegen aus intellektuellen Kreisen, u.a. aus der Feder von Joseph de Maistre und Abbé Félicité de Lamennais. In seinen frühen Schriften versucht Lamennais den Irrglauben eines religiösen Pluralismus zu widerlegen und die Einheit von Kirche und Staat zur Wahrung der göttlichen Vernunft zu verteidigen. Bereits in einem sehr frühen Text aus dem Jahr 1809, *Réflexions sur l'état de l'église en France,* greift Lamennais den Protestantismus an. Reformation und die *Philosophes* des 18. Jahrhunderts haben die

---

21 In Amerika wird seine Schrift *De la réligion* denn auch hoch gelobt. In einem Artikel der *American Quarterly Review* heißt es: „Der enge und unauflösliche Zusammenhang zwischen Freiheit und Religion, und die selbstzerstörerische Tendenz jener, die geglaubt haben, dass Loyalität gegenüber Freiheit gegenüber dem Glauben sein könne, haben sich niemals mehr geirrt [...]. Es ist klar, dass Religion und Freiheit nicht Antipole, sondern verwandte Prinzipien sind, und dass der besondere Hass und Eifer, der den Konflikt zwischen falsch verstandener Freiheit und verblendeter Religion entfacht, nicht durch eine natürliche Feindschaft zwischen den beiden zu erklären ist, sondern [...] als ein Krieg zwischen Brüdern." Anomym 1832, S. 103–120, 105.

22 Benjamin 1874, S. 258–286;Constant 1824, Bd. 1, S. 42, 63.64.

23 Constant 2011, S. 35-116.

Fundamente der sozialen und politischen Ordnung zerstört, denn Anarchie sei ihr Prinzip von Kirche und Staat.[24] Der Glaube an die Souveränität des Volkes werde kombiniert mit dem Recht auf ein privates Urteil in Fragen des Glaubens. Pierre Bayle, der Jansenismus, Voltaire und die Autoren der Enzyklopädie haben ein monströses Gedankengebäude errichtet, das schließlich zur Zerstörung des Staates im Jahr 1789 führte. Doch Gott, so Lamennais, sei „keine freie Entscheidung des Volkes"[25]. Wenn alle Macht vom Volke komme, gebe es keine spirituelle Macht. Die Folge sei ein monströser Umsturz aller religiösen und politischen Ordnung. Doch eine „Gesellschaft ohne Gottesdienst, ohne Gott und ohne König" ist für den Autor nicht frei, vielmehr werden in ihr alle traditionellen Werte wie „Vermögen, Geburt, Talente und Tugenden" zum „Gegenstand der Verachtung" und zum Spielball der Macht.[26] Protestantismus und Atheismus, so das Fazit von Lamennais, zerstören die Grundlagen der Moral und der Gesellschaft. „Ich kann es sagen, weil ich es gesehen habe: [...] die Menschen, völlig auf sich gestellt in ihren religiösen Überzeugungen, verfielen in einen wilden Zustand." Und wie könne es auch anders sein? „Frei von Bildung, nicht in der Lage zu denken, wurden diese armen Menschen blind vor Neigungen [...]. Einzig die Religion erweckt die Menschen, indem sie ihre moralischen Vorstellungen belebt, ihr Bewusstsein gibt ihnen einen Leitfaden" und indem sie dieses tut, „bildet sie eine Schule der Zivilisation".[27] Beraube man die Menschen einer solchen Stütze, werden sie „dumm und barbarisch".[28]

In seinem Text *De la religion, considérée dans ses rapports avec l'ordre politique et civil* (1825) verschärft Lamennais noch einmal seine Kritik am Protestantismus. Dieser habe die Grundlagen der Gesellschaft zerstört, er sei nichts anderes als Anarchie, denn er könne kein positives Glaubensdogma formulieren, nicht einmal die Überzeugung, dass die Schrift Gottes Wort sei. Er zwinge die Menschen, ihren eigenen Glauben nach ihren eigenen Fähigkeiten zu bilden, zerstöre radikal die religiöse Gemeinschaft und ebenso die Gesellschaft. Jeder solle das glauben, was ihm erscheine. Jeder sei frei zu glauben, was er wolle; ja er sei frei zu handeln, wie er wolle.[29] Lamennais' Kritik gilt vor allem der Vorstellung individueller Vernunft, die die Idee von Gehorsam und Pflicht zerstöre, die Legitimität von Herrschaft untergrabe und das Vertrauen in den Staat aushöhle. Doch Sitten und Glaube seien nicht über

---

24 Vgl. Lamennais 1814, S. 49-50.
25 Lamennais 1814, 75-76. Ein ähnlicher Gedankengang findet sich auch in Lamennais 1817. Der Fehler, der die religiöse Gesellschaft zerstört habe, heißt es darin, habe auch die politische Gesellschaft zerstört. Das *Ancien Régime* sei ein Land mit Tradition gewesen, für die die Erbmonarchie gestanden habe, und einer perfekten Konstitution mit klugen Gesetzen. Doch im Namen der Freiheit seien die Verfassung, die Gesetze und alle politischen und religiösen Einrichtungen zerstört worden. Mit dem Tod Ludwigs XVI. sei schließlich die Herrschaft der Gewalt, des Hasses und des Terrors ausgebrochen.
26 Lamennais 1814, S. 89-90.
27 Lamennais 1814, S. 136.
28 Lamennais 1814, S. 136.
29 Vgl. Lamennais 1826, S. 309.

Vernunft und Rechte abzusichern.[30] Deshalb seien auch Demokratie und wahre Religion ausdrücklich Feinde: „Das Christentum hat die wahre Monarchie geschaffen, die den Alten unbekannt war"; die Demokratie, in einem großen Volk, zerstöre unfehlbar das Christentum, „weil eine höchste Autorität", wie sie die religiöse Ordnung voraussetze, „unvereinbar mit einer Autorität" sei, die sich „unaufhörlich mit der politischen Ordnung" ändere. „Das Christentum erhält alles, indem alles seine Ordnung hat, die Demokratie zerstört alles, indem sie alles verändert. Dies sind zwei Prinzipien, die unermüdlich im Staat kämpfen."[31]

Demokratie ist für Lamennais nichts anderes als Despotismus.[32] Stark greift er nun auch die Verfassung von 1814 an: „Die Charta, das ist wahr, sagt, dass die katholische Religion Staatsreligion ist; aber was bedeuten diese Worte schon?" Und „warum beobachten wir etwas anderes als diese einfache Tatsache, obwohl wir wissen, dass die Mehrheit der Franzosen sich zum Katholizismus bekennt?"[33] Weil die gleiche Charta im selben Atemzug festlege, so Lamennais, dass der Staat alle Religionen gleichermaßen schütze, die sich in Frankreich legal etabliert haben.[34] Ein Staat aber, der gleichen Schutz allen Religionen angedeihen lasse, habe offensichtlich keine Religion, und ein Staat, der keinen Glauben und keine Religion habe, sei offensichtlich „atheistisch"[35].

Mitte der 1820er Jahre verschärft sich der Ton in allen politischen Lagern. Es gibt deutliche Zeichen dafür, dass die Religionsfreiheit aufgehoben werden soll. 1825 wird unter Charles X. ein Gesetz eingeführt, dass das Verbrechen der Blasphemie unter Todesstrafe stellt. Insofern ist es nicht verwunderlich, dass für Protestanten und Liberale der Katholizismus zum Zeichen einer reaktionären Politik wird. Neu gegründete Journale wie *Revue protestante* (1825-1828, 1830) und *Archives du christianisme* (1818-1868) betrachten den politischen Katholizismus als Feind einer liberalen Gesellschaft.[36] Die Konservativen werfen den doktrinären und linksliberalen Abgeordneten dagegen vor, offen deistische Positionen zu vertreten und das Christentum jeglichen rechtlichen Schutzes berauben zu wollen.[37] Sie verteidigen die „christliche Religion" als „grundlegendes Gesetz des Verstandes und des Herzens".[38] So appelliert Abbé Brande de Briges: „Weil die Kirche und der Staat aus den gleichen Menschen zusammengesetzt sind, die zugleich Bürger und Christen,

---

30   Lamennais 1826, S. 294.
31   Lamennais 1826, S. 35.
32   Lamennais 1826, S. 40.
33   Lamennais 1826, S. 50.
34   Lamennais 1826, S. 50.
35   Lamennais 1826, S. 50-51.
36   Die Liberalen verwerfen allerdings die rein utilitaristische Indienstnahme der Religion, wie sie Napoléon praktiziert hat. Vgl. Rede von Benjamin Constant am 14. April 1813, in: AP, Bd. 24, S. 626-628.
37   Vgl. Die Rede von Louis-Jacques-Maurice de Bonald am 17. April 1819, in: AP, Bd. 23, S. 687.
38   Briges 1819, S. 345.

Kinder der Kirche und Untertanen des Fürsten sind, ist es notwendig, dass sich beide Kräfte bei der Erfüllung ihrer Aufgaben gegenseitig respektieren". Diese seien Konzessionsrechte, „die auf einem gegenseitigen Einvernehmen beruhen", und „die darin begründet liegen, dass Gott beide Mächte" geschaffen habe. „Wie die Kirche Jesu Christi der ewige Tempel ist [...], so sind die Gesellschaften und Reiche dieser Welt das Werk von Menschen [...]; es ist daher offensichtlich, dass der Staat [...] der Kirche dienen muss, und es eine der wichtigsten Pflichten eines christlichen Fürsten ist, alles zu tun, die Kirche zu sichern."[39]

In den parlamentarischen Auseinandersetzungen der Restauration wird vor allem Louis-Gabriel-Ambroise de Bonald zu dem herausragenden Wortführer der Ultras. Aus einem theokratisch-autoritären Gesellschaftskonzept heraus betont er die Einheit von Staat, Religion und Gesellschaft. Die Idee einer religiösen Innerlichkeit, wie Chateaubriand sie vertritt,[40] lehnt er dagegen entschieden ab: „Die Religion ist nicht nur eine Frage des Glaubens oder der Inspiration, sondern eine öffentlichen Handelns und eine politische Institution."[41] Als Teil des öffentlichen Lebens habe die Religion nicht nur Anspruch auf den besonderen Schutz der Gesetze, sie müsse auch Teil des Staates sein, insofern sie die politische Bindung zwischen Volk und Monarchen absichere.[42] Damit zieht er die Fronten zwischen den Verteidigern einer Trennung von Staat und Kirche und den Verteidigern der Einheit von Monarchie und katholischer Kirche so scharf wie kein anderer.

Die politischen Auseinandersetzungen in der Julimonarchie

Mit Beginn der Julimonarchie und der Verschiebung des Machtverhältnisses zwischen den politischen Lagern verändert sich auch die Debatte über die Stellung und Aufgabe der Kirche im Staat. Deutliches Gewicht erlangen nun die Liberalen.[43] Niemand hat ihre Position in dieser Zeit besser beschrieben als François Guizot. Seit den 1820er Jahren verfasst er eine Reihe von Artikeln über verschiedene religiöse Themen. 1838, befreit von seinen ministeriellen Aufgaben, publiziert er davon zwei Texte.[44] Der erste, *De la religion dans les sociétés modernes*, geht von der Vorstellung aus, dass in der modernen Gesellschaft ein schrankenloser Individualismus herrsche, wie er niemals zuvor beobachtet worden sei. „Niemals waren die Leidenschaften so ungeduldig und weit verbreitet. Nie haben so viele Herzen so viel an

---

39 Briges 1819, S. 339.
40 Vgl. Chateaubriand 1968; siehe McMillan 2006, S. 219.
41 Rede von Louis-Jacques-Maurice de Bonald am 17. April 1819, in: AP, Bd. 23, S. 686.
42 Vgl. Rede von Chabbon de Solilhac am 17. April 1819, in: AP, Bd. 23, S. 668.
43 Vgl. Guizot 1866.
44 Beide Artikel erscheinen in der *Revue des Deux Mondes* (1838). Wiederabgedruckt in: Guizot 1868.

Waren und Vergnügen verlangt. Arrogante und eigennützige Beschäftigungen, Verlangen nach materiellem Wohlstand und geistiger Eitelkeit, [...] Abenteuer und Müßiggang: alles scheint möglich und beneidenswert sowie für alle gleichermaßen zugänglich."[45] Diese übersteigerte Subjektivität sei jedoch auch gefährlich. „Es ist nicht so, dass die Leidenschaften die Menschen anstacheln, große Mühe auf sich zu nehmen, um sich ihre Wünsche zu erfüllen, stattdessen führen sie zu einem Unbehagen, so dass alles, was sie gewinnen, immer nur ein Tropfen auf den heißen Stein ist."[46] Aber auch für die Gesellschaft sei der neue Subjektivismus eine Bedrohung. „Die Welt hat noch nie eine solche Kollision der Impulse, Phantasien und Ansprüche erlebt, noch nie einen solchen Klang von Stimmen gehört, die wie einen Rechtsanspruch einfordern, was sie brauchen und was ihnen gefällt."[47] Je mehr der Mensch auf sich selbst gestellt sei, fährt Guizot schließlich fort, und die Gesellschaft sich in einem fortwährenden Wandel befinde, umso mehr brauche er einen seelischen und moralischen Halt. Glaube und Religionen gehören nicht nur zur menschlichen Natur, sie leisten auch etwas, was Politik nicht leisten könne. Die religiösen Überzeugungen stehen für Antworten auf die grundlegenden Probleme der menschlichen Natur. „Dies ist ihr erster und großer Zweck, sogar größer als die Aufrechterhaltung der gesellschaftlichen Ordnung."[48] Allein aus diesem Grund sei eine ernsthafte und aufrichtige Achtung vor ihnen notwendig, denn sie trügen dazu bei, dass der Mensch einen moralischen Halt finde. Eine Politik, die dafür blind sei, sei „eine sinnlose Politik"[49], die die Menschen nicht kenne, und sie nicht zu führen wisse.

Guizot betont die Bedeutung der Religion für jeden Einzelnen und die Gesellschaft und doch spricht er sich für eine klare Trennung von Staat und Kirche aus. Davon zeugt sein zweites Essay *Du catholicisme, du protestantisme et de la philosophie en France*. „Ich bin der Meinung", beginnt er den Text, „dass in der neuen Gesellschaft, im Frankreich der Charta, Katholizismus, Protestantismus und die Philosophie friedlich zusammen existieren können", und dies „nicht nur in materieller Hinsicht, sondern auch in moralischer, nicht nur unter Zwang, sondern freiwillig, ohne sich aufzugeben und ohne Verrat an der Wahrheit und Vorstellung der Aufrichtigkeit."[50] Die Lösung liege freilich in der Neutralität des Staates in religiösen Angelegenheiten und die der Kirche in staatlichen Dingen. Eine Kirche, die keine Intervention von Seiten des Staates zu fürchten habe, könne sich auf die geistigen Dinge konzentrieren. Alles, was sie zu tun habe, sei die zentralen Prinzipien des französi-

45 Guizot 1838 a, S. 807.
46 Guizot 1838 a, S. 807.
47 Guizot 1838 a, S. 807.
48 Guizot 1838 a, S. 810.
49 Guizot 1838 a., S. 810.
50 Guizot 1838 b, S. 368.

schen Staates und seiner Verfassung anzuerkennen.[51] „Harmonie in der Freiheit", schreibt Guizot, sei der wahrhafte „christliche Geist"[52].

Trotz dieser verfassungsrechtlichen Perspektive ist Guizots Essay eine politische Streitschrift. In der Kritik steht vor allem die katholische Kirche. Deren heuchlerische Unglaubwürdigkeit, so der Autor, stamme aus dem 18. Jahrhundert, das noch nicht so weit vom 19. Jahrhundert entfernt liege; und auch aus der übermäßigen Dominanz der Kirche, die nach dem Prinzip aufgebaut sei, dass die kirchliche Autorität das religiöse Leben bestimme.[53] Dagegen bescheinigt Guizot dem Protestantismus durch seine Lehren und seine Geschichte eine große Kompatibilität mit einer freien und mannigfaltigen Gesellschaft. Er sei weder durch das Recht noch durch die Monarchie geschützt worden. „Er erwuchs mit Bescheidenheit und Dankbarkeit. Nie war eine Religionsgesellschaft mehr bereit, der weltlichen Macht Achtung und Respekt zu zeigen."[54] Das richtete sich deutlich gegen Joseph de Maistres Vorwurf, dass der Protestantismus den Menschen auf sich selbst zurück geworfen habe, um ihn zu zerstören.[55] Für de Maistre ist der Protestantismus der Feind allen Glaubens und des Staates. Er bedeute aber nicht nur Häresie, sondern auch zivilen Ungehorsam, aus dem Grunde, dass er die Menschen vom Gehorsam befreie. Für Guizot ist es jedoch gerade der Protestantismus, der die Trennung von Kirche und Staat verteidige und damit die Weiterentwicklung des religiösen Lebens, unabhängig vom Staat, ermögliche.

Diese Position übernehmen nach der Revolution von 1830 viele Liberale. Selbst Lamennais vertritt mit seiner Zeitschrift *L'Avenir* (1830-1832) nun diese Ansicht. Glaubens- und Versammlungsfreiheit werden darin als Schutz gegen Willkür und eine schwankende öffentliche Meinung verteidigt. Eine Staatsreligion gilt als imperialer Despotismus, als Gegenteil von Freiheit. Lamennais glaubt, dass die Kirche nichts von wahrer Aufklärung und Liberalismus zu befürchten habe. Dabei sieht er die Rolle der Kirche vor allem darin, den Menschen Freiräume zu geben, in denen sie zusammenkommen – und zwar nicht durch staatlichen Zwang, sondern durch Offenheit. Auf diese Weise werde der Katholizismus im Zeitalter der Industrie den Part der Humanität in einer tief gespaltenen Gesellschaft spielen: Er, „der in sich die Macht der Wahrheit trägt, die Kraft der Liebe, die Kraft Gottes, [muss] zwangsläufig über allen Widerstand triumphieren; aber er kann nur durch die Freiheit triumphieren, und sein Triumph wird umso schneller und größer sein, als die Freiheit vollkommener sein wird."[56]

---

51 Guizot 1838 b, S. 372.
52 Guizot 1838 b, S. 380.
53 Guizot 1838 b, S. 375.
54 Guizot 1838 b, S. 376.
55 Vgl. Maistre 1992, S. 132-133.
56 Lamennais 1831, S. 332.

Eine ähnliche Position vertritt auch Charles de Montalembert, der in den 1840er Jahren die Gründung einer katholischen Partei mit dem Ziel betreibt, die Freiheit der Kirche in einer liberalen Verfassung fest zu verankern. Im Oberhaus des französischen Parlaments profiliert er sich ab 1835 als Gegner einer antichristlichen Politik. Er argumentiert, dass kirchliche, korporative und individuelle Freiheit des Mittelalters aus der christlichen Zivilisation hervorgegangen seien, und dass nur auf Grund der christlichen Prinzipien, und insbesondere des Katholizismus, wahrhaft freie politische Institutionen geschaffen und erhalten werden können. Denn der Katholizismus sei ein Bollwerk gegen die absolute Herrschaft des Staates und diene dem Schutz freiheitlicher Institutionen.[57] Von diesem Standpunkt aus verteidigt er 1837 das Besitzrecht der Kirche gegen einen Gesetzesvorschlag, demzufolge das Grundeigentum der Erzdiözese Paris konfisziert werden soll. Noch mächtiger und weit über die Grenzen Frankreichs hinaus wirken seine Reden, mit denen er 1844 und 1845 die Religionsfreiheit (13. und 14. Januar 1845), die Unterrichtsfreiheit (26. August 1844) und die Freiheit der religiösen Orden (26. April 1844; 11. Juni 1845) verteidigt. In seiner Rede vom 13. Januar 1845 heißt es: „Die Kirche braucht weder besonderen Schutz noch Privilegien; sie braucht nur Freiheit, und das ist es, was die Verfassung des Landes allen Religionen garantiert. Um eine feste Allianz zu schließen, die den dauerhaften Frieden sichert, ist es ausreichend, dass das göttliche Recht des Episkopats unter das Recht der Freiheit fällt, das für alle gleichermaßen gilt.“[58]

Eine freie Gesellschaft und ein freier Glauben müssen sich gegenseitig ergänzen. Staat und Kirche seien dementsprechend zu trennen. „Die freie Kirche in einem freien Staat bedeutet nicht, dass sich die Kirche im Krieg mit dem Staat befindet.“ Die Kirche und der Staat können und müssen sich sogar verpflichten, ihre jeweiligen Interessen in Einklang zu bringen, um „zum Vorteile des Einzelnen und der Gesellschaft zu wirken“. Es müsse „zwischen beiden eine mögliche Allianz“ bestehen können, die oft sogar notwendig sei. Aber diese dürfe nur auf „gegenseitiger Unabhängigkeit, Autonomie und einem souveränen Zustand“ beruhen.[59] Im Katholizismus erblickt Montalembert nun ein Bollwerk gegen die Fehler der Freiheit, die „zu ihrer Erscheinungsform“, nicht aber „zu ihrem Wesen“ gehören.[60]

Diese Position wird jedoch nicht von allen Ultramontanen und schon gar nicht von den politischen Ultras geteilt. Ein wichtiges Sprachrohr ihrer Bewegung ist die katholische Tageszeitung *L'Univers* von Louis Veuillot. In ihr wird vor allem die Idee, dass Frankreich ein überwiegend katholisches Land sei, verteidigt. So ist für Veuillot die Revolution noch nicht vorbei und Frankreich ein Schlachtfeld zwischen den Verfechtern der katholischen Kirche und den Apologeten einer säkularen Welt,

---

57 Montalembert 1863, S. 59.
58 Parisis 1846, S. 20.
59 Montalembert 1863, S. 143.
60 Montalembert 1863, S. 151-152.

zu denen er auch die Protestanten zählt. In diesem Konflikt zwischen Gut und Böse gebe es keine Kompromisse. Veuillot hält eine Vermittlung zwischen den Religionen und die Trennung von Kirche und Staat für „eine liberale Illusion", die auf das schärfste bekämpft werden müsse.[61] Die katholische Partei sei Ausdruck der christlichen Wahrheit; sie leugne die Revolution, die aus nichts als antichristlichen Lügen bestehe; sie bestreite den Liberalismus und Eklektizismus, die auf Scheinheiligkeit und Lügen aufgebaut seien. „Wir lehnen", schreibt Veuillot, Liberalismus und Eklektizismus ab, wie „unsere Väter Götzendienst, Häresie und Schisma abgelehnt haben"[62].

Amerika als Modell

Eine besondere Rolle in den angeführten Debatten nimmt Tocqueville mit seinem Hauptwerk *De la démocratie en Amérique* ein. Seine Ausführungen zur Religion in Amerika richten sich sowohl gegen Ultramontane und Gallikanisten als auch jene Liberale in Frankreich, die in der Religion nur ein individuelles Glaubensbekenntnis sehen. Auch lehnt er eine Position ab, wonach man die Religion verteidigen müsse, weil sie die Möglichkeit biete, die bestehende Ordnung zu stabilisieren, indem sie den Menschen Hoffnung und Trost in einer dynamischen, von sozialer Ungleichheit geprägten Gesellschaft spende.[63] Anhand seiner amerikanischen Erfahrungen weist er nach, dass eine demokratische Gesellschaft auch eine religiöse Gesellschaft sein kann. Allerdings verändern sich in ihr die Kirchen in ihren Strukturen und Mitgliedschaften. Der Anspruch von Laien oder Frauen, mitreden zu wollen, wachse und bestimme dadurch das Gemeindeleben. Die besondere Leistung seiner Analyse besteht dabei darin, dass er auf die gemeinschaftlichen Handlungs- und Erfahrungsräume verweist, die religiöse Gemeinschaften ihren Mitgliedern zur Verfügung stellen, und die er selbst wiederum als konstitutiv für die Gesellschaft deutet.

Tocqueville ist nicht der erste, der die Bedeutung der Religion und Kirchen in Amerika betont. Die öffentliche Rolle der christlichen Kirchen und Sekten gehört frühzeitig zum festen Kanon des europäischen Amerikabildes.[64] Dennoch sticht er in diesem Diskurs deutlich heraus. Zwar verweist auch er, wie viele vor ihm, auf den Einfluss der Religion in der amerikanischen Geschichte. Doch der Puritanismus der

---

61 Vgl. Veuillot 1866.
62 Veuillot 1866, S. 86-87.
63 Vgl. die Rede von Auguste Hilarionde Kératry vom 17. April 1819, in: AP, Bd. 23, S. 669.
64 Vgl. Démeunier 1810, Bd. 1, S. 185. So heißt es etwa bei Carlo Giuseppe Guglielmo Botta: „Was auch immer die Ursachen der amerikanischen Religiosität sein mögen", sie habe die Amerikaner „vereint" und ihnen „jenen Eifer verliehen", der ihnen „die Hartnäckigkeit und die Kraft" gebe, sich gegen die Engländer und alle Gefahren des Alltags „zu behaupten".Botta 1812, Bd. 2, S. 98.

Pilgrims ist für ihn „fast ebenso sehr eine politische wie religiöse Lehre"[65], haben die ersten Siedler doch vor allem eine neue gesellschaftliche Ordnung geschaffen. Das vereinende Band zwischen ihnen besteht für ihn daher weniger in ihren religiösen Überzeugungen als in der gemeinsamen Sprache, Rechtstradition und im sozialen Milieu, dem sie entstammen. Was sie teilten, waren politische Erfahrungen, wie die Verfolgung religiöser Minderheiten, die Bedeutung liberaler Freiheitsrechte und Grundsätze der Gemeindefreiheit.[66] Dies ist für Tocqueville ein wichtiger Punkt. Die ersten amerikanischen Siedler schöpften beim Aufbau der neuen Gesellschaft vornehmlich aus den sozialen und politischen Erfahrungen, die sie aus England mitbrachten. Tocqueville mahnt daher an, deutlich zu unterscheiden, „was puritanischen und was englischen Ursprungs"[67] ist. Das bedeutet aber nicht, dass Tocqueville den Einfluss der Religion verleugnet. Allerdings relativiert er ihn. Die neu angekommenen Christen gründeten nicht eine Kirche, sondern eine politische Gemeinschaft. Sie verfuhren dabei oft, wie sie es als Kirchengemeinden kannten. Tocqueville verweist auf die Niederschrift von Gesellschaftsverträgen, denen alle Beteiligten zustimmen mussten. Diese Verfahrensweise, die von dem biblischen Bund Gottes mit Israel übernommen wurde, fand unmittelbare Anwendung bei der Gründung des politischen Gemeinwesens. Vertraut mit der Bibel, seien die Puritaner davon überzeugt gewesen, dass das göttliche Gesetz eine geschriebene Form annehmen müsse. Als typisch für solche schriftlichen Gesellschaftsverträge nennt Tocqueville nicht nur den von den ersten Ankömmlingen in Neuengland 1620 vereinbarten *Mayflower Compact*, sondern auch *The Fundamental Orders of Connecticut* von 1639 und *The Plantation Agreement at Providence* von 1640.

Was die Amerikaner in diesen Verträgen schützten, sei nicht die Religion gewesen, sondern die Gewissensfreiheit. Nicht die Religiosität der Amerikaner oder gar der Protestantismus, sondern der Grundsatz der Gewissensfreiheit und die Vielzahl der religiösen Bekenntnisse gebe der amerikanischen Geschichte eine besondere Prägung.[68] Es sind folglich nicht der Kampf um abstrakte Freiheitsrechte, wie in Frankreich, sondern der Abwehrkampf gegen die Einschränkung von Freiheitsrechten, die das Selbstverständnis der ersten Siedler prägten.[69] In diesem Sinne ist für Tocqueville die Demokratie in Amerika auch nicht das Resultat einer politischen oder gar religiösen Rebellion. In der Tat lasse sich feststellen, dass die „Geburt der repräsentativen Demokratie" weder die Rückkehr zu einem früheren Zustand noch ein revolutionärer Neuanfang sei. Tocqueville stellt sie als programmatische Weiterentwicklung einer überkommenen freiheitlichen Ordnung und einer Praxis kommunaler Selbstverwaltung dar, wie sie in *The Fundamental Orders of Connecticut* von

---

65 Tocqueville 2010, Bd. 1, S. 54.
66 Tocqueville 2010, Bd. 1, S. 49.
67 Tocqueville 2010, Bd. 1, S. 71.
68 Vgl. Olmstead 1960, S. 18; Philbrick 2006.
69 Vgl. Dunthorne 2013, S. 144-147.

1639, in den Verfassungen der Einzelstaaten und schließlich in der Unabhängikeits-
erklärung und der Verfassung der USA verankert wurden.[70] Es ist für Tocqueville
von daher nicht verwunderlich, dass die Siedler in den englischen Kolonien stets die
Trennung von Kirche und Staat verteidigten, ohne dabei wie in Frankreich die tragende Rolle der Religion im gesellschaftlichen Leben in Frage stellen zu müssen.

Für Tocqueville ist dies eine wichtige Lehre der amerikanischen Revolution: Man
kann für die Trennung von Kirche und Staat eintreten, ohne dass man die Bedeutung
der Religion im gesellschaftlichen Leben verleugnen muss.[71] Er hebt daher an verschiedenen Stellen in *De la démocratie en Amérique* den Einfluss der Religion in
der amerikanischen Gesellschaft hervor. Dabei thematisiert er auch die mäßigende
Wirkung der Religion auf das Verhalten der Gläubigen: „Die Religion regelt in den
Vereinigten Staaten nicht nur die Sitten, sie dehnt ihre Herrschaft auch auf das geistige Leben aus." Dabei spiele es nicht so sehr eine Rolle, ob sich die Bürger zu den
christlichen Lehrsätzen bekennen, weil sie daran glauben, oder weil sie nur fürchten,
für Ungläubige gehalten zu werden. Wichtig sei die Achtung der Tradition und der
christlichen Werte.[72] Wäre der „Geist der Amerikaner" dagegen frei von solchen
Schranken, so Tocqueville, „träfe man unter ihnen bald die kühnsten Neuerer und
die unerbittlichsten Logiker der Welt. Aber die Revolutionäre Amerikas sind gezwungen, eine gewisse Achtung vor der christlichen Sittlichkeit und Rechtlichkeit
zur Schau zu tragen, die ihnen die Verletzung ihrer Gesetze nicht so leicht gestattet,
sobald diese ihren Absichten entgegenstehen; und können sie sich über ihre Bedenken selbst hinwegsetzen, so wären sie doch durch ihre Parteigänger gehemmt.[73]

Zu den unantastbaren Werten, die die Religion schütze, gehören für Tocqueville
die Familie, die Achtung allen Lebens und die Ehrung von Ordnung und Frieden.[74]
Zentraler für Tocqueville sind jedoch die Wirkungen der Religion auf das gesellschaftliche Leben. Religionsgemeinschaften vermitteln eine soziale Praxis des Miteinander und Füreinander. Die Tendenz des modernen Menschen, sich ausschließlich
auf seine privaten Sorgen zu konzentrieren, stellt für Tocqueville die größte Bedrohung für den Erhalt der Freiheit in demokratischen Staaten dar. Männer, die sich nur

---

70 Bereits 1582 hatte Robert Browne die *communio sanctorum* beschrieben. Für ihn bedeutete die
    Bischofsverfassung die Verleugnung der Königsherrschaft Christi. Nach 1 Kor. 12 lautete die
    Rangordnung der Kirche: Apostel, Propheten, Lehrer, Diakone, einfache Gemeindemitglieder
    ohne Amt. Die Gemeinde betrachtete er als eine freiwillige Gemeinschaft von Gläubigen. Vgl.
    Carlson/Peel 2014, S. 150-169.
71 In seinem Manuskript zu *De la démocratie en Amérique* vermerkt Tocqueville: „Ich habe in
    Europa sagen gehört, dass es sehr bedauerlich ist, dass diese armen Amerikaner so religiös
    sind. Wären Sie in den Vereinigten Staaten gewesen, wären Sie davon überzeugt worden, dass
    Religion in Republiken nützlicher ist als in Monarchien, und in demokratische Republiken
    mehr als anderswo. Katastrophales Missverständnis in Frankreich. Despotische Mächte be-
    günstigen in Europa die Religion." Tocqueville 2010, Bd. 2, S. 479.
72 Tocqueville 2010, Bd. 2, S. 474.
73 Tocqueville 2010, Bd. 2, S. 475.
74 Vgl. Tocqueville 2010, Bd. 2, S. 473-474.

noch die Zeit nehmen, sich um ihr privates Glück zu kümmern, geben ihre kollektiven Freiheitsrechte freiwillig auf und untergraben damit das Fundament eines liberalen Staates. Das soziale und auch politische Engagement der Religionsgemeinschaften sei dagegen auf Freiheitsräume angewiesen und mache diese für die Bürger erfahrbar. Die Religion und das starke soziale Engagement religiöser Vereine dürfen als Teil des öffentlichen Raumes deshalb nicht verleugnet werden, soll die Öffentlichkeit nicht nur vom Staat okkupiert werden. Der Staat müsse aber nicht nur Raum für die Entfaltung der gesellschaftlichen Kräfte freigeben, er müsse auch mit ihnen kooperieren können. Für Tocqueville sind dabei weder die Form noch die verschiedenen Überzeugungen, Bekenntnisse und religiösen Inhalte wichtig. Auch die Zwecke, auf die sich die Aktivisten in ihrer Seelsorge und ihren karitativen Tätigkeiten beziehen, sind für ihn nicht von politischem Interesse; entscheidend ist vielmehr, dass die Aktivitäten den selbst gewählten Zielen der Beteiligten genügen. Dabei müssen sie allerdings ein positives Bewusstsein von der Relativität ihrer eigenen religiösen Vorstellungen entwickeln. Was immer die Angehörigen von religiösen Gemeinschaften zur Verwirklichung ihrer Idee des guten Lebens unternehmen, sie müssen in einer demokratischen Gesellschaft das Dasein anderer Lebens- und Glaubensformen grundsätzlich anerkennen.

Dies ist für Tocqueville allerdings nur gewährleistet, solange es eine klare Trennung von Kirche und Staat gibt. Diese Trennung sei voraussetzungsvoll, denn der Staat müsse eine Neutralität gegenüber allen religiösen Gemeinschaften hegen und eine Offenheit für jede religiöse Positionen wahren. Tocqueville begründet damit eine liberalen Tradition politischen Denkens, welche das umfassende Recht, autonom zu handeln, und das Recht, Bindungen entsprechend einer bestimmten Auffassung vom guten Leben einzugehen, an die Fähigkeit knüpft, gleiches Recht im politischen Raum auch allen anderen zuzugestehen und dieses Recht mit den Mitteln des Staates zu schützen. Er formuliert ein Politikverständnis, das auf die konstitutive Bedeutung gemeinschaftlicher Handlungs- und Lebensvollzüge für die Gewährleistung personaler Integrität und kollektiver Identität setzt. Gleichzeitig müssen aber auch die Kirchen und Gemeinschaften ein Bewusstsein ihrer stets begrenzten Aufgaben- und Einflussbereiche entwickeln, seien es kirchliche Sachbereiche wie Verkündung und Mission oder soziale und gesellschaftliche Aufgabenfelder wie Kranken- und Altenpflege, Fürsorgetätigkeiten, Erziehung oder Bildung. „Solange eine Religion", schreibt Tocqueville, „ihre Kraft aus den Gefühlen, den Ansichten, den Leidenschaften schöpft, die sich durch alle Zeiten der Geschichte in gleicher Art erneuern, trotzt sie dem Druck der Zeit, oder sie kann zumindest nur durch eine andere Religion zerstört werden." Wolle sich die Religion aber auf „die weltlichen Wünsche stützen", so werde sie fast ebenso vergänglich wie diese. „Ist sie allein, so kann sie auf Unsterblichkeit hoffen; mit unbeständigen Mächten verkettet, erduldet sie deren

Schicksal, und oft stürzt sie mit den Eintagsleidenschaften, von denen jene getragen werden."[75]

Und, als ob er die Botschaft für seine französische Leserschaft besonders deutlich machen will, ergänzt er noch: „Wenn sich die Religion mit verschiedenen politischen Mächten verbindet, kann sie also nur ein Bündnis eingehen, das sie belastet. Sie bedarf ihrer Hilfe zum Leben nicht, und ihnen dienend kann sie nur untergehen. Die Gefahr, auf die ich eben hinweise, besteht zu allen Zeiten, aber nicht immer ist sie so sichtbar gewesen."[76] Indem Tocqueville hier gleichsam an das Selbstverständnis der Kirchen in einer demokratischen Gesellschaft appelliert, macht er deutlich, dass die liberalen Ideale der Trennung von Kirche und Staat und ihrer friedlichen Koexistenz nicht nur rechtsstaatlich geschützt werden müssen; sie müssen auch Teil des Selbstverständnisses der Bürger und Religionsgemeinschaften werden. Ein positives Bewusstsein von sich, der Relativität der eigenen Lebensformen und der Begrenztheit des eigenen Einflussbereiches sei eine Grundvoraussetzung für ein aktives Handeln in einer freiheitlichen Gesellschaft. Für Tocqueville ist klar, dass dieses Bewusstsein nur durch eine gesellschaftliche Praxis gelernt werden kann. Insofern streicht er die Bedeutung der Religionsgemeinschaften in Amerika besonders heraus: „Die Religion ist in Amerika vielleicht weniger mächtig als sie es zu gewissen Zeiten und bei gewissen Völkern war, aber ihr Einfluss ist beständiger."[77] Auf ihre eigenen Kräfte angewiesen, seien die Religionsgemeinschaften hier Teil des öffentlichen Lebens, in dem sie ihre Rolle und Verantwortung für die Gesellschaft unter Beweis stellen.

Ausblick

Die Debatten über die institutionelle Trennung von Kirche und Staat in der Julimonarchie machen auf der einen Seite die scharfen Frontlinien deutlich, die es seit der Restauration zwischen den Gegnern und Verteidigern einer institutionellen Trennung von Kirche und Staat gibt. Sie zeigen aber auch, dass sich vor allem unter den Liberalen ein positives Verständnis der Trennung entwickelt, dass auf der einen Seite ein positives Bewusstsein von der Bedeutung der Religion und religiösem Engagement in der Gesellschaft hegt, sich auf der anderen Seite aber auch ganz klar für die Neutralität des Staates gegenüber allen religiösen Gemeinschaften ausspricht. Die Liberalen nehmen aber auch Stellung zu der seit der Restauration tragenden Frage, wie es zu dem starken Antiklerikalismus in Frankreich während des 18. Jahrhunderts kommen konnte. Die französische Monarchie, so ihre Antwort, sei so erfolgreich bei

---

75 Tocqueville 2010, Bd. 2, S. 483-484.
76 Tocqueville 2010, Bd. 2, S. 484.
77 Tocqueville 2010, Bd. 2, S. 485.

der Konzentration der Macht gewesen, dass sie der Gesellschaft jede Möglichkeit geraubt habe, sich weiterzuentwickeln. Anstatt einen Unterschied zwischen *état politique* und *état social* zu markieren, wurde die Kirche Teil des Staates. Die Radikalität der Französischen Revolution bestand folglich darin, dass sie sich gegen die politische Ordnung und sämtliche ihrer Repräsentanten richtete, zu denen nicht nur die Krone, sondern auch die Kirche gehörte. „In den meisten großen Revolutionen, die bis dahin in der Welt stattgefunden hatten, war von denjenigen, welche die bestehenden Gesetze angriffen, der religiöse Glaube respektiert worden, und in den meisten religiösen Revolutionen hatten die, welche die Religionen angriffen, sich nicht unterfangen, mit dem nämlichen Schlag das Wesen und die Ordnung aller politischen Gewalten zu ändern und die alte Verfassung der Regierung von Grund aus zu zerstören."[78] Während der Französischen Revolution habe jedoch beides stattgefunden, eben weil die Verquickung von Kirche und Staat so eng gewesen sei.

Für viele Liberale des 19. Jahrhunderts gehört die Forderung nach einer klaren institutionellen Trennung von Kirche und Staat bei einer gleichzeitigen Betonung der Bedeutung der Religionsgemeinschaft für die Gesellschaft deshalb zum politischen Selbstverständnis. In den Auseinandersetzung im zweiten Kaierreich und der dritten Republik spitzen sich die Positionen zwischen Ultras und Antiklerikalen jedoch so zu, so dass es 1905 schließlich zur Annahme des Laizitätsgesetzes kommt. Die liberalen Positionen, wie sie in der Restauration und Julimonarchie entwickelt wurden, kommen darin nicht mehr zum Tragen. Nicht zuletzt die Argumentation Tocquevilles, der die Religionsfreiheit sowohl als individuelles wie als kollektives Recht verteidigte, wird verworfen.

Bibliographie

AP = Archives parlementaires de 1787 à 1860. Recueil complet des débats législatifs et politiques des chambres françaises, Deuxième série (1800 à 1860), gedruckt im Auftrag des Sénats und der Abgeordnetenkammer (1868-1887), Paris: P. Dupont.

Botta, Carlo Giuseppe Guglielmo (1812),*Histoire de la guerre de l'indépendance des États-Unis d'Amérique*, 2 Bde., Paris: J.G. Dentu.

Boudon, Jacques-Oliver (2007), *Religion et politique en France depuis 1789*, Paris: A. Colin.

Briges, Abbé Barrande de (1819), 'De la liberté des cultes selon la charte, avec quelques réflexions sur la doctrine de M. de Pradt, et sur les bienfaits du christianisme', in: *Le Conservateur*, Bd. 3, Paris: Chez le Normant Fils, S. 337-345.

Cahn, Jean-Paul und Hartmut Kaelble (Hg.) (2008), *Religion und Laizität in Frankreich und Deutschland im 19. und 20. Jahrhundert/Religions et laïcité en France et en Allemagne aux 19ᵉ et 20ᵉ siècles,* Stuttgart: Franz Steiner Verlag.

---

78 Tocqueville 1952, S. 208.

Carlson, Leland H. und Albert Peel (Hg.) (2014), *Elizabethan Non-Conformist Texts*, 6 Bde., Bd. 2: *The Writings of Robert Harrison and Robert Browne*, London: Routledge 2014.

Chateaubriand, François-René de (1968), *Erinnerungen. Mémoires d'outre-tombe*, hg. v. Sigrid von Massenbach, München: Nymphenburger Verlagshandlung.

Cholvy, Gérard (2001), *Christianisme et société en France au XIXe siècle*, Paris: Seuil.

Anonym (1832), 'Constant on religion', in: *American Quarterly Review*, 1832: 11, S. 103–120.

Constant, Benjamin (1992), *Recueil d'articles, 1829-1830. Texte établi, introduit, annoté et commenté par Éphraïm Harpaz*, Paris: Champion.

Constant, Benjamin, *Die Religion, nach ihrer Quelle, ihren Gestalten und ihren Entwickelungen*, dt. v. Dr. Philipp August Petri, 2. Bd., Berlin: G. Reimer 1824.

Constant, Benjamin (1874), „De la liberté des anciens comparée à celle des modernes (discours prononcé a l'Athénée de Paris)", in: *Benjamin Constant, Oeuvres politiques de Benjamin Constant*, Paris: Charpentier et cie 1874, S. 258–286.

Constant, Benjamin (2011), *Oeuvres complètes, Bd. XI: Textes de 1818. Lectures à l'Athénée; Annales de la session de 1817 à 1818; Cours de politique constitutionnelle; La Minerve française; Affaires W. Regnault et C. Lainé; Élections de 1818*, Berlin/New York: Walter de Gruyter.

Curtis, Sarah Ann (2000), *Educating the Faithful. Religion, Schooling, and Society in Nineteenth-Century France*, DeKalb: Northern Illinois University Press.

Démeunier, Jean Nicolas (1810), *L'Amérique indépendante, ou Les différentes constitutions des treize provinces qui se sont érigées en républiques, sous le nom d'États-Unis de l'Amérique*, 2 Bde., Gand: Goesin.

Dunthorne, Hugh (2013), *Britain and the Dutch Revolt 1560-1700*, Cambridge: Cambridge University Press.

Ford, Caroline C. (2005), *Divided Houses. Religion and Gender in Modern France*, Ithaca: Cornell University Press.

Guizot, François (1838 a), 'De la religion dans les sociétés modernes', in: *Revue des Deux Mondes*, 1838: 1, S. 805-826.

Guizot, François (1838 b), 'Du catholicisme, du protestantisme et de la philosophie en France', in: *Revue des Deux Mondes*, 1838: 3, S. 368-381.

Guizot, François (1849), 'La Démocratie et la société française. – De la Démocratie en France', in: *Revue des Deux Mondes*, 1849: 1 (nouvelle période), S. 294-307.

Guizot, François (1866), 'Le réveil chrétien en France au XIXe siècle', in: *Méditations sur l'état actuel de la religion chrétienne*, Paris: Michel Lévy Frères, S. 1-200.

Guizot, François (1868), *Méditations sur la réligion chrétienne dans ses rapports avec l'état actuel des sociétés et des esprits*, Paris: Michel Lévy Frères.

Hébert, Jacques-René (2003), *Den Papst an die Laterne, die Pfaffen in die Klappe! Schriften zu Kirche und Religion 1790-1794*, übersetzt und erläutert v. Peter Priskil, Freiburg: Ahriman.

Lamennais, Félicité Robert de (1814), *Réflexions sur l'état de l'Église en France pendant le dix-huitième siècle, et sur sa situation actuelle, édition corrigée*, Paris: Société typographique.

Lamennais, Félicité Robert de (1817), *Essai sur l'indifférence en matière de religion*, Paris: Tournachon-Molin et H. Seguin.

Lamennais, Félicité Robert de (1826), *De la religion, considérée dans ses rapports avec l'ordre politique et civil*, Paris: Au bureau du Mémorial Catholique.

Lamennais, Félicité Robert de (1831), 'De l'avenir de la société', in: *L'Avenir*, 28. Juni 1831, abgedruckt in: *Oeuvres complètes de F. De La Mennais: Journaux ou articles publiés dans Le Mémorial Catholique et l'Avenir* (1836), Bd. 10, Paris: P. Daubrée et Cailleux.

Leniaud, Jean-Michel (1987), 'L'organisation de l'administration des cultes (1801-1911)', in: *Administration et église. Du concordat à la séparation de l'église et de l'état*, hg. v. Jean Gaudemet, Gèneve: Librairie Droz, 17-46.

Maistre, Joseph de (1992), *De la souveraineté du peuple*, Paris: PUF.

McMillan, James F. (2006), 'Catholic Christianity in France from the Restoration to the Separation of Church and State, 1815-1905', in: *The Cambridge History of Christianity, Bd. 8: World Christianities c. 1815-c. 1914*, hg. v. Sheridan Gilley and Brian Stanley, Cambridge: Cambridge University Press, S. 215-232.

Mollenhauer, Daniel (2004), ,Symbolkämpfe um die Nation. Katholiken und Laizisten in Frankreich (1871-1914)', in: *Nation und Religion in Europa. Mehrkonfessionelle Gesellschaften im 19. und 20. Jahrhundert*, hg. v. Heinz-Gerhard Haupt und Dieter Langewiesche, Frankfurt a.M.: Campus, S. 202-230.

Montalembert, Charles Forbes de (1863), *L'Église libre dans l'état libre. Discours prononcés au Congrès Catholique de Malines*, Paris: Ch. Douniol/Didier et Cie.

Nique, Christian (1990), *Comment l'école devint une affaire d'état, 1815-1840*, Paris: Nathan.

Olmstead, Clifton E. (1960), *History of Religion in the United States*, Englewood Cliffs: Prentice-Hall, Inc.

Ormières, Jean-Louis (2002), *Politique et religion en France*, Brüssel: Éditions Complexe.

Ozouf, Mona (1996), ,Dechristianisierung', in: *Kritisches Wörterbuch der Französischen Revolution*, hg. v. François Furet und derselb., 2 Bde., Bd. 1, Frankfurt a.M.: Suhrkamp, 27-48.

Parisis, Pierre-Louis (1846), *Instruction pastorale de monseigneur l'évêque de Langres sur le droit divin dans l'église*, Paris: A. Sirou et Desquers/Jacques Lecoffre et Cie.

Philbrick, Nathaniel (2006), *Mayflower. A Story of Courage, Community, and War*, New York: Penguin Group.

Sagnac, Philippe (1905-1906), 'Le Concordat de 1817. Étude des rapports de l'Église et de l'État sous la Restauration (1814-1821)', in: *Revue d'histoire moderne et contemporaine*, 1905-1906: VII, S. 189-210, 269-288, 433-453.

Suratteau, Jean-René (1990), 'Le Directoire avait-il une politique religieuse?', in: *Annales historiques de la Révolution française*, 1990: 1, S. 79-92.

Tocqueville, Alexis de (1952), *L'Ancien Régime et la Révolution, Œuvres complètes*, Bd. II/1, hg. v. Jacob P. Mayer, Paris: Gallimard.

Tocqueville, Alexis de (2010), *Democracy in America. Historical-Critical Edition of De la démocratie en Amérique*, hg. v. Eduardo Nolla, übersetzt aus dem Französisch v. James T. Schleifer, zweisprachige französisch-englische Ausgabe, 4 Bde., Indianapolis: Liberty Fund.

Veuillot, Louis (1866), *L'illusion libérale*, Paris: Palmé.

Voltaire (1763), *Traité sur la tolérance*, Genève: s.n.

Warcy, L. Paillet de (1824), *Histoire de la vie et des ouvrages de Voltaire: suivie des jugements qu'ont portés de cet homme célèbre divers auteurs estimés*, 2 Bd., Paris: Dufriche 1824.

Teil II

Skadi Siiri Krause

Die Rolle der französischen *parlements* unter dem Gesichtspunkt der Gewaltenteilungslehre des Ancien Régime

Einleitung

Im *Ancien Régime* stehen die *parlements* in Paris und den Provinzstädten an der Spitze des französischen Justizsystems; sie übernehmen aber auch administrative und fiskalische Aufgaben. Die Entwicklung dieser Gerichtshöfe weckt traditionell das Interesse der Historiker.[1] Erst in jüngerer Zeit sind auch bemerkenswerte juristische und politikwissenschaftliche Arbeiten entstanden.[2] Im Zentrum stehen dabei nicht selten Einzelpersönlichkeiten.[3] Aber auch Arbeiten zu einzelnen Gerichtshöfen in den Provinzen bestimmen derzeit die Debatte. Sie haben eine neue Perspektive auf die lange Zeit bestimmende These von der zunehmenden „Entmachtung der Parlements"[4] im 17. und 18. Jahrhundert geworfen.[5] Die Deutung beruht vor allem auf der Eindämmung des *droit de remontrances*, die mit der königlichen *ordonnance* von 1673 durchgesetzt wird. Neue Arbeiten zeigen jedoch,[6] dass die Praxis der *remontrances* nach 1673 nicht endet. So hat Frédéric Bidouze nachgewiesen, dass allein neununddreißig *remontrances* zwischen 1689 und 1715, also noch zu Lebzeiten von Louis XIV, von den *parlements* eingereicht werden.[7] Das heißt, die Gerichtshöfe in den Provinzen hören nicht auf, Gesetze zu prüfen. Ja sie sehen es als ihre spezifische Aufgabe, die Prinzipien von Recht und Gerechtigkeit mit den Interessen des Königs und seiner Untertanen in Einklang zu bringen; und wenn sie meinen, dass dies durch die Vorlagen nicht gewährleistet werde, lehnen sie die Registrierung ab und richten ihre Bedenken an den König. Sie verweisen dabei speziell auf ihre Beratungspflicht (*devoir de conseil*), die alle oberen Autoritäten gegenüber dem König haben. Durch ihre spezifischen Kenntnisse, nicht nur bei der Rechtsprechung, sondern auch bei der Verwaltung des Landes, nehmen sie für sich in Anspruch, gut unterrichtete Ratgeber des Königs zu sein und Anordnungen, die in

---

1 Unter den aktuellen Studien sind hervorzuheben: Chaline 2005, S. 312-327; Daubresse 2005; Le Mao 2007; Gauthier Aubert/Oliver Chaline 2010; Le Mao 2011.
2 Siehe: Saint-Bonnet 2001, 177-197; Feutry 2013; Carbonnières 2004.
3 Siehe Cornette 1998; Feutry 2011.
4 Lavisse 1989, 249. Alle Übersetzungen im Text von Skadi S. Krause.
5 Dies ist Thema des Sammelbandes von Le Mao 2011.
6 Antoine 1993, S. 87-122.
7 Bidouze 2007, S. 109-125.

ihrem Verständnis nicht mit den Vorstellungen von Tradition und Gerechtigkeit in Einklang zu bringen sind, nicht zur Anwendung zu bringen.

Ziel dieses Beitrages ist es, die Rolle der *parlements* unter der Perspektive der Gewaltenteilungslehre des *Ancien Régime* zu beschreiben. Dabei geht es auch um das sich wandelnde Verständnis bzw. Selbstverständnis der Magistrate. Im Zentrum der Darstellung stehen daher so wichtige Autoren wie Jean Bodin, Cardin le Bret, Montesquieu, Henri-François d'Aguesseau, Guillaume-François Joly de Fleury, Louis-Adrien Le Paige und Jacob-Nicolas Moreau. Herausgearbeitet werden soll ein spezifisches Verständnis von der Rolle der *parlements* in ihrer Funktion als Judikative.

1. Die Gesetzgebung im Ancien Régime

Die Gesetzgebung im *Ancien Régime* stellt keine in sich geschlossene Gewalt im Sinne der modernen Gewaltenteilungslehre dar. Es gibt im absolutistischen Staat keine drei Gewalten, sondern nur eine Gewalt in Gestalt des absolutistischen Herrschers. Nichtsdestotrotz werden drei Funktionen der Staatsgewalt unterschieden. Diese entsprechen der klassischen aristotelischen Trennung zwischen beratender (gesetzgebender), exekutiver und richterlicher Tätigkeit. Diese Funktionen werden verschiedenen Organen des Staates zugewiesen, auch wenn sie grundsätzlich in Abhängigkeit zum Monarchen stehen. Damit verkehrt sich die seit dem Mittelalter geltende funktionale Rangfolge. Danach ist die Gesetzgebung nur eine Folge der dem Regenten zugestandenen höchsten Gerichtsbarkeit. Im Absolutismus wird jedoch die Gesetzgebung als höchste Aufgabe gewertet. Deutlich benennt diesen Deutungswandel bereits Jean Bodin.[8] In seiner *Methode pour faciliter la connaissance de l'histoire* (1566) heißt es: „Ich sehe, dass die Souveränität fünf Schlüsselaufgaben besitzt: die erste und wichtigste ist es, die ranghöchsten Richter zu nominieren und deren Aufgaben zu bestimmen; die zweite ist es, Gesetze zu erlassen oder aufzuheben"[9]. Zehn Jahre später schreibt er dann in seinen *Six livres de la république* (1576): „Und deshalb schließen wir, dass die erste Aufgabe des regierenden Fürsten ist, Recht im Allgemeinen zu setzen"[10]. Die Umdeutung von gesetzgebender und richterlicher Funktion bezieht sich auch auf die Mitwirkung der Stände an der Gesetzgebung, die nun immer weiter zurückgedrängt wird. An die Stelle der vertragsähnlichen Vereinbarung zwischen den *États* und dem Monarchen tritt für Bodin der Gesetzesbefehl des Alleinherrschers, d. h. der Wille des Monarchen wird zum Gesetz. Besitzen die *états généraux* zu Beginn des 16. Jahrhundert noch erheblichen

---

8 Pollock 1895, S. 46ff.
9 Bodin 1952, S. 359.
10 Bodin 1583, S- 121.

Einfluss auf die Gesetzgebung, wird ihr Einfluss im Übergang vom 16. zum 17. Jahrhundert soweit zurückgedrängt, dass sie schließlich gar nicht mehr einberufen werden.[11]

Dies ist deshalb möglich, weil der souveräne Wille des Monarchen als wahre Substanz des Gesetzes gedeutet wird, dessen bindende Kraft allein aus dem Befehl des Herrschers herrührt. Erst im 18. Jahrhundert wird diese Anschauung durch die Theorie des abstrakten Vernunftrechts überwunden, die das positive Gesetz als eine Art „Ausführungsverordnung" zum Naturrecht interpretiert.[12] Im Absolutismus jedoch ist, wie Michel Prevôt de la Jannés schreibt, „der Wille des Fürsten das Gesetz"[13]. In diesem Sinne bestimmt auch Cardin le Bret in seinem *Traktat De la souveraineté du Roy* (1632) die königliche Herrschaft: „gefragt, ob der König alle Änderungen der Gesetze und Ordonnanzen schaffen und umsetzen kann, allein durch seine Autorität, ohne Hilfe seines Rates oder seiner Gerichte, muss man antworten, dass es keinen Zweifel daran gibt, dass der König einziger Souverän in seinem Reich ist, und dass die Souveränität so wenig teilbar ist, wie der Punkt in der Geometrie."[14]

Im 17. Jahrhundert ist der Monarch alleinige Rechtsquelle. Die Verkörperung des Herrscherwillens im Gesetz und durch das Gesetz erstreckt sich dabei nicht nur auf die materiellen Regelungen, sondern auch auf die Auslegung der Gesetze. Als Vorbild, Begründung und Stütze für diese Auffassung vom Gesetz als Ausdruck und Verkörperung des Herrscherwillens dient auch das römische und kanonische Recht. Diejenigen Bestimmungen des Corpus *iuris civilis*, die die rechtschöpferische Allgewalt der römischen Kaiser sowie der staatlichen Autorität schlechthin begründen und erklären, wie die berühmte *Constitutio Tanta* des Kaisers Justinian, werden für die Konsolidierung und Zentralisierung der absoluten monarchischen Herrschergewalt nutzbar gemacht: „Wenn [...] etwas fragwürdig erscheint, wenden sich die Richter an den Kaiser, und die Auslegung der Gesetze wird von der kaiserlichen Behörden festgelegt, die einzig das Recht haben, Gesetze zu verabschieden und zu interpretieren"[15]. Dementsprechend sind die Gerichte den Behörden des Monarchen unterworfen, deren Weisungen sie zu folgen haben. Gesetzgebung und Rechtsprechung stellen keine voneinander unabhängigen Gewalten dar, sondern stehen in einem unmittelbaren Zusammenhang, dessen Einheit durch den Willen des Herrschers und Gesetzgebers gegeben ist.

Die Willensmacht des Herrschers als Geltungsgrund für das Gesetz im weltlichen wie im geistlichen Bereich schlägt sich auch in der Begriffsprache nieder. Bereits

---

11 Nur die États Provinciaux können sich eine gewisse Selbstständigkeit bis ins 18. Jahrhundert hinein bewahren.
12 Siehe dazu Mohnhaupt 1972, S. 188-239.
13 Prevôt de la Jannés 1770, S. 2.
14 Cardin le Bret 1632, S. 71.
15 Tanta § 21, zitiert nach Wallinga 2012, 375-386, S. 377.

im 14. Jahrhundert finden sich in der Kanzleisprache Formel wie „weil wir es wollen [car ainsi le voulons-nous]" oder „nach unserem Wissen und unserer ganzen Macht und königlichen Autorität [de notre certaine science et de nostre plaine puissance et autorité royale]".[16] Ab dem 15. Jahrhundert werden sie durch weitere Formeln ergänzt, die die königlichen Gebote als Ausdruck des königlichen Willens begründen. So werden Formulierungen „wie es uns gefällt, soll es geschehen" („car ainsi nous plait il être fait") und „weil dies unseren Gefallen findet [„car tel est nostre plaisir]" zum festen Bestandteil von Gesetzesurkunden.[17] In der 1667 von Louis XIV erlassenen *Ordonnance civile touchant la réformation de la justice* heißt es als Ausdruck königlichen Willens: „Aus diesen Gründen, nach unserem Rat und sicherem Wissen, vollkommener Macht und königlicher Autorität, haben wir das Folgende gesagt, erklärt und verordnet, so wie es uns gefällt"[18].

Auch die Gesetzesterminologie wandelt sich. Es gibt nun Edikte, Dekrete, Resolutionen, Erlasse und Verordnungen. Für Bodin haben sie Befehlscharakter und er bezeichnet sie auch direkt als Gesetzesbefehle.[19] Damit verliert die Gesetzgebung ihren ursprünglichen Eignungscharakter. Sie dient selbst zur Begründung der Souveränität, eines absolutistischen Rechtsanspruches und staatlicher Hoheit. Wie kein anderer hat Bossuet diese Vorstellung auf eine Formel gebracht: „der ganze Staat ist in der Person des Königs"[20]. Nur durch den Monarchen kann die Einheit der politischen und institutionellen Tradition des Reiches gewahrt werden. Der König ist souverän, weil der Staat nur in seiner Person existiert. Sein Wille ist der einzige Wille, da er die einzige öffentliche Person im Königreich ist, die für den Staat und im Namen des Staates sprechen kann.[21] „Man darf nicht vergessen", heißt es noch bei Louis XV., dass „ausschließlich in meiner Person die souveräne Macht verkörpert ist, [...] dass die öffentliche Ordnung durch mich garantiert wird und alle Rechte und Interessen der Nation notwendig mit den meinen vereinigt sind"[22]. Der König ist der absolute Herrscher im Staat. Er ist Urheber wie Garant des Rechtes.

2. Die Rolle der *parlements*

Bei der Bestimmung der Rolle der *parlements* im *Ancien Régime* wurde oft vermutet, dass die Begutachtung der königlichen Erlasse durch die obersten Gerichtshöfe

---

16 Siehe die *ordonnances* von Charles V. von 1364, 1365 und 1366, in: Ordonnances des roys de France de la troisième race (1734).
17 Vgl. Isambert/ Decrusy/Taillandier 1821-1833, Bd. 16 bis 18.
18 Isambert/ Decrusy/Taillandier 1821-1833, Bd. 18, S. 105.
19 Bodin 1579, S. 287-288.
20 Bodin 1579, S. 185.
21 Bodin 1579, S. 185.
22 3. März 1766, Séance royale dite de la Flagellation, in: Flammermont 1888, Bd. 2, S. 558.

des Landes vom 16. bis zum 18. Jahrhundert mit einer rechtlichen Prüfung gleichzusetzen sei.[23] Das widerspricht dem dargestellten Diskurs souveräner Macht. Aber auch praktisch gibt es weder geregelte Verfahren noch einklagbare Rechtsbestimmungen, unter denen die *parlements* ihre Einwände gelten machen können.[24] Die Richter des *Ancien Régime* können sich nicht darauf berufen, dass ein vorgeschlagenes Recht einer Norm oder einem Verfassungsprinzip zuwiderläuft, weil es einen solchen Rechtsrahmen schlicht und einfach nicht gibt.[25] Dies gilt auch für die bestehenden Gesetze, so dass die Interpretation eines Gesetzes, bei Zweifeln über dessen Inhalt, nicht als Rechtsanwendung, sondern als Rechtsschöpfung und damit zugleich auch als Gesetz gilt.[26] Eine so weit gefasste *interpretatio authentica* gehört nicht in den Aufgabenbereich eines Richters. Die Subordination des Richters gegenüber dem Gesetzgeber ist Ausdruck des politischen Machtanspruchs des Souveräns im absolutistischen Staat. Sie stellt zugleich die konsequente Verwirklichung der Willenstheorie in der politischen und staatsrechtlichen Praxis dar.[27]

Das Interpretationsmonopol des Herrschers in seiner Eigenschaft als Gesetzgeber wird in der bereits genannten *Ordonnance civile touchant la réformation de la justice* von 1667 gesichert. Dort heißt es, dass sich die Richter, bei Zweifeln und Schwierigkeiten in der Anwendung gesetzlicher Vorschriften, jeglicher Interpretation zu enthalten haben: „Wenn in der Beurteilung von Rechtsfällen, die in unseren Gerichten und anderen Institutionen abgehalten werden, Zweifel oder Schwierigkeiten bei der Umsetzung von Artikeln unserer Verordnungen, Erlasse, Erklärungen und Patente auftreten", müsse „unsere Interpretation" eingeholt werden.[28] Das ist auch der Grund dafür, dass die Richter des *Ancien Régime* Erlassen und Anordnungen der Könige relativ neutral gegenüberstehen. Sie sind ohne Ausnahmen verpflichtet, diese anzuwenden.

Aus den Augen verlieren darf man jedoch nicht das Selbstverständnis der Richter. Diese betrachten sich als Hüter der Anordnungen des Königs und im übertragenen Sinne der höheren Prinzipien der Monarchie. Dennoch verstehen sie sich nicht als willkürliche Werkzeuge. Die Rechtsquellen des *Ancien Régime* sind ein höchst eigentümliches Gemisch von überkommenen Normen und Gesetzen mit Befehlscha-

---

23 Saint-Bonnet 2001, S. 177-197.
24 Vgl. Saint-Bonnet 2010.
25 Vgl. Ferrière 1758, Bd. I, S. 597-598.
26 Vgl. Guyot 1784, Bd. V., Art. 295.
27 Montesquieu macht darauf aufmerksam, wenn er die Abwesenheit von politischen Fundamentalgesetzen beklagt, Gesetzen, die auch für den politischen Willen des Monarchen normative Kraft besitzen. Deshalb verweist er darauf, dass selbst in despotischen Staaten allgemeine Normen bestehen sollten. So erwähnt er die Achtung vor dem Althergebrachten, das zur zweiten Natur des Menschen gehöre. Dazu zählen etwa die religiösen Gesetze, denen auch der Monarch unterworfen sei. Montesquieu 1748, Bd. 2, Buch XXVI, Kapitel 2, S. 228-229. Vgl. auch Saint-Bonnet 2001, 177-197.
28 Isambert/ Decrusy/Taillandier 1821-1833, Bd. 18, Aout 1661-Décembre 1671, S. 106.

rakter.[29] Seit Louis XIV. ist zudem alles, was vom Souverän in seiner Eigenschaft als Gesetzgeber ausgeht, Gesetz, auch wenn solche Verordnungen nicht immer die Merkmale der Allgemeinverbindlichkeit aufweisen. So ist der Rechtsbestand durch eine begriffliche und formale Vielgestaltigkeit geprägt. Darunter fallen Rechtssetzungen, Gewohnheitsrechte, Gesetze und Verträge, Urteile, Rechtsinterpretationen, allgemeine Regelungen und Einzelverfügungen oder Privilegien. Aufgrund dieser Situation nehmen die siebzehn *parlements* und *conseils souverains* des *Ancien Régime* immer wieder ein Entscheidungsrecht in Anspruch, von einzelnen Dekreten und Verordnungen abzuweichen. Die Richter können zwar kein Gesetz des Königs aufheben, aber sie bringen es in konkreten Fällen nicht zur Anwendung. Dies wird von Seiten der Monarchie heftig kritisiert. So mahnt Louis XIV. die Richter und *parlements*, die Gesetze ausnahmslos durchzusetzen. Die *Ordonnance civile touchant la reformation de la justice* (1667) und in Replik darauf die *Lettres-patentes portant règlement sur l'enregistrement dans les cours supérieures des édits, déclarations et lettres-patentes relatives aux affaires publiques de justice et de finances, émanées du propre mouvement du roi* (1673) machen dies sehr gut deutlich.[30] Die Wiederholung der Anordnungen ist dabei ein starkes Indiz für die Häufigkeit der Verstöße. So heißt es in der Ordonnance von 1673: „nach Artikel 2 und 5 der ersten Ordonnance vom April 1667 wollen wir, dass unsere Generalanwälte unseren Verordnungen, Erlassen und Erklärungen Gefolge leisten, sei es in Bezug auf die öffentliche Angelegenheiten, Fragen der Justiz oder der Finanzen"[31]. Dabei hatte der Monarch bereits in Art. 8 der Ordonnance von 1667 mit heftigen Strafen gedroht: „Wir erklären, dass alle Verzögerungen und Urteile, die gegen unsere Aufträge, Erlasse und Erklärungen geltend gemacht werden, null und nichtig sind; und Richter, die sie begünstigt haben, für Schäden haftbar gemacht werden [...]."[32] Dennoch hören die obersten Richter nicht auf, Gesetze nicht anzuwenden – allerdings nicht aus einer Laune heraus oder aufgrund mangelnden Verständnisses souveräner Macht, wie es ihnen die Verteidiger des Absolutismus unterstellten, sondern aus ihrem ganz eigenen Rechtsverständnis. Der König ist für sie ohne Zweifel der Gesetzgeber in Person, und der Richter verpflichtet, die Gesetze wörtlich anzuwenden. Die Identität zwischen Wortlaut und Substanz des Gesetzestextes wird dabei vorausgesetzt, so dass die interpretatorische Tätigkeit des Richters als überflüssig gilt. Klar ist für die Richter auch, dass der absolute Vorrang des gesetzgeberischen Willens keine anderen Rechtsquellen duldet, soweit sie dem gesetzgeberischen Willen entgegenstehen oder nicht von

---

29 Die *ordonnances* Louis XIV. machen diese auch deutlich. Sie zählen die verschiedenen Rechtsdokumente auf. Vgl. Isambert/ Decrusy/Taillandier 1821-1833, Bd. 18, Aout 1661-Décembre 1671, S. 105-106.

30 Vgl. Isambert/ Decrusy/Taillandier 1821-1833, Bd. 19, Janvier 1692-Mai 1686, S. 70-73. Vgl auch Krynen 2009, S. 191-212.

31 Isambert/ Decrusy/Taillandier 1821-1833, Bd. 19, Janvier 1692-Mai 1686, S. 70-73, 71.

32 Isambert/ Decrusy/Taillandier 1821-1833, Bd. 18, Aout 1661-Décembre 1671, S. 106.

diesem ausgehen. Das bedeutet jedoch auch, dass das tradierte Recht, auf das sich die Monarchie bezieht, als Wille des Monarchen gedeutet wird. Auf diese Weise kann selbst das Gewohnheitsrecht als eine Form stillschweigender Gesetzgebung des Souveräns gedeutet werden. Auch gibt es in den wohlgeordneten Monarchien nach dem Grundverständnis der Autoren des 16. und 17. Jahrhunderts bestimmte Grundgesetze, über die der Monarch nicht entscheiden kann, weil sie die Grundlage seiner eigenen Macht darstellen; *la loi fait le roi*, und nicht umgekehrt.[33] Da der Richter deshalb gezwungen ist, jedes Gesetz in einer Rechtstradition zu lesen und diese mitunter höher zu gewichten als ein einzelnes Gesetz, kann es passieren, dass bestimmte Gesetze von ihm nicht zur Anwendung gebracht werden, weil sie der Rechtspraxis widersprechen.

Ein solches Vorgehen kann der Monarch aufgrund seines Rechtsverständnisses jedoch nicht dulden. Dementsprechend werden die Gerichte den Behörden des Monarchen unterworfen, deren Weisungen sie zu folgen haben. Gesetzgebung und Rechtsprechung stellen in diesem Sinne keine voneinander unabhängigen Gewalten dar, sondern stehen in einem unmittelbaren Zusammenhang, dessen Einheit durch den Willen des Herrschers und Gesetzgebers gewährleistet werden muss. Das ändert jedoch nichts an der Tatsache, dass die Gesetzgebung unvollkommen und der Rechtsquellenbestand vielgestaltig und unsicher ist. Die Unterscheidung zwischen einer gesetzlichen und gesetzesähnlichen Wirkung wird nicht klar gezogen. Unstreitig gelten nur die *arrêts de règlemens des Cours souveraines*, die erlassen werden, „um als Recht in ihrer Zuständigkeit mit dem Wohlgefallen seiner Majestät betrachtet zu werden"[34]. Aber auch dieser im Bereich der Gesetzgebung erhobene Machtanspruch des Monarchen stößt in der Praxis auf Widerstand, denn mit dem fortschreitenden Verständnis von Rechtsstaatlichkeit verstehen sich die Magistrate zunehmend als eine Kontrollinstanz, sind sie es doch, die die Einheit des Rechtssystems vertreten. Allerdings ist der König in keiner Weise verpflichtet, auf die durch die *parlements* eingereichten *remonstrances* zu reagieren. Er kann auf seinem Willen bestehen und seine Gerichte zwingen, seinen Befehlen Folge zu leisten. So heißt es noch bei Louis XV.: „Die Remonstances werden immer positiv aufgenommen, wenn sie Mäßigung zeigen, die den Charakter der Magistrate und der Wahrheit auszeichnen [...]". An-

---

33 Brutus [1579] 1979, viii. Diesen Grundsatz machen sich in der Formulierung eines Widerstandrechtes vor allem die Monarchomachen zu Eigen. Bei Althusius heißt es sogar: „Ein König, der das Gemeinwesen den gesetzlichen Vorschriften entsprechend leistet, steht als Höherer insofern über diesem, als er seine Herrschaft nach der Regel des ihm wiederum übergeordneten Gesetzes einrichtet. Regiert er entgegen den Vorschriften des Gesetzes, wird er strafwürdig und ist nicht länger Oberherr. In diesem Fall beginnt er, unter denen zu stehen, die das Gesetz ausführen. Wenn er tyrannisch wird und seine Macht missbraucht, wird er aller Untertan und hört auf, König und öffentliche Person zu sein. Der Herrscher gilt dann als Privatmann, und so ist es jedem erlaubt, ihm Widerstand zu leisten, wenn er notorisch ungerecht ist [...]." Althusius [1603] 2003, XVIII, § 95, 186.
34 Ferrière 1762, Bd. 1, S. 121.

dernfalls werde „das ganze Volk", wenn es „die Bande des Gehorsams fallen lässt" zugrunde gehen; deshalb habe das *parlement*, „nachdem ich diese Remonstrance geprüft habe und wissentlich auf meinem Willen beharre" und „meinen Kurs standhaft fortführe", diesen Willen umzusetzen, um zu verhindern, dass „Resignation, Verwirrung und Anarchie an die Stelle der legitimen Ordnung" treten, und „ich meine mir von Gott anvertraute souveräne Macht" nicht gebrauchen muss, um „mein Volk", vor diesen „Folgen" zu bewahren.[35]

Nichtsdestotrotz verweisen die Richter mit Beginn des 18. Jahrhunderts auf die Bindung des Monarchen an das *ius divinum* und das *ius naturale*, die schrankenbildende Funktion haben, denn mit ihnen wird eine Ausrichtung des Staatszweckes und damit auch der Gesetzgebung auf das *bien commun* begründet. Deutlich wird dies schon bei Jean Bodin, dessen Ausführungen umso interessanter sind, als ihm kaum zur Last gelegt werden kann, dass er zu Ungehorsam gegen den souveränen Herrscher aufrufe. Für Bodin muss man den Gesetzen Folge leisten, weil „die Verachtung des Gesetzes mit der Verachtung der Richter" einhergehe, die zur „offenen Rebellion gegen die Fürsten" führe.[36] Auch wenn die Einhaltung eines Gesetzes eine ungerechte Lösung zur Folge habe, die im Kontrast zum Gemeinwohl und den Interessen des Königs stehe, müssen die Richter ihrer Pflicht nachkommen und das Gesetz anwenden, selbst wenn es gegen das gemeine Menschenrecht (*droit des gens*) verstoße. Nur wenn der Befehl des Fürsten offenkundig dem Gesetz Gottes und der Natur widerspreche, sei eine Verweigerung der Richter, die Gesetze anzuwenden, gerechtfertigt.[37] Dabei handelt es sich nach Bodin um passiven Ungehorsam, nicht um ein Widerstandsrecht: Es reiche, dass die Richter auf die Durchsetzung des königlichen Gesetzes verzichten.

Die *ordonnance* von 1667 ist eine Antwort auf diesen Diskurs. Sie untersagt die Unterlassung von Anordnungen des Königs.[38] Sie bestimmt, dass nach Erlass „unverzüglich mit der Veröffentlichung und Registrierung von Ordonnancen, Erlassen, Erklärungen und anderen Lettres" zu beginnen sei, auch wenn „sie gesendet wurden". Kein Artikel einer *ordonnance* soll „der Interpretation, Erklärung oder Modifikation" anheimfallen. Alle „Ordonnancen, Anweisungen und Lettres patentes, die wir unseren Gerichten schicken", sollen „innerhalb einer Woche nach unserem Aufenthalt umgesetzt werden; und innerhalb von sechs Wochen in allen anderen [Gerichtshöfen], die weiter entfernt sind."[39] Diese Regelung wird noch durch die Anweisung von 1673[40] verschärft, die dazu führt, dass das *parlement* von Paris, auf je-

---

35 Flammermont 1888, Bd. 2, S. 558.
36 Bodin 1579, S. 239.
37 Vgl.Bodin 1579, S. 287-288.
38 Vgl. Isambert/ Decrusy/Taillandier1821-1833, Bd. 18, Aout 1661-Décembre 1671, S. 105-106. Vgl auch Krynen 2009, S. 191-212.
39 Isambert/ Decrusy/Taillandier 1821-1833, Bd. 18, Aout 1661-Décembre 1671, S. 105-106.
40 Isambert/ Decrusy/Taillandier 1821-1833, Bd. 19, Janvier 1692-Mai 1686, S. 70-72.

de *remonstrance* bis zum Tod von Louis XIV verzichtet.[41] In beiden Verordnungen stellt der König fest, dass die alten Bestimmungen „vernachlässigt" werden oder durch die Zeit und fehlerhafte Interpretationen erfahren, so dass sie in den verschiedenen *parlements* des Königreichs, nicht nur unterschiedlich gedeutet, sondern auch oft widersprüchlich angewendet werden. Daher beansprucht der Monarch, das Verfahren zu kontrollieren und „erinnert" die Richter daran, getreu dem Gesetz zu handeln. Der *Contrôleur général des finances*, Jean-Baptiste Colbert, schlägt dem König deshalb bereits 1665 in seiner Arbeit über die Reformierung der Justiz vor,[42] den Interpretationsrahmen der Richter dadurch zu minimieren, dass Ordonnancen „auf eine einzige Sache" begrenzt werden. Zudem sollen sie „alte und neue Bestimmungen vereinen", um „klare und eindeutige Regeln" zu schaffen.[43] Die Vereinheitlichung des Rechtssystems, wie es Colbert vorschwebt, muss jedoch in einer Monarchie, die auf verschiedenen Ständen, Regionen und einem absoluten Monarchen beruht, die jeweils unterschiedliche Privilegien für sich gelten machen, auf Widerstand stoßen.

3. Die Selbstbeschreibung der *parlements* im 18. Jahrhundert

Die *ordonnances* Louis XIV., die die *parlements* zu reinen Vollstreckern des souveränen Willens des Monarchen machen, werden im 18. Jahrhundert immer häufiger kritisiert. Deutlich wird dies in Montesquieus berühmtem sechsten Kapitel des 11. Buches aus *De l'esprit des loix*, das der Verfassung von England gewidmet ist und wo er von einer dritten Gewalt spricht, deren Macht entleert sei, weil die Richter nur der „Mund des Gesetzes"[44] seien. Alle Macht sei in den Händen des Gesetzgebers, aber kein eigener Wille komme bei der Anwendung des Gesetzes zum Tragen. Dabei unterscheidet Montesquieu sehr deutlich zwischen legislativen, exekutiven und judikativen Funktionen im Staat. Das Kapitel, das den Kern seiner Gewaltenteilungslehre bildet, beschreibt die *parlements* als unabhängige, wenn auch nicht souveräne Gewalt: „Freiheit gibt es nicht, wenn die richterliche Befugnis nicht von der legislativen und von der exekutiven Befugnis geschieden wird. [...] Alles wäre verloren, wenn ein und derselbe Mann beziehungsweise die gleiche Körperschaft entweder der Mächtigsten oder der Adligen oder des Volkes folgende drei Befugnisse ausübte:

---

41 Viele Historiker stützen sich in ihrer Interpretation der *ordonnances* auf ein Zitat d'Aguesseau, der im Jahre 1718 schreibt: „durch die Erklärung vom 24. Februar 1673 wurden die *parlements* darauf reduziert, ihren Einwänden erst Ausdruck zu verleihen, nachdem sie die Gesetze registriert hatten [...]." Dadurch „wurden die Remonstrances nicht nur verzögert, sondern abgeschafft" (D'Aguesseau 1819, 14-15). Vgl. Antoine 1993, S. 87-122.
42 Vgl. Boulet-Sautel 1985, S. 119-132.
43 Colbert 1869, S. 253-262.
44 Montesquieu 1748, Bd. 1, Buch XI, Kapitel 6, S. 256.

Gesetze erlassen, öffentliche Beschlüsse in die Tat umsetzen, Verbrechen und private Streitfälle aburteilen. In den meisten Königreichen Europas ist die Regierung maßvoll, da der Herrscher sich die zwei ersteren Befugnisse vorbehält und die Ausübung der dritten durch seine Untertanen zulässt."[45]

Bereits im sechsten Buch verteidigt er die Notwendigkeit souveräner Gerichtshöfe, weil in Monarchien die Auslegung der Gesetze nicht einfach sei. Die Komplexität der historisch entstandenen sozialen Strukturen spiegle sich in ihnen wieder. So gebe es, schon allein durch das Bestehen der Stände, eine breite Palette von sozialen Differenzierungen. Außerdem könne der Monarch in den einzelnen Provinzen seines Staates bestimmte Bräuche oder althergebrachte Gesetze weiter gelten lassen, während der Rest des Territoriums dem allgemeinen Recht unterworfen sei. Mit einem Wort, in einem monarchischen Staat sind nicht alle Rechtssubjekte gleich und dem Amt des Richters komme eine besondere Verantwortung zu. Er müsse abwägen und sich mit einem Richtergremium beraten können. Wo der Gesetzestext deutlich sei, unter welches der vielen Gesetze der Einzelfall untergeordnet werden müsse, dürfe diese Diskussion relativ schnell beendet sein. Je schemenhafter aber der Gesetzestext sei und je verwickelter der Fall, umso mehr Raum müsse es für die Diskussion geben. Montesquieu geht jedoch nicht soweit, dass er die Richter zu freien Interpreten der Gesetze erklärt. Der Richter dürfe nicht seinen eigenen Willen zur Interpretationsregel erheben. Auslegen müsse er die Gesetze, falls sie interpretierungsbedürftig seien, im Lichte ihres Geistes, und behilflich seien ihm dabei andere Richter. Dies nehme den richterlichen Entscheidungen den willkürlichen Charakter.[46] Für Montesquieu sind die *parlements* eine wichtige Institution zur Aufrechterhaltung von Rechtstaatlichkeit. Freilich beschreibt er in den *Lettres Persanes* (1721) die *parlements* angesichts dieser Aufgabe als Schatten ihrer selbst: „Die *parlements* ähneln Ruinen, die man mit den Füßen zerstampft, aber sie erinnern wie einige berühmte Tempel alter Religionen an eine Idee. Sie haben keine Macht mehr, gerecht zu verwalten; und ihre Autorität schwindet, es sei denn, eine unvorhergesehene Situation gibt ihnen wieder Kraft und Leben." Davon, so Montesquieu weiter, könne man aber nur träumen. „Diese großen Institutionen folgen dem Schicksal der menschlichen Dinge: sie sind mit der Zeit, die alles zerstört, zusammengebrochen; durch die Korruption der Sitten, die alle geschwächt, in Misskredit geraten; sie wurden von höchs-

---

45 Montesquieu 1748, Bd. 1, Buch XI, Kapitel 6, S. 244-260.
46 Montesquieu 1748, Bd. 1, Buch VI, Kapitel 6, S. 114-150. Montesquieu gesteht aber auch ein, dass nicht jedes Richterkolleg immer und überall zu demselben Urteil kommen wird. Die Jurisprudenz in monarchischen Staaten ist vielmehr durch sich widersprechende Urteile gekennzeichnet. Der Autor bezeichnet dies als ein notwendiges Übel. Der Gesetzgeber muss daher ab und zu eingreifen, da ansonsten die Gefahr bestehe, dass es keine Rechtssicherheit mehr gebe. Wichtiger für Montesquieu ist jedoch, dass die Urteile aufbewahrt werden, „damit man heute so richtet, wie man gestern gerichtet hat, und damit das Leben der Bürger so gesichert und fest sein wird, wie die Verfassung des Staates selbst." Montesquieu 1721, Bd. 1, Buch VI, Kapitel 1, S. 114-118, 116.

ter Autorität zerstört, die alles bekämpft." Doch dann erinnert er daran, dass ein Regent, der das Gemeinwohl stärken wolle, diese „Formen der öffentlichen Freiheit" respektieren müsse; er müsse sie als „Träger der Monarchie und Grundlage aller legitimen Autorität" begreifen.[47]

Mehrere Autoren tragen diesen Diskurs, der die *parlements* als eigenständige Gewalten im Staat deutet, im 18. Jahrhundert mit. So wertet d'Aguesseau die *parlements* als vermittelnde, untergeordnete und abhängige Gewalten, die jedoch zu verhindern helfen, dass eine monarchische Herrschaft zu einer tyrannischen werde. Für d'Aguesseau sind die *parlements* Garanten von Recht und Ordnung. Vor allem in seinem Traktat *Fragment sur l'origine et l'usage des Remonstrances* (1722-1727) weist er ihnen eine zentrale Rolle bei der Mäßigung der Monarchie zu. So sei es wichtig, dass der Monarch durch Beratung bei der Verwaltung seines Reiches geleitet werde. Nur so könne verhindert werden, dass sein Wille willkürlich werde. Gegen die absolutistische Theorie von der Einheit und Unteilbarkeit der Souveränität, setzt d'Aguesseau das Ideal einer aufgeklärten Monarchie.[48] In dieser komme den *parlements* eine zentrale Rolle zu.[49] „Die Regierung hat oft das Recht der *parlements* gestützt, weil sie sie als Institution der Gerechtigkeit [...] und öffentlichen Ordnung betrachtet hat [...]. Unsere Könige haben ihnen immer [...] in den Angelegenheiten des Staates oder der allgemeinen Verwaltung des Königreichs vertraut."[50] Im Gegensatz zu den *états généraux*, die die Gesamtheit der gesamten Nation repräsentieren, spricht d'Aguesseau diese Fähigkeit den *parlements* jedoch ab.[51]

Dies ist ein wichtiger Punkt, denn zeitgleich gibt es immer mehr Stimmen, die fordern, dass solange die *états généraux* nicht einberufen werden, die *parlements* ihre Rolle übernehmen sollen. Das wünscht etwas Adrien Le Paige in seinem *Lettre sur les lits de justice* (1756). Er argumentiert, dass die lits de justice im 16. Jahrhundert „Versammlungen" gewesen seien, vom König einberufen, um „mit [den *parlements*] über die wichtigsten Angelegenheiten"[52] zu debattieren. Dort habe man frei gesprochen, so dass er bedauert, dass die Verweigerung einer „echten und ernsthaften" Debatte verhindere, dass der König weiterhin von seinen Magistraten beraten werde. Le Paiges Darstellung entspricht der Vorstellung vom *king in parliament*, wo Gesetzesvorschläge im Rahmen des Parlaments mit Bedacht vorgetragen und Entscheidung zwischen König und Parlament getroffen werden. In diesem Sinne deutet er den *lit de justice* um: „Seinem Ursprung nach und hinsichtlich seiner wahren Natur ist ein lit de justice eine feierliche Sitzung des Königs im *parlement*, um wichtige Staatsangelegenheiten zu beraten. Das bedeutet die Fortsetzung der alten *assemblées*

---

47 Montesquieu 1721, Bd. 2, Buch XXI, Kapitel 17, S. 71-72.
48 D'Aguesseau 1819, S. 25.
49 Spector 2004, S. 52.
50 D'Aguesseau 1819, S. 17.
51 D'Aguesseau 1819, S. 11-12.
52 Le Paige 1756, S. 1.

générales, wie man sie einst hielt."[53] Das „wesentliche und ursprüngliche Ziel dieser erhabenen Versammlungen" sei es gewesen, „das *parlement* zu konsultieren und gemeinsam mit ihm die großen [politischen] Linien zu beraten. Unsere Könige versammelten sich mit denjenigen, die das Recht auf Stimmenabgabe hatten, Fürsten, Pairs, Barone und Senatoren. Der Monarch rief zur Beratung auf und nahm selbst an ihr teil."[54] Jede Entscheidung, über die nicht auf diese Weise beraten werde, so Le Paige, sei willkürlich. Jedes Gesetz, das nicht durch ein *lit de justice* im alten Sinne registriert werde, sei „ungültig"[55]. Es sei Ausdruck eines momentanen Willens des Königs, der jedoch in einen allgemeinen umzuwandeln sei. Damit wendet Le Paige ein Argumentationsmuster der absoluten Monarchie gegen diese selbst. Der Wille des Königs sei absolutistisch, er gelte durch den König selbst. Aber es bedürfe einer Umwandlung des königlichen Willens von einem spontanen zu einem allgemeinen. Es brauche der Debatte und Abwägung, der Überprüfung und Abschätzung durch die *parlements*.

In ähnlicher Weise argumentiert auch Jacob Nicolas Moreau am Vorabend der Französischen Revolution. Der Königs könne zwar über Gesetze verfügen, wie es ihm beliebe, aber er müsse sie „im Beisein der Magistrate"[56] erlassen. Ein Gesetz ohne *parlement* stehe nicht für den erarbeiteten Willen des Königs. Wenn das Gesetz ungerecht sei und deshalb nicht zur Anwendung komme, verliere der Monarch seine Glaubwürdigkeit und Unterstützung.[57] Deshalb mahnt Moreau davor, Zwangsgesetze zu verabschieden. Der offene Konflikt zwischen König und seinem *parlement* bringe weder für den einen noch für den anderen Vorteile. Er sei gefährlich in einer Monarchie, wo der König, trotz seiner Macht, sich nicht gegen seine eigenen Gerichte stellen könne. In einer Monarchie gebe es keinen Platz für zwei Willen. Wenn die Gesetze als Abschlusspunkt einer ungelösten Auseinandersetzung erscheinen, dann seien sie nicht mehr Ausdruck eines einheitlichen Willens.

Weder Le Paige noch Moreau sind Kritiker der Monarchie. Doch die Rechtfertigung der absoluten Monarchie, nach der die Magistrate nur einen untergeordneten und abhängigen Körper bilden, wird von ihnen radikal in Frage gestellt. Auch wenn der König die Einheit des Staates symbolisiere, sei er doch nicht sein Ganzes. Mit dieser Argumentation machen die Autoren den Machtanspruch der *parlements* deutlich. Ihre spezifische Aufgabe sehen sie darin, sicherzustellen, dass die Gesetze mit dem geltenden Recht und einer Jahrhunderte alten Rechtspraxis in Einklang stehen. Das heißt, sie bewerten die Aufgaben von Legislative und Judikative unterschiedlich. Der König ist nach ihrer Argumentation immer noch unangefochtener Souverän

---

53 Le Paige 1756, 1.
54 Le Paige 1756, 1.
55 Le Paige 1756, 3.
56 Moreau 1789, Bd. 2, S. 320.
57 Moreau 1789, Bd. 2,S. 324-5.

und Gesetzgeber. Aber die *parlements* sind diejenigen, die über den einheitlichen Charakter der Gesetze zu wachen haben und dieses zur Anwendung bringen.

4. Die Debatte um die Reform des Zivil- und Strafrechts im 18. Jahrhundert

Im 18. Jahrhundert stehen die *parlements* nicht nur in der Kritik des Monarchen, sondern auch einer breiten Öffentlichkeit. Die Unzufriedenheit drückt sich vor allem anhand konkreter Rechtsfälle aus.[58] Dazu gehören nicht zuletzt die durch Voltaire bekannt gemachten Prozesse gegen Jean Calas, Pierre-Paul Sirven und Jean-François Lefèbvre, chevalier de la Barre, die einen breiten Stimmungswandel auslösen. Voltaires bedeutendster Beitrag zu einer Strafrechtsreform ist der Band *Commentaire sur le livre Des délits et des peines, par un avocat de province* (1766), der unter dem Eindruck des Prozesses gegen La Barre entsteht.[59] Es ist nicht, wie der Titel vermuten lässt, eine fortlaufende Kommentierung des bedeutenden Textes von Cesare Beccaria.[60] Vielmehr behandelt er darin die großen Fragen des Strafrechts, wobei ihm Beccarias Forderung, dass jede Strafe im richtigen Verhältnis zum Verbrechen stehen müsse, als Ausgangspunkt dient, um zu zeigen, dass man diese Forderung nirgends mehr missachte als da, wo sich die weltliche Justiz der Religion dienstbar mache. Voltaire richtet sich in seinem Band aber auch gegen Folter und die Todesstrafe, die er in einem zivilisierten Land für unwürdig hält.[61] Seine Angriffe finden nicht nur in den literarischen Kreisen, sondern auch unter Richtern Gehör. Zu ihnen gehört Pierre Louis Le Carpentier de Chailloué, der im Jahre 1766 eine Schrift unter dem Titel *Des commissions extraordinaires en matière criminelle* veröffentlicht, in der er gegen die Unverhältnismäßigkeit der Strafen zu Felde zieht. Im Jahre 1770 wird anonym eine Schrift mit dem Titel *Discours sur la nécessité et les moyens de supprimer les peines capitales* veröffentlicht, die ebenfalls gegen die Todesstrafe gerichtet ist. Darin schreibt der Autor bezogen auf Beccaria: „Ich habe weder das Genie noch die Autorität dieses großen Mannes; aber wie er habe ich ein sensibles Herz; und wie er wünsche ich, dass die Todesstrafe in unserem Strafrecht verboten wird."[62] Die Todesstrafe dürfe nur da angewendet werden, wo sie der bürgerlichen Gesellschaft Nutzen bringe.[63] Auch Joseph-Michel-Antoine Servan spricht sich 1767 in seinem *Discours sur l'administration de la justice criminelle* für eine Re-

---

58 Siehe die große Zahl der Schriften, die die Unrechtmäßigkeit der Verfahren anklagen. Vgl. Beaumont 1762.
59 Vgl. Voltaire 1766.
60 Beccarias Werk *Dei delitti e delle pene* erscheint 1764 auf Italienisch. Auf Französisch wird es bereits 1765 unter dem Titel *Des délits et des peines* publiziert.
61 Vgl. auch den Eintrag „Torture" in Voltaire 1819, S. 425-429.
62 Discours sur la nécessité et les moyens de supprimer les peines capitales 1770, S. 8.
63 Vgl. Madelaine 1770, S. 47.

form des Strafrechts aus.[64] Servan beschränkt sich dabei nicht nur darauf, Todesstrafe und Folter sowie jede im Namen der Religion verhängte Strafe zu verwerfen,[65] er befürwortet auch die Einführung der Jury nach englischem Vorbild, weil nicht nur eine Tat, sondern immer ein Mensch gerichtet werde. Deshalb sei es Aufgabe der Richter, mit Milde, Geduld und Sinn für Gerechtigkeit zu urteilen.[66]

Allerdings ist es verfehlt, die Kritik am Strafrechtswesen des 18. Jahrhunderts allein auf diese Schriften zu reduzieren. Ein Blick auf die Strafverordnung von 1670,[67] die letzte große Revision des Strafrechts vor dem Revolution, wirft ein komplexeres Licht auf das Strafrechts im *Ancien Régime*.[68] Jede realistische Beurteilung des Zustandes der Strafjustiz im vorrevolutionären Frankreich muss, wie David W. Carrithers betont,[69] hier beginnen. Nach den Maßstäben von Jean-Baptist Colbert werden in der Verordnung feste Verfahren festgelegt, um die Einheitlichkeit des Strafsystems sicherzustellen und das Vertrauen in die Strafjustiz zu stärken. Die Verfahrensfragen sind so detailliert geregelt, dass sie von der Anklage, über den Prozess und bis hin zu den Revisionsgesuchen alle Phasen des Strafprozesses erfassen.[70] Die *ordonnance* regelt jedoch nicht nur die Arbeit der *parlements*. Auch die Gutsherren werden verpflichtet, die Verfahren der Verordnung, die in ihre Hoheit fallen, zu befolgen.[71] Solche *seigneurial* (gutsherrlichen Gerichte) beschäftigen sich zwar nur mit kleinen Delikten, aber auch in jenen Fällen werden eine formale Untersuchung und die Anhörung von Zeugen vorgeschrieben. Darüber hinaus muss das Urteil vom *parlement* der Region überprüft werden, bevor es rechtskräftig wird.[72]

Diese Vereinheitlichung der Verfahren wird nicht von allen gutgeheißen, greift sie doch unmittelbar in die Kompetenzen der *parlements* ein. So findet sich in Montes-

---

64 Vgl. Servan 1767, Bd. 1, S. 41.
65 Servan 1767, Bd. 1, S. 108.
66 Servan 1767, Bd. 1, S. 29.
67 Vgl. die *Ordonnance criminelle du mois d'août 1670*.
68 Die Verordnung von 1670 wird in der Forschungsliteratur sehr kontrovers beschrieben. Richard Andrews sieht darin zwar eine Formalisierung der Strafprozesses, die jedoch von ihrer Willkürlichkeit nichts verlieren (Andrews 1994, S. 419). Ian Cameron dagegen betont aufgrund eigener Untersuchung von Strafprozessen in der Auvergne und der Guyenne, dass „im achtzehnten Jahrhundert" die „Regeln der Zuständigkeit, der Verfahren und Beweisführung" fest etabliert wurden, weshalb die oft gezeichnete Diskrepanz zwischen den aufgeklärten Prinzipien des späten 18. Jahrhunderts und der Willkür des Ancien Régime überspitzt sei (vgl. Cameron 1981, S. 152-154). Auch Rebecca Kingston, die sich in ihrer Forschung speziell mit dem *parlement* von Bordeaux auseinandersetzt hat, kommt zu einem ähnlichen Schluss. Sie arbeitet heraus, dass das *parlement* von Bordeaux mit der Verhängung der Todesstrafe sehr vorsichtig umgeht, obwohl das königlichen Edikt von 1682 die Todesstrafe für allerlei Vergehen wie Gotteslästerung, Vergewaltigung, Diebstahl und Betrug vorschreibt. Das Todesurteil wird jedoch meist in Galeerenarbeit umgewandelt, es sei denn, es liegt eine Form von Totschlag vor. Dies entspreche durchaus dem Zeitgeist, der sich zunehmend gegen die Todesstrafe wende (vgl. Kingston 2001, S. 375 ff.).
69 Vgl. Carrithers 2001, S. 291-334, 301.
70 Vgl. Andrews 1994, S. 417.
71 Vgl. Andrews 1994, S. 419.
72 Vgl. Andrews 1994, S. 419.

quieus *De l'esprit des Loix* eine herbe Kritik der Verordnung: „Gewisse Ideen der Vereinheitlichung", heißt es dort, „ergreifen manchmal die großen Geister [...], aber sie blenden unfehlbar die kleinen. Diese finden darin ein Art von Perfektion, die sie zu fassen vermögen, da sie unmöglich zu übersehen ist: gleiche Gewichte bei der Marktordnung, gleiche Maße beim Handel, gleiche Gesetze im Staat, gleiche Religion in allen Landesteilen." Doch Montesquieu bezweifelt die Angemessenheit einer solchen Ordnung. „Ist die Mühsal des Umänderns stets geringer als die Mühsal der Duldsamkeit? Zeigt sich die Größe des Genies nicht eher in dem Wissen, in welchem Fall Einheitlichkeit und in welchem Fall Unterschiedlichkeit nottut? [...] Wenn die Bürger die Gesetze befolgen – ist es dann so wichtig, dass sie alle das gleiche befolgen?"[73] Montesquieus Befürchtungen richten sich nicht so sehr auf die einzelnen Maßnahmen, als auf deren Gesamtresultat, nämlich eine immer zentralisierte Organisation des Staates, der die Gemeinden und Provinzen (und mit diesen auch die Stände) entmachtet und die Monarchie absolut werden lässt.

Aber Montesquieu geht auch mit dem Zeitgeist. So plädiert er für ein humaneres Strafrech. „In den maßvollen Staaten halten uns Motive wie Vaterlandsliebe, Schamgefühl und Furcht vor Missachtung zurück und vermögen manches Verbrechen zu verhindern", heißt es bei ihm. In diesen Staaten lasse sich „ein guter Gesetzgeber nicht so sehr angelegen sein, Verbrechen zu bestrafen als vielmehr ihnen zuvorzukommen. Er wird sich mehr für die Besserung der Sitten einsetzen als für die Verhängung von Todestrafen."[74] Weit davon entfernt, einen Katalog an Strafen zu erstellen, beklagt er sich über die Brutalität und das Ausmaß der Strafen im *Ancien Régime*. Dabei formuliert er eine direkte Korrelation zwischen moderaten Strafen und Freiheit. „Es wäre einfach zu beweisen", behauptet er, „dass in allen oder fast allen Staaten Europas Sanktionen in dem Maße verringert oder verstärkt wurden", als sie „Freiheit" zugelassen haben.[75] Insofern gelte es, übermäßig brutale Strafen abzuschaffen. Die „gröbsten Gesetze" seien nicht die Besten, schon gar nicht, wenn sie „alle Beziehungen" zerstören.[76] Milde Strafen, davon ist Montesquieu überzeugt, können als Abschreckungsmittel ebenso effektiv sein wie sehr harte Strafen, weil der Zweck der Strafe die Sicherheit der Gesellschaft, nicht die Abschreckung der Verbrecher sei.[77] Damit formuliert Montesquieu freilich einen Paradigmenwechsel im Strafrecht. Strafverfahren dienen im *Ancien Régime* ausschließlich der Beweisführung eines Verbrechens und seiner Vergeltung, nicht der Wahrung individueller oder kollektiver Rechte. Wie Michel Foucault gezeigt hat, ist Strafe dabei nicht einfach ein gerichtliches Ritual, sondern eine politische Maßnahme, entwickelt, um die Person zu vernichten, die den Monarchen beleidigt hat. Die Verfahren zur Feststel-

---

73 Montesquieu 1748, Bd. 2, Buch XXIX, Kapitel 18, S. 411.
74 Montesquieu 1748, Bd. 1, Buch VI, Kapitel 9, S. 130.
75 Montesquieu 1748, Bd. 1, Buch VI, Kapitel 9, S. 130-131.
76 Montesquieu 1748, Bd. 1, Buch XXIX, Kapitel 2, S. 388.
77 Vgl. Montesquieu 1748, Bd. 1, Buch VI, Kapitel 12, S. 134-135.

lung der Schuld sowie die Form der Strafe gelten als Ausdruck monarchischer Souveränität.[78] Montesquieu verkehrt jedoch diese Argumentation in ihr Gegenteil. So behauptet er, dass die Einführung der Todesstrafe weder die Häufigkeit von Verbrechen noch die Zahl der Desertationen im französischen Heer reduziert habe.[79] Auch lehre die Geschichte, „dass die Strafgesetze nie eine andere als eine destruktive Wirkung" gehabt haben. Deshalb plädiert er dafür, ganz im Sinne Voltaires, bestimmte Straftatbestände ganz zu streichen. So sollen in „Sachen der Religion [...] Strafgesetze vermieden werden". „Sicherlich", erklärt Montesquieu, „erregen sie Furcht", doch auch die Religion habe ihre Strafgesetze, „die Furcht einflößen". Wenn folglich eine Furcht gegen die andere stehe, sei die Folge nur eine „brutale Gewalttätigkeit der Seelen"[80], die allen schade.

Montesquieu geht allerdings nicht so weit, die geltenden Verfahrensfragen im Strafrecht in Frage zu stellen. Mit Ausnahme des Protests gegen die Anwendung von Folter ist er weit davon entfernt, das französische Ermittlungsverfahren zu kritisieren.[81] Für ihn ist die prinzipielle Neutralität der Berufsrichter ausreichend, um dem Angeklagten ein faires Verfahren zu garantieren. Die Verfahrensregeln sind komplex, so dass sich die Richter genau an die Gesetze halten müssen. Wenn sie dies nicht tun, können selbst gegen sie harte Strafen verhängt werden. Zudem wissen sie, dass „das Leben, Ehre und Ansehen des Angeklagten, und manchmal sogar seiner ganzen Familie", von ihren Urteilen abhängen.[82] Vielleicht ist das auch der Grund, weshalb Montesquieu das französische Strafverfahren verteidigt. Zwar lobt er für Republiken die Jury, aber er betont auch die Vorteile der Monarchie, in der gut ausgebildete, professionelle Richter über das Schicksal der Angeklagten durch Konsultationen und Beratung entscheiden.[83] In Republiken dagegen werden die Strafen durch das Gesetz festgelegt, so dass die einzige Rolle der Jury darin bestehe, über Schuld oder Unschuld zu entscheiden. Sein Skeptizismus in Bezug auf die Fähigkeit von Laien angemessene Urteile zu sprechen, unterstreicht er anhand vieler Beispiele. Deshalb verteidigt er das französische Inquisitionsverfahren, das von der Vernehmung der Zeugen bis zum endgültigen Urteilsspruch von einem Untersuchungsrichter geleitet wird. Im Gegensatz zum englischen Akkusationverfahren gehe es in diesem nicht darum, die Schuldfrage vor einer Grand Jury zwischen Klägern und Ange-

---

78 Vgl. Foucault 1975, Kapitel 2.
79 Vgl. Montesquieu 1748, Bd. 1, Buch VI, Kapitel 12, S. 134-135.
80 Montesquieu 1748, Bd. 2, Buch XXV, Kapitel 12, S. 219.
81 Nachdrücklich spricht sich Montesquieu gegen die Anwendung von Folter aus, um Geständnisse der Angeklagten zu erpressen. „Die Stimme der Natur", schreibt er, „schreit gegen den Einsatz von Folter auch in despotischen Regierungen". Und obwohl das Gesetz Folter nicht verbiete, sei es eine andere Frage, diese anzuwenden. Am Beispiel von England, wo Folter ausdrücklich verboten sei, zeigt er, dass man auf Folter verzichten könne (vgl. Montesquieu 1748, Bd. 1, Buch VI, Kapitel 17, S. 145-146). Mit Verweis auf die Athener plädiert er dafür, Folter auf Fälle von Hochverrat zu beschränken.
82 Montesquieu 1748, Bd. 1, Buch VI, Kapitel 2, S. 120.
83 Vgl. Montesquieu 1748, Bd. 1, Buch VI, Kapitel 4.

klagten zu verhandeln, sondern ein objektives Urteil über belastbares Beweismaterial zu fällen. In diesem Sinne rechtfertig er auch Anklagen wegen Meineides, weil nur so der nötige Respekt vor dem Gericht erzeugt werde.[84] Montesquieu geht es darum, die bestehenden Verfahren zu erklären, um gleichsam Vertrauen in die Rechtsprechung zu schaffen. Diesem Ansatz folgen auch andere Richter, u.a. Jean Blondel, A.-J.-B. Boucher d'Argis, Guillaume François Letrosne oder Nikolaus-Joseph Philipin de Piépape, die sich wie Montesquieu für deutlich mildere Strafen aussprechen, aber die herkömmlichen Verfahren nicht als solche nicht in Frage stellen.

Voltaire jedoch greift das Prozessverfahren und vor allem das verweigerte Recht auf Verteidigung im französischen Strafprozess an.[85] Dabei benennt er klare Missstände. So darf der Angeklagte während des Gerichtsverfahrens nicht von einem Anwalt vertreten werden. Tatverdächtige schwerer Vergehen können zwar vor ihrer Verhaftung einen Verteidiger beauftragen, dieser hat jedoch während des Falls keinen Kontakt zu seinem Klienten.[86] Aber auch wenn die Verteidiger ihre Klienten nicht vor Gericht vertreten dürfen, können sie an eine breite Öffentlichkeit durch das Schreiben von sogenannten *mémoires judiciaires* herantreten. In bestimmten Fällen werden diese Schriften über den Fall und die Region hinaus bekannt und führen manchmal dazu, dass Anklagen fallen gelassen werden.[87] In ihren Mémoires können sich die Verteidiger jedoch nicht auf das Gerichtsverfahren selbst berufen. So liegt es allein im Ermessen der Richter, welche Zeugen zugelassen werden.[88] Geht der Richter auf genannte Zeugen nicht ein, sind die einzigen Zeugen diejenigen, die von der Anklage ausgewählt werden. Auch können die Richter entscheiden, welche Fragen an welche Zeugen zu stellen sind und wann eine Beweisführung als abgeschlossen gilt. Voltaire fordert daher eine freie Beweisführung im Verfahren. Alle nennbaren Zeugen müssen gehört werden, auch wenn sie keine Hauptzeugen seien, weil sie dennoch Licht ins Dunkel bringen können. Nicht darauf, dass mehrere Zeugen gegen den Angeklagten aussagen, sondern auf das, was sie sagen, komme es an. Da alle menschliche Erkenntnis, wie Voltaire meint, stets mangelhaft sei, und man nie erwarten dürfe, die Wahrheit ganz zu erfahren, müsse jedem Hinweis nachgegangen und im Zweifelsfall mit Milde geurteilt werden.[89] Noch energischer beanstandet er die Käuflichkeit der Richterstellen. Sie sei das Grundübel einer insgesamt heillosen

---

84 Er unterbreitet diese Regel als notwendig, um Unrecht zu vermeiden, denn nach Titel VI der Verordnung von 1670 darf die Vernehmung von Zeugen nicht durch den leitenden Richter stattfinden. Deren Aussagen werden ihm vielmehr schriftlich übergeben. Damit die Zeugen belastbare Aussagen treffen, sollen sie unter Meineid aussagen und für Falschaussagen belangt werden können (vgl. Montesquieu 1748, Bd. 2, Buch XXIX, Kapitel 11, S. 396- 397).

85 Vgl. Voltaire 1827, S. 224-283, 275.

86 In anderen Fällen können die Richter nach eigenem Ermessen Konsultationen zwischen Anwalt und Angeklagten nach der Voruntersuchung zulassen. Vgl. Andrews 1994, S. 429.

87 Vgl. Maza 1993, S. 35-36.

88 Vgl. Dupaty 1788, S. 156-157.

89 Vgl. Voltaire, Commentaire sur le livre „Des délits et des peines". Par un avocat de province, in: Voltaire 1827, Bd. 2, S. 224–283, 278.

Justiz. Erst wenn man so weit sei, dass das Recht von Juristen gesprochen werde, deren persönliches Verdienst sie dazu befähige, sei auch zu hoffen, dass eine objektive Jurisprudenz erstehe.[90]

5. Ausblick

Der Konflikt zwischen Krone und *parlements* führt den Widerstreit im Konstitutionalismus des *Ancien Régime* deutlich vor Augen. Das Wesen moderner Zivilisation besteht in einer Ausdifferenzierung der Gesellschaft und damit auch der staatlichen Aufgaben. Wenn eine Konfrontation zwischen Krone und *parlements* unvermeidlich ist, so muss sie in geregelte Bahnen gelenkt werden. Das ist das Versprechen des modernen Konstitutionalismus, wie ihn Montesquieu beschreibt.[91] Bei ihm ist das Gesetz nicht länger Ausdruck eines souveränen Willens, sondern Ergebnis sich widerstreitender Gewalten. Das Prinzip der Gewaltenteilung führt, durch die Vernunft der Akteure, zu einer Moderation ihrer Positionen. Am Ende des *Ancien Régime* lässt sich jedoch das Gegenteil beobachten. Monarchie und *parlements* delegitimieren sich gegenseitig. Die *parlements* wollen ihre Funktion in reale politische Macht umwandeln, aber dafür fehlt ihnen der rechtliche Status, den ihnen erst eine Verfassung geben kann. Deshalb werden sie auch zu den stärksten Befürwortern der Einberufung der *états généraux* und pflastern damit 1788 den Weg, auf den sich ein Jahr später die Nationalversammlung begibt.[92]

Die Krone auf der anderen Seite versucht, die Macht der *parlements* einzuschränken, was ihr jedoch immer weniger gelingt, wie der Versuch einer Justizreform, wie sie 1771 von René Nicolas Charles Augustin de Maupeou eingeleitet wird, deutlich macht. Ihr Hauptziel ist die Ersetzung der *parlements* durch vom Ernennungsrecht der Krone abhängige Gerichte. Damit nimmt Maupeou zwar eine der wichtigsten Forderungen der Aufklärung nach einer einheitlichen Justiz auf, aber sein Ziel, die Bedeutung und den Einfluss des *parlement* von Paris einzuschränken, misslingt. Durch den großen Widerstand muss Louis XV. die Reform wieder rückgängig machen und die *parlements* als autonome Gerichtshöfe anerkennen. Auch dies zeichnet den Weg vor, den die *Constituante* 1789 einschlägt.

Als Tocqueville nicht ganz 100 Jahre später die Rolle der *parlements* in seinem Spätwerk *L'Ancien Régime et la Révolution* (1856) beurteilt, hebt er ihre besondere Rolle im Kampf gegen die Zentralisierungsbemühungen der Krone hervor: „Wir [Franzosen] waren durch unsere politischen und administrativen Institutionen ein Land mit absoluter Regierung geworden", schreibt er, „aber wir waren durch unsere

---

90 Vgl. Voltaire 1827, Bd. 2, S. 224-283, 282-283.
91 Vgl. Saint-Bonnet 2006, S. 15-32.
92 Vgl. Krause 2008, S. 47-50.

richterlichen Institutionen ein freies Volk geblieben." Ihnen sei „nie die Servilität gegenüber der Macht" zu Eigen gewesen, „die nur eine Form der Verkäuflichkeit" sei.[93] Gleichwohl kritisiert Tocqueville auch die Arbeit der Gerichtshöfe. Die *parlaments* seien nicht nur „kompliziert, schwerfällig, langsam und kostspielig" gewesen, oftmals haben sie auch eine gute Verwaltung verhindert.[94] Zudem sei es ihnen im Kampf gegen die Krone nicht um die Verteidigung lokaler und individueller Freiheiten gegangen, sondern allenfalls um Fragen des Selbsterhalts. Die *parlements* waren ein „großes Übel", resümiert Tocqueville, welches „einem noch größeren [der Krone] Schranken versetzte".[95] Gleichwohl waren sie im 18. Jahrhundert die letzte institutionelle Schutzwehr, welche die königliche Willkür noch aufzuhalten vermochte.[96]

Bibliographie

Althusius, Johannes (2003). *Politik. Dt. Teilübersetzung der Politica des Johannes Althusius von Heinrich Janssen, in Auswahl herausgegeben, überarbeitet und eingeleitet von Dieter Wyduckel*, Berlin: Duncker & Humblot.

Andrews, Richard Mowery (1994), *Law, Magistracy, and Crime in Old Regime Paris, 1735-1789, Volume 1: The System of Criminal Justice*, Cambridge: Cambridge University Press.

Antoine, Michel (1993), 'Les remontrances des cours supérieures sous le règne de Louis XIV (1673-1715)', in: *Bibliothèque de l'École des chartes* 151/1, Paris: Droz, 87-122.

Aubert, Gauthier; Chaline, Oliver (Hg.) (2010), *Les parlements de Louis XIV: opposition, coopération, autonomisation? Actes du colloque de Rennes, 13 - 15 novembre 2008*, Rennes: Presses Univ. de Rennes.

Beaumont, Jean-Baptiste-Jacques Élie de (1762), *Mémoire à consulter, et consultation [par Elie de Beaumont, délibéré le 23 août 1762] pour la Dame Anne-Rose Cabibel, veuve Calas, & pour ses Enfans*, s.l.: De l'imprimerie de Le Breton.

Bidouze, Frédéric (2007), 'Les Remontrances du parlement de Navarre au XVIIIe siècle: tourner le dos à la "table rase", entre archaïsme, adaptation et invention', in: *Lumen: Selected Proceedings from the Canadian Society for Eighteenth-Century Studies / Lumen: travaux choisis de la Société canadienne d'étude du dix-huitième siècle*, 2007: 26, S. 109-125, unter: http://id.erudit.org/iderudit/1012064ar

Bodin, Jean (1579), *Les six livres de la république*, Lyon: Jean de Tournes.

Bodin, Jean (1952), *Oeuvres philosophiques: Texte établi, traduit et publié par Pierre Mesnard*, Bd. 1, Paris: Presses Univ. de France.

Boulet-Sautel, Marguerite (1985), 'Colbert et la législation', in: Robert Mousnier (Hg.), *Un nouveau Colbert*, Paris: Sedes, 119-132.

Brutus, Etienne Junius (1979), *Vindiciae contra tyrannos*, Genève: Librairie Droz

---

93 Tocqueville 1856, S. 200.
94 Tocqueville 1856, S. 200.
95 Tocqueville 1856, S. 201.
96 Tocqueville 1856, S. 275.

Carbonnières, Louis de (2004), *La procédure devant la chambre criminelle du Parlement de Paris au XIVe siècle*, Paris: Champion.

Cardin le Bret (1632), *De la souveraineté du Roy*, Paris: Toussainct du Bray.

Carrithers, David W. (2001), 'Montesquieu and the Liberal Philosophy of Jurisprudence', in: David Wallace Carrithers, Michael A. Mosher, Paul Anthony Rahe (Hrsg.), *Montesquieu's Science of Politics: Essays on the Spirit of Laws*, Lanham u.a.: Rowman & Littlefield, 291-334.

Chaline, Olivier Chaline (2005), *Le Règne de Louis XIV*, Paris: Flammarion.

Colbert, Jean Baptiste (1869), 'Mémoire sur la réformation de la justice', in: Colbert, Jean Baptiste, *Lettres, instructions et mémoires: Justice et police. Affaires religieuses. Affaires diverses*, hg. von Pierre Clément, Bd. 6, Paris: Imprimé impérial 1869, 253-262.

Cornette, Joël (1998), *La mélancholie du pouvoir: Omer Talon et le procès de la raison d'état*, [Paris]: Fayard.

D'Aguesseau, Henri François (1819), 'Fragments sur l'origine et l'usage des remontrances', in: *Œuvres complètes du chancelier D'Aguesseau*, Bd. X: Quelques mémoires et une partie de la correspondance officielle, Paris: Fantin et Compagnie, 4-31.

Daubresse, Sylvie (2005), *Le parlement de Paris ou la voix de la raison: (1559 - 1589)*, Genève: Droz.

Discours sur la nécessité et les moyens de supprimer les peines capitales. Lu dans la séance publique tenue par l'Académie des sciences, belles-lettres & arts de B.***, le 15 décembre 1770, s.l.

Dupaty, Charles-Marguerite-Jean-Baptiste Mercier (1788), *Lettres sur la procédure criminelle de la France: dans lesquelles on montre sa conformité avec celle de l'Inquisition et les abus qui en résultent*, s.l.

Ferrière, Claude-Joseph de (1758), *Dictionnaire de droit et de pratique contenant l'explication des termes de droit, d'ordonnances, de coutumes et de pratique*, 2 Bd., Paris: Joseph Saugrin.

Feutry, David (2011), *Un magistrat entre service du roi et stratégies familiales: Guillaume-François Joly de Fleury (1675 - 1756)*, Paris: École des Chartes.

Feutry, David (2013), *Plumes de fer et robes de papier: logiques institutionnelles et pratiques politiques du Parlement de Paris au XVIIIe siècle, 1715 – 1790*, [Bayonne]: Inst. Univ. Varenne.

Flammermont, Jules (Hg.) (1888), *Remontrances du parlement de Paris au XVIIIe siècle*, 3 Bd., Paris: Imp. nationale 1888.

Foucault, Michel (1975), *Surveiller et punir. Naissance de la prison*, Paris: Gallimard.

Guyot, Joseph Nicolas (1784), *Répertoire universel et raisonné de jurisprudence civile, criminelle, canonique et bénéficiale: ouvrage de plusieurs jurisconsultes: mis en ordre & publié*, 17 Bd., Paris 1784.

Isambert, François-André; Decrusy; Taillandier, Alphonse-Honoré (1821-1833), *Recueil général des anciennes lois françaises depuis l'an 420 jusqu'à la révolution de 1789*, Paris: Belin-Leprieur – Plon.

Krause, Skadi (2008), *Die souveräne Nation. Zur Delegitimierung monarchischer Herrschaft in Frankreich 1788-1789*, Berlin: Duncker & Humblot.

Krynen, Jacques (2009), *L'État de justice. France, XIII-XXe siècle. Volume. 1: L'idéologie de la magistrature ancienne*, Paris: Gallimard.

Lavisse,Ernest (1989), *Louis XIV*, Paris: Laffont.

Le Mao, Caroline (2007), *Parlement et parlementaires: Bordeaux au grand siècle*, Editions Champ Vallon.

Le Mao, Caroline (Hg.) (2011), *Hommes et gens du roi dans les parlements de France à l'époque moderne*, Maison des science de l'homme d'aquitaine.

Le Paige, Louis-Adrien (1756), *Lettre sur les lits de justice*, s.l., unter: http://gallica.bnf.fr/ark: /12148/bpt6k76186 p

Maza, Sarah (1993), *Private Lives and Public Affairs. The Causes Célèbres of Prerevolutionary France*, Berkley: University of California Press.

Mohnhaupt, Heinz (1972), ‚Potestas legislatoria und Gesetzesbegriff im Ancien Régime', in: Helmut Coing (Hg.): *Ius Commune IV*, Frankfurt am Main: Vittorio Klostermann.

Montesquieu, Charles de Secondat baron de (1721), *Lettres persanes*, Cologne: Pierre Marteau.

Montesquieu, Charles de Secondat baron de (1748), *De l'esprit des loix, ou Du rapport que les loix doivent avoir avec la constitution de chaque gouvernement, les mœurs, le climat, la religion, le commerce & c., à quoi l'auteur a ajouté: Des recherches nouvelles sur les loix romaines touchant les successions, sur les loix françoises, & sur les féodales*, 2 Bde., Genf: Chez Barrillot & fils.

Moreau, Jacob-Nicolas (1789), *Exposition et défense de notre Constitution monarchique françoise, précédé de l'historique de toutes nos assemblées nationales, dans deux mémoires*, 2 Bd., Paris: Moutard.

Ordonnances des roys de France de la troisième race: Differents supplements pour le regne du roy Jean, & les ordonnances de Charles v. données pendant les années 1364, 1365 & 1366 (1734), Paris: Imprimerie royale.

Ordonnance criminelle du mois d'août 1670. faite à Saint-Germain-en-Laye enregistrée par le parlement de paris le 26 août 1670, unter: http://ledroitcriminel.free.fr/la_legislation_criminelle/anciens_textes/ordonnance_criminelle_ de_1670.htm

Pollock, Frederick (1895), *An Introduction to the History of the Science of Politics*, London: Macmillan.

Prevôt de la Jannés, Michel (1770), *Les principes de la jurisprudence françoise, exposés suivant l'ordre des diverses sepèces d'actions qui se poursuivent en justice*, Bd. 1, Paris: Briasson.

Saint-Bonnet, François (2001), 'Le parlement, juge constitutionnel (XVIe-XVIIIe)', in: *Droits* 2001: 34, S. 177-197.

Saint-Bonnet, François (2006), 'Le constitutionnalisme libéral français en trompe-l'oeil. Actualité de l'autre Montesquieu', in: *Droits* 2006: 43, S. 15-32.

Saint-Bonnet, François (2010), 'Le contrôle a posteriori: les parlements de l'Ancien Régime et la neutralisation de la loi', in: *Cahiers du Conseil constitutionnel* 2010: 28, unter: http://www.conseil-constitutionnel.fr/conseil-constitutionnel/francais/nouveaux-cahiers-du-conseil /cahier-n-28/le-controle-a-posteriori-les-parlements-de-l-ancien-Régime-et-la-neutralisatio n-de-la-loi.52718.html

Servan, Joseph-Michel-Antoine (1767), *Discours sur l'administration de la justice criminelle*, 2 Bde., Genf: s.n.

Spector, Céline (2004), *Montesquieu, pouvoirs, richesses et sociétés*, Paris: PUF.

Voltaire (1766), *Commentaire sur le livre Des délits et des peines. Par un avocat de province*, s.l. [Genf].

Voltaire (1827), *Œuvres complètes de Voltaire*, 75 Bde., Brüssel: Ode et Wodon.

Voltaire (1819), *Dictionnaire philosophique*, in: *Œuvres complétes de Voltaire*, Bd. 1, Paris: Antoine-Augustin Renouard.

Wallinga, Tammo (2012), 'The Reception of Justinian's Prohibition of Commentaries', in: *Revue Internationale des droits de l'Antiquité*, 2012: 59, S. 375-386.

Norbert Campagna

Die Richter und die staatliche Macht bei Montesquieu und Tocqueville. Oder Vom Gerichtswesen in der Demokratie

Einleitung

„Faut-il avoir peur des juges?" (Muss man sich vor den Richtern fürchten?[1]), so der Titel eines im Jahre 2000 von Jean-Marc Varaut verfassten Buches. Wer sich genau hinter dem „man" versteckt, ist, sieht man sich nur den Titel an, nicht unmittelbar klar. Sind es nur die Kriminellen, die Angst vor Richtern haben müssen, die das Gesetz in seiner ganzen Strenge anwenden? Sind es die Bürger im Allgemeinen, die Angst vor Richtern haben müssen, die die Unschuldsvermutung auf die leichte Schulter nehmen und lieber einen Unschuldigen verurteilen, als dass sie einen Schuldigen frei lassen? Sind es die Politiker, die Angst vor Richtern haben müssen, die nicht mehr gewillt sind, Korruption, usw. – die *affaires*, wie man sie in Frankreich euphemistisch zu nennen pflegt[2] – unbestraft zu lassen? Ist es die der Regierung unterstehende Verwaltung, die damit rechnen muss, dass jede von ihr getroffene Entscheidung vor einem Verwaltungsgericht angefochten wird? Sind es die Parlamentarier, die damit rechnen müssen, dass jedes von ihnen erlassene Gesetz vor einem Verfassungsgericht angefochten wird?[3] Oder ist es vielleicht das Volk in seiner Gesamtheit, das Angst vor Richtern haben muss, die sich zumindest einen Teil – aber man fängt oft nur mit einem Teil an – jener Souveränität aneignen wollen, die seit der Französischen Revolution als einheitliche Souveränität des die ebenso einheitliche Nation konstituierenden Volkes angesehen wird?

Dass ein Buch mit einem Titel gerade in Frankreich erscheint, ist kein Zufall, und die im Buch behandelte Thematik ist auch für Frankreich nicht ganz neu. Ohne hier bis ins *Ancien Régime* zurückzugehen, kann man an das 1921 erschienene Buch von Edouard Lambert erinnern, dessen Titel lautete: *Le gouvernement des juges* (Die Re-

---

1 Alle Zitate aus dem Französischen wurden von mir ins Deutsche übertragen.
2 Sie umfassen sowohl illegale Parteifinanzierungen, Steuerhinterziehung, Veruntreuung öffentlicher Gelder, gesetzeswidrige Vertragsabschlüsse, usw. Alain Juppé, Nicolas Sarkozy, Bernard Tapie, Christine Lagarde, Gérard Longuet, Jérôme Cahuzac oder Patrick Balkany sind nur einige der prominenten französischen Politiker, die verurteilt wurden oder gegen die ein oder mehrere Gerichtsverfahren eingeleitet wurden.
3 Rouland unterscheidet in diesem Zusammenhang zwischen einer minimalen und einer anspruchsvolleren Auffassung des Rechtsstaates. In der ersten fallen nur die Verwaltungsentscheidungen unter die Kontrolle der Richter, in der zweiten auch die vom Parlament verabschiedeten Gesetze.

gierung der Richter). Auch wenn Lambert in diesem Buch die amerikanische Situation beschreibt, so stellt er doch gleich zu Beginn fest, dass Frankreich nicht nur anfängt, den Weg der Vereinigten Staaten zu betreten, sondern schon weit auf diesem Weg fortgeschritten ist und sich einer Richterregierung anzunähern scheint (Lambert 1996, S. 6). Seit dem berühmten Fall *Marbury vs. Madison* hat sich der US-amerikanische *Supreme Court* zu einem Organ entwickelt das, als oberster Interpret der Verfassung, einen großen politischen Einfluss auf das Leben der Nation ausüben kann. Und auch wenn die obersten Richter keine Gesetze erlassen können, so urteilen sie in letzter Instanz darüber, ob und inwiefern die normativen Akte der exekutiven und der legislativen Gewalt, aber auch der niederen Gerichte, verfassungskonform sind. Der Begriff eines „government by judiciary", den Lambert von Boudin übernimmt, der ihn 1911, wenn nicht geprägt, so doch popularisiert hat, war ein Kampfwort, mit dem bestimmte Kreise dagegen protestierten, dass Richter sich nicht mehr bloß darauf beschränkten, das Gesetz mit dem Wortlaut der Verfassung zu vergleichen, sondern dass sie ihre persönlichen politischen, ökonomischen, sozialen, usw. Auffassungen mit in diese Entscheidung fließen ließen, so dass sie im Grunde einer Opportunitätslogik folgten, die eigentlich dem Gesetzgeber oder der Regierung überlassen werden sollte.[4]

Auf der einen Seite hätten wir demnach einen Richter der sich lediglich damit begnügt, den Buchstaben des Gesetzes wortwörtlich auszulegen und anzuwenden. Und auf der anderen Seite hätten wir einen Richter, der sich nicht an der Wortlaut, und vielleicht nicht einmal an den Geist des Gesetzes hält, sondern der seine eigenen Vorstellungen einer guten oder gerechten Gesellschaft in seine Urteile einfließen lässt und sich dabei als Konkurrent der exekutiven und der legislativen Macht profiliert.

In seinem oben zitierten Buch weist Varaut auf eine „dauerhafte Erniedrigung der exekutiven Funktion gegenüber der Macht der Richter" hin (Varaut 2000, S. 13). In einem Land, das wie Frankreich, eine Vorherrschaft der exekutiven Macht kannte und noch weitgehend kennt – etwa mit einem Präsidenten, der unmittelbar vom Volk gewählt wird und dessen Legitimität deshalb mit derjenigen des Parlamentes gleich-

---

4 Ronald Dworkin schreibt etwa in *Law's empire*: „Judges have their own ideological and personal interests in the outcome of cases, and they can be tyrants too" (Dworkin 1991, S. 376). Und Goldsworthy meint: "The danger of excessive judicial interference with democratic decision-making might be worse than that of parliamentary tyranny, given the relative probabilities of their actually occurring" (Goldsworthy 2001, S. 269). Beim Gebrauch des Tyranneibegriffs sollte man Vorsicht walten lassen. Bis ins späte Mittelalter war der Tyranneibegriff ein präziser Begriff, und der Tyrann war derjenige, der entweder auf illegale Weise an die Macht gekommen war oder der seine Macht bloß zur Verwirklichung seiner persönlichen Interessen ausübte und das Gemeinwohl vernachlässigte. Für die antiken und auch die mittelalterlichen Autoren, schlossen sich die Begriffe der Tyrannei und der Demokratie keineswegs aus: wenn das das große Mehrheit bildende ‚niedere' Volk einer demokratischen Staatsverfassung seine partikularen Interesse auf Kosten des Gemeinwohls durchsetzte, dann hatte man es mit einer demokratischen Form der Tyrannei zu tun.

gestellt ist, wenn nicht sogar noch höher steht –, ist die Macht der Richter eine störende Macht, zumindest für die Regierenden. Und in einem Land, das sich als Geburtsland des modernen Rationalismus ansieht und dessen Regierungen die Gesellschaft genauso rationell gestalten wollten wie seine Gärtner die Gärten, musste der oft einer anderen als der rein rationellen Logik gehorchende Eingriff der Richter zumindest suspekt vorkommen.

Welche Veränderungen sie auch sonst in der französischen Gesellschaft hervorgebracht haben mag, so hat die Revolution von 1789 nichts an der Vorherrschaft der exekutiven Gewalt geändert. Um Jacques Ellul, einen bedeutenden Historiker der französischen Institutionen, zu zitieren: „Die Revolution erscheint als die Krise, während derer die politische Macht den Prozess abschließt, die gesamte Nation in die Griff zu kriegen. Diese Macht wird rationeller, zentralistischer, ordnungsstiftender, vereinheitlichender als sie es jemals war, aber ihr Entwicklungskurs hat sich um keinen Deut geändert" (Ellul 1999, S. 311). Und Jean-Marie Carbasse sagt eigentlich nichts anderes, wenn er schreibt: „Dieses Misstrauen den Richtern gegenüber ist in Wirklichkeit nur ein besonderer Aspekt einer allgemeineren Auffassung, die typisch für die Philosophie der Aufklärung ist, die man aber schon im XVII. Jahrhundert vorfindet: die Gesellschaft wird als *geregelter Mechanismus* begriffen (Carbasse 1999, S. 293).[5] Das Misstrauen der Regierenden den Richtern gegenüber, entspringt einerseits der Ansicht der Herrschenden, dass das gesellschaftliche Leben ein Mechanismus ist, den man von außen rationell gestalten kann, und andererseits dem Willen der Herrschenden, diese rationelle Gestaltung selbst in die Hand zu nehmen und sich dabei von keiner anderen Macht Steine in den Weg legen zu lassen. Hieß es im ausgehenden Mittelalter, als die französische Monarchie sich schon deutlich in Richtung Absolutismus bewegte, *„Si veut le roi, si veut la loi"* (So wie der König will, so will das Gesetz), so heißt es nach der Revolution *„Si veut le peuple, si veut la loi"* (So wie das Volk will, so will das Gesetz), wobei aber zu ergänzen wäre *„Si veut le gouvernement, si veut le peuple"* (So wie die Regierung will, so will das Volk". Die Regierung – und die sie unterstützende Mehrheit im Parlament – verkörpern eine schon fast mythisch gedachte Nation. Der französische Staat versteht sich als der Ort, in dem diese Nation zu ihrem Selbstbewusstsein kommt und in dem sie dementsprechend auch über sich selbst bestimmen kann. Der Staat weiß besser als die Franzosen, was für Frankreich und die Franzosen gut ist. Und innerhalb des Staates sind es die Exekutive und die Legislative – oder zumindest die Mehrheit in ihr –, die am besten wissen, was Frankreich braucht. Der Staat ist der Ort der Wahr-

---

5 Dazu auch Varaut, der von der „konstruktivistischen Illusion einer gesetzgebenden Vernunft" spricht (Varaut 1986, S. 40).

heit, und zwar der einzigen Wahrheit.[6] Wenn dem so ist, dann lässt sich kein legitimer Widerstand gegen den so verstandenen Staat denken, und zwar weder ein Widerstand der seinen Ursprung in der bürgerlichen Gesellschaft hätte, noch ein solcher, der sich im Staatsapparat selbst manifestieren würde, wie es etwa ein Widerstand der Richter wäre, die sich den Entscheidungen der Exekutive oder der Legislative in den Weg stellen würden.

In Frankreich werden die Abgeordneten und der Präsident unmittelbar vom Volk gewählt und können sich dementsprechend eine demokratische Legitimität beanspruchen. Die Richter werden ihrerseits nicht vom Volk gewählt und scheinen dementsprechend keine demokratische Legitimität zu besitzen. Insofern es in einer Demokratie keine dem Willen des Volkes übergeordnete Normativitätsquelle mehr zu geben scheint, und insofern der Wille des Volkes sich unmittelbar im Willen seiner nationalen Vertretung (bzw. deren Mehrheit) und im Willen der Exekutive – und hier in erster Linie seines Präsidenten (der sich gerne als Präsident *aller* Franzosen bezeichnet) – ausdrückt, erscheint eine sich der nationalen Vertretung und der Exekutive entgegensetzende Richterschaft antidemokratisch. Denn im Namen wovon kann sie sich den Entscheidungen des Parlamentes und des Präsidenten legitimer Weise entgegensetzen? Nicht im Namen des Volkes, denn nationale Vertretung und Präsident drücken den Willen des Volkes aus. Auch nicht im Namen von Werten, die dem Willen des Volkes übergeordnet, da es in der Demokratie keine solchen Werte mehr gibt bzw. da die Annahme der Existenz solcher Werte mit dem Selbstverständnis einer demokratischen Gesellschaft in Widerspruch zu stehen scheint. Und selbstverständlich auch nicht im Namen ihrer jeweils persönlichen Vorlieben oder politischen Auffassungen, denn dadurch würden sie ihren rein persönlichen Willen dem Willen des Volkes überordnen. Diese persönlichen Vorlieben oder politischen Auffassungen dürfen sie durchaus in ihrer Eigenschaft als wählende Bürger zum Ausdruck bringen, d.h. wenn sie ihren Wahlzettel abgeben, aber auf keinen Fall dürfen sie sie während der Ausübung ihrer richterlichen Funktion ausdrücken.

Soweit die Theorie. Sieht man sich die Fakten an, so stellt man fest, dass die Bürger – die angeblich durch ihre Nationalversammlung und ihren Präsidenten vertreten werden – sich immer öfters an die Gerichte wenden, um sich etwa gegen Entscheidungen der Verwaltung zu wehren. Die Gerichte werden somit zu Instrumenten, mit denen die Bürger ihre Rechte gegen Übergriffe der exekutiven oder legislativen Gewalt verteidigen, und dies selbst in solchen Fällen, in denen die beiden letztgenann-

---

6 Siehe hierzu etwa Boroumand 1999. In dieser ausführlichen und lesenswerten Studie zeigt der Autor, wie sich in den Revolutionsjahren eine individualistische und eine holistische Logik der Repräsentation gegenüberstanden. Die *terreur* verhalf der zweiten Logik zum Sieg. Für sie gilt: „Das Volk existiert nicht außerhalb seiner Repräsentation, diese wird dadurch zur höchsten Macht im politischen Körper, eine Macht die als solche souverän ist und keinem Verantwortung schuldet" (Boroumand 1999, S. 130). Müsste sich diese Macht vor den Richtern rechtfertigen, besäße sie nicht mehr die von ihr beanspruchte Souveränität.

ten Gewalten sich auf das Allgemeinwohl oder die allgemeine Sicherheit berufen, um ihre Entscheidungen zu rechtfertigen. Die Richter werden in diesem Zusammenhang zu konkurrierenden Interpreten dessen, was die Nation will. Während u.a. die exekutive Gewalt vor allem kurzfristig denkt und eine bestimmte Art von Gefahr abwenden will – z.B. heute die Gefahr die von Terroristen ausgeht –, denken die Gerichte langfristig und sind darauf bedacht, eine andere Art von Gefahr abzuwenden – vor allem die Gefahr für die Freiheitsrechte der Bürger.

Um einen ganz konkreten Fall zu nehmen. Am 22. Januar 2016 hat der französische Staatsrat[7] die Entscheidung einer Verwaltungsbehörde annulliert, durch die ein Bürger muslimischen Glaubens unter Hausarrest gestellt worden war, und dies im Rahmen des Ende November 2015 ausgerufenen Ausnahmezustandes. Für den Staatsrat stellte der betroffene Bürger keine unmittelbare Gefahr für die öffentliche Sicherheit dar und es bestand demnach keinen Grund, ihn unter Hausarrest zu stellen.

Guy Hermet meint, die Richter seien „die Figuren, fast die Helden einer Demokratie, deren Natur darin besteht, außerstaatlich zu bleiben, und sie sind deren höchstes Symbol" (Hermet 1989, S. 229). Der Staat – die Exekutive und die Legislative –, so könnte man sagen, drückt immer nur eine Form oder einen Aspekt des Volkswillens aus, und zwar denjenigen, der die Sicherheit und die Kohäsion in den Mittelpunkt stellt. Aufgabe der legislativen und der exekutiven Gewalt ist es, für Frieden und Ordnung zwischen den Individuen zu sorgen.[8] In Bürgerkriegszeiten ist diese Aufgabe sicherlich zentral, und man kann Jean Bodin und Thomas Hobbes nicht vorwerfen, ihr einen zentralen Platz zugewiesen zu haben, schrieben beide Autoren doch vor dem Erfahrungshorizont binnenpolitischer Konflikte wie der französischen Religionskriege für den einen, des englischen Bürgerkriegs für den anderen[9]. Insofern das Volk nach Sicherheit und Kohäsion strebt, handeln die exekutive und die legislative Macht immer auch im Sinne des Volkswillens. Allerdings will das Volk nicht nur Sicherheit und Kohäsion bzw. will es diese nicht um jeden Preis. Die Bürger legen auch einen großen Wert auf ihre individuellen Freiheiten und sind nicht

---

7 Der *Conseil d'État* ist die höchste richterliche Instanz in Frankreich. Auch wenn er politisch geprägt ist – viele frühere Minister gehören ihm an und seine Mitglieder werden auch durch die Exekutive und Legislative benannt –, so ist er alles andere als ein der Regierung ergebenes Organ.

8 Thérèse Delpech schreibt: „Im Prinzip gilt, dass ein Staat der seine elementarsten Aufgaben nicht erfüllt – seine Bürger schützen –dadurch seine Souveränität verliert" (Delpech 2005, S. 320). Man sollte allerdings hinzufügen, dass er seine Legitimität verliert, wenn er seine Bürger nicht mehr genügend gegen sich selbst schützt bzw. wenn er alle jene – institutionellen und außerinstitutionellen – Mechanismen zerstört oder zu Grunde gehen lässt, durch die die Bürger sich gegen den Staat schützen können.

9 So auch Blandine Kriegel, für die aber feststeht, dass „jede demokratische Entwicklung notwendig dazu führt, die Lösung der den sozialen Körper desartikulierenden Konflikte in den Prozessen und im Recht zu suchen", also *a posteriori* und nicht durch eine *a priori* Entscheidung durch die Verwaltung (Kriegel 1998, S. 119). Siehe auch Kriegel 2001.

bereit, diese auf dem Altar der Sicherheit und der Kohäsion zu opfern. Und genau hier spielt für sie die richterliche Gewalt eine entscheidende Rolle.

Der von Rousseau in den Mittelpunkt seiner Theorie gesetzte Allgemeinwille (*volonté générale*) drückt sich heute nicht mehr – falls er es denn überhaupt jemals getan hat – im Willen des Staates aus.[10] Der Staat, so Gérard Raulet, hat aufgehört, der „'Transformator' des Willens aller in den Allgemeinwillen" zu sein (Raulet 1999, S. 45). Vielleicht sollte man eher sagen, dass der Staat im Grunde genommen nur einen Aspekt transformiert, nämlich den, der sich auf Sicherheit und öffentliche Ordnung bezieht. Man sollte nun aber nicht von einem Extrem ins andere fallen und die individuellen Freiheiten als alleinigen Bezugspunkt sehen. Der Allgemeinwille drückt sich weder ausschließlich in der Exekutive und Legislative aus, noch allein in der richterlichen Gewalt.

In seinem 1994 erschienenen Werk *La puissance de l'État*, schreibt Olivier Beaud: „In den modernen Verfassungen dreht sich der Legitimitätskonflikt um die Frage, welche Autorität am besten den Willen des Volkes darstellt: Ist es das Parlament und sein Ausfluss, der Regierungsschef, oder der Staatschef in seiner plebiszitären Fassung?" (Beaud 1994, S. 384). Beaud konstruiert hier den Konflikt als einen solchen zwischen der gesetzgeberischen und einem Teil der exekutiven Macht – die Regierung – auf der einen Seite[11], und einem anderen Teil der exekutiven Macht – dem Präsidenten – auf der anderen Seite. Beaud übersieht hier einen dritten Akteur, nämlich das Gerichtswesen. Sieht man vielleicht von der sogenannten *cohabitation* ab – die es bislang in der V. französischen Republik zweimal gegeben hat[12] –, wo ein Staatspräsident der Partei X mit einem Parlament und einer Regierung der Partei Y zusammenleben muss, so besteht der Legitimitätskonflikt im heutigen Frankreich nicht so sehr zwischen Präsident und Parlament/Regierung, sondern zwischen Präsident/Parlament/Exekutive auf der einen Seite und Gerichten auf der anderen Seite.

In *Le tiers pouvoir* (1998) schreibt Denis Salas: „Die Legitimität des Richters beruht ganz auf der demokratischen Sichtbarkeit seines Entscheidungsmodus', aus

---

10 Rousseau unterscheidet in seinem *Contrat social* zwischen dem Willen aller – verstanden als die bloße Addierung, ohne jegliche Subtraktion – und dem Allgemeinwillen, in dem nur das zurückbehalten wird, was die einzelnen Willen gemeinsam haben. Die Bildung des Allgemeinwillens erfolgt demnach durch die Subtraktion alles dessen, was die einzelnen Willen voneinander unterscheidet.

11 In einem bestimmten Sinne ist der Regierungschef natürlich der Ausfluss des Parlaments. Aber man sollte auch bedenken, dass es im Prinzip das Staatsoberhaupt ist, das den Regierungschef ernennt. Außerdem sollte man bedenken, dass das Parlament oft, wie schon Jürgen Habermas und vor ihm Carl Schmitt formulierten, ein bloßes Registrierungsorgan für anderwärts getroffene Entscheidungen ist – wobei das anderwärts die Regierung ist. Und dies ist oft das Instrument zur Verwirklichung der vom Staatsoberhaupt definierten Politik.

12 Zuerst unter François Mitterand, der mit einer Rechtsregierung „zusammenhausen" musste, dann unter Jacques Chirac, der mit einer Linksregierung „zusammenhausen" musste. U.a. um eine neue *cohabitation* zu vermeiden, wurde das Mandat des Präsidenten auf fünf Jahre verkürzt, so dass die Präsidentschafts- und die Legislativwahlen immer im gleichen Jahr stattfinden können.

dem ersichtlich wird, dass er weder der Staatsräson unterworfen ist, noch der emotionellen Dimension der Konflikte" (Salas 1998, S. 188). Und Salas schreibt weiter: „Die zweite Quelle der Legitimität des Justizwesens stammt von seiner Fähigkeit, die fundamentalen Prinzipien der Demokratie zu *vergegenwärtigen* (Salas 1998, S. 189).

In seinem Buch *Le gardien des promesses* hatte Antoine Garapon allerdings davor gewarnt, zu viel vom Richter zu erwarten: „Indem man alles dem Richter unterwirft, bindet man sich an neue Priester, die das Bürgersein (im Original: *citoyenneté*) gegenstandslos machen – populistische Versuchung der Justiz" (Garapon 1996, S. 58). Und einige Seiten weiter heißt es, ausführlicher: „Der Richter wird zum neuen Engel der Demokratie, der einen privilegierten Status für sich beansprucht, den Status, von denen er die Politiker verjagt hat. Er schreibt sich selbst eine die Demokratie rettende Mission zu, er stellt sich über alle Parteien, unerreichbar für jede vom Volk ausgehende Kritik. Er nährt sich vom Geltungsverlust des Staates, von der Enttäuschung der Politik gegenüber. Die Justiz würde somit den Entpolitisierungsprozess der Demokratie zu Ende führen" (Garapon 1996, S. 70-1).[13]

Diese und ähnliche Äußerungen werfen die Frage auf, wem das Gerichtswesen letztendlich zu dienen hat. Sind die Richter die Wächter über eine vom Staat definierte Ordnung[14], die, weil sie von einem demokratisch gewählten Staatsapparat definiert wurde, als eine vom Volk gewollte Ordnung angesehen werden kann? Oder sind sie das Instrument der individuellen Begierde und Wünsche, die, weil sie minoritär sind, zumindest kurzfristig keine Chance haben, sich über den politischen Weg durchsetzen zu können? Sind die Richter also die Instrumente der die Ordnung um jeden Preis aufrecht erhalten wollenden Staatsräson oder sind sie die Instrumente der die Gesamtordnung meist vollkommen ignorierenden Individualbegierden?[15] Kann das Justizwesen die Skylla der politischen Justiz und die Charybdis der populistischen Justiz umgehen? Und vor allem, kann das Justizwesen beide Hindernisse umgehen, ohne sich dabei als eigenständige Macht über das vom Staat repräsentierte Volk und über die Individuen zu stellen, also ohne weder als Stimme der Nation, noch als Stimme der Individuen zu fungieren, sondern als eigene und eigenständige Stimme? François Terré weist auf diese Gefahr hin, wenn er über den französischen

---

13 Jeremy Waldron weist in diesem Zusammenhang auf die schon fast zum Topos gewordene Gegenüberstellung zwischen dem bösen oder schlechten Gesetzgeber und dem guten Richter (Waldron 1999, S. 2).

14 So behauptet etwa Griffith, dass die Richter keineswegs die Beschützer der Freiheit sind, als welche sie oft dargestellt werden, sondern: „The principal function of the judiciairy is to support the institutions of government as established by law" (Griffith 1991, S. 328).

15 Zahlreich sind die Stimmen, die die anarchische Vermehrung der individuellen Rechte beklagen, wobei diese Vermehrung einerseits das Werk des Gesetzgebers sein kann, der neue, Rechte schaffende oder anerkennende Gesetze erlässt, oder andererseits das Werk der Gerichte, die die bestehenden Verfassungsprinzipien oder Gesetze so interpretieren, dass sie neuen Gruppen oder gar der gesamten Bevölkerung Rechte zuerkennen, die bislang nur für bestimmte Gruppen galten.

Richter schreibt: „Wenn es heute eine Krise des Richters gibt, dann ist es weil es eine tiefgreifende Bewegung gegeben hat, die den Richter dazu gebracht hat, sich vom Gesetz zu emanzipieren, eventuell um es neu zu machen, und, mehr noch, um sich, bewusst oder unbewusst, für den amerikanischen Richter zu halten, angesteckt durch das System des *judge made law*' (Terré 1999, S. 113).

In diesem Beitrag möchte ich zu zwei großen Quellen des liberal-demokratischen Denkens über das Justizwesen und seiner Beziehungen zum Staat zurückgehen, nämlich auf Charles de Montesquieu und Alexis de Tocqueville. Montesquieu, der selbst Magistrat war, gehört noch dem *Ancien Régime* an. Von diesem kennt er die Konflikte zwischen den *parlements*[16] und der absoluten Monarchie. Wenn man nach der Rolle der Richter bei Montesquieu fragt, dann hört man oft die abgedroschene Formel, die Richter seien bei ihm nichts anderes als der Mund, der die Worte des Gesetzes ausspricht (*la bouche qui prononce les paroles de la loi*). Auch wenn nicht bestritten werden kann, dass man diese Formel bei Montesquieu findet, so muss sie doch erstens in ihren genauen Kontext gestellt, und zweitens durch andere Überlegungen ergänzt werden.[17] Es zeigt sich dann, dass Montesquieu ein komplexeres Bild hat, dass aber ein roter Faden seine Überlegungen über das Gerichtswesen durchzieht. Und dieser roter Faden ist die Sorge um die Freiheit, und zwar die Freiheit als Absicherung vor der Willkür, also das, was man gelegentlich als negative Freiheit bezeichnet.

Auch wenn Tocqueville diese negative Dimension der Freiheit integriert, belässt er es nicht bei ihr, sondern spricht auch die positive Dimension an. Ihm geht es nicht nur darum, dass die Menschen vor willkürlichen Entscheidungen geschützt werden, sondern auch und vielleicht vor allem darum, dass die Menschen, allen voran die demokratisch gesinnten, nicht in eine soziale und politische Passivität fallen, die den willkürlichen Entscheidungen Tür und Tor öffnet. Der demokratisch gesinnte Mensch muss vor seiner eigenen Tendenz zur politischen Apathie geschützt werden. Und dies geht nur, wenn man ihn dazu bringt, sich an den Entscheidungsprozessen zu beteiligen. Die negative Freiheit, so könnte man sagen, kann nur dann wirksam geschützt werden, wenn Menschen von ihrer positiven Freiheit Gebrauch machen. Und das Gerichtswesen ist, wie wir sehen werden, ein Ort, an dem sich diese positive Freiheit äußern kann.

Beide Autoren behandeln das Problem der Willkür, wobei Montesquieu eher die mögliche Willkür der Richter, und Tocqueville eher die mögliche Willkür der demokratischen Menschen als drohende Gefahr vor Augen hat. Dementsprechend wird es Montesquieu in erster Linie darum gehen, Mechanismen zu entwerfen, durch die

---

16 Im vorrevolutionären Frankreich waren die sogenannten *parlements* Justizorgane – man spricht auch von den *cours souveraines*. Eine ihrer wichtigsten Aufgaben bestand in der Registrierung (*enregistrement*) der königlichen Erlässe. Siehe hierzu etwa Lemaire 2010.
17 Siehe hierzu etwa Campagna 2009.

man der Willkür der Richter Grenzen setzen kann – dies gilt allerdings, so muss hier ausdrücklich betont werden, vor allem für die republikanische Regierungsform –, während Tocqueville sich primär mit der Frage auseinandersetzt, wie Gerichte dazu beitragen können, die Willkür der Bürger und der in ihrem Namen Gesetze machenden Vertreter zu bremsen. Montesquieu geht es vor allem darum, die Richter daran zu erinnern, dass es etwas gibt, was über ihrem Willen steht, während es Tocqueville auch darum geht, die demokratischen Menschen dazu zu bringen, sich mit Dingen zu befassen, die die Sphäre ihrer kontingenten individuellen Begierden und auf das unmittelbare Selbst zentrierten Interessen zu transzendieren.

Montesquieu hat es zu seiner Zeit nur mit dem Problem der Willkür des Monarchen zu tun, und er sieht in den Richtern ein nützliches Instrument, um sich dieser Willkür entgegenzustellen. Dieses Instrument wird aber überflüssig in einer Republik, da hier nicht mehr die Willkür herrscht, sondern das Gesetz. Wenn das Volk an der Macht ist und Gesetze macht, braucht man es nicht mehr vor der Willkür eines Monarchen zu schützen.

Tocqueville hat es, etwa ein Jahrhundert später, mit der Willkür des demokratischen Menschen bzw. der demokratischen Öffentlichkeit oder der politischen Vertreter dieser Öffentlichkeit zu tun. Wäre diese Öffentlichkeit tugendhaft, d.h. besäße sie jene bürgerliche Tugend, von der Montesquieu noch träumen konnte, als er u.a. die Römische Republik als Vorbild nahm[18], so bräuchte man die Demokratie vielleicht nicht vor sich selbst zu schützen. Diese Tugend – und darin sind sich Montesquieu und Tocqueville einig – gibt es aber kaum noch, oder es gibt sie zumindest nicht mehr bei der großen Masse. Für Tocqueville muss die Demokratie vor sich selbst geschützt werden, und dabei können Richter, die in den Augen Tocquevilles ein aristokratisches Element in die Demokratie einflößen, eine wichtige Rolle spielen.

Abschließend auf den Punkt gebracht: Bei Montesquieu schützen die Richter vor der Willkürherrschaft in einer Monarchie und die Republik muss sich vor ihrer Willkür schützen. Bei Tocqueville schützen die Richter die Demokratie vor sich selbst.[19]

---

18 Diese Tugend umfasst u.a. die Liebe zum Vaterland und das Opfer seiner persönlichen Interessen, wenn das Allgemeinwohl ein solches Opfer verlangt (Montesquieu 1951 a, III, 5).

19 In diesem Sinne kann man mit Cattoir-Jonville sagen, Tocqueville sei „ein Visionär der richterlichen Gewalt" gewesen (Cattoir-Jonville 2005, S. 56). Derselbe Autor bezeichnet ihn aber gleichzeitig als einen „armseligen konstitutionellen Akteur" (Cattoir-Jonville 2005, S. 61). Für Cattoir-Jonville hat der Politiker Tocqueville nicht an die Möglichkeit geglaubt, das amerikanische System des Gerichtswesen in Frankreich durchsetzen zu können, was ihn dazu geführt hat, während seiner politischen Karriere auch nicht auf eine Reform des französischen Systems zu drängen.

1. Gerichtswesen und Freiheit bei Montesquieu

Montesquieu geht es nicht darum, eine utopische Staatsform zu entwerfen, sondern er will vielmehr die einzelnen Staatswesen untersuchen um nach ihren Stabilitätsbedingungen zu fragen.[20] In seinem Hauptwerk *De l'esprit des lois* (1951 a), unterscheidet er drei Staatsformen: die Monarchie, den Despotismus und die Republik, welche letztere er in die aristokratische und die demokratische Republik unterteilt. In der Monarchie und in der Republik unterliegt die staatliche Macht Gesetzen, während im Despotismus die Willkür des Despoten herrscht. Das Lebensprinzip der Monarchie ist die Ehre, dasjenige der Republik die Tugend, und der Despotismus lebt von der Angst der Untertanen gegenüber dem Despoten.[21]

Eines der großen Ziele von *De l'esprit des lois* besteht darin, das Gesetzessystem einer jeden Staatsform zu untersuchen, um zu zeigen, wie dieses System mit der Natur und dem Prinzip der jeweiligen Staatsform zusammenhängt. Mag auch ein bestimmtes Gesetz uns auf den ersten Blick als absurd oder grausam erscheinen, so sollte dies uns nicht gleich dazu verleiten, seine Abschaffung zu verlangen, da es ganz gut sein könnte, dass es dem entspricht, was die betreffende Staatsform – die immer auch unter bestimmten geographischen, klimatischen, ökonomischen, sozialen, kulturellen usw. Bedingungen verwirklicht ist – verlangt.

Darüber, was der rote Faden von *De l'esprit des lois* ist – und ob das manchmal mit einer Kathedrale[22] verglichene Werk überhaupt einen solchen roten Faden aufweist –, besteht nach eine anhaltende Kontroverse. Ich gehe hier davon aus, dass es Montesquieu in seinem Hauptwerk – und in seiner gesamten Philosophie – darum geht, der die Freiheit untergrabenden und sie zerstörende Willkür Grenzen zu setzen. Dieses Unterfangen richtet sich sowohl gegen die als *licence* oder *indépendance* bezeichnete Willkür der Privatindividuen, als auch gegen die als *arbitraire* bezeichnete Willkür der Herrschenden. Sowohl die eine als auch die andere emanzipiert sich von jeder Gesetzlichkeit und steht somit im Gegensatz zur wahren Freiheit.

Im zweiten Kapitel des XI. Buches von *De l'esprit des lois* weist Montesquieu darauf hin, dass dem Begriff „Freiheit" ganz unterschiedliche Bedeutungen gegeben wurden. Im dritten Kapitel stellt der Autor den vielfältigen Definitionen seine eigene gegenüber. Die *politische* Freiheit, so Montesquieu, „besteht nicht darin, das zu tun, was man will. In einem Staat, d.h. in einer Gesellschaft in welcher es Gesetze gibt, kann die Freiheit nur darin bestehen, das tun zu können, was man wollen soll, und zu nichts gezwungen zu werden, was man nicht wollen soll. [...] Die Freiheit ist das Recht alles das tun zu dürfen, was die Gesetze erlauben; und wenn ein Bürger tun

---

20 Für eine Gesamtdarstellung der Staats- und Rechtsphilosophie Montesquieus siehe Campagna 2001.

21 Und auch der Despot lebt in ständiger Angst, denn er ist jeden Augenblick der Gefahr eines Anschlages auf seine Person ausgesetzt.

22 Ob eine gotische, barocke oder gar Rokoko, sei dahin gestellt.

könnte, was sie verbieten, gäbe es keine Freiheit mehr, dann alle übrigen hätten dann dieselbe Macht" (Montesquieu 1951 a, XI, 3).[23]

Im vierten Kapitel hält Montesquieu dann fest, dass keine der von ihm unterschiedenen Staatsformen von Natur aus der Freiheit förderlich ist, selbst nicht die Republiken. Die Freiheit hängt nicht mit der Natur des Staates zusammen, sondern mit der Art und Weise der Machtausübung. Montesquieu, der auch hier aristotelisches Gedankengut verarbeitet, meint, dass man die politische Freiheit nur in gemäßigten Staaten finden kann. Auch wenn er zunächst die Mäßigung als die der Aristokratie eigentümliche Tugend bezeichnet hatte (Montesquieu 1951 a, III, 4)[24], schreibt Montesquieu in einer für das Verständnis des gesamten Werkes zentralen Passage: „Ich sage es, und es scheint mir, als ob ich dieses Werk nur verfasst habe, um es zu beweisen: der Geist der Mäßigung soll der Geist des Gesetzgebers sein; das politische Gut, wie das moralische Gut, liegt immer zwischen zwei Extremen" (Montesquieu 1951 a, XXIX, 1).

Die Mäßigung in der Gesetzgebung und im Gebrauch der politischen Macht im Allgemeinen ist somit eine notwendige Bedingung der Freiheit. Aber es ist noch keine hinreichende Bedingung. Die politische Freiheit, so Montesquieu nämlich, „ist nicht immer in den gemäßigten Staaten; sie ist dort nur, wenn man die Macht nicht missbraucht" (Montesquieu 1951 a, XI, 4). Die Vorkehrungen gegen einen Machtmissbrauch sind somit auch eine notwendige Bedingung für die Freiheit. Ist die Mäßigung der subjektive Faktor, so sind die Institutionen der objektive Faktor. Könnte man immer mit Menschen rechnen, die sich selbst mäßigen, die also ihre subjektive Willkür einer sie transzendierenden normativen Ordnung unterwerfen, so könnte man auf Institutionen verzichten, die einem Machtmissbrauch vorbeugen sollen. Wenn der Respekt vor dem Gesetz nicht genügt, um die Macht zu bremsen, dann muss das Staatswesen so geordnet sein, dass die Macht die Macht bremst (Montesquieu 1951 a, XI, 4).

Im sechsten Kapitel des elften Buches folgt dann Montesquieus Rekonstruktion der englischen Verfassung. England ist in seinen Augen nämlich jenes Land, das die politische Freiheit zum unmittelbaren Gegenstand seiner Verfassung gemacht hat, das also das Machtgefüge absichtlich so organisiert hat, dass die politische Freiheit

---

23 Die politische Freiheit, so heißt es noch an einer anderen Stelle, „ist jene Geistesruhe, die der Meinung entspringt, die man von seiner Sicherheit hat; und damit man diese Freiheit hat, muss die Regierung so sein, dass ein Bürger keinen anderen Bürger befürchten muss" (Montesquieu 1951 a, XI, 6). In den *Pensées* sagt er, dass ein Mensch dann frei ist, wenn er einen guten Grund hat zu glauben, „dass die blinde Wut eines Einzelnen oder mehrerer ihm nicht das Leben oder das Eigentum seiner Güter wegnehmen wird" (Montesquieu 1991, Nummer 884).

24 Es geht hier eigentlich um eine ganz bestimmte Art von Mäßigung. Montesquieu will nämlich sagen, dass die Aristokraten sich hinsichtlich ihres Lebensstils mäßigen sollen, so dass keine zu großen Unterschiede zwischen ihnen sichtbar werden, durch die der Glaube an die Gleichheit zwischen allen Aristokraten erschüttert werden könnte.

bewahrt werden kann.[25] Ein zentraler Bestandteil dieser Verfassung ist die gegenseitige Unabhängigkeit[26] der drei den Staat konstituierenden Gewalt: die gesetzgebende, die für außenpolitische Angelegenheiten zuständige exekutive Gewalt und die für innenpolitische Angelegenheiten zuständige exekutive Gewalt. Letztere unterteilt er in einerseits die strafende Macht, und andererseits die über die Zwiste zwischen Bürgern urteilende Macht. Letztere bezeichnet Montesquieu als „urteilende Macht" (*puissance de juger*), wohingegen erstere die exekutive Macht ist (Montesquieu 1951 a, XI, 6).

Montesquieu scheint hier einen Unterschied zwischen strafrechtlichen Verbrechen und zivilrechtlichen Zwistigkeiten zu machen, und es hat den Anschein, als ob die richtende Gewalt sich nur auf letztere Art von Fällen bezieht. Montesquieu hat Probleme damit, die für innenpolitische Angelegenheiten zuständige Gewalt genau zu bestimmen. So lesen wir etwa, dass ein Mensch verloren wäre, wenn alle Gewalten in den Händen einer und derselben Person oder Körperschaft lägen, „die gesetzgeberische [Gewalt], die für die Ausführung der öffentlichen Entscheidungen zuständige [Gewalt], und die für das Richten von Verbrechen oder von Streitigkeiten zwischen Privatpersonen zuständige [Gewalt]" (Montesquieu 1951 a, VI, 6). Hier taucht das *Richten* von Verbrechen auf, während an der zuvor zitierten Stelle nur vom *Bestrafen* der Verbrechen und vom Richten über *Privatstreitereien* die Rede war.

In einer kurzen Beschreibung der italienischen Republiken bedauert Montesquieu, dass dort eine und dieselbe Körperschaft sowohl die legislative als auch die exekutiveMacht besitzt: „Durch ihre allgemeinen Willensäußerungen kann sie den Staat verwüsten, und da sie auch noch die Macht zu richten besitzt, kann sie jedes Individuum durch ihre besonderen Willensäußerungen zerstören" (Montesquieu 1951 a, XI, 6). Hier scheint die exekutive Macht auf die judikative Macht reduziert zu werden, und es stehen sich zwei Logiken gegenüber, die Logik des allgemeinen Gesetzes und die Logik der partikularen Entscheidung. Der Gesetzgeber kann durch seine allgemeinen Gesetze das Staatsgefüge auseinanderbringen, ohne dadurch unmittelbar das Unheil eines Individuums zu wollen. Insofern Gesetze allgemeiner Na-

---

25 In einer Hinsicht ist Rahes Bemerkung berechtigt, England sei ein Land, in welchem ein der Furcht ähnliches ‚Prinzip' zu herrschen scheint (Rahe 2001, S. 84). Es ist gewusst, dass Montesquieu die Furcht mit dem Despotismus assoziiert. Montesquieu war aber nicht so naiv zu glauben, dass eine Gesellschaft den Despotismus ein für allemal verbannen kann. Wie die Rückkehr des Naturzustandes bei Hobbes, stellt die Rückkehr des Despotismus eine nie ganz überwundene Möglichkeit dar. Dementsprechend kann man sagen, dass man sich in England zwar nicht vor einem realexistierenden Despotismus fürchtet, wohl aber vor einer stets möglichen Rückkehr des Despotismus.

26 Soll man von einer Gewaltentrennung sprechen? Die Debatte wird sicherlich nie ein Ende finden. Simone Goyard-Fabre scheint mir in die richtige Richtung zu zeigen wenn sie schreibt, Montesquieu gehe es nicht darum, eine Theorie der absoluten Gewaltentrennung zu unterwerfen, als eine Theorie der Gewaltenzusammenarbeit (Goyard-Fabre 1993, S. 189). Dabei muss aber betont werden, dass jede der Gewalten immer nur nach den ihr eigenen Prinzipien handeln darf: sie handeln zusammen, aber jede immer nur auf ihre spezifische Weise.

tur sind, betreffen sie nie besondere Individuen. Anders die Entscheidungen der – wie wir heute sagen würden – Verwaltung und die Urteile der Richter. Die Verwaltungen und Gerichte betreffen das Individuum unmittelbar, da sie das allgemeine Gesetze in konkreten Fällen anwenden müssen, und eine konkrete Anwendung immer eine Anwendung ist, die in unmittelbarer Weise Einfluss auf konkrete und bestimmte Individuen hat.[27] Hieraus wird ersichtlich, dass die politische Freiheit nicht unmittelbar von der gesetzgeberischen Gewalt in Frage gestellt werden kann, sondern vielmehr von jenen Gewalten, die der Logik der Partikularentscheidungen folgen.

Bevor er das Beispiel der italienischen Republiken erwähnt, warnt Montesquieu davor, die richtende Gewalt mit der gesetzgeberischen und der exekutiven zu vermischen: Vermengt man sie nämlich mit beiden, dann gebe es keine Freiheit mehr, denn „wenn [die richtende Gewalt] mit der gesetzgeberischen vereinigt wäre, dann wäre die Macht über Leben und Freiheit der Bürger willkürlich: denn der Richter wäre Gesetzgeber. Wenn sie mit der exekutiven Gewalt vereinigt wäre, dann könnte der Richter die Macht eines Unterdrückers haben" (Montesquieu 1951 a, XI, 6).[28]

Montesquieu wirft den Despotismus bei den Türken und die italienischen Republiken in einen und denselben Topf wenn er behauptet, dass in beiden Fällen die drei Gewalten jeweils in der Hand derselben – individuellen oder kollektiven – Instanz vereinigt sind. Als Kontrast führt er „die meisten europäischen Monarchien" an, denn auch wenn in ihnen der König die legislative und exekutive Macht innehat, „so lässt er seinen Untertanen die dritte" (Montesquieu 1951 a, XI, 6).

Von der richtenden Gewalt heißt es dann einige Abschnitte später, sie sei „so schrecklich unter den Menschen" (Montesquieu 1951 a, XI, 6). Es ist nämlich eine Gewalt, bei deren Ausübung Menschen unmittelbar über das Schicksal von anderen Menschen bestimmen. Dem Angeklagten, der sich einem Richter gegenüber sieht, wird dessen Macht unmittelbar vor Augen geführt. Die Gerichte, so könnte man sagen, sind der Ort im Staatsgefüge, wo Bürger (als Angeklagte) Gefahr laufen, einen anderen Bürger (den Richter) persönlich fürchten zu müssen. Hier scheinen sie dem Willen eines anderen Menschen unterworfen zu sein. Und dies umso mehr, als das Wort des Richters im Prinzip das letzte Wort ist.

Weil dem so ist, muss man ganz besondere Vorkehrungen treffen. So spricht Montesquieu sich etwa gegen ein permanentes Richterkollegium aus. Vielmehr sollte die Körperschaft der Richter ständig wechseln, und die Richter sollten auch aus

---

27 Montesquieu behauptet, dass die Maßnahmen der exekutiven Gewalt nicht unmittelbar Privatpersonen treffen, da sie nur die Ausführung des Allgemeinwillens sind (Montesquieu 1951 a, XI, 6). Es ist aber nicht ersichtlich, wieso eine Ausführung des Allgemeinwillens nicht unmittelbar Privatpersonen betreffen sollte.

28 Felice zufolge zeigt Montesquieu, dass es in den antiken Staatswesen die schlechte Verteilung der richterlichen Macht gewesen ist, die zu den Machtmissbräuchen und zum Untergang dieser Staatswesen bzw. zum Verlust ihrer Freiheit geführt hat (Felice 2000, S. 191).

dem Volk stammen. Oder wie Montesquieu es einige Zeilen später nuancierter formulieren wird: „Es muss auch so sein, dass die Richter dem Stand des Angeklagten angehören oder dass sie ihm ebenbürtig[29] sind, damit er sich nicht einbilden kann, dass er in die Hände von Menschen gefallen ist, die ihm Gewalt antun wollen" (Montesquieu 1951 a, XI, 6). Adlige sollen im Prinzip nur durch Adlige und Menschen aus dem Volk nur durch Menschen aus dem Volk gerichtet werden. Nur so kann gewährleistet werden, dass jeder sich in Sicherheit wähnt, und diese Sicherheit bzw. dieser Glaube, in Sicherheit zu sein, sieht Montesquieu als ein zentraler, wenn nicht sogar definierender Bestandteil der politischen Freiheit.[30]

Hinsichtlich der Forderung nach einem wechselnden Gerichtspersonal macht Montesquieu darauf aufmerksam, dass die Individuen zwar durchaus Furcht vor dem Gerichtswesen, nicht aber vor den Richtern haben sollten. Die Gefahr eines Machtmissbrauchs geht nicht von der sozial nützlichen unpersönlichen Institution aus, sondern von den in ihr wirkenden Individuen. Sie, nicht die Institution, setzen die Bürger der Gefahr aus, Opfer einer willkürlichen Entscheidung zu werden. Es ist demnach wichtig, alle erdenklichen Mittel aufzuwenden, um die Institution möglichst frei zu halten von den willkürlichen Entscheidungen der Individuen. Der Idealfall wäre eine Institution, die sich sozusagen selbst verwaltet, die also nicht auf Handlungen der Individuen angewiesen wäre.

Auch wenn dieser Idealfall nie verwirklicht werden kann, sollte man sich ihm so gut wie möglich nähern. Und ein wichtiges Element ist dabei die Bindung der Richter an den Wortlaut des Gesetzes. So schreibt Montesquieu: „Doch auch wenn die Tribunale nicht fix sein sollen, so sollen es die Urteile sein, und zwar bis zu dem Punkt, dass sie nie etwas anderes sind als der genaue Text des Gesetzes. Wenn sie eine besondere Meinung des Richters wären, dann würde man in einer Gesellschaft leben, in welcher man nicht genau wüsste, wozu man sich vertraglich gebunden hat" (Montesquieu 1951 a, XI, 6).

Diese Passage ist sozusagen ein Echo auf Aussagen, die Montesquieu im sechsten Buch gemacht hatte, und zwar im dritten Kapitel, das die Überschrift trägt: „Unter welchem Regierungstyp und in welchen Fällen soll man gemäß einem genauen Text des Gesetzes urteilen" (Montesquieu 1951 a, VI, 3). Montesquieus Antwort lautet, dass je mehr die Regierungsform sich der Republik annähert, umso mehr sollte das Urteil der genaue Text des Gesetzes sein.

Montesquieu vergleicht dabei die drei von ihm unterschiedenen Regierungstypen. In einer Republik, so heißt es, „gehört es zur Natur der Verfassung, dass die Richter dem Buchstaben des Gesetzes folgen. Es gibt keinen Bürger gegen den man ein Gesetz interpretieren kann, wenn es um seine Güter, seine Ehre oder sein Leben geht" (Montesquieu 1951 a, VI, 3). Und wie zu erwarten war, führt Montesquieu England

---

29 Montesquieu schreibt „ses pairs".
30 Es gibt allerdings auch Ausnahmen. Dazu Campagna 2014.

als Beispiel an. Dort entscheiden die Geschworenen, ob der Angeklagte schuldig ist oder nicht, und der Richter[31] begnügt sich damit, im Gesetzesbuch nachzusehen, welche Strafe für das Verbrechen vorgesehen ist und dafür „genügen ihm die Augen" (Montesquieu 1951 a, VI, 3).[32]

Vergleicht man diese Passage mit derjenigen aus dem elften Buch, so fällt auf, dass Montesquieu im elften Buch keinen expliziten Unterschied zwischen den Geschworenen und den Richtern macht. Der Unterschied ist aber wesentlich. Wenn nämlich die Richter, wie es im sechsten Buch heißt, nur einen Text vorlesen müssen, dann sieht man nicht ein, warum man keinen permanenten Richter haben sollte. Im Notfall könnte man vorsehen, dass der Richter, wenn er etwas anderes tut, als den Text vorzulesen, einfach abgesetzt wird.

Dies alles setzt voraus, dass es einerseits überhaupt einen Gesetzestext gibt, und dass dieser Gesetzestext auch klar ist. Die despotischen Staaten erfüllen die erste dieser beiden Bedingungen nicht, denn hier „gibt es kein Gesetz: der Richter ist sich selbst Regel" (Montesquieu 1951 a, VI, 3). In einem despotischen Staat ist der Wille des Despoten das höchste Gesetz, aber da dieser Wille absolut ungeregelt ist, herrscht in einem solchen Staat die reine Willkür und es gibt somit kein festes Gesetz und keinen festen und klaren Gesetzestext, der den Individuen ein Gefühl der Sicherheit vermitteln könnte. Insofern gibt es keine Freiheit in despotischen Staaten.

Die realexistierenden despotischen Staaten entsprechen allerdings nicht immer ihrem Idealtyp. Im neunten Kapitel des dritten Buches heißt es nämlich: „Das Volk muss durch die Gesetze gerichtet werden, und die Großen durch die Launen[33] des Fürsten; so dass der Kopf des niedrigsten Untertans in Sicherheit ist, und der der Bachas immer ausgesetzt" (Montesquieu 1951 a, III, 9). Im vorletzten Kapitel des zwölften Buches kommt Montesquieu noch einmal auf die Richter im despotischen Staat zurück. Dieses Kapitel ist überschrieben: „Von den staatlichen Gesetzen die

---

31 Courtney übertreibt wenn er schreibt, Montesquieu unterlasse es, die Berufsrichter zu erwähnen (Courtney 2001, S. 280). Sie werden erwähnt, wenn auch nur beiläufig. Man bedarf ihrer, um sozusagen den Schluss zu ziehen. Man erinnere sich hier an Beccarias Darstellung der Ausübung der richtenden Funktion: der Obersatz ist das Gesetz (Wer X tut, muss eine Strafe Y erleiden), der Untersatz ist die Tatsachenbeschreibung (A hat X getan) und die Schlussfolgerung ist das richterliche Urteil (A muss Strafe Y erleiden) (Beccaria 2003). Wenn Courtney die Berufsrichter nicht bei Montesquieu sieht, so hängt das vielleicht mit dem zusammen, was Carrese schreibt: „Montesquieu appears to use juries not only to cloak the judging power but also to cloak professional judges" (Carrese 2003, S. 49). Carrese vertritt die These, dass Montesquieu die richtende Gewalt in den Mittelpunkt seiner politischen Philosophie stellt, dass er aber auch gleichzeitig diese zentrale Stelle verdeckt.

32 Montesquieu beschreibt die Praxis auch für Rom, und zwar in einem expliziten Vergleich mit England. Der Prätor, so Montesquieu, bestimmte die Richter mit der Zustimmung der Parteien: „Diese Richter entschieden nur über Tatsachenfragen: zum Beispiel ob eine Summe bezahlt worden war oder nicht; ob eine Tat begangen wurde oder nicht" (Montesquieu 1951 a, XI, 18). Von diesen Tatsachenfragen unterscheidet Montesquieu die Rechtsfragen, mit denen sich das Tribunal der *centumviri* befasste.

33 Montesquieu spricht von „fantaisie du prince".

dazu geeignet sind, ein bisschen Freiheit in eine despotische Regierungsform zu bringen".[34] Der zentrale Gedanke ist dabei folgender: In einem despotischen Staaten ist die politische Freiheit nur dann, auch wenn nur bruchstückhaft vorhanden, wenn es etwas Festes gibt, „eine religiöse Meinung, ein Vorurteil, tradierte Beispiele, eine Geistesgewohnheit, Manieren, Sitten" (Montesquieu 1951 a, XII, 29). Diese Elemente erlauben es den Menschen, bestimmte Erwartungen aufzubauen und haben eine den Gesetzen ähnliche Funktion. So können etwa die Sitten genauso gut wie das Gesetz verbieten, X zu tun. Und für die Sitten gilt dann das, was Montesquieu bezüglich der Gesetze sagt, nämlich „wenn ein Bürger tun könnte, was sie verbieten, gäbe es keine Freiheit mehr, dann alle übrigen hätten dann dieselbe Macht" (Montesquieu 1951 a, XI, 3).

Wo es kein staatliches Gesetzbuch gibt, ist es gut, wenn es ein heiliges Buch gibt, in dem bestimmte Normen des menschlichen Zusammenlebens und Strafen für ein Übertreten dieser Normen festgelegt werden. Die religiösen Gesetze treten an die Stelle der staatlichen Gesetze und grenzen die Willkür ein. Für die Richter heißt das etwa: „Es ist nicht schlecht, dass die Richter, in Zweifelsfällen, die Religionsdiener befragen. So in der Türkei, wo die Kadis die Mollahs fragen" (Montesquieu 1951 a, XII, 29). Und wo es um die Todesstrafe geht, sollte der Kadi sich auch an den Gouverneur wenden, um ebenfalls dessen Ansicht über den Fall zu hören. Genauso wie in England die Vertreter des Volks, die Vertreter des Adels und der König sich bei der Gesetzgebung beraten und somit gemäßigte Gesetze entstehen, beraten sich in einem despotischen Staat der Kadi, der Mollah und der Gouverneur, so dass auch hier die Hoffnung einer Mäßigung, in diesem Fall des Urteils, besteht. Wichtig ist, dass nicht die Willkür einer einzigen Person bestimmend ist.

Hieraus wird ersichtlich, dass es in einem despotischen Staat durchaus nicht immer der Fall sein muss, dass der Richter sich selbst die Regel ist, und damit seine Willkür walten lässt. Wenn, wie es etwa in muslimischen Staaten der Fall ist – und das Ottomanische Reich ist für Montesquieu zumindest das Beispiel einer realexistierenden Despotie –, die Vorschriften eines heiligen Buches die durch den Staat erlassenen Gesetze ersetzt, dann muss der Richter sich an diese Gesetze halten und seine Urteile ihnen gemäß fällen. Und je genauer der Text dieser Gesetze ist, umso genauer sollte sich der Richter auch an ihn halten.

Für eine Monarchie gilt auch, dass der Richter dem Gesetz folgen sollte, zumindest solange der Wortlaut des Gesetzes präzise ist. Ist das nicht der Fall, oder ist der Text nicht genügend präzise, dann sollte der Richter, so Montesquieu, den Geist des Gesetzes suchen (Montesquieu 1951 a, VI, 3), um den Text des Gesetzes im Lichte dieses Geistes zu interpretieren. Als Geist der Gesetze bezeichnet Montesquieu „die

---

34 Montesquieu spricht von „lois civiles". Diesen Begriff mit „bürgerliche Gesetze" zu übersetzen wäre missverständlich, da die „lois civiles" durchaus auch die Strafgesetze umfassen können und sich nicht mit dem Inhalt des BGB decken.

unterschiedlichen Beziehungen die die Gesetze mit unterschiedlichen Dingen haben können" (Montesquieu 1951 a, I, 3). Gesetze existieren nicht in einem luftleeren Raum und gelten auch nicht für ein sich stets gleich bleibendes Volk. Bei der Gesetzgebung muss man unterschiedlichen Faktoren Rechnung tragen, wie etwa den geographischen Gegebenheiten, dem Reichtum, dem Handel, der Religion, den Sitten, usw. (Montesquieu 1951 a, I, 3). In Montesquieus Aufzählung taucht aber auch „der Grad der Freiheit auf, den die Verfassung erlaubt" (Montesquieu 1951 a, I, 3). Montesquieu scheint also davon auszugehen, dass jedes Volk einen bestimmten Grad der Freiheit ‚vertragen' kann und dass die Gesetze diesem Grad der Freiheit Rechnung tragen sollen.

Die Rede von den Graden der Freiheit taucht wieder im Übergang vom elften zum zwölften Buch auf. Montesquieu macht es sich zur Aufgabe, den Grad der Freiheit zu berechnen, den Völker unter gemäßigten Regierungen genießen können (Montesquieu 1951 a, XI, 20). Die politische Freiheit in Beziehung auf den Bürger – von der bis jetzt immer die Rede war – wird demnach durch die politische Freiheit in Beziehung auf die Verfassung ergänzt. Von letzterer gilt: „Es ist nur die Anordnung der Gesetze, und sogar der fundamentalen Gesetze, die die Freiheit in Beziehung mit der Verfassung bildet" (Montesquieu 1951 a, XII, 1).

Mit diesem Hinweis auf die fundamentalen Gesetze ist ein wichtiges Stichwort gefallen. Im zweiten Buch hält Montesquieu fest: „Die intermediären Gewalten, untergeordnet und abhängig, bilden die Natur der monarchischen Regierung, d.h. von derjenigen in welcher ein einziger durch fundamentale Gesetze herrscht" (Montesquieu 1951 a, II, 4). Diese fundamentalen Gesetze bedürfen eines Hüters, und auch wenn Montesquieu von den „politischen Körperschaften" spricht, „die die Gesetze kund tun, wenn sie gemacht sind und die wieder an sie erinnern, wenn man sie vergisst" (Montesquieu 1951 a, II, 4), so meint er damit, ohne sie allerdings an dieser Stelle ausdrücklich zu nennen, die *parlements*. Selbst wenn diese, durch ihre Kontrolle der Gesetze, den Gesetzgebungsprozess tangieren – in der absoluten Monarchie Frankreichs war der König die einzige Instanz, die neue Gesetze machen durfte –, und damit durchaus eine politische Dimension haben, waren sie doch im wesentlichen Justizorgane.

Auch wenn der Vergleich gewagt ist, so kann man doch eine gewisse Ähnlichkeit zwischen den *parlements* und den modernen Verfassungsgerichten sehen. Ab der Mitte des 18. Jahrhunderts, also zu der Zeit, als Montesquieus Hauptwerk erscheint, behaupten sich die *parlements* immer stärker gegen den König, indem sie ganz deutlich sagen, dass das Gesetz über dem König steht, dass es die Aufgabe der *cours souveraines* ist, die Gesetze gegen den launenhaften Willen – also die Willkür – des Königs zu behaupten, und dass sie, die *cours souveraines*, die Vertreter der Nation und ihrer Rechte sind[35] (Olivier-Martin 1997, S. 422). Ob die *parlements* tatsächlich immer nur das Allgemeinwohl im Blick hatten, sei einmal dahin gestellt.[36]

In seinem *Mémoire pour l'année 1666* schreibt Ludwig XIV, dass die Parlamente und „ähnliche Körperschaften nur für diejenigen gefährlich sind, die sie befürchten" (Louis XIV 2001, S. 163). Und schon fünf Jahre zuvor hatte er in seinem festgehalten, dass der Nutzen des Königreichs immer die Überhand über die Rechte der Parlamente nehmen sollte (Louis XIV 2001, S. 59). Unter dem Sonnenkönig, der mit seinem – ob authentischen oder nicht authentischen, interessiert uns hier nicht – „L'Etat, c'est moi" (Der Staat, das bin ich), den absoluten Charakter seiner Macht zum Ausdruck brachte, war der Konflikt zwischen dem Monarchen und den *parlements* besonders heftig. Und auch wenn letztere immer nachgaben – weil sie nachgeben mussten[37] –, so unterließen es doch einige *parlementaires* nicht, in ihren Reden die Vorgehensweise des Königs zu verurteilen.

In den Augen Montesquieus spielen die Parlamentarier eine wichtige aufhaltende bzw. bremsende Rolle. Denn auch wenn die Monarchie gegenüber der republikanischen Regierungsform einen Vorteil darin besitzt, dass Entscheidungen schnell getroffen werden können, so kann die Hast doch manchmal zu schlechten Entscheidungen führen. In solchen Situationen ist es wichtig, dass der König dazu gebracht werden kann, sein Gesetz oder seinen Erlass noch einmal zu überdenken. Um Montesquieu zu zitieren: „Die Körperschaften die die Gesetze bewahren, gehorchen niemals besser, als wenn sie langsam voran schreiten und wenn sie in die Angelegenheiten des Fürsten jene Überlegung bringen, die man sich bezüglich der Staatsgesetze weder von der Unaufgeklärtheit des Hofes, noch von der Überstürzung der Berater erwarten kann" (Montesquieu 1951 a, V, 10).

Montesquieu bringt hier zum Ausdruck, dass eine die Gesetze bewahrende Körperschaft keineswegs in Konkurrenz zur Monarchie tritt, so dass aus der Monarchie eine Art *government by judiciary* wird. Die Monarchie wird nur solange Bestand haben, wie sie die fundamentalen Gesetze, auf denen sie beruht respektiert. Eine diese Gesetze bewahrende Körperschaft ist somit ein zentrales Element für die Stabilität einer Monarchie. Und wenn die Mitglieder dieser Körperschaft den kontingenten Willen des Königs hinterfragen, dann tun sie es nicht, weil sie die Autorität des

---

35 Insofern die Generalstände nicht mehr zusammengerufen wurden, konnten sich die *parlements* durchaus als die Vertreter der Rechte und Privilegien der Gesellschaft gegen die Person des Königs und seiner engen Berater sehen. Wohlverstanden „die Person des Königs" und nicht „Monarchie", denn zu keinem Augenblick wurde die Monarchie als solche in Frage gestellt.

36 Philippe Sueur meint etwa, dass im 18. Jahrhundert „die parlamentarische Opposition nicht nur die absolute Monarchie zurückhielt, sondern sie trug auch zum Scheitern von erneuernden, gesunden und durch das Allgemeinwohl nötig gemachte Reformen bei" (Sueur 1993, S. 155). Und Gascar schreibt, Montesquieu scheine die vielen abscheulichen Urteile der *parlements* zu übersehen (Gascar 1989, S. 278).

37 Wenn das Parlament ein königliches Gesetz nicht anerkennen wollte, rief der Monarch einen sogenannten *lit de justice* ein und trat dann mit großem Pomp und allen sichtbaren Symbolen seiner Macht vor das Parlament, um es dazu aufzufordern, das Gesetz anzuerkennen.

Monarchen in Zweifel ziehen, sondern weil sie diesen kontingenten Willen an den ewigen Willen binden wollen, den Willen wie er ist an den Willen wie er sein soll, wenn er der Wille des Königs – und nicht bloß des den König inkarnierenden Willens – sein will.

Was Montesquieu hier über die Monarchie sagt, kann ohne weiteres auf die konstitutionelle Demokratie angewendet, da auch diese, wie die Monarchie, auf fundamentalen Gesetzen beruht. Diese Gesetze drücken einen den momentanen Willen des Volkes – oder seiner Vertreter – transzendierenden Willen aus, einen Willen, der, als er sich ausdrückte, nicht unter dem Druck der Ereignisse stand. Die Verfassungsrichter sind die Bewahrer dieses Willens.

Allerdings stellt sich bei vielen Verfassungen das Problem, dass ihr Text oft Formulierungen enthält, die interpretationsbedürftig sind, und dementsprechend nicht jene Klarheit aufweisen, die Montesquieu eigentlich von Gesetzen erwartet. Aber auch hier kann man Montesquieus Aussagen über die Monarchie anwenden: wenn die Gesetze nicht klar sind, dann sollten die Richter sich an ihrem Geist inspirieren.

II. Justizwesen und Freiheit bei Alexis de Tocqueville

Auch wenn er als Jurist ausgebildet wurde, war Alexis de Tocquevilles Karriere im französischen Justizwesen sehr kurz. Nach seiner Amerikareise und dem Erscheinen seiner *Démocratie en Amérique* – der erste Band erscheint 1835, der zweite 1840 – wendet sich Tocqueville der aktiven Politik zu. Er ist zuerst Abgeordneter, dann sogar Minister. Nach dem Staatsstreich Napoleons III. verabschiedet er sich aus dem politischen Leben.

Während seiner Amerikareise wurde Tocqueville klar, dass er Zeuge eines epochalen Wandels war, und dass sich in den Vereinigten Staaten eine Gesellschaftsform etabliert hatte, die sich früher oder später auch in allen anderen Ländern durchsetzen würde. Denn mehr noch als ein politisches Regime, ist die Demokratie eine Gesellschaftsform. Es beruht auf dem Dogma[38] der fundamentalen natürlichen Gleichheit aller Menschen und grenzt sich dadurch von der Aristokratie ab, die von natürlichen Ungleichheiten ausgeht, die dann als Grundlage für unabänderliche soziale Ungleichheiten dienen. In der Aristokratie gehört man von Geburt an einer bestimmten sozialen Klasse an, in der Demokratie herrscht soziale Mobilität[39]

---

38 Tocqueville selbst spricht an mehreren Stellen der *Démocratie* vom Dogma der Volkssouveränität. Der Gebrauch dieses an sich starken Begriffs – Tocqueville hätte auch einfach von Voraussetzung sprechen können – soll zeigen, dass die Demokratie auf Fundamenten beruht, die man am besten jeder kritischen Diskussion entzieht und an die man glauben soll bzw. sollte man zumindest so tun, als ob man an sie glaubte.

39 Für eine Gesamtdarstellung des politischen Denkens Tocquevilles vgl. Campagna 2001 a.

Auch wenn Tocqueville eine bestimmte Nostalgie für die aristokratische Gesellschaft verspürt, sagt ihm seine Vernunft, dass die Menschheit sich in Richtung der Demokratie bewegt. An vielen Stellen wird diese Bewegung sogar als eine gottgewollte dargestellt, so dass es müßig ist, sich ihr zu widersetzen. Wie groß und edelmütig auch immer die aristokratische Gesellschaft und der aristokratische Mensch gewesen sein mag, zumindest dem Anscheine nach, so muss man sich mit der Tatsache abfinden, dass die Aristokratie zu Ende ist und dass das Zeitalter des demokratischen Menschen gekommen ist.

Dieser demokratische Mensch verlangt nach Gleichheit und nach materiellem Wohlergehen. Auch will er alles mittels seiner eigenen Vernunft überprüfen und sich der Vernunft keines anderen Individuums unterwerfen – denn warum sollte er dies tun, wenn doch alle Individuen gleich, und damit eben auch gleich vernünftig sind? Der demokratische Mensch hat aber auch die Tendenz, sich in seine Privatsphäre zurückzuziehen und nur noch sich selbst und seine nahen Verwandten zu sehen bzw. zu berücksichtigen. Eine solche Haltung bezeichnet Tocqueville als Individualismus.

Insofern die Individuen in einer demokratischen Gesellschaft als Einzelne betrachtet schwach sind und insofern auch die Vernunft des Einzelnen nicht dazu reicht, alle Wahrheiten zu ergründen, vertraut sich das demokratische Individuum der Gesellschaft an. Einerseits unterwirft es sich der öffentlichen Meinung und andererseits appelliert es an den Staat.[40] Von der ersten erwartet es Orientierung im Denken und vom zweiten erwartet es materielles Wohlergehen. Insofern das Individuum selbst Teil der Öffentlichkeit ist und insofern es diejenigen selbst gewählt hat, die den Staat lenken, hat es nicht den Eindruck, sich einer fremden Macht hinzugeben. Und insofern es das erhält, was es erwartet, hat es auch nicht den Eindruck, unterworfen zu sein.

Tocqueville hat den Begriff des sanften Despotismus des demokratischen Zeitalters geprägt, um diese die Demokratie bedrohende Gefahr zu bezeichnen. Der sanfte Despotismus entspricht einem Paternalismus und damit einer Entmündigung der Individuen. Diese Entmündigung ist aber nicht durch Gewalt entstanden, sondern sie ist, um eine kantische Formulierung zu verwenden, gleichermaßen selbstverschuldet. Die größte Gefahr für die Freiheit des demokratischen Menschen liegt nicht außerhalb seiner, sondern in ihm selbst.

Die Freiheit ist dabei im Sinne der Selbstverantwortung zu verstehen. In einer Gesellschaft sind die Individuen umso freier, als sie ihr Schicksal selbst in die Hand

---

40   Lucien Jaume gibt einem seiner Aufsätze den Titel ‚Tocqueville in der Debatte zwischen dem Recht des Staates und dem Recht der Gesellschaft' (vgl. Jaume 2009). Es hätte vielleicht besser heißen sollen ‚Tocqueville in der Debatte zwischen dem Recht des Staates und der Gesellschaft und dem Recht der Individuen'. In einer demokratischen Gesellschaft, die sich dem Prinzip der Souveränität des Volkes verschrieben hat, stehen sich nicht so sehr Staat und Gesellschaft gegenüber, als vielmehr der im Namen der Gesellschaft – des Volkes oder der Nation – handelnde Staat und das Individuum.

nehmen und sich selbst als Agenten ihres Glücks sehen. Insofern einerseits in einer demokratischen Gesellschaft die Individuen einzeln genommen schwach sind und demnach nicht als solche selbst ihr Glück bewirken können, und insofern andererseits ein durch den Staat bewirktes Glück nicht mehr ein solches ist, das die Individuen selbst bewirken, stehen die Individuen vor drei Möglichkeiten. Entweder sie verzichten auf ihr Glück – was sie nicht wollen –, oder sie verzichten auf ihre Freiheit – was sie wiederum nicht sollten –, oder sie suchen nach einer Möglichkeit, Wohlergehen und Freiheit gleichzeitig zu bekommen.

Tocquevilles Hauptanliegen besteht im Aufweisen, dass man die Freiheit in einer demokratischen Gemeinschaft erhalten kann. Auch wenn es Gottes Wille sei, dass die Menschheit sich in Richtung Demokratie bewegt, so sei es nicht Gottes Wille, dass sie sich in Richtung eines demokratischen Despotismus bewegt. Eine freie Form der Demokratie sei möglich, aber nur dann, wenn die Menschen sich der natürlichen Entwicklungstendenz entgegenstellen. Habe die Vorsehung die Gleichheit auch manchmal ‚hinter dem Rücken‘ der Akteure vorangetrieben, so geschehe nicht automatisch dasselbe mit der Freiheit. Oder anders gesagt: der Mensch dürfe nicht glauben, dass er die Freiheit auch ohne sein eigenes Handeln erhält.

Die neuen Gegebenheiten machen aus Tocquevilles Sicht eine neue politische Wissenschaft nötig. Insofern die Demokratie neue Gefahren mit sich bringt, müssen diese Gefahren in einem ersten Schritt identifiziert werden, bevor man in einem zweiten Schritt untersucht, wie man ihnen entgegenwirken kann, ohne gleichzeitig die Demokratie zu opfern. Tocqueville will weder eine Demokratie ohne Freiheit, noch eine Freiheit ohne Demokratie.

Etwa zwei Jahrzehnte vor Tocqueville steht Benjamin Constant bereits vor einem ähnlichen Problem. In seiner berühmten Rede *De la liberté des Anciens comparée à celle des Modernes* behauptet er, dass eine Rückkehr zur Freiheit der Alten – wie sie die Jakobiner und ihre Anhänger wollten – unmöglich sei. Der moderne Mensch lebe für sich selbst und nicht für die politische Gemeinschaft, und er suche sein Glück in der Privatsphäre und nicht in der politischen Partizipation. Allerdings ist Constant bewusst, dass die Freiheit der Modernen Gefahren in sich birgt, allen voran die Gefahr eines paternalistischen Staates. Wollte man dessen Aufkommen verhindern, müssten Individuen unter Umständen bereit sein, sich von ihren unmittelbaren Interessen zu distanzieren und sich auch für das Politische zu interessieren. Auch wenn die Freiheit der Alten kein konstitutives Element des modernen Glücksverständnisses mehr sein konnte, so sei es doch wichtig, ihr bzw. einer abgeschwächten Form einen instrumentellen Charakter anzuerkennen Die Freiheit der Alten muss vielmehr, mit Hegel gesprochen, in der Freiheit der Modernen aufgehoben werden.

Bei Tocqueville müssen auch Elemente der Aristokratie in der Demokratie aufgehoben werden, wenn die Demokratie nicht in einen demokratischen Despotismus abdriften soll. Und das Gerichtswesen ist dabei einer der Orte, in denen solche aristokratischen Elemente auftauchen können und müssen. Im achten Kapitel des zweiten Teils des ersten Bandes der *Démocratie* untersucht Tocqueville den „Geist der Legisten[41] in den Vereinigten Staaten und wie er als Gegengewicht zur Demokratie dient" (Tocqueville 1961 a, II, 8, S. 274).[42] Legisten sind im weitesten Sinne des Wortes die Gesetzeskundigen, und genauer noch diejenigen, die es in ihrem Alltagsleben und vor allem in ihrem Beruf, mit dem Gesetz zu tun haben.

In Tocquevilles Augen sind die Autorität und der Einfluss der Legisten auf das öffentliche Leben in Amerika „die stärkste Schranke gegen die Verirrungen der Demokratie" (Tocqueville 1961 a, II, 8, S. 275). Sie bilden in Amerika „das mächtigste und, sozusagen, das einzige Gegengewicht der Demokratie" (Tocqueville 1961 a, II, 8, S. 280).[43] Und einige Zeilen weiter heißt es: „Die Gerichte sind die sichtbarsten Organe deren sich die Körperschaft der Legisten bedient, um auf die Demokratie zu wirken" (Tocqueville 1961 a, II, 8, S. 280).

Die Legisten bilden eine aristokratische Körperschaft innerhalb der Demokratie, aber ihr Ziel ist es nicht, die Demokratie zu zerstören, sondern vielmehr, sie vor sich selbst zu schützen. Genauer gesagt bilden die Legisten eine Art Bindeglied zwischen der Aristokratie und der Demokratie: „Der Legist gehört zum Volk auf Grund seiner Interessen und seiner Geburt, und zur Aristokratie durch seine Gewohnheiten und seinen Geschmack; er ist wie die natürliche Verbindung zwischen diesen beiden, der Ring, der sie eint" (Tocqueville 1961 a, II, 8, S. 277). Die Körperschaft der Legisten verwirklicht somit das Tocquevillesche Ideal einer Synthese zwischen der Demokratie und der Aristokratie.

Für Tocqueville ist es wichtig zu betonen, dass das Volk keine Angst und kein Misstrauen gegenüber den Legisten hat. In einer Demokratie bilden sie, so Tocqueville, die einzigen aufgeklärten Menschen, und so ist es normal, dass das Volk ihnen vertraut und ihnen eine eminente Stelle in der Gesellschaft gibt (Tocqueville 1961 a, II, 8, S. 277). Und das Volk, so immer noch Tocqueville, unterstellt den Legisten nicht, dass sie die Macht für sich beanspruchen wollen, um die Demokratie umzu-

---

41 Eine gewollte Anspielung auf Montesquieus „Geist der Gesetze" ist nicht auszuschließen, im Gegenteil. Tocqueville könnte durchaus ausdrücken wollen, dass nicht der an sich inerte Geist der Gesetze ein Bollwerk gegen die Gefahren der Demokratie ist, sondern der Geist der Legisten.

42 Coutel hat durchaus recht wenn er schreibt, die Ausführungen Tocquevilles zum Geist der Legisten seien bislang wahrscheinlich nicht genügend beachtet worden (Coutel 2005, S. 17).

43 Schon in einem Brief an Kergorlay vom 29. Juni 1831 an Kergorlay hatte Tocqueville geschrieben, die rechtlichen Gewohnheiten und Ideen seien das einzige Gegengewicht zur Demokratie (Tocqueville 1977, S. 234). Tocqueville tendiert oft zur Übertreibung. Legisten sind in dem Sinne „sozusagen" das einzige Gegengewicht, dass sie eben nicht das einzige Gegengewicht sind. Wenn, dann sind sie das einzige institutionelle Gegengewicht bzw. das einzige Gegengewicht innerhalb der Institutionen des Staates. Zivilgesellschaftliche Vereinigungen, die Sitten oder die Religion sind auch wichtige Gegengewichte, aber sie sind eben nicht institutionalisiert – zumindest nicht wie es für die Legisten der Fall ist. Politische Parteien bilden aber vielleicht eine Ausnahme.

stürzen. Die Legisten, zumindest in einer Demokratie, stammen aus dem Volk und haben dieselben Interessen wie das Volk. Diese beiden Gemeinsamkeiten genügen in den Augen Tocquevilles, um die Demokratie vor den Legisten abzusichern.

Die Legisten unterscheiden sich allerdings in einer Hinsicht vom Volk, und zwar in der intellektuellen. Innerhalb einer sich hauptsächlich nur mit praktischem Wissen befassenden Demokratie, ist der amerikanische oder englische Jurist vergleichbar mit den altägyptischen Priestern, „wie sie ist er der einzige Interpret einer okkulten Wissenschaft" (Tocqueville 1961 a, II, 8, S. 279). Bei dieser okkulten Wissenschaft handelt es sich um die *common law* und die auf sich auf sie gründende Rechtssprechung. Hier zählt nicht so sehr der Wortlaut des Gesetzes als vielmehr der Geist. Darin unterscheidet es sich vom kontinentalen Recht, das auf geschriebenen Gesetzen beruht, die jeder lesen kann (Tocqueville 1961 a, II, 8, S. 278).

Was den vorhin erwähnten Geschmack der Juristen betrifft, so gilt er in erster Linie der Ordnung und der Autorität: „Man soll übrigens nicht vergessen, dass sie, auch wenn sie die Freiheit wertschätzen, die Legalität generell weit über sie stellen; sie befürchten weniger die Tyrannei als die Willkür [...]" (Tocqueville 1961 a, II, 8, S. 277). Von Natur aus neigen die Legisten zur Ordnung und zum Respekt der Formalitäten und sie hegen „eine große Abscheu für die Handlungen der Masse und verachten insgeheim die Regierung des Volkes" (Tocqueville 1961 a, II, 8, S. 275). Diese Verachtung und Abscheu stammen daher, dass die Handlungen der Masse ungeordnet sind und das Volk sich oft über jede Formalität hinwegsetzt. Tocqueville weist an mehreren Stellen darauf hin, dass die Amerikaner keinen großen Wert auf die Formen legen, ja sie missachten, da sie sie etwa „wie unnütze und schwerfällige Schleier zwischen sich und der Wahrheit betrachten" (Tocqueville 1961 b, I, 1, S. 12). Der demokratische Mensch ist ein Mensch der Unmittelbarkeit, für den jede Vermittlung nur als unnützes Hindernis gesehen wird, sei es als Hindernis auf dem Weg zur Wahrheit, zur Gerechtigkeit oder zu Gott.

Diese Liebe zur Unmittelbarkeit birgt aber die Gefahr der Willkür in sich, da das die Willkür bremsende Gesetz oder das sie bremsende Vorurteil eine Form von Mittelbarkeit ist. Gesetz, Präzedenzfall, Ritus, usw. schaffen eine Distanz zwischen der Willkür und ihrem Gegenstand. Die Willkür kann das, was sie will, nur dann erlangen, wenn sie sich einer außer ihr liegenden Form unterwirft. Und durch diese Unterwerfung hört die Willkür übrigens auf, reine Willkür zu sein.

Die Legisten erweisen sich somit als die Bewahrer dessen, was die Willkürherrschaft des Volkes bremst. Sie erfüllen in den Vereinigten Staaten dieselbe Aufgabe wie die *parlements* in Frankreich[44], bloß dass sie sich nicht der Willkür eines Königs

---

44 In seinem unvollendet gebliebenen Spätwerk über das Alte Regime und die Revolution beschreibt Tocqueville die *parlements* und die Kirche als „mächtige demokratische Institutionen", stellt aber zugleich fest, dass sie sich mit dem Ämterkauf aristokratisiert haben (Tocqueville 1953, S. 96).

entgegenstellen, sondern der Willkür des Volkes bzw. seiner Vertreter. Hierzu Tocqueville: „Wenn das amerikanische Volk sich durch seine Leidenschaften berauschen lässt oder sich durch seine Ideen mitziehen lässt, lassen die Legisten ihm eine fast unsichtbare Bremse verspüren, die es mäßigt und aufhält. Seinen demokratischen Instinkten stellen sie auf geheime Weise ihre aristokratischen Neigungen gegenüber; seiner Liebe zu den Neuheiten ihren abergläubischen Respekt für das was alt ist; der Unendlichkeit seiner Vorhaben ihre enge Sichtweise; seiner Verachtung der Regeln ihren Geschmack für die Formen; und seiner Begeisterung, ihre Gewohnheit, langsam voranzuschreiten" (Tocqueville 1961 a, II, 8, S. 280).[45]

Die Legisten sorgen dafür, dass die Demokratie in geordneten Bahnen verläuft. Und dies gilt besonders für die Verfassungsrichter. Sie zwingen das Volk dazu, „seinen eigenen Gesetzen nicht untreu zu werden und mit sich selbst in Einklang zu bleiben" (Tocqueville 1961 a, II, 8, S. 280). Dem sich stets wandelnden Willen der Individuen stellen die Richter den in der Verfassung verankerten permanenten Willen des Volkes entgegen. Auch hier lässt sich eine Parallele zu den *parlements* ziehen, die dem momentanen Willen des Königs den permanenten, in den Fundamentalgesetzen verankerten Willen der Monarchie entgegensetzen. Und genauso wie Montesquieu andeutete, dass die *parlementaires* dem König dann am besten gehorchen, wenn sie sich Zeit lassen, die Erlässe des Königs genauestens zu überprüfen, auch wenn dieser darauf drängt, so schnell wie möglich mit der Registrierung voranzuschreiten, könnte Tocqueville behaupten, dass die Verfassungsrichter dem Volk dann am besten dienen, wenn sie die von den Abgeordneten gestimmten Gesetze genau unter die Lupe nehmen, um sie auf ihre Verfassungskonformität hin zu prüfen.

Je größer die Macht des Volkes wird, umso größer muss auch diejenige der Legisten werden, denn, so Tocqueville, „ich kann nicht glauben, dass in unseren Tagen eine Republik darauf hoffen kann, ihre Existenz zu bewahren, wenn der Einfluss der Juristen in ihre Angelegenheiten nicht verhältnismäßig zur Macht des Volkes wachsen würde" (Tocqueville 1961 a, II, 8, S. 278). Das setzt allerdings voraus, dass die Richter ihre Unabhängigkeit bewahren. In diesem Zusammenhang äußert Tocquevil-

---

45 Hinsichtlich des Formalismus kann Tocqueville sich auch ganz sarkastisch zeigen. So im Schlussteil des ersten Bandes der *Démocratie*, in welchem er über den Zustand der drei auf dem nordamerikanischen Kontinent präsenten Rasse reflektiert. Tocqueville war besonders skandalisiert über die Art und Weise, wie die Weißen mit den Indianern umgingen. Hierzu eine kurze Passage, deren Sarkasmus der Montesquieuschen Verurteilung der Sklaverei ins Nichts nachsteht: „Das Verhalten der Amerikaner der Vereinigten Staaten gegenüber den Eingeborenen zeugt im Gegenteil [Tocqueville grenzt die Amerikaner von den Spaniern ab – N.C.] von der reinsten Liebe zu den Formen und zur Legalität. Vorausgesetzt die Indianer verbleiben in ihrem wilden Zustand, werden die Amerikaner sich gar nicht in ihre Angelegenheiten einmischen und behandeln sie wie unabhängige Völker; sie erlauben es sich nicht, ihre Territorien zu besetzen, ohne sie, wie es sein soll, durch einen Vertrag erworben zu haben; und wenn zufälliger Weise ein Indianernation nicht mehr auf ihrem Territorium leben kann, so nehmen sie sie im Geist der Brüderlichkeit bei der Hand und führen sie eigenhändig außerhalb der Heimat ihrer Väter sterben" (Tocqueville 1961 a, II, 10, S. 354).

le seine Furcht, dass die Wählbarkeit der Richter, wie er sie in der Verfassung einiger Bundesstaaten findet, schlimme Konsequenzen für die „demokratische Republik" haben kann (Tocqueville 1961 a, II, 8, S. 280). Dadurch würden die Richter nämlich noch mehr mit dem Strom der Demokratie weiter gerissen werden.

Dass dies schon zum Teil geschieht, behauptet Tocqueville wenn er etwa feststellt: „Die Legisten sind aber dazu gezwungen, dem Strom der öffentlichen Meinung nachzugeben, der sie mitreißt; aber es ist einfach, Indizien dafür zu finden, was sie tun würden, wenn sie frei wären" (Tocqueville 1961 a, II, 8, S. 281). Diese Indizien findet Tocqueville im Privatrecht. Die Amerikaner haben zwar eine große Revolution im öffentlichenRecht durchgeführt, aber auf der Ebene des Privatrechts hat sich sehr wenig geändert, „obwohl einige dieser Gesetze ihrem sozialen Zustand stark widerstreben". Der Grund hierfür ist, dass „in Sachen Privatrecht die Mehrheit sich immer an die Legisten wenden muss; und die amerikanischen Legisten, wenn sie ihrer eigenen Willkür folgen, innovieren nicht" (Tocqueville 1961 a, II, 8, S. 281). Tocqueville gibt keine Beispiele für Gesetze, die dem demokratischen sozialen Zustand widerstreben, aber die Sklavereigesetze dürften hier an prominenter Stelle stehen. Im Falle der Sklavereigesetze folgten die Legisten übrigens der öffentlichen Meinung.

Seine Ausführungen zur Rolle der Legisten in der amerikanischen Demokratie schließt Tocqueville mit folgenden Worten: „Die Legisten bilden in den Vereinigten Staaten eine Macht, die man wenig befürchtet, die man kaum sieht[46], die kein ihr eigentümliches Banner hat, die sich flexibel den Forderungen der Zeit beugt und die sich ohne Widerstand mit allen Bewegungen des sozialen Körpers gehen lässt; aber sie umfasst die ganze Gesellschaft, dringt in jede sie bildende Klasse ein, bearbeitet sie insgeheim, wirkt unablässig auf sie, ohne ihr Wissen, und formt sie letztendlich ihren Wünschen gemäß" (Tocqueville 1961 a, II, 8, S. 281).

Ebenso wie Bacon der Auffassung ist, dass man die Natur nur dann beherrschen könne, wenn man ihr gehorche, meint Tocqueville, dass man die Demokratie nur dann beherrschen könne, wenn man ihr gehorche. Anstatt von „beherrschen" sollte man im Fall der Demokratie vielleicht besser von „zähmen" sprechen. Es geht nämlich nicht darum, eine neue Macht über das Volk zu errichten bzw. das der Demokratie zu Grunde liegende Prinzip der natürlichen Gleichheit durch ein Prinzip der natürlichen Ungleichheit zu ersetzen. Ziel ist es vielmehr, die Demokratie in ihrer natürlichen Tendenz in Richtung eines demokratischen Despotismus zu bremsen. Dies kann aber nur dann gelingen, wenn man sich der Demokratie nicht ganz entgegenstellt. So bemerkt etwa Tocqueville hinsichtlich der Religion, dass eine die Askese predigende Religion keine Chance hat, in einem demokratischen Volk Fuß zu fassen, da der demokratische Mensch materielle Güter schätze und nicht bereit sei, diese

---

46 Die Gemeinsamkeit mit Montesquieus Beschreibung der richterlichen Gewalt springt ins Auge.

Vorliebe ganz aufzugeben. Die Religion müsse einerseits mit ihrer Zeit gehen, zugleich habe sie andererseits die Aufgabe, diesen Gang in geordnete Bahnen lenken. Laut Tocqueville müssten Religionen den Bereicherungstrieb des demokratischen Menschen als gegeben hinnehmen und gleichermaßen dafür sorgen, dass Menschen diesen Trieb nur auf ehrlichen Wegen befriedigen (Tocqueville 1961 b, I, 5, S. 33).[47]

Die Religionen müssten ein Gegengewicht zu bestimmten natürlichen Tendenzen im demokratischen Menschen schaffen. Wie die Amerikaner das System der *checks and balances* in ihr institutionelles Gefüge eingeführt hätten, sei im psychologischen Gefüge eines jeden Individuums ein ähnliches System zu integrieren. Die Religion sei ein Element in diesem Gefüge, das Recht ein anderes. Durch die Religion werde der demokratische Mensch daran erinnert, dass er mehr ist als nur ein empirisches Wesen das seine sinnlichen Begierden befriedigen will. Und das Rechtssystem erinnere ihn auch daran.

Das Recht müsse genauso wie die Religion die ganze Gesellschaft umfassen, aber die Menschen müssten nichtunbedingt bemerken, dass sie mit eingeschlossen sind. Das erklärt u.a., wieso sich Tocqueville auch für eine Trennung von Religion und Staat ausspricht[48]. Für die Religion wie auch für das Recht gilt jene von Descartes benutzte Formel: *Larvatus prodeo* – ich schreite versteckt voran. Auch in diesem Sinne gilt, wie Tocqueville es gleich zu Beginn des zweiten Bandes der *Démocratie* formuliert, dass die Amerikaner, auch ohne Descartes gelesen zu haben, dessen Philosophie in der Praxis anwenden (Tocqueville 1961 b, I, 1, 13).[49] Wenn der aristokratische Geist eine demokratische Gesellschaft prägen wolle, dann müsse er sich im Verborgenen halten.

In diesem Zusammenhang spielt das Geschworenengericht eine große Rolle – wie übrigens bereits bei Montesquieu. Aber während es Montesquieu vor allem darum geht, den Angeklagten die Angst vor ihren Richtern zu nehmen, beabsichtigt Tocqueville etwas anderes. Ebenso wie er in den Versammlungen der *townships* eine Schule der Demokratie sieht, betrachtet er auch die Gerichtssäle als einen Ort, an dem der demokratische Mensch jene Fähigkeiten erwerben kann, die es einer Demokratie ermöglichen, die Freiheit zu bewahren.

Tocqueville unterscheidet dabei zwischen einer juristischen und eine politischen Funktion des Geschworenengerichts. Ob ein solches Gericht in einer hochkomplexen Gesellschaft immer noch angemessen seine juristische Funktion erfüllen kann,

---

47 Vom Islam schreibt er in einem Brief an Vorname? Corcelle vom 19. März 1838: „Es ist schwer, einen geschickteren Kompromiss zwischen dem Spiritualismus und dem Materialismus zu machen, zwischen dem Engel und dem Tier. Der Koran ist nur das" (Tocqueville 1983, S. 98).

48 Siehe in diesem Band unseren Beitrag über das Verhältnis von Kirche und Staat bei Tocqueville und Constant.

49 An der erwähnten Stelle will Tocqueville sagen, dass die Amerikaner sich nur durch ihre je eigene Vernunft überzeugen lassen, ein Prinzip, das eine zentrale Rolle bei Descartes spielt.

wird von Tocqueville kritisch hinterfragt, ohne dass er sich aber weiter damit befasst.[50] Wichtig für ihn ist die politische Funktion des Geschworenengerichts. Er behauptet sogar, das Geschworenengericht sei „vor allem eine politische Institution" (Tocqueville 1961 a, II, 8, S. 283). So bemerkt er, dass die nach einer absoluten Herrschaft strebenden Herrscher „die Institution des Geschworenengerichts zerstört oder geschwächt haben" (Tocqueville 1961 a, II, 8, S. 284). Und einige Zeilen später heißt es: „Es ist also das Geschworenengericht in zivilrechtlichen Angelegenheiten, das die Freiheiten Englands wirklich gerettet hat" (Tocqueville 1961 a, II, 8, S. 285).[51] Das Geschworenengericht ist demnach nicht nur ein juristisches Instrument im Dienste der Gerechtigkeit, sondern es ist auch, und vor allem, ein politisches Instrument im Dienste der Freiheit. Und wenn dieses Instrument seine politische Funktion bestens erfüllen soll, dann muss man es nicht nur in strafrechtlichen, sondern auch in zivilrechtlichen Angelegenheiten benutzen. Strafrechtliche Angelegenheiten sind viel seltener als zivilrechtliche. Würde man nur bei den ersten auf das Geschworenengericht zurückgreifen, dann würden die Menschen es nur selten bemerken. Anders wenn man das Geschworenengericht auf die zivilrechtlichen Prozesse ausweitet: „[E]s [das Geschworenengericht] betrifft dann alle Interessen; jeder steht seinem Wirken bei; es dringt auf diese Weise bis in die Gewohnheiten des Lebens ein; es unterwirft den menschlichen Geist seinen Formen und verschmilzt sozusagen mit der Idee der Gerechtigkeit selbst" (Tocqueville 1961 a, II, 8, S. 285).

Der Geist der Legisten beugt sich den Forderungen der Zeit, aber der menschliche Geist beugt sich seinerseits den Formen des Geschworenengerichts. Durch die Teilnahme an den juristischen Institutionen kann der demokratische Geist gezähmt werden. Und er lässt sich umso leichter zähmen, als er in diesen Institutionen reine Rechtsinstitutionen sieht und sich ihrer politischen Funktion nicht klar bewusst ist. Der Geist der Legisten ist ein aristokratischer Geist, und „es ist vor allem mittels des Geschworenengerichts in zivilrechtlichen Angelegenheiten, dass die amerikanische Magistratur den von mir so genannten legistischen Geist bis in die letzten Ränge der Gesellschaft eindringen lässt" (Tocqueville 1961 a, II, 8, S. 288). Der aristokratische Geist der Legisten solle sich demnach in der ganzen Gesellschaft verbreiten.[52] Eine

---

50 Destutt de Tracy hatte schon eine ganz ähnliche Bemerkung gemacht (Destutt de Tracy 1819, S. 79).
51 Vgl. dazu auch einen Brief an Royer-Collard vom 28. Juli 1841 (Tocqueville 1970, S. 96) und eine Rezension von zwei Büchern – eines über das Römische Recht, ein anderes über das Geschworenengericht in der Normandie – aus dem Jahr 1842, in welcher Tocqueville in dem Geschworenengericht die Substanz der Freiheit sieht (Tocqueville 1989, S. 183).
52 Am 13. August 1833 schreibt Tocqueville aus London an seinen Freund Gustave de Beaumont: „Der aristokratische Geist scheint mir in alle Klassen herabzudringen [...]" (Tocqueville 1967, S. 124).

demokratische Gesellschaft sei allein mit einem aristokratischen Geist in der Lage, Gleichheit und Freiheit aufrecht zu erhalten.[53]

Dass es sich beim Geschworenengericht um eine Schule handelt, zeigt der abschließende Satz des Kapitels: „Demnach ist das Geschworenengericht, das das energischste Mittel ist, um das Volk herrschen zu lassen, auch das wirksamste Mittel, um dem Volk das Herrschen beizubringen" (Tocqueville 1961 a, II, 8, S. 288). Aber einige Zeilen zuvor hatte Tocqueville auch geschrieben: „Das Geschworenengericht, das die Rechte der Magistratur zu mindern scheint, begründet also wirklich ihre Herrschaft, und es gibt kein Land in dem die Richter so mächtig sind wie in jenen wo das Volk ihre Privilegien teilt" (Tocqueville 1961 a, II, 8, S. 288).

Tocqueville zeichnet hier das Bild einer Demokratie unter richterlicher Aufsicht[54], aber zugleich auch eines partizipativen Gerichtswesens. Allerdings hat diese Partizipation auch ihre Grenzen: keinen Augenblick erwähnt Tocqueville die Möglichkeit, dass man das Geschworenengericht auch auf verfassungsrechtlicher Ebene teilhaben lässt. Dem amerikanischen *Supreme Court* widmet Tocqueville ganze zwei Seiten, und dies obwohl er selbst sagt, dass man noch nie zuvor ein Gericht gesehen hat, das eine solche Machtfülle besaß (Tocqueville 1961 a, I, 8, S. 152). In ihm sieht Tocqueville den Garanten des Friedens und der Stabilität der Föderation: „Aber wenn der Oberste Gerichtshof eines Tages durch inkompetente oder korrupte Männer besetzt wäre, dann hätte die Konföderation die Anarchie oder den Bürgerkrieg zu befürchten" (Tocqueville 1961 a, I, 8, S. 154).

Die knappen zwei Seiten sollten aber mit den Ausführungen des sechsten Kapitels des ersten Teils des ersten Bandes der *Démocratie* gelesen werden. Die Überschrift dieses Kapitels lautet: Von der richterlichen Macht in den Vereinigten Staaten und von seinem Wirken auf die politische Gesellschaft. Im vorhin diskutierten achten Kapitel des zweiten Teils geht es Tocqueville vor allem um das Wirken des Gerichtswesens auf die bürgerliche Gesellschaft – wenn auch in politischer Hinsicht. Die amerikanischen Richter, und das ist jetzt der wesentliche Punkt für Tocqueville, wenden die Gesetze nicht immer einfach nur diskussionslos an, sondern es kommt auch vor, dass sie über das Gesetz selbst urteilen.

In dem jetzt diskutierten Kapitel will Tocqueville zweierlei tun, und zwar will er einerseits zeigen, dass die Bürger keinen Grund haben, sich vor der politischen Macht der amerikanischen Gerichte zu fürchten, und er will andererseits zeigen, dass sie vielmehr in dieser Macht ein Instrument sehen sollten, das ihnen ihre Angst vor der Macht ihrer Repräsentanten nehmen kann. Die erste dieser beiden Aufgaben erfüllt Tocqueville, indem er zeigt, dass die Gerichte das Gesetz nur im Rahmen eines

---

53 Peter Lawler lokalisiert Tocqueville „somewhere between Rousseau's radically democratic and Nietzsche's radically aristocratic [solutions]" (Lawler 1992, S. xxiii). Ich würde eher dazu neigen zu sagen, dass Tocqueville versucht, den aristokratischen Geist in der demokratischen Gesellschaft aufzuheben – im Hegelschen Sinn des Wortes.
54 Dazu Campagna 2002.

Prozesses in Frage stellen, dass sie nie das allgemeine Prinzip eines Gesetzes angreifen und dass sie nur wirksam werden, wenn man einen Fall vor sie bringt (Tocqueville 1961 a, I, 6, S. 100). Man hat es also nicht mit einer Macht zu tun, die sich *proprio motu* über die Gesetze hinwegsetzen würde. Wie groß auch immer die politische Macht der amerikanischen Richter sein mag, so sind die Bedingungen, unter denen diese Macht ausgeübt werden darf, ziemlich strikt. Diese strikten Bedingungen sollten genügen, um den Bürgern die Angst vor einer politischen Herrschaft der Richter zu nehmen.

Was den zweiten Teil seiner Aufgabe betrifft, so bemerkt Tocqueville, dass das amerikanische Rechtssystem mit der von ihm anerkannten politischen Funktion der Richter „eine der mächtigsten Schranken ist, die man jemals gegen die Tyrannei der öffentlichen Versammlungen errichtet hat" (Tocqueville 1961 a, I, 6, S. 104).[55] Auch wenn die Tyrannei oft mit der Monarchie oder der Aristokratie in Verbindung gebracht wird, so ist Tocqueville sich bewusst, dass auch eine repräsentative Demokratie nicht schon auf Grund ihres demokratischen Charakters vor einem Abgleiten in die Tyrannei abgesichert ist. Eine repräsentative Versammlung, also ein Parlament, kann genauso tyrannisch herrschen wie ein Monarch oder eine Aristokratie.[56] Der einzige Unterschied ist, dass nicht mehr eine Minderheit tyrannisch über die Mehrheit herrscht, sondern dass eine Mehrheit tyrannisch über eine Minderheit herrscht. Will man verhindern, dass die Mehrheit im Parlament tyrannische Gesetze verabschiedet, dann muss man erstens die Parlamentarier an ein über ihrem momentanen Willen stehendes Gesetzes – die Verfassung – binden, und man muss zweitens eine Instanz festlegen, die darüber wacht, dass die Verfassung auch vom Gesetzgeber respektiert wird. Anstatt nun aber, wie es noch Locke mit seinem berühmten *appeal to heaven* machte, an das gesamte Volk zu appellieren und es zur Revolution aufzurufen, geht Tocqueville einer solchen ‚populistischen' Lösung aus dem Weg, indem er die Gerichte als Wächter der Verfassung ansieht.[57]

Auch in diesem Zusammenhang weist Tocqueville wieder darauf hin, dass alles so ablaufen muss, dass man die eigentliche Wirklichkeit hinter dem Schein nicht wiedererkennt. Tocqueville stellt zwei Möglichkeiten vor: einerseits ein sozusagen frontaler Angriff des Richters gegen das Gesetz, und andererseits ein indirekter oder verdeckter Angriff. Im ersten Fall würde der Richter als jemand erscheinen, der sich in die parteipolitischen Kämpfe einmischt und der außerhalb des Parlamentes für die

---

55 Im *Federalist* werden die Gerichte als „bulwarks of a limited Constitution against legislative encroachments" beschrieben (Hamilton; Madison; Jay 1978, S. 399).

56 Es ist interessant zu bemerken, dass Montesquieu in seinen *Notes sur l'Angleterre* durchblicken lässt, dass das englische Unterhaus die größte Gefahr für die Freiheit in England darstellt (Montesquieu 1951, S. 884).

57 So schreibt Tocqueville 1858 in einem Bericht über ein Buch von Thomas (?) Sedgwick, in Europa seien es die Revolutionen, die der politischen Macht zeigen, dass sie ihre verfassungsrechtlichen Grenzen überschritten hat, während es in den Vereinigten Staaten die Richter sind (Tocqueville 1989, S. 245).

Niederlage eines Gesetzes sorgt, die die ihm gleichgesinnten Politiker im Parlament nicht erreichen konnten. Ein Richter der dies täte würde, so Tocqueville, die Leidenschaften entfachen, und anstatt, wie man es von ihm erwartet, den Rechtsfrieden zu etablieren, würde er vielmehr zur Verschärfung der politischen Konflikte beitragen. Anders im zweiten Fall: „Aber wenn der Richter ein Gesetz in einer obskuren Debatte angreift und im Rahmen der Anwendung auf einen besonderen Fall, verhüllt er zum Teil die Wichtigkeit des Angriffs vor den Augen des Publikums. Sein Urteil zielt nur darauf ab, ein Einzelinteresse zu treffen; das Gesetz wird nur zufällig verletzt" (Tocqueville 1961 a, I, 6, S. 103).

Tocqueville, so könnte man festhalten, macht das Publikum mit den *arcana imperii* der Demokratie vertraut. Er zeigt, wie es der amerikanischen Demokratie gelungen ist, aristokratische Elemente zu verbergen, ohne die die Demokratie sich in eine Tyrannei der Mehrheit verwandeln würde. Während Ernst-WolfgangBöckenförde der Auffassung ist, dass der freiheitliche demokratische Rechtsstaat von Bedingungen lebt, die er nicht garantieren kann, könnte Tocqueville behaupten, dass eine freiheitliche Demokratie von Bedingungen lebt, die besser nicht öffentlich als das dargestellt werden, was sie in Wirklichkeit sind. Natürlich wird man hier einwenden, dass Tocqueville, wenn er konsequent gewesen wäre – und unter der Voraussetzung, dass er den bestehenden Zustand erhalten will –, nicht über die *arcana* der Demokratie hätte sprechen sollen, denn über sie sprechen heißt, ihnen ihren Charakter als *arcana* zu nehmen und damit den König nackt vor jedermann auftreten zu lassen.

Bevor man diesen möglichen Einwand gelten lässt, sollte man sich die Frage stellen, wer der eigentliche Adressat der Kapitel über das Rechtswesen ist. Dass Tocqueville die demokratisch gesinnten Menschen beruhigen will, indem er ihnen zeigt, dass die Richter sowohl Instrumente als auch Feinde der Demokratie sind, wurde gesagt.[58] Aber hinter diesem ersten Adressaten muss man auch immer einen zweiten sehen, und dieser zweite Adressat ist vielleicht der Hauptadressat. Denn, so könnte man argumentieren, wenn die Richter ihre Macht zu sehr zur Schau stellen, wenn sie sich zu sehr als eine aristokratische Körperschaft ‚outen', dann setzen sie ihre eigene Existenz als aristokratischer Fremdkörper in der Demokratie aufs Spiel. Die Richter müssen immer so tun, *als ob* sie im Interesse der Demokratie entscheiden.

---

[58] Als Abgeordneter war Tocqueville 1848 Mitglied der sich um eine Verfassung bekümmernden Kommission. In einer Stellungnahme vertrat er dort folgende Meinung: „Ich will keine Aristokratie, ich gebe zu, dass unsere Gesellschaft in ihrem tiefen Inneren demokratisch ist und wenn man ein einziges Element von oder ein Atom Aristokratie in sie hineinführen wollte, dann wäre es ein Element des Niedergangs" (Tocqueville 1990, S. 83). Man darf auf keinen Fall öffentlich und laut sagen, dass man ein Element oder Atom Aristokratie einführen will. Hancock hätte in seiner Behauptung, Tocqueville wolle „rally democratic citizens without recourse to aristocratic symbols" das Wörtchen „ostensible" zwischen „without" und „recourse" setzen müssen (Hancock 1992, S. 145).

In einem Kapitel über die Religion schreibt Tocqueville: „Was ich sagen werde, wird mir in den Augen der Politiker[59] sehr schaden. Ich glaube, dass das einzige wirksame Mittel dessen sich die Regierungen bedienen können, um das Dogma der Unsterblichkeit der Seele in Ehre zu setzen darin besteht, dass sie jeden Tag so handeln, als ob sie selbst daran glauben würden; und ich denke, dass sie nur dadurch, dass sie sich in den großen Angelegenheiten selbst skrupelhaft an die religiöse Moral halten, sich rühmen können, den Bürgern sie beizubringen, sie zu lieben und sie auch in den kleinen zu achten" (Tocqueville 1961 b, II, 15, S. 153). Laut Tocqueville sollten die Menschen an die Unsterblichkeit der Seele glauben. Wenn die Bürger allerdings entdecken, dass die Regierenden nicht an die Unsterblichkeit der Seele glauben, dann werden auch sie nicht mehr daran glauben. Deshalb ist es wichtig, dass die Regierenden zumindest so tun, als glaubten sie an die Unsterblichkeit der Seele. Wollen die Regierenden, dass sich die Bürger moralisch verhalten, müssen auch sie sich moralisch verhalten. Wenn die Regierenden sich nicht auf *ihrem* Niveau moralisch verhalten – oder so tun als ob –, dann werden auch die Bürger sich nicht auf *ihrem* Niveau moralisch verhalten.

Könnte man nicht auch von den Richtern sagen, dass sie immer so tun sollten, als ob sie an die Demokratie glaubten, und dass sie sich selbst in ihren Entscheidungen skrupelhaft an die demokratische Verfassung halten sollten, so dass auch das Volk lernen wird, sich an sie zu halten?

Schlussfolgerung

In diesem Beitrag habe ich Montesquieus und Tocquevilles Ansichten über die richterliche Gewalt dargestellt. Die Leitfrage war, ob wir uns vor den Richtern fürchten sollen. Die Antwort der beiden Theoretiker ist: wenn die Richter das einzige Bollwerk gegen eine Willkürherrschaft sind, dann sollten wir uns nicht vor ihnen fürchten bzw. sollten wir uns weniger vor ihnen als vor denjenigen Mächten fürchten, von denen die Gefahr einer Willkürherrschaft ausgeht. Im Falle Montesquieus war es der König, und die höchsten Richter des Landes hatten die Pflicht, dem persönlichen Willen des Königs den in den Fundamentalgesetzen verankerten Willen der Monarchie – oder der Nation – entgegenzusetzen. Im Falle Tocquevilles ging die Gefahr

---

59 Tocqueville verwendet das Wort „politiques". Im heutigen Sprachgebrauch meinen wir damit Personen, die aktiv am politischen Leben teilnehmen bzw. die sich bemühen, politische Ämter zu bekleiden. Tocquevilles gebildete Leser um die Mitte des 19. Jahrhunderts assoziierten mit diesem Wort noch etwas ganz anderes. Im 16. und 17. Jahrhundert bezeichnete man nämlich als „*politiques*" diejenigen Denker die, wie etwa Jean Bodin, den innenpolitischen Frieden bzw. die innenpolitische Stabilität über die religiösen Wahrheiten und, wie es vor allem Machiavelli tat, auch über die religiöse Moral stellten. Die „*politiques*" waren, um es kurz zu sagen, die Anhänger der Staatsräson – der „falschen" Staatsräson aus dem Blickwinkel ihrer oft jesuitischen Gegner (dazu etwa Campagna 2012).

vom Volk selbst bzw. von seinen gewählten Vertretern aus, und die Richter hatten die Pflicht, dem mehrheitlichen Willen der Parlamentarier den in der Verfassung verankerten Willen des Volkes entgegenzusetzen.

Bei Tocqueville kommt ganz klar zum Vorschein, wie wichtig es ist, dass die richterliche Macht sich in einer Demokratie verdeckt verhält, um ja nicht den Eindruck aufkommen zu lassen, dass das, was man für eine Demokratie hält, letztendlich nur eine Art von *government by judiciary* ist. Wer die Geschichte der Vereinigten Staaten auch nur von weitem verfolgt hat weiß, wie heftig man sich jenseits des Atlantiks über die Rolle der richterlichen, und vornehmlich der höchstrichterlichen Gewalt gestritten hat. Für Tocqueville bedarf eine Demokratie aristokratischer Elemente bzw. eines aristokratischen Geistes, wenn die Menschen in ihr frei bleiben sollen. Dabei ist es wichtig, dass diese aristokratischen Elemente nicht mit dem Staat, und insbesondere nicht mit der Regierung, identifiziert werden, genauso wie auch die Religion nicht mit dem Staat, geschweige denn mit der Regierung identifiziert werden darf. Letztere Identifikation wird dadurch verhindert, dass es keine Staatsreligion gibt. und was die erste Identifikation betrifft, so kann sie u.a. durch die verfassungsmäßig garantierte Unabhängigkeit der Richter vermieden werden.

Montesquieus und Tocquevilles Denken stimmt kaum mit dem klassischen französischen Staatsverständnis überein. Die Revolution von 1789 hatte dieses Staatsverständnis nicht grundsätzlich verändert, sondern lediglich den König durch die Nation ersetzt. Bei genauem Lichte besehen müsste man sagen, dass die Revolutionäre einen zumindest noch durch göttliches und naturrechtliches Recht und durch die Fundamentalgesetze gebundenen König durch eine von allen sie transzendierenden Rechtsquellen befreiten Nation ersetzt haben. Und diese Nation wurde schließlich mit der Nationalversammlung identifiziert. Insofern später der Präsident auch durch die Nation gewählt wird, ist er mit der Nation zu identifizieren. Insofern die Nation oder das souveräne Volk die höchste Instanz ist, wird es problematisch, ihr bzw. ihm eine bremsende Macht entgegenzustellen. Will diese Macht sich trotzdem als nötige Bremse behaupten, so muss sie ganz sorgfältig vorgehen. Sie muss, und das ist sicherlich der Hauptgedanke Tocquevilles, im Verborgenen handeln und nicht auf einen direkten Konfrontationskurs hinsteuern. Montesquieu, und vor allem Tocqueville, zeigen, dass die richterliche Macht der individuellen Freiheit dienen kann. Aber sie kann es nur solange, wie man sie respektiert.

Tocqueville war allerdings ganz skeptisch, was die Zukunft Frankreichs betrifft. Am 13. Januar 1852 schreibt er Gustave de Beaumont, Frankreich könne zwar wieder die konstitutionellen Formen erlangen, aber sie würden nicht lange dauern (Tocqueville 1967a, S. 12).

Literaturverzeichnis

Beaud, Olivier (1994): *La puissance de l'État*, Paris.

Beccaria, Cesare (2003): *Dei delitti e delle pene*, Torino.

Boroumand, Ladan (1999): *La guerre des principes*, Paris.

Campagna, Norbert (2001): *Charles de Montesquieu. Eine Einführung*, Düsseldorf.

Campagna, Norbert (2001 a): *Die Moralisierung der Demokratie. Alexis de Tocqueville und die Bedingungen der Möglichkeit einer liberalen Demokratie*, Cuxhaven und Dartford.

Campagna, Norbert (2002): ‚Die Demokratie unter richterlicher Aufsicht' in René von Schomberg/Peter Niesen (Hrsg.), *Zwischen Recht und Moral*, Münster.

Campagna, Norbert (2009): Die richterliche Gewalt bei Montesquieu, in Karlfriedrich Herb/ Oliver Hidalgo Hrsg.), *Die Natur des Staates. Montesquieu zwischen Macht und Recht*, Baden-Baden.

Campagna, Norbert (2012): ‚Wahre und falsche *ragione di stato*', in R. Voigt (Hrsg.), *Staatsräson. Steht die Macht über dem Gesetz?*, Baden Baden.

Campagna, Norbert (2014): 'La troisième exception. Quand les nobles jugent un homme du peuple (L'Esprit des lois, XI, 6)', in Catherine Volpilhac-Auger et Luigi Delia (éds.), *(Re)lire L'Esprit des Lois*, Paris.

Carbasse, Jean-Marie (1999²): *Introduction historique au droit*, Paris.

Carrese, Paul O. (2003): *The Cloaking of Power. Montesquieu, Blackstone, and the Rise of Judicial Activism*, Chicago and London.

Cattoir-Jonville, Vincent (2005): 'Tocqueville et le contrôle de constitutionnalité des lois', in Manuel Carius e.a. (dirs.), *La pensée juridique d'Alexis de Tocqueville*, Arras.

Courtney, Cecil P. (2001): 'Montesquieu and English Liberty', in David W. Carrithers/ Michael A. Mosher/ Paul A. Rahe (eds.), *Montesquieu's Science of Politics*, Lanham e.a.

Coutel, Charles (2005): 'L' « esprit légiste » chez Alexis de Tocqueville', in Manuel Carius e.a. (dirs.), *La pensée juridique d'Alexis de Tocqueville*, Arras.

Delpech, Thérèse (2005): *L'ensauvagement*, Paris.

Destutt de Tracy, Antoine (1821): *Commentaires sur* L'esprit des lois *de Montesquieu*, Paris.

Dworkin, Ronald (1991): *Law's Empire*, London.

Ellul, Jacques (1999, Erstdruck 1956): *Histoire des institutions XVIe-XVIIIe siècle*, Paris.

Felice, Domenico (2000): *Oppressione e libertà*, Pisa.

Garapon, Antoine (1996): *Le gardien des promesses*, Paris.

Gascar, Pierre (1989): *Montesquieu*, Paris.

Goldsworthy, Jeffrey (2001): *The Sovereignty of Parliament*, Oxford.

Goyard-Fabre, Simone (1993): *Montesquieu. La nature, les lois, la liberté*, Paris.

Griffith, John A.G. (1991⁴): *The Politics of the Judiciary*, London.

Hamilton, Alexander; Madison, James; Jay, John (1978): *The Federalist or The New Constitution*, London, Melbourne and Toronto.

Hancock, Ralph C. (1992): 'Tocqueville on the Good of American Federalism', in Peter A. Lawler (ed.), *Tocqueville's Political Science. Classical Essays*, New York and London.

Hermet, Guy (1989) : *Le peuple contre la démocratie*, Paris.

Jaume, Lucien (2005): 'Tocqueville dans le débat entre le droit de l'État et le droit de la société', in Manuel Carius e.a. (dirs.), *La pensée juridique d'Alexis de Tocqueville*, Arras.

Kriegel, Blandine (1998): *Philosophie de la république*, Paris.

Kriegel, Blandine (2001): *Réflexions sur la justice*, Paris.

Lawler, Peter A. (1992): 'Tocqueville and Political Science', in Peter A. Lawler (ed.), *Tocqueville's Political Science. Classical Essays*, New York and London.

Lemaire, Elina (2010): *Grande robe et liberté*, Paris.

Louis XIV (2001): *Mémoires. Le métier de roi*, Paris.

Montesquieu, Charles de (1951): *Œuvres complètes I*, Paris.

Montesquieu, Charles de (1951 a): *De l'esprit des lois*, in ders., *Œuvres complètes II*, Paris.

Montesquieu, Charles de (1991): *Pensées. Le spicilège*, Paris.

Olivier-Martin, François (1997): *L'absolutisme royal, suivi de Les Parlements contre l'absolutisme traditionnel au XVIIIe siècle*, Paris.

Rahe, Paul (2001): 'Forms of Government : Structure, Principle, Object, and Aim', in David W. Carrithers/ Michael A. Mosher/ Paul A. Rahe (eds.), *Montesquieu's Science of Politics*, Lanham e.a.

Raulet, Gérard (1999): *Apologie de la citoyenneté*, Paris.

Rouland, Norbert (1998): *Introduction historique au droit*, Paris.

Sueur, Philippe (1993[2]): *Histoire du droit public français XVe-XVIIIe siècle. Tome 1 : La constitution monarchique*, Paris.

Terré, François (1999): *Le droit*, Paris.

Tocqueville, Alexis de (1953): *L'ancien régime et la révolution. Fragments et notes inédites sur la Révolution*, Paris. *Œuvres complètes II, 2*.

Tocqueville, Alexis de (1961 a): *De la démocratie en Amérique I*, Paris. *Œuvres complètes I, 1*.

Tocqueville, Alexis de (1961 b): *De la démocratie en Amérique II*, Paris. *Œuvres complètes I, 2*.

Tocqueville, Alexis de (1990): *Ecrits et discours politiques III*, Paris. *Œuvres complètes III, 3*.

Tocqueville, Alexis de (1967): *Correspondance d'Alexis de Tocqueville et de Gustave de Beaumont 1*, Paris. *Œuvres complètes VIII, 1*.

Tocqueville, Alexis de (1967 a): *Correspondance d'Alexis de Tocqueville et de Gustave de Beaumont 3*, Paris. *Œuvres complètes VIII, 3*.

Tocqueville, Alexis de (1970): *Correspondance d'Alexis de Tocqueville avec Pierre-Paul Royer-Collard et Jean-Jacques Ampère*, Paris. *Œuvres complètes XI*.

Tocqueville, Alexis de (1977): *Correspondance d'Alexis de Tocqueville et de Louis de Kergorlay 1*, Paris. *Œuvres complètes XIII, 1*.

Tocqueville, Alexis de (1983): *Correspondance d'Alexis de Tocqueville et de Francisque de Corcelle. Correspondance d'Alexis de Tocqueville et de Madame Swetchine*, Paris. *Œuvres complètes XV, 1*.

Tocqueville, Alexis de (1989): *Mélanges*, Paris. *Œuvres complètes XVI*.

Varaut, Jean-Marc (1986): *Le droit au droit. Pour un libéralisme institutionnel*, Paris.

Varaut, Jean-Marc (2000): *Faut-il avoir peur des juges ?*, Paris.

Waldron, Jeremy (1999): *The Dignity of Legislation*, Cambridge.

Jochen Schwenk

Die anarcho-syndikalistische Bewegung in Frankreich

Einleitung

Der vorliegende Beitrag beschäftigt sich mit dem Anarcho-Syndikalismus in Frankreich um 1900. Er war das Ergebnis der Verschmelzung von Syndikalismus und Anarchismus. In seiner Programmatik und Praxis verweist er auf den tiefgreifenden und lange nachwirkenden Schock, den die blutige Niederschlagung der *Commune de Paris*[1] 1871 im französischen Sozialismus – und weit darüber hinaus – ausgelöst hatte. Er stellt in einem den Versuch dar, die Lehre aus diesen Geschehnissen zu ziehen und dennoch am Ziel der Ersten Internationalen, die dem Sozialismus die vollständige Emanzipation der Arbeiter_innen von ökonomischer Ausbeutung und staatlicher Herrschaft auf die Fahnen geschrieben hatte, festzuhalten.

Die massiven Repressionen, die unmittelbar auf das brutale Ende der *Commune* folgten, führten einerseits zur Stärkung des auf parlamentarische Politik ausgerichteten, staatssozialistischen Flügels und erschwerten andererseits eine Reorganisation der außerparlamentarischen, sozialistischen Kräfte in Frankreich. So erklärt sich, dass der französische Staat und mit ihm die Dritte Republik (1870-1940) die praktischen wie auch programmatischen Reaktionen der außerparlamentarischen Strömungen auf die Niederschlagung der *Commune* erst Jahre später erhielt – dafür aber umso deutlicher. Im Laufe der 1890er Jahre entwickelte sich aus der Amalgamierung von Syndikalismus und Anarchismus der Anarcho-Syndikalismus. Mit den Arbeitsbörsen und den ab 1895 in der *Confédération générale du travail* (*CGT*) zusammengeschlossenen Syndikaten verschaffte er sich schließlich eine organisatorische Basis. Seine Hochzeit als proletarische Massenbewegung in Frankreich erlebte er im ersten Jahrzehnt nach der Jahrhundertwende.

Die Aktivist_innen selbst[2] haben den Anarcho-Syndikalismus vor allem als eine Praxis verstanden. Sie betonten immer wieder deren Vorrang vor der Theorie. „Die syndikalistische Anschauung", hebt Émile Pouget hervor, „ist keine Ableitung aus einem theoretischen System [...]" (Pouget 2014 a, 54). Das „Handeln" (Pouget

---

1 Im Folgenden einfach als *Commune* bezeichnet.
2 Exemplarisch werden hier vor allem Texte von Émile Pouget, Victor Griffuelhes, Fernand Pelloutier, Pierre Monatte und Henri Girard herangezogen. Da insbesondere Émile Pouget als Autor zahlreicher, zentraler Propaganda-Schriften verantwortlich zeichnete und dazu diese Texte – Dank der Übersetzungs- und Herausgabetätigkeit von Michael Halfbrodt – seit 2014 auf Deutsch verfügbar sind, werden seine Schriften am häufigsten herangezogen.

2014 a, 71) gehe „der Formulierung gewerkschaftlicher Prinzipien voraus" (ebd.).
Die theoretische Durchdringung und Beschreibung der eigenen Tätigkeit ergab sich
vor allem aus der Notwendigkeit der Propaganda. Das heißt aber, dass auch wenn
der Anarcho-Syndikalismus sich primär als Praxis verstand, er ganz und gar nicht
konzept- oder theorielos war.

Der folgende Beitrag setzt an diesen theoretischen Reflektionen der Aktivist_in-
nen über ihre eigene Praxis an. Sein Ziel liegt in der Rekonstruktion der zentralen
Konzepte und theoretischen Positionen des Anarcho-Syndikalismus. Es soll nachvollzogen werden, welchen Sinn die Aktivist_innen mit ihrem Tun verbanden.
Trotzdem möchte die anschließende Darstellung das im Selbstverständnis der Anar-
cho-Syndikalist_innen angelegte Primat der Praxis ernst nehmen. Zum Ausgangspunkt werden deshalb die für sie prägenden Erfahrungen genommen. Aus ihnen heraus sollen die für den Anarcho-Syndikalismus charakteristischen Perspektiven und
Einschätzungen auf die bürgerlich-kapitalistische Gesellschaft der Dritten Republik
entwickelt werden. Im Anschluss wird dann zu erörtern sein, welche programmatischen und praktischen Konsequenzen die Aktivist_innen aus ihrer Analyse gezogen
haben.

Entsprechend dieses Vorgehens gliedert sich der folgende Beitrag in drei große
Abschnitte. Nach einem historischen Abriss (1.) werden im zweiten Abschnitt (2.)
mit Vereinzelung (2.1), Ausbeutung (2.2) und Unterdrückung (2.3) drei für die Akti-
vist_innen zentrale Erfahrungen benannt, aus denen der Anarcho-Syndikalismus in
charakteristischer Weise Schlussfolgerung für das Verständnis der bürgerlich-kapitalistischen Gesellschaft gezogen hat. Sie kulminieren letztlich in der vollständigen
Ablehnung der bürgerlichen Welt. Der dritte Abschnitt (3.) ist dann den Antworten
gewidmet, die der Anarcho-Syndikalismus auf diese vollständige Delegitimierung
der bürgerlichen Gesellschaft gegeben hat. Dazu wird das Konzept der direkten Aktion inklusive des Generalstreiks betrachtet (3.1) sowie das Gewerkschaftsverständ-
nis des Anarcho-Syndikalismus dargestellt (3.2). Der Aufsatz endet mit einem Fazit.

1. Historischer Abriss

Der Anarcho-Syndikalismus betrat erstmals in Frankreich die Bühne der Geschichte.
Er entwickelte sich allmählich nach der Niederschlagung der *Commune* 1871, indem
sich Syndikalismus und Anarchismus aufeinander zubewegten und schließlich miteinander verschmolzen. Historisch bemerkenswert ist die anarcho-syndikalistische
Bewegung aus mindestens zwei Gründen: Erstens steht sie für den erfolgreichen
Versuch, mit dem anarchistischen Erbe der Ersten Internationalen (vgl. Pouget
2014 b, 93; Rocker 1989, 82) auf Basis einer gewerkschaftlich organisierten Massenbewegung Ernst zu machen (vgl. Woodcock 1962, 257). Zweitens bildete der

französische Anarcho-Syndikalismus das Paradigma für weitere anarcho-syndikalistische Bewegungen in anderen Ländern (vgl. Rocker 1989, 131) – vor allem für die spanischen Anarchist_innen[3] (vgl. Guérin 1969, 81).

Die Anfänge der Gewerkschaftsbewegung reichen in Frankreich bis vor die Zeit der Dritten Republik zurück. Frühe Gewerkschaftsgründung lassen sich bereits in der ersten Hälfte des 19. Jahrhunderts beobachten. Auf Grund des 1791 in der *loi Le Chapelier* festgelegten Versammlungsverbots für Land- und Industriearbeiter_innen traten diese aber meistens in der vom Gesetzgeber tolerierten Form als Hilfs- und Wohltätigkeitsvereine auf (vgl. Pouget 2014 b, 92). Einen wirklichen Aufschwung erlebte die Gewerkschaftsbewegung erst ab 1884. Mit der *loi Waldeck-Rousseau* wurde das Versammlungsverbot der *loi Le Chapelier* aufgehoben und die Gründung von Gewerkschaften explizit erlaubt. In der Folgezeit entstanden eine Reihe lokaler, regionaler und branchenspezifischer Gewerkschaften. 1886 versammelten sie sich in Lyon zum ersten nationalen Kongress der Gewerkschaften. Dort wurde die Gründung der *Fédération nationale des syndicats* beschlossen.

Die Entstehung der sogenannten *bourses du travail*[4] verlief nahezu parallel zur Gründung der *Fédération nationale des syndicats*. Die erste Arbeitsbörse eröffnete am 3. März 1887 in Paris. Sie wurde „mit Unterstützung der Stadtverwaltung von Paris gegründet" (Jauch/ Morell/ Schickler 1984, 71-72). Die Pariser Administration verfolgte damit das doppelte Ziel, die Gewerkschaftsbewegung zu kontrollieren und die Arbeiter_innen nach der Niederschlagung der *Commune* für das Bürgertum zu gewinnen (vgl. ebd., 72). Dass sich gerade die Arbeitsbörsen dann zum zweiten Standbein des Syndikalismus entwickelten, war eine nichtintendierte Nebenfolge. Anfänglich sollten die Arbeitsbörsen die Aufgaben der Arbeitsvermittlung übernehmen, um „Arbeits- und Lohnbedingungen der Arbeiter durchsichtiger" (ebd., 71) werden zu lassen. In dieser Funktion wurden sie jedoch auch zum Versammlungsort unterschiedlicher Arbeiter_innen lokaler oder regionaler Unternehmen quer durch alle Branchen. Die Arbeitsbörsen entwickelten sich zum Kristallisationskern einer proletarischen Öffentlichkeit (vgl. Negt/ Kluge 1972) und wurden so zum Ausgangspunkt eines proletarischen Bewusstseins. Sie stellten die lokale Infrastruktur, auf die sich die umfassende, proletarisch-syndikalistische Lebenswelt aufbauen konnte. (vgl. Pelloutier 1921, 111-112) Zugleich waren sie ein Schutzraum, in dem die Arbeiter_innen jenseits der beruflichen Notwendigkeiten sich selbst bilden konnten. Sie konnten sich dort, erläutert Fernand Pelloutier, „unabhängig von den beruflichen Unterschieden verbünden, um über ihre Lebensbedingungen nachzudenken [...]" (ebd., 112-113; Übs. JS). Zur besseren Abstimmung zwischen den lokal verteilten

---

3 Zum spanischen Anarchismus und dem Kampf der *Confederación Nacional del Trabajo* (CNT) gegen den Faschismus sind nach wie vor die Darstellungen von Franz Borkenau (vgl. Borkenau 1937) und Hans-Magnus Enzensberger (Enzensberger 1977) lesenswert.
4 auf Deutsch: Arbeitsbörsen.

Kräften wurde 1892 die *Fédération des Bourses du travail* gegründet (vgl. Pouget 2014 c, 127).

Die Geschichte des Anarchismus ist eng mit Frankreich verbunden. „Zwar hat Frankreich der Welt das Konzept des ‚Jakobinismus' hinterlassen", schreibt David Berry,

> „aber es war auch ein Franzose, Pierre-Joseph Proudhon, der den Begriff ‚Anarchist' geprägt hat und der allgemeinhin als ‚Vater' der anarchistischen Bewegung gilt. Frankreich war für einige Jahre die Wahlheimat von Michael Bakunin und Peter Kropotkin [...]. Mit den Anhängern Proudhons und Bakunins in der Ersten Internationalen und später durch die *Rolle*, die die Anarchisten bei der Entwicklung des ‚revolutionären Syndikalismus' spielten, wurde der Anarchismus in Frankreich zum ersten Mal zu einer bedeutsamen sozialen Kraft" (Berry 2009, 6; Übs. JS; kursiv i. O.).

Die Hinwendung des Anarchismus zum Syndikalismus resultierte jedoch aus der Krise des Anarchismus in Frankreich. Daniel Guérin (Guérin 1969) beschreibt seine Entwicklung bis in die 1890er Jahre hinein als eine zunehmende Entkopplung von der Arbeiter_innenbewegung (vgl. ebd., 73). Diese Entwicklung ging mit einer massiven Radikalisierung der Methoden einher, die ihren Höhepunkt in einer Serie von tödlichen Bombenanschlägen fand. Von „der Welt des Arbeiters isoliert" (ebd., 78) und auf terroristischen Abwegen sei der Anarchismus in den 1890er Jahren „in eine Sackgasse geraten" (ebd., 77). Die Entstehung des Syndikalismus lieferte ihm dagegen neue Impulse. Es bildete sich „ein spezifisches syndikalistisches Gedankengut heraus und nahm allmählich Gestalt an" (Pouget 2014 c, 126). Zusammen mit den gewerkschaftlichen Organisations- und Kampfformen sowie der sich aus den Arbeitsbörsen heraus entfaltenden, proletarischen Gegenöffentlichkeit, wuchsen dem Anarchismus regelrecht Anknüpfungspunkte entgegen. „Der gewerkschaftliche Boden", berichtet Fernand Pelloutier, „erschien daher einigen Anarchisten genügend vorbereitet, um die Lehre[5] zu erhalten und zu befruchten [...]" (Pelloutier 1895, 3; Übs. JS). Und auch Émile Pouget erkannte in dieser Zeit: „Wenn es einen Verein gibt, in den die Anarchos unbedingt hineinmüssen, dann ist es offenkundig die Syndikatskammer" (Pouget 2014 g, 267).

Mit der Hinwendung zum Syndikalismus hatte der Anarchismus „wieder zur Wirklichkeit zurückgefunden" (Guérin 1969, 76). Was daraus folgte, war die Amalgamierung des Anarchismus mit dem Syndikalismus zum Anarcho-Syndikalismus. Diese Verbindung hatte für beide Seiten Vorteile. „Dieser Eintritt der Libertären in die Gewerkschaft", betont Pelloutier,

> „hatte ein bedeutendes Ergebnis. Zunächst brachte er der Masse die tatsächliche Bedeutung des Anarchismus nahe, eine Lehre, die sehr gut, [...], auf Dynamit [...] verzichten kann, um Fuß zu fassen; und, durch einen natürlichen gedanklichen Zusammenhang, of-

---

5 Gemeint ist die anarchistische Lehre.

fenbarte er den Gewerkschaftsmitgliedern, was diese korporative Organisation, von der sie bislang nur eine enge Auffassung gehabt hatten, ist und was aus ihr werden kann" (Pelloutier 1895, 3; Übs. JS).

Die Symbiose mit dem Syndikalismus führte den Anarchismus aus der Sackgasse des Terrorismus hinaus, wodurch er wieder einen Zugang zur Arbeiter_innenbewegung fand. Umgekehrt orientierte der Anarchismus weite Teile des Syndikalismus auf den ökonomischen Kampf hin. Sie erkannten so die über den bloßen Kampf um Verbesserungen und Reformen hinausreichende Bedeutung der Gewerkschaftsorganisationen, wodurch der Weg hin zu einer emanzipatorischen, gegen Staat und Kapitalismus gerichteten, gewerkschaftlichen Praxis eröffnet wurde.

Die durch die Verbindung von anarchistischen und syndikalistischen Positionen ausgelöste Radikalisierung innerhalb der Gewerkschaftsbewegung, führte im Weiteren zu einer Polarisierung zwischen den radikalen und den gemäßigten, politischstaatssozialistisch ausgerichteten Kräften. Auf dem 1894 in Nantes abgehaltenen Kongress trat die Differenz zwischen beiden Lagern scharf hervor. Es entstand ein Bruch. Die *Fédération nationale des syndicats* ging daran schließlich zugrunde (vgl. Pouget 2014c, 127). Zugleich ermöglichte aber der Schulterschluss zwischen der *Fédération des Bourses du travail* und dem anarcho-syndikalistischen Flügel der *Fédération nationale des syndicats* 1895 die Gründung der *Confédération générale du travail* (*CGT*). Das eigentliche gewerkschaftliche Leben spielte sich allerdings weiterhin in den Arbeitsbörsen ab (vgl. ebd., 128). Die folgenden fünf Jahre waren demnach von einem Nebeneinander beider Organisationsstrukturen geprägt. Erst mit dem Pariser Kongress von 1900 und der Gründung einer eigenen Zeitschrift mit dem Titel *La Voix du Peuple* wuchs die *CGT* „aus ihrem Larvenstadium heraus" (ebd., 129). Es entstand „eine Art moralischer *Einheit*" (ebd., 129; kursiv i. O.), die sich 1902 im Zusammenschluss der *CGT* und der *Fédération des Bourses du travail* zu einer Organisation niederschlug. Damit prägte sich auch die für den französischen Syndikalismus charakteristische Doppelstruktur von regionaler (*Bourses du travail*) und nationaler Organisation (*CGT*) aus. Der Kongress von Amiens 1906 markiert schließlich den Endpunkt der zunehmenden Verschmelzung von Anarchismus und Syndikalismus. Mit dem Bekenntnis zum Klassenkampf, zum Generalstreik und zu den Gewerkschaftsorganisationen als Widerstandsgruppen und Ausgangspunkt für eine gesellschaftliche Neuordnung stellt er aber zugleich auch den Höhepunkt der anarcho-syndikalistischen Symbiose dar (vgl. o.V. 2014, 291). Das praktische Fundament des Anarcho-Syndikalismus bildete die gewerkschaftliche Organisationsstruktur. Weit davon entfernt, ein bloßes Gedankengebäude zu sein, konnte der Anarcho-Syndikalismus so der bürgerlichen Gesellschaft Frankreichs eine ganze eigene, proletarische Welt entgegenstellen.

2. Erfahrungen und Perspektiven des Anarcho-Syndikalismus

Die Notwendigkeit der bürgerlichen Welt überhaupt etwas entgegensetzen zu müssen, hat sich aus den spezifischen Erfahrungen ergeben, die die Aktivist_innen selbst in ihren Arbeits- und Lebensverhältnissen gesammelt haben. Sie bildeten die Kristallisationskerne, an denen sich die charakteristische Sichtweise des Anarcho-Syndikalismus auf die bürgerliche Gesellschaft ausbilden konnte. Entlang von Vereinzelung (2.1), Ausbeutung (2.2) und staatlicher Repression (2.3) soll dieser Zusammenhang nachvollzogen werden.

2.1 Die Erfahrung der Vereinzelung und das „Bündnis für das Leben"

Aus der Perspektive der anarcho-syndikalistischen Aktivist_innen ist die bürgerliche Gesellschaft vor allem mit der Erfahrung der Vereinzelung verbunden. Mit Beginn des bürgerlichen Regimes in Frankreich 1791, argumentiert Émile Pouget, seien der Arbeiterklasse alle ökonomischen Recht verweigert worden, „um sie in einen Haufen einzelner, unverbundener und deshalb beliebig ausbeutbarer Individuen zu verwandeln" (Pouget 2014 a, 59). Diese „Vereinzelung der Arbeiter" (ebd., 69) stelle für das Proletariat „ein Maximum an Schwäche" (ebd.) dar. Abhilfe schaffen könne nur das „Zusammenwirken mit anderen Produzenten, die auf gleicher Ebene tätig sind" (ebd., 64). Die Vereinzelung führe zu einer Erfahrung der Ohnmacht. Aus ihr heraus „erwacht der Wunsch, mit seinesgleichen in Verbindung zu treten" (Pouget 2014 b, 85). Durch „gemeinsames Handeln und praktizierte Solidarität" (ebd.) gewinnen die Arbeiter_innen an Stärke. Es werden so „die Bande der Solidarität [entstehen, JS], die sich wie ein Netz über die gesamte Menschheit erstrecken" (Pouget 2014 a, 64).

Bei diesen Bemühungen des Proletariats, die Solidarität entgegen der für die bürgerliche Gesellschaft charakteristischen Vereinzelung herzustellen, kommt ihm die spezifische anthropologische Beschaffenheit des Menschen entgegen. Er sei, so das Argument, „ein soziales Wesen. Er kann nicht – und konnte nie – allein in der Natur leben. Es ist unmöglich, sich seine Existenz anders als in einer Form des sozialen Zusammenlebens vorzustellen" (ebd., 60). Damit ist nicht nur ein anthropologisches Argument vorgetragen, sondern im selben Atemzug auch eine Kritik an der kontraktualistische Tradition der politischen Philosophie[6] formuliert. Aus der Perspektive des Anarcho-Syndikalismus sind in ihr zentrale Motive der bürgerlichen Weltsicht

---

6 Zugleich richtet sich diese Formulierung auch gegen den Sozialdarwinismus, für den die Gesellschaft „ein ewiges Schlachtfeld ist, auf dem allein der Kampf ums Dasein das menschliche Miteinander regiert" (Pouget 2014 a, 61). Allerdings spielt diese Absetzungsbewegung im Weiteren keine größere Rolle mehr, während das Thema des Vertrags – vor allem des Arbeitsvertrags – immer wieder aufgenommen wird.

verankert. Das bezieht sich insbesondere auf die den Vertragstheorien zu Grunde liegenden Konzeption des Individuums, auf die Konzeption des Gesellschaftsvertrags
sowie auf die Konstitution von Herrschaft durch den Tausch von individueller Freiheit gegen persönliche Sicherheit.[7]

Die Kritik des Anarcho-Syndikalismus an den Vertragstheorien setzt dort an, wo
der Vertrag notwendig wird, nämlich auf der Ebene der Individuen, die als rationale
Kosten-Nutzen-Optimierer zum Vertragsschluss motiviert sind. Die Aufgabe einzelner Freiheiten erscheint ihnen weniger schmerzhaft als der Verbleib im Kriegszustand aller gegen alle. In der kontraktualistischen Tradition liegt hier der Ausgangspunkt zur Gesellschaftsbildung. Der Anarcho-Syndikalismus weist diese Konzeption
zurück. Dazu wird ein anthropologisches Argument eingeführt, das den Menschen
nicht als Individuum, sondern als soziales Wesen konzeptualisiert. Darin folgt der
Anarcho-Syndikalismus der anarchistischen Kritik Michael Bakunins an den Ver-

---

7   Es ist allerdings nicht immer ganz klar, gegen wen sich die verschiedenen Argumente jeweils
    konkret richten. Als einen Vertreter des Kontraktualismus nennt Émile Pouget explizit Jean-
    Jacques Rousseau (vgl. Pouget 2014 a, 60). Tatsächlich scheint aber die Kritik am Gesellschafts-
    vertrag sowie am Tausch individueller Freiheit gegen Sicherheit eher Thomas Hobbes als Jean-
    Jacques Rousseau zu betreffen. Im *Leviathan* (Hobbes 1966) beschreibt Hobbes den unmittelba-
    ren Übergang aus einem Zustand der gegenseitiger Feindschaft und Vereinzelung in einen ge-
    sellschaftlichen Zustand. Durch den vertraglichen Verzicht auf einen Teil ihrer Freiheiten kon-
    stituieren die Individuen eine über ihnen stehende Autorität, die Sicherheit garantieren soll, in-
    dem sie den Naturzustand eines Kriegs aller gegen alle beendet (vgl. Hobbes 1966, 134). Es
    handelt sich zugleich um einen Gesellschafts- und einen Herrschaftsvertrag (vgl. Kersting 1992,
    145). Zum Vertragsschluss motiviert werden die Individuen, weil letztlich die Kosten für den
    Vertragsschluss geringer sind als der Preis, der für den Verbleib im Naturzustand zu entrichten
    wäre. Im Kern sind die Individuen bei Hobbes also als rationale Kosten-Nutzen-Optimierer kon-
    zeptualisiert. Darin ähnelt er Rousseau, dessen Individuen ebenfalls durch eine rationale Kosten-
    Nutzen-Abwägung zum Vertragsschluss motiviert werden. Von dieser Ähnlichkeit abgesehen,
    fallen aber vor allem zwei Unterschiede ins Auge: Anders als bei Hobbes geschieht der Ver-
    tragsschluss bei Rousseau erstens nicht aus einem vorsozialen Zustand heraus. Für ihn ist der
    Kriegszustand kein Natur-, sondern ein Gesellschaftszustand. Der Vertragsschluss beendet dem-
    nach nicht den Naturzustand, sondern einen unerträglichen Gesellschaftszustand, der sich aller-
    dings ausnimmt wie der von Hobbes als Krieg aller gegen alle beschriebene Naturzustand (vgl.
    Rousseau 2010, 110). Die Individuen sind also vor dem Vertragsschluss bereits soziale Wesen.
    Der ursprüngliche Naturzustand – den Rousseau durch die wechselseitige Ignoranz der Indivi-
    duen und gerade nicht durch omnipräsente Feindseligkeit bestimmt – ist dann für die Vertrags-
    konzeption und damit für die politische Philosophie Rousseaus insgesamt gar nicht weiter rele-
    vant. (vgl. Rousseau 2010) Zweitens liegt das Ziel des Vertragsschlusses darin, Sicherheit für
    den Einzelnen zu garantieren und gleichzeitig sicherzustellen, dass jeder „so frei bleibt wie vor-
    her" (Rousseau 2005, 43). Es geht also nicht um die Begründung von Herrschaft zur eigenen
    Sicherheit, sondern um die Frage, wie die eigene Sicherheit gewahrt werden kann, ohne indivi-
    duelle Freiheiten aufgeben zu müssen. Die Lösung liegt für Rousseau in der demokratischen
    Selbstregierung. Sein Gesellschaftsvertrag begründet demnach ein Gemeinwesen, dem zugleich
    die Mittel zur Beschränkung von Herrschaft an die Hand gegeben sind. Mit seiner Annahme, die
    Menschen seien auch vor dem Vertragsschluss bereits soziale Wesen sowie seinem Impuls zur
    Herrschaftsbeschränkung, ist Rousseau – im Unterschied zu Hobbes –dem anarcho-syndikalisti-
    schen Anliegen also eigentlich gar nicht so fern. Mit Hobbes teilt Rousseau jedoch die Konzep-
    tion eines Kosten-Nutzen-abwägenden Individuums sowie die Vorstellung vom Vertragsschluss.
    Dadurch wurde er für den Anarcho-Syndikalismus zu einem Protagonist bürgerlichen Denkens
    und damit zur Zielscheibe der anarcho-syndikalistischen Kritik.

tragstheorien. In *Gott und der Staat* schreibt dieser: „Der allgemeine und fundamentale Irrtum aller Idealisten, der allerdings eine sehr logische Folge ihres ganzen Systems ist, ist der, die Grundlage aller Moral im isolierten Individuum zu suchen, während sie sich nur finden kann und findet in den vereinigten Individuen" (Bakunin 1975 a, 187). Ganz ähnlich argumentiert auch Émile Pouget: „Hätte sich der Mensch in seinen Anfängen nicht mit seinesgleichen verbündet, er hätte niemals sein tierisches Wesen abstreifen können. Geselligkeit ist also für den Menschen nicht nur explizite Voraussetzung des Fortschritts, sondern des Lebens überhaupt" (Pouget 2014 a, 61). Gleichzeitig tritt durch die Betonung der Sozialität die ideologische Bedeutung des Individuums in den Vertragstheorien umso schärfer hervor. Die Formulierung der „wirklichen Lebensbedingungen der Gattung Mensch" (ebd.) hat so einen kritischen Sinn. Sie trägt zu einer „Widerlegung der von den herrschenden Klassen in Umlauf gesetzten Theorien" (ebd.) bei.

Das gilt auch für die Konzeption des Gesellschaftsvertrags, denn die Fragestellung der Vertragstheorien erweist sich vor diesem Hintergrund als Scheinproblem. Wenn die Menschen wesentlich nicht durch ihre Individualität, sondern durch ihre Sozialität bestimmt sind, ist nicht einzusehen, warum überhaupt ein Vertrag über etwas zu schließen sei, was ohnehin schon gegeben ist. Jeder Vertragsschluss kommt so immer schon zu spät. An die Stelle des Vertrags tritt bei Pouget das *„Bündnis für das Leben"* (ebd.; kursiv i. O.). Die Menschen sind sowohl in phylogenetischer wie auch in ontogenetischer Hinsicht stets bereits eingebunden in das Soziale. Es ist nicht Ergebnis eines willentlichen Vertragsschlusses von Individuen, die sich lediglich aus rationalen Erwägungen, aber im Grunde contre coeur gesellen, sondern die unhintergehbare Bedingung der menschlichen Existenz. Erst durch die Sozialität wird Individualität möglich. Sozialität und Individuum sind demnach keine Widersprüche. Vielmehr stellt das soziale Band die Bedingung der Individualität dar. Pouget betont deshalb gegenüber all denjenigen, die umgekehrt das Individuum zum Ausgangspunkt des Sozialen nehmen, dass dieses *„Bündnis für das Leben* […] alles andere als eine Einschränkung menschlicher Individualität" (ebd.; kursiv i. O.) bedeute. Es sei „für den Menschen vielmehr das Mittel, um das Ausmaß seines Wohlergehens zu vergrößern und zu vermehren" (ebd.).

Schließlich richtet sich die Kritik des Anarcho-Syndikalismus auch auf die den Vertragstheorien inhärenten Freiheitsvorstellungen. An ihnen moniert Émile Pouget, dass die *„Freiheit des Einzelnen durch die des anderen begrenzt werde"* (ebd., 62; kursiv i. O.). Folglich müsse der Mensch für seine Bereitschaft in der Gesellschaft zu leben, Freiheiten opfern, um die, die dann noch übrig sind, genießen zu können (vgl. ebd.). Das *„Bündnis für das Leben"* (ebd., 61, kursiv i. O.) beweise dagegen, dass die Freiheit des Einzelnen gerade nicht durch die des anderen beschränkt werde (vgl. ebd.). Vielmehr seien die anderen die Bedingung, um in den Genuss der Fülle der Freiheit zu gelangen. Die *„Freiheit des Einzelnen"*, so bringt Pouget diesen Gedanken auf den Punkt, „*wächst in Verbindung mit der Freiheit des anderen*" (ebd., S. 62; kursiv i. O.). Wiederum nimmt die anarcho-syndikalistische Position hier Gedanken Michael Bakunins auf. In *Gott und der Staat* heißt es:

> „Nur dann bin ich wahrhaft frei, wenn alle Menschen, die mich umgeben, Männer und Frauen, ebenso frei sind wie ich. Die Freiheit der anderen, weit entfernt davon, eine Beschränkung oder die Verneinung meiner Freiheit zu sein, ist im Gegenteil ihre notwendige Voraussetzung und Bejahung" (Bakunin 1975 a, 180).

Was in diesen Formulierungen scharf zurückgewiesen wird, ist die Vorstellung von Freiheit als individuelles Gut, das dem Einzelnen wie ein Besitz zukommt. Für den Anarcho-Syndikalismus ist Freiheit ein kollektiv geteilter Zustand. Der Mensch ist nicht als Individuum, sondern als soziales Wesen frei. Das soziale Band garantiert die Freiheit jedes Einzelnen. Freiheit kann nur die Freiheit aller sein und als Freiheit aller ist sie weder eintauschbar noch veräußerbar. Die bürgerlichen Vertragstheorien erweisen sich so als ein merkwürdiger Kuhhandel. Freiheit soll hier wie ein Gut gegen andere Güter eingetauscht werden können. Für den Anarcho-Syndikalismus gilt genau das Umgekehrte: Freiheit ist gerade kein individuelles Gut, das man gegen andere – wie Sicherheit oder Garantie von Besitzrechten – weggeben kann. Entsprechend ist es auch undenkbar, dass der Einzelne freier wird, wenn alle ein Stück ihrer Freiheit aufgeben.

Die bürgerliche Gesellschaft ist demnach die Zerstörerin des Menschen als sozialem und zugleich freiem Wesen. Die Individuen, die es zum Ausgangspunkt und Grundbestand seiner Theoriebildung macht, sind kein natürliches Faktum, sondern werden von ihr überhaupt erst hervorgebracht. Das Individuum der Vertragstheorien ist das vereinzelte Subjekt des Kapitalismus, aus dem sich die bürgerlich-kapitalistische Gesellschaft real zusammensetzt. Der Kontraktualismus erweist sich so als bloße Legitimationserzählung. Für die Mitglieder der bürgerlichen Klasse mag dieses in der politischen Theorie entworfene Selbstbild eines starken, selbstständig handlungsfähigen Individuums einen Wiedererkennungswert haben. Das Proletariat kann sich darin jedoch nicht wiederfinden. Seine Erfahrungen der Vereinzelung führt es zu einer anderen Einschätzung. Die Arbeiter_innen erleben sie als Schwäche. Die theoretische Abwendung vom Individuum und die anthropologische Konzeption des Menschen als zugleich soziales und freies Wesen stellen den Versuch dar, der bürgerlichen Denkwelt an diesem Punkt aus der eigenen Erfahrung heraus etwas entgegenzusetzen. Die Wirklichkeit der bürgerlich-kapitalistischen Gesellschaft tritt damit umso schärfer ins Relief. Ihrer Beschreibung durch die Anarcho-Syndikalist_innen ist der nächste Abschnitt gewidmet.

2.2 Die Erfahrung der Ausbeutung und die gespaltene Gesellschaft

Der Zweck des gesellschaftlichen Zusammenschlusses liegt für den Anarcho-Syndikalismus in der gemeinsamen Produktion zur Befriedung der menschlichen Bedürfnisse. „Der Produzent", so Pouget, sei die „Grundlage von allem" (Pouget 2014 a, 64). Er sei die „Keimzelle des Wirtschaftslebens" (ebd., 64) und sollte deshalb auch der Nutznießer seiner eigenen Produktion sein. Die Erfahrung lehrt die Produzierenden allerdings etwas ganz anderes. „Der Arbeiter hingegen", kritisiert Pouget, „der die Produkte der Natur überhaupt erst konsumierbar macht – für den Profit des Kapitalisten, der ihn bezahlt –, ist außer Stande, seinen Bedürfnissen entsprechend zu konsumieren" (ebd.). Die Arbeiter_innen müssen unter schwierigen Bedingungen lang und hart schuften (vgl. Monatte 1976 b; 1976 c), ohne jemals wirklich in den Besitz der Früchte der eigenen Arbeit zu gelangen. Im Gegenteil: die eigenen Anstrengungen dienen dem Wohl des Arbeitgebers und nicht ihrem eigenen.

Diese Erfahrung verweist auf ein zentrales Strukturmerkmal kapitalistischer Gesellschaften. Für Karl Marx bildet die „Produktion von Mehrwert oder die Extraktion von Mehrarbeit den spezifischen Inhalt und Zweck der kapitalistischen Produktion" (Marx 1975, 315). Die Rationalität des kapitalistischen Akkumulationsregimes führt dazu, dass die Produktionsmittelbesitzenden versuchen, ihren Arbeitskräften eine immer größere Menge an Mehrarbeit abzupressen, um so einen immer größeren Anteil des Mehrwerts auf deren Kosten einzustreichen. Mit anderen Worten beschreibt Émile Pouget den gleichen Vorgang: „Wir sind Zeugen des ungeheuerlichen Schauspiels, dass ganzen Bevölkerungen das Lebensnotwendigste fehlt – dass sie allzu oft verhungern –, während genug vorhanden ist, um ihnen Nahrung, Kleidung und Wohnraum zu geben" (Pouget 2014 c, 116). Die Ursachen für diese massive Schieflage sieht er darin, dass der gesellschaftliche Reichtum „von der Kapitalistenklasse seiner sozialen Bestimmung vorenthalten und größtenteils zu ihren Gunsten verwendet" (ebd., 115) wird. Die Kapitalisten akkumulieren die Früchte der Arbeit vieler. Die Folge ist, dass der durch die gesellschaftliche Mehrheit erzeugte Reichtum gerade nicht zu einer kollektiven Wohlstandsvermehrung aller führt, sondern allein der Klasse der Produktionsmittelbesitzenden zu Gute kommt.

Aus der Perspektive der Arbeiter_innen ist dieses Arrangement offensichtlich schief. Dass sie sich dennoch darauf einlassen, hat strukturelle Gründe. Marx spricht mit Blick auf die kapitalistische Gesellschaft vom „freien Arbeiter" (vgl. Marx 1975, 183). Dabei handelt es sich jedoch um eine vergiftete Freiheit, denn er ist frei „in dem Doppelsinn, daß er als freie Person über seine Arbeitskraft als Ware verfügt, daß er andererseits andere Waren nicht zu verkaufen hat, los und ledig, frei ist von allen zur Verwirklichung seiner Arbeitskraft nötigen Sachen" (Marx 1975, 183). Die Arbeiter_innen sind zwar formal frei in der Verfügung über ihre Arbeitskraft, gleichzeitig ist sie aber das einzige Mittel, mit dem sie ihren Lebensunterhalt verdienen können. Um der Bedrohung ihrer Existenz zu entgehen, müssen die Proletarier_innen ihre Arbeitskraft auf dem Arbeitsmarkt anbieten und sich auf das ausbeuterische Regime der Lohnarbeit einlassen.

Die Spannung zur bürgerlichen Selbstbeschreibung könnte hier nicht größer sein. Während die bürgerlichen Denker über den Gesellschaftsvertrag philosophieren, kommt den Arbeiter_innen in ihrem Alltag ein ganz anderer Vertrag entgegen: der Arbeitsvertrag (vgl. Pouget 2014 f, 228). Nicht das autonome Individuum, sondern der im doppelten Sinne „freie Arbeiter" (Marx 1975, 183) schließt hier einen Vertrag – und er schließt ihn nicht aus freien Stücken, sondern unter Existenzdruck. Es handelt sich also nicht um einen freiwilligen, sondern um einen einseitig notwendigen Vertragsschluss. Er wird geschlossen „unter dem Zwang [...], für sein tägliches Brot zu sorgen" (Pouget 2014 f, 227). Die Arbeiter_innen müssen, um sich selbst am Leben zu erhalten, ihre Haut zu Markte tragen. Etwas anderes besitzen sie nicht. Die Vertragsrhetorik verdeckt das reale Ungleichgewicht. Die Konditionen des Vertragsschlusses werden vom Kapitalisten diktiert. Nicht quid pro quo, sondern Ausbeutung lautet sein Motto. Im Unterschied zum Kapitalisten besteht daher für die Arbeitenden kein Anlass, die Mehrarbeit auszudehnen. Ihr Interesse richtet sich darauf, einen Anteil am Mehrwert zu erstreiten, um so überhaupt erst einmal in den Genuss der selbstgeleisteten Mehrarbeit kommen zu können. Damit prallen im Arbeitsverhältnis zwei fundamental entgegengesetzte Interessen aufeinander. Es ist die Auseinandersetzung um den Mehrwert und der sich darüber konstituierende Klassenantagonismus, der der kapitalistischen Gesellschaft formt. Ihren Kern bildet der anhaltende soziale Kampf zwischen Kapital und Arbeit. Gelegentlich nimmt er spektakuläre Formen an – wie beispielsweise Streiks –, in der Regel findet er aber unterhalb der öffentlichen Aufmerksamkeit im Arbeitsalltag statt.

Daran wird deutlich sichtbar, „dass die Gesellschaft in zwei verschiedene und einander feindliche Klassen geteilt ist" (Pouget 2014 b, 83). Die kapitalistische Gesellschaft ist für den Anarcho-Syndikalismus demnach eine gespaltene Gesellschaft: „Hier prallen zwei Welten aufeinander: die kapitalistische Welt und die Welt der Arbeit" (Pouget 2014 f, 228). Die Gründe für diese Spaltung sind struktureller Natur. Sie betrifft nicht nur die Sozialstruktur und die Reichtumsverteilung, sondern vor allem auch die Interessenlagen: „Die heutige Gesellschaft besteht aus zwei Klassen mit gegensätzlichen Interessen: die Arbeiterklasse und die Bourgeoisie" (Pouget 2014 c, 110). Sie befinden sich „in einem permanenten Kriegszustand" (Pouget 2014 f, 228). Aus dieser objektiven Polarisierung der Interessenlage erklärt sich dann letztlich die Notwendigkeit zum Klassenkampf „Das Entscheidende [...] ist", betont Émile Pouget, „dass Ausgebeutete und Ausbeuter, Regierte und Regierende nicht nur verschiedene, sondern gegensätzliche Interessen haben, dass sie einen Klassenkampf im strikten Wortsinn führen" (Pouget 2014 a, 60). Die bürgerlich-kapitalistische Gesellschaft besteht demnach nicht einfach nur aus zwei unterschiedlichen Klassen, sondern aus „antagonistische[n] soziale[n] Klassen, die keinerlei Tendenz zeigen, zu einem homogenen Ganzen zu verschmelzen" (Pouget 2014 c, 111). Durch widersprechende Interessenlagen sind die beiden Klassen im Klassenkampf gegeneinander aufeinander bezogen. Die kapitalistische Gesellschaft ist nicht nur eine gespaltene, sondern auch eine durch Klassenkämpfe bestimmte Gesellschaft:

> „Es gibt hier gegenwärtig zwei unhintergehbare Gegner, die sich bekämpfen müssen, bis die aufeinanderfolgenden Zusammenstöße die Gründe des Kampfes, die Ausbeutung und Knechtung der Arbeitenden, zum Verschwinden gebracht haben werden" (Griffuelhes 1908, 12; Übs. JS).

Solange die kapitalistische Gesellschaft fortbesteht, werden auch die Spaltung in Klassen und der Klassenkampf fortbestehen. Erst das Ende von Ausbeutung und Unterdrückung – und das heißt: das Ende des Kapitalismus – wird auch das Ende der Spaltung der Gesellschaft und des Klassenkampfs mit sich bringen.

2.3 Die Erfahrung staatlicher Unterdrückung: Staatsablehnung und Politikverweigerung

Neben der ökonomischen Ausbeutung bildet der Staat für den Anarcho-Syndikalismus die zweite, institutionelle Säule der bürgerlichen Gesellschaft. Mit ihm verwoben ist aus der Perspektive des Anarcho-Syndikalismus eine spezifische Form bürgerlicher Politik, die er ebenso ablehnt wie den Staat selbst. Dabei dringt er bis zu deren ideologischem Fundament vor.

Staatsverständnis

Die Erfahrungen, die die Aktivist_innen in ihrem Alltag mit dem Staatsapparat sammeln mussten, hat sie gelehrt, dass der Staat unauflöslich mit der kapitalistischen Herrschaft verwoben ist. Bei ihren politischen Aktivitäten – von Flugblattverteilungen und Pressearbeit über gewerkschaftliche Organisationsversuche bis hin zu Demonstrationen und Streiks – ist der Staat den Arbeiter_innen immer wieder als repressive Institution begegnet. Aus den Bergbaurevieren in Nordfrankreich berichtet Pierre Monatte von inhaftierten Gewerkschaftsaktivist_innen. Und aus eigener Erfahrung schildert er, wie gewerkschaftlich engagierte Arbeiter_innen wie Schwerkriminelle behandelt wurden (vgl. Monatte 1976 a, 19-21). Die Gewerkschaften, betont Émile Pouget deshalb, „wissen, dass der Staat, dessen Aufgabe darin besteht, als Polizist des Kapitals zu fungieren, von Natur aus dazu tendiert, im Sinne der Arbeitgeberseite zu handeln" (Pouget 2014 b, 96). Und – so lässt sich noch ergänzen – sie wissen es auf Grund ihrer eigenen Erfahrungen.

Im Anarcho-Syndikalismus wird deshalb das Zusammenfallen von Unterdrückung (Staat) und Ausbeutung (Kapital) zentral gestellt. Der Staat agiert als „Hüter des Kapitalismus"[8] (Pouget 2014 a, 56). Während die Arbeitenden innerhalb der Sphäre der Produktion durch das Lohnsystem in das Ausbeutungsverhältnis hineingezwungen sind, sind sie außerhalb der Produktion regelrecht umstellt von den verschiedenen Agenten „repressive(r) Institutionen"[9] (Pouget 2014 b, 84), die zusammen als Staat die kapitalistische Gesellschaft zusammenhalten. Ausbeutung und staatliche Herrschaft sind für den Anarcho-Syndikalismus daher unabänderlich miteinander verbundene Strukturmerkmale kapitalistischer Gesellschaften. Die kapitalistische Ausbeutung kann ohne die staatliche Unterdrückung nicht ins Werk gesetzt werden. Der zentrale Widerspruch von Kapital und Arbeit kann deshalb auch als „Antagonismus zwischen Staat und Arbeiterklasse" (Pouget 2014 a, 55), als ständiger Kampf „der Arbeiterklasse gegen den Staat" (ebd., 56) reformuliert werden. Eine vollständige Befreiung ist solange nicht möglich wie „die Ausbeuter und Machthaber nicht verschwunden sind und nicht mit allen staatlichen und kapitalistischen Institutionen aufgeräumt worden ist" (Pouget 2014 c, 118). Der Kampf des Proletariats muss sich gleichermaßen gegen die in der Sphäre der Produktion organisierte Ausbeutung wie auch gegen den die gesamte Gesellschaft durchdringenden Staatsapparat richten. Sein Ziel ist die „Befreiung des Menschen von ökonomischer Ausbeutung und geistiger wie politischer Unterdrückung [...]" (Rocker 1989, 33; Übs. JS).[10] Als Anknüpfungspunkt einer revolutionären Praxis ist die Staatsmaschine für den Anarcho-Syndikalismus daher immer schon verloren. „Es geht nicht darum", argumentiert Émile Pouget,

> „sich des Staates zu bemächtigen, seine Mechanismen zu verändern oder sein Personal auszutauschen; es geht darum, den Produktionsvorgang umzugestalten, indem man den Chef aus dem Betrieb, aus der Fabrik verbannt und die Produktion für seinen Profit durch die gemeinschaftliche Produktion zum Nutzen aller ersetzt [...] was folgerichtig zum Ende des Staates führt" (Pouget 2014 d, 143).

---

8   In der Funktionsanalyse ist sich der Anarcho-Syndikalismus mit dem Marxismus einig. Friedrich Engels schreibt, eine Gesellschaft, die sich nur aus Ausbeutern und Ausgebeuteten zusammensetzt, könne nur bestehen „entweder im fortwährend offenen Kampf der Klassen gegeneinander, oder aber unter der Herrschaft einer dritten Macht, die, scheinbar über den widerstreitenden Klassen stehend, ihren offenen Konflikt niederdrückte und den Klassenkampf höchstens auf ökonomischem Gebiet, in sogenannter gesetzlicher Form sich ausfechten ließ" (Engels 1953 b, 295).

9   Pouget zählt zu den Repräsentanten repressiver Institutionen neben Richtern auch Priester und Offiziere (vgl. Pouget 2014 b, 84). Dieses ‚weite' Staatsverständnis des Anarcho-Syndikalismus ist dem von Marx nicht unähnlich (vgl. Marx 1953 b, 488).

10 Der Anarcho-Syndikalismus folgt hier der Linie Michael Bakunins. „Die *Freiheit* eines Jeden", heißt es bei ihm, „kann also nur in der *Gleichheit* Aller verwirklicht werden" (Bakunin 1975 b, 9; kursiv i.O.). Die Einsicht, dass Freiheit nur durch die Abwesenheit von Ungleichheit und damit ohne ökonomische Ausbeutung möglich ist und umgekehrt Gleichheit gebunden ist an die Abwesenheit von Herrschaft, hat er damit dem Anarchismus ins Stammbuch geschrieben.

Der Staatsapparat wird niemals auf der Seite des Proletariats stehen. Folglich kann auch die gesellschaftliche Emanzipation nicht mit dem Fortbestehen des Staates verknüpft sein. Im Gegenteil: „[D]as soziale Wohlergehen" (Pelloutier 1921, 105; Übs. JS) ist für die Aktivist_innen des Anarcho-Syndikalismus an die „gewaltsame Zerstörung des Staates" (ebd., Übs. JS) gebunden.

Politikverweigerung

In der Überzeugung, dass die Befreiung des Proletariats nur durch die Zerstörung des Staates zu erreichen sei, war sich der Anarcho-Syndikalismus mit anderen sozialistischen Strömungen wie beispielsweise dem Marxismus einig.[11] Der spezifische Unterschied liegt allerdings darin, dass der Anarcho-Syndikalismus keinen Aufschub mehr duldet. Jeder Tag, an dem die Staatsmaschine weiterläuft, ist ein verlorener Tag für die Befreiung des Proletariats und eine unnötige Verlängerung von Leid. Diese Einschätzung ergibt sich unmittelbar aus dem anarcho-syndikalistischen Staatsverständnis. Wenn Staat und kapitalistische Ausbeutung unauflösbar miteinander verbacken sind, dann wird auch die parlamentarische Politik den Staatsapparat nicht umprogrammieren können. Politik erweist sich so als reine Zeitverschwendung. Für die Befreiung des Proletariat ist deshalb von ihr Abstand zu nehmen.

Einige wichtige Stichworte für die Ablehnung der bürgerlichen Politik hat Pierre-Joseph Proudhon[12] dem Anarcho-Syndikalismus geliefert. Über das Verhältnis der Arbeiter_innenklasse zur Politik notiert er in seiner 1865 veröffentlichten Schrift *De*

---

11 In der „‚Zerschlagung' der modernen Staatsmaschine" (Lenin 1975, 515), heißt es bei Lenin, liege die „Übereinstimmung des Marxismus mit dem Anarchismus" (Lenin 1975, 515). Das gilt auch für den Anarcho-Syndikalismus und den Marxismus. Gemeinsam ist beiden die Überzeugung, dass die kommunistische Gesellschaft am Ende eine staatslose Gesellschaft sein wird. Diese Annahme beruht auf der gemeinsam geteilten Funktionsanalyse des Staates. Große Differenzen gibt es allerdings hinsichtlich des Wegs zu diesem Ziel. Einer direkten Abschaffung des Staates konnte der Marxismus auf Grund seiner entwicklungstheoretischen Fundierung (vgl. Marx/ Engels 1990, 18-77; Lenin 1975, 546) nicht zustimmen. An ihre Stelle tritt die These vom Absterben des Staates (vgl. Engels 1952, 348). Das Proletariat wird die Staatsmaschine erobern und sie solange in ihrem Sinne verwenden müssen wie sich die ‚neue Gesellschaft' noch aus den ‚alten Menschen' zusammensetzt (vgl. Engels 1953a, 457). Das Absterben des Staates ist daher sein zeitlich begrenztes Fortbestehen unter veränderten Vorzeichen. Es kommt zu einem Nachlaufen der Staatsmaschine, in dessen Rahmen sie ihre Arbeit für und nicht mehr gegen das Proletariat verrichtet. Das heißt, obwohl Marx anfänglich Zweifel angemeldet hatte, ob „[...] die Arbeiterklasse [...] die fertige Staatsmaschine einfach in Besitz nehmen und diese für ihre eigenen Zwecke in Bewegung setzen" (Marx 1953b, 488) könne, hat sich schlussendlich doch die Überzeugung durchgesetzt, der Staat ließe sich im Rahmen seines Absterbens in den Dienst des Proletariats nehmen. Daraus hat sich dann der Gedanke entwickelt, man könne den Staat politisch – mit Hilfe parlamentarischer Verfahren – für die Sache des Proletariats einspannen. Die anarchistische Strömung und mit ihr der Anarcho-Syndikalismus hat das stets vehement bestritten.

12 Einen Überblick über das Werk Proudhons gibt Norbert Campagna (2016).

la capacité politique des classes ouvrières (Proudhon 1865), sie habe „von der Bourgeoisie verschiedene Interessen" (ebd., 440; Übs. JS), weshalb sie auch „eine von der bürgerlichen Politik verschiedene Politik" (ebd.; Übs. JS) brauche. Im Kern zielt Proudhon damit auf die Wahrung der Autonomie der Arbeiter_innenklasse. (vgl. ebd., 440; 444) Sie gründet in der Möglichkeit, die eigenen Interessen unverfälscht zum Ausdruck bringen zu können. Im gegenwärtigen Frankreich, so die weitere Diagnose, sei das allerdings nicht möglich. Schuld daran sei der Staat. „Das tatsächliche Verhältnis zwischen all den Interessen, zwischen all den Ideen", schreibt Proudhon, „ist künstlich verändert, künstlich gestört durch das Eingreifen des Staates" (ebd., 444; Übs. JS). Solange eine zentralistische Staatsgewalt fortbestehe, werde sich daran auch nichts ändern. (vgl. ebd., 445) Daraus schließt Proudhon, dass die Arbeiter_innen

> „ihre eigenen Ideen und ihre eigenen Interessen nur negativ zum Ausdruck bringen können. Sie können sich nur Gehör verschaffen, indem sie ihre direkte Teilnahme an einer Politik ablehnen, die es ihnen nicht gestattet ihre Forderungen deutlich vorzutragen" (ebd., 440; Übs. JS).

Solange Politik an den Staat gebunden ist, schließen sich Politik und Autonomie aus. Im Umkehrschluss heißt das: Autonomie lässt sich nur erhalten, indem man sich von Staat und Politik fernhält. In dieser Ablehnung der bürgerlich-parlamentarischen Politik ist sich der Anarcho-Syndikalismus mit Proudhon einig. Das Grundproblem lautet: Der Staat ist nicht das Gestaltete, sondern der Gestalter. Er ist nicht neutral, nicht das Objekt, das nach Belieben umgeformt werden kann, sondern er ist das Subjekt eines jeden Paktes, der mit ihm eingegangen wird. Wer sich auf die Staatsmaschine einlässt, der tanzt nach ihrer Pfeife. Der Staat, warnt Victor Griffuelhes in diesem Sinne, verfolge „ein zweifelhaftes Ziel" (Griffuelhes 1908, 18; Übs. JS). Bei zu großer Nähe bestehe die Gefahr, dass das autonome Handeln der Proletarier_innen unter staatlichen Einfluss gerate. Indem er es „unter die Vormundschaft der Macht stelle" (ebd.; Übs. JS) verschiebe der Staat die Stoßrichtung des proletarischen Kampfes. Dadurch, so Griffuelhes weiter, „werde die Arbeiterorganisation zu einer staatlichen Institution, wohingegen wir[13] eine dem bürgerlichen Staat gegenüberstehende, zum Kampf gegen ihn und die Kräfte, die er repräsentiert, berufene Organisation schaffen wollen" (ebd.; Übs. JS). Für die Mitwirkung im Staatsapparat ist ein Preis zu entrichten. Er wird durch die Aufgabe der eigenen Unabhängigkeit und Autonomie bezahlt (vgl. ebd.). Politik bezeichnet dann nur die Illusion, man könne den Staat für die eigene Sache instrumentalisieren. Sie wirkt wie ein Lockmittel. Ihr illusionäres Versprechen bindet die verschiedenen, gesellschaftlichen Interessensgruppen an den Staat. In der Hoffnung entgegen der realen Verquickung von Kapital und Herrschaft etwas in ihrem Sinne ändern zu können, werden sie zu einem

---

13 Gemeint sind die Anarcho-Syndikalis_innen.

Teil der Staatsmaschine. Der Kampf gegen den Staat wird so unterbunden. Wer sich auf die Politik und damit auf den Staat einlässt, hat schon verloren.

Dass der Staat und seine Politikform – Émile Pouget spricht von „Demokratismus" (Pouget 2014 a, 68) – dennoch einen nicht unerheblichen Teil des sozialistischen Lagers[14] für sich einnehmen konnte, verweist auf deren ideologische Fundierung. Das betrifft maßgeblich die der bürgerlichen Gesellschaft und ihrer Politikform inhärenten Gleichheitsfiktion, wie sie am deutlichsten am Beispiel des Nationalismus hervortritt. Aus der Perspektive des Anarcho-Syndikalismus ist er geradezu das Paradigma einer ideologischen Rede. Im Interesse des Bürgertums soll die Fiktion nationaler Gleichheit die reale Spaltung der Gesellschaft verschleiern und so die strukturellen Widersprüche der kapitalistischen Gesellschaft unsichtbar machen. Für Victor Griffuelhes stellt die Nation eine Idee der Herrschenden und damit nichts anderes als ein Mittel zur Ausbeutung dar (vgl. Griffuelhes 1908, 42). Der mit dem Nationalgedanken verbundene Gleichheitsanspruch wird deshalb scharf zurückgewiesen. „Nein!", betont Griffuelhes, „das Vaterland ist nicht die Vereinigung gleicher Interessen. Die maßlose und chaotische Erzeugung unseres sozialen Umfelds erlaubt es nicht, diese Übereinstimmung zu bestätigen und zu beweisen" (ebd., 40; Übs. JS). Hervorgehoben wird dagegen – ganz im Sinne Proudhons – die radikale Differenz, die sich durch Klassenspaltung und Klassenkampf zwischen Bourgeoisie und Proletariat ergibt:

„Je nachdem, ob man ein Arbeitnehmer oder ein Besitzender ist, hat man vom Vaterland eine unterschiedliche Auffassung. […] Je nachdem, ob man *davon lebt* oder ob man *für* das Vaterland *bezahlt*, hat man von diesem Gebilde eine andere Meinung" (Griffuelhes 1908, 37-38; Übs. JS; kursiv i. O.).

In der bürgerlichen Fiktion des Nationalen kann das Proletariat nicht aufgehen. Durch die Klassenspaltung ist es unabänderlich ein der bürgerlichen Nation fremdes Element. Die imaginäre Gemeinschaft der Nation (vgl. Anderson 1996, 15) kann keine Gleichheit garantieren. Deshalb heißt es bei Griffuelhes:

„In Wirklichkeit gibt es kein gemeinsames, nationales Gut, es gibt ein soziales Gemeingut; es gibt keine besondere Schaffenskraft, es gibt einen menschlichen Schöpfungswil-

---

14 Victor Griffuelhes bezeichnet ihn als „socialisme d'État" (Griffuelhes 1908, 17), also als Staatssozialismus. Gemeint sind damit marxistische sowie sozialdemokratische Positionen. Organisatorisch stehen für die sozialdemokratische Strömung in Frankreich die 1882 gegründete *Fédération des travailleurs socialistes de France* (FTSF), die ebenfalls 1882 gegründete *Parti ouvrier français* (POF) sowie 1890 gegründete *Parti ouvrier socialiste révolutionnaire* (POSR). Die letzten beiden vereinigten sich 1901 zur *Parti socialiste de France* (PSdF), aus der heraus dann die *Section française de l'Internationale ouvrière* (SFIO), die Vorgängerpartei der heutigen *Parti socialiste* (PS), entstand. Pouget verbindet das Anwachsen vor allem der sozialdemokratischen Strömung mit der Niederschlagung der *Commune*: „Doch die Ereignisse von 1870 und 1871 und die Schwächung der Internationale gaben der sozialen Bewegung eine stärker politizistische Ausrichtung" (Pouget 2014 h, 277), weshalb für „eine gewisse Zeit […] sozialdemokratische Theorien die Vorherrschaft" (Pouget 2014 h, 278) erlangten.

len, in dem die durch alle Menschen aller Länder ausgearbeiteten Kenntnisse zum Ausdruck kommen" (Griffuehles 1908, 39; Übs. JS).

Anthropologisch sind die Menschen durch ein „Bündnis für das Leben" (Pouget, 2014 a, 72) immer schon verbunden. Das ist ihr soziales Gemeingut. Darin begründet sich echte Gleichheit. Allerdings wird diese Gleichheit durch die Klassenspaltung kapitalistischer Gesellschaften beständig verhindert. Der Nationalismus verdeckt die reale Spaltung der Gesellschaft, indem er die umfassendere, anthropologisch begründete Gleichheit durch die fiktionale des nationalen Partikularismus ersetzt. Im Anarcho-Syndikalismus wird deshalb das Konzept der Nation verabschiedet. In ihm ist kein Platz für Nationalismus. Als Ideologie ist die nationale Fiktion gefährlich, weil sie den Blick auf vermeintliche Gemeinsamkeiten lenkt, wo die Wirklichkeit zu allererst durch Spaltung und Kampf bestimmt ist. Für die Emanzipation des Proletariats ist das Konzept der Nation daher nicht nur nutzlos, sondern sogar hinderlich. Stellvertretend für den Anarcho-Syndikalismus kann daher mit den Worten Victor Griffuehles festgehalten werden: „[…] *das Proletariat kann kein Vaterland haben. Es kann nicht patriotisch sein*" (Griffuehles 1908, 42; Übs. JS; kursiv i. O.).

Durch die scharfe Zurückweisung des Nationalismus und die entschiedene Markierung der Differenz zum Bürgertum tritt die Funktionsweise des Nationalismus als ideologisches Fundament der bürgerlichen Politik deutlich hervor. Er erweckt entgegen der realen, gesellschaftlichen Spaltung den Eindruck von Gleichheit und befeuert damit die Illusion, man könne als Gleiche unter Gleichen für seine Interessen eintreten und so am Ende vielleicht sogar für eine gemeinsame Sache streiten. Aus der Perspektive des Anarcho-Syndikalismus ist es diese imaginäre Gleichheit, die am Ende zur Teilnahme an der parlamentarischen Politik motiviert, sie fundiert und den proletarischen Kampf in die Arme des Staates treibt.

Allerdings ist die fiktionale Gleichheit in den Augen der Anarcho-Syndikalisten nur eine Seite der ideologischen Begründung bürgerlicher Politik. Die andere Seite ist durch die willkürliche Trennung zwischen Politik und Ökonomie gekennzeichnet. Durch sie wird das Politische aus dem Ökonomischen herausgeschafft und abgetrennt. Es entsteht so eine machtlose Sphäre der Politik und eine machtvolle, scheinbar unpolitische Sphäre der Ökonomie. Neben der Gleichheitsfiktion ist das die zweite, ideologische Bedingung bürgerlicher Politik. Die Folge ist die Naturalisierung der Ökonomie. Die gesellschaftlich wichtigen Entscheidungen werden nicht in den Parlamenten getroffen, sondern den Marktgesetzen folgende in den Zimmern der Firmenleitungen. Während die Politik unter den Augen der Allgemeinheit stattfindet, spielt sich die ökonomische Produktion relativ unbeobachtet und vor allem unwidersprochen ab. Die Ausbeutung der Proletarier_innen wird so dem Politischen entzogen, unsichtbar gemacht und gegen Kritik tendenziell immunisiert. Die ideologische Trennung von Ökonomie und Politik führt dazu, die „Bestrebungen der Arbeiterklasse zu unterdrücken oder auf ein falsches Ziel zu lenken" (Pouget 2014 a, 55). Das Proletariat werde so von der „Beschäftigung mit ökonomischen Fragen" (ebd.) abgebracht. Zusammengenommen sind damit die Konturen einer Formation umrissen, in der die proletarischen Emanzipationsbemühungen durch die nationale Gleichheitsillusion in staatlich-parlamentarische Politik sublimiert und damit entschärft werden, während gleichzeitig das Ökonomische durch die Trennung von Politik und Ökonomie als eigentlich sozialer Kampfplatz der Aufmerksamkeit entzogen wird.

Als Gegenmaßnahme bleibt nur, den ideologischen Nebel von politisch ins Werk gesetzten Gleichheitsfiktionen sowie willkürlichen Trennungen von Politik und Ökonomie zu durchbrechen, indem man die tatsächlichen Verhältnisse der Klassengesellschaft sichtbar macht. „Doch das einzig Reale in der Gesellschaft", betont Pouget in diesem Sinne, „sind die ökonomischen Funktionen, die den Individuen angemessen und den Gruppen nützlich sind." (ebd., 67). Es geht also darum, sich von den Trugbildern der bürgerlichen Gesellschaft nicht blenden zu lassen. Das Politische umfasst mehr als den Platz, den die bürgerliche Gesellschaft ihm eingeräumt hat. Der Klassenkampf kann nicht im Parlament stattfinden. Er muss vielmehr in das Ökonomische hineingetragen werden. Insofern ließe sich die Strategie des Anarcho-Syndikalismus auch als eine Repolitisierung des Ökonomischen beschreiben. Dazu muss er mit den ideologischen Selbstbeschreibungen der bürgerlichen Gesellschaft brechen, indem er den fiktionalen Gleichheitsvorstellungen keinen Glauben schenkt und die künstliche Trennung von Politik und Ökonomie einreißt. Das Soziale kennt diese Unterscheidung ohnehin nicht. Die Rede ist daher auch nicht von einer ökonomischen oder politischen Revolution, sondern von einer „sozialen Revolution" (Girard/ Pelloutier 2008, 86; Übs. JS). Sie wird ökonomischer Natur sein und deshalb nicht weniger politisch. In diesem Sinne ist die Haltung des Anarcho-Syndikalismus auch nicht a-politisch, sondern allenfalls „a-parlamentarisch" (Pouget 2014 e, 181). Der Anarcho-Syndikalismus „schreckt vor keinem sozialen oder (im weitesten Sinne) politischen Problem zurück" (ebd.). Der Unterschied zum bürgerlichen Politikverständnis liegt allerdings in der „Nichtbeteiligung am parlamentarischen Treiben" (ebd.).[15] Die Ablehnung der bürgerlich-parlamentarischen Politikformen durch den Anarcho-Syndikalismus kann demnach nicht mit der Abwesenheit einer Konzeption des Politischen gleichgesetzt werden: Nur wenn die durch die Klassenspaltung ins Werk gesetzten, wirklichen Trennungen und Solidaritäten erkennbar sind, kann auch die Ökonomie politisch werden. Das ist für den Anarcho-Syndikalismus

---

15 Diese Aussagen Émile Pougets sind eigentlich der *CGT* gewidmet. Was für sie hinsichtlich der Politik gilt, kann aber darüber hinaus auch für den Anarcho-Syndikalismus insgesamt gelten.

die Bedingung, um den Klassenkampf dort hinzutragen, wo er hingehört: Nicht in die Parlamente, sondern in den Alltag der kapitalistischen Gesellschaft.[16]

3. Die Antworten des Anarcho-Syndikalismus

Bislang wurden mit Vereinzelung, Ausbeutung und Unterdrückung drei für die Aktivist_innen des Anarcho-Syndikalismus prägende Erfahrungen beschrieben. Aus ihnen heraus entfaltet sich die anarcho-syndikalistische Perspektive. Anthropologisch informiert, misstraut er dem rationalen, Kosten-Nutzen-abwägenden Individuum des Bürgertums. Dem Selbstverständnis der bürgerlichen Gesellschaft als national geeintem Volk hält er die Klassenspaltung vor und auch die staatliche Verfassung der bürgerlichen Gesellschaft und ihre parlamentarische Form der Politik werden zurückgewiesen. Was sich hier abzeichnet ist ein vollständiger Bruch mit der bürgerlichen Welt. Am eigenen Leib Ausbeutung, Existenzkampf und soziale Marginalisierung zu erleben, lässt die bürgerliche Bilderwelt brüchig werden. Ihre Imaginationen werden zweifelhaft. In der Folge verlieren zentrale Selbstbeschreibungen und Institutionen der bürgerlichen Gesellschaft ihre Glaubwürdigkeit. Sie werden radikal und systematisch abgelehnt und durch eigene Entwürfe und Konzepte ersetzt. Das zeigt sich insbesondere an der direkten Aktion (3.1) sowie an dem anarcho-syndikalistischen Verständnis gewerkschaftlicher Organisation (3.2).

3.1 Direkte Aktion und Generalstreik

Für das emanzipatorische Programm des Anarcho-Syndikalismus lieferte die bürgerliche Politikform keine Anknüpfungspunkte. Mit der direkten Aktion haben die Ak-

---

16 Als „reellen Subsumtion" (Marx 1970, 57) hat Marx die umfassende Anpassung bestehender Arbeitsprozesse an die Bedürfnisse der kapitalistischen Produktion bezeichnet. In gesellschaftstheoretischer Hinsicht ist damit die „Fähigkeit des Kapitalismus, sich die verschiedensten vorgefundenen kulturellen Milieus zu adaptieren und sie seinen Erfordernissen gemäß umzuformen, ohne sie jedoch generell zu beseitigen" (Schmiede 1988, 9) beschrieben. Die zunehmende Kapitalisierung aller sozialer Lebensbereiche bildet demnach ein zentrales Charakteristikum kapitalistischer Gesellschaften. Allerdings ist die kapitalistische Produktion auf die schöpferischen Möglichkeiten der verschiedenen, kulturellen Milieus angewiesen. Kapitalistische Lohnarbeit zeichnet sich deshalb dadurch aus, dass sie „eine Reihe formaler Freiheiten beinhaltet; das Produktionspotential der kapitalistischen Produktionsweise basiert gerade auf einer gewissen Kooperation und Konsensbasis vonseiten der Beschäftigten" (Schmiede 1988, 9). Dadurch werde die für den Kapitalismus spezifische „Dialektik von subjektiven Bestrebungen sowie der Kompromißstruktur des Sozialverhaltens" (Schmiede 1988, 9) in Gang gesetzt. Der Anarcho-Syndikalismus begibt sich hinein in den kapitalistischen Alltag. Er versucht dort die Einsatzpunkte ausfindig zu machen, von denen aus sich Autonomiespielräume in gemeinschaftlichen Anstrengungen zurückerobern oder gar neu schaffen lassen, um sie gegen den Kapitalismus selbst zu wenden.

tivist_innen ihr deshalb einen eigenen Entwurf politischer Praxis und damit von Politik entgegengestellt. Ihr Kerngedanke ist ganz im Sinne Proudhons die Wahrung der Autonomie. Das Motto der Ersten Internationalen, dass „die Emanzipation der Arbeiterklasse durch die Arbeiterklasse selbst erobert werden muss" (Marx 1953 a, 360), ist ihr Leitmotiv (vgl. Griffuelhes 1908, 17). Es durchzieht alle anarcho-syndikalistische Praxisformen bis hin zum Generalstreik.

Direkte Aktion

Der direkten Aktion kommen in den Vorstellungen der Anarcho-Syndikalist_innen vor allem drei Aufgaben zu. Indem sie erstens mit der ideologischen Epistemologie des Bürgertums praktisch bricht, führt sie zweitens zur Repolitisierung der Ökonomie. Da sie dazu vor allem auf die eigenen Fähigkeiten der Arbeiter_innen setzt, soll sie drittens das Vertrauen der Arbeiter_innen in die eigene Kraft und in die Solidarität der eigenen Klasse stärken.

Im Unterschied zum „Demokratismus" (Pouget 2014 a, 68) der bürgerlichen Gesellschaft sieht Émile Pouget die direkte Aktion im Feld der Ökonomie situiert. Ihre Wirkung ist zunächst eine epistemologische. Die direkte Aktion umfasst eine Reihe konfrontativer Strategien[17], die bewusst die unmittelbare Auseinandersetzung mit der Klasse der Produktionsmittelbesitzenden suchen. Dadurch führt sie in der Sphäre der Ökonomie die Differenzen zwischen den Klassen und damit die Klassenteilung der Gesellschaft überhaupt vor Augen. Sie bringt den „grundsätzlichen und vollständigen Bruch zwischen der kapitalistischen Gesellschaft und der Welt der Arbeiter [...] auf den Punkt" (Pouget 2014 d, 138) und kontestiert somit die bürgerliche Gleichheitsfiktion.

Durch ihre Provokationen und Konfrontationen lockt die direkte Aktion die Kapitalisten regelrecht hinter ihrer ideologischen Fassade hervor: „Hier ist der Feind sichtbar. Der Ausbeuter, der Unterdrücker können nicht hoffen, sich hinter trügerischen Masken zu verbergen oder mit ideologischem Plunder zu täuschen: Klassenfeinde sind sie und als solche erscheinen sie, offen und ungeschminkt!" (ebd., 139). Die Ökonomie wird so wieder als politischer Kampfplatz markiert. Im Vergleich zur parlamentarischen Politik des Bürgertums gewinnt die Auseinandersetzungen damit eine andere Qualität. „Hier bekämpft man sich", so Émile Pouget „mit offenem Visier und jeder Schlag trifft. Jeder Einsatz führt zu einem fassbaren, wahrnehmbaren Resultat: er äußert sich in einer unmittelbaren Verminderung der Unternehmermacht, in einer Lockerung der Ketten, die den Arbeiter an die Fabrik binden, einer relativen

---

17 Sie reichen vom einfachen Streik über Sabotage, Boykott oder Labeln bis hin zum Generalstreik. Rudolf Rocker beschreibt diese verschiedenen Praktiken ausführlich (vgl. Rocker 1989, 116ff.).

Erhöhung des Wohlstands" (ebd.). Die direkte Aktion führt also zu einer Repolitisierung der Ökonomie.

Zugleich wird daran aber auch deutlich, dass der direkten Aktion eine abwartende Haltung fremd ist. Sie setzt nicht auf den richtigen historischen Moment oder auf das große Ereignis. Sie ist vielmehr auf den Alltag gerichtet. Sie knüpft direkt an die „alltäglichen Kämpfe" (ebd., 144) der Arbeiter_innen an. Damit rücken deren eigene Kräfte und Fähigkeiten ins Zentrum. Für ihre Befreiung können die Arbeiter_innen nur auf sich selbst zählen. Hilfe von außen ist nicht zu erwarten. Daher ist der direkten Aktion ein antirepräsentatives Element eigen. Sie beinhaltet die Absicht „direkt, ohne Vermittler, zu handeln" (ebd., 139). Das Proletariat kann nur für sich selbst einstehen (vgl. Pelloutier 1921, 77). „*Direkte Aktion*", erläutert Victor Griffuelhes,

> „meint das Handeln der Arbeiter selbst, das heißt Handeln, das direkt von den Betroffenen ausgeübt wird. [...] Durch die *direkte Aktion* schafft sich der Arbeiter selbst seinen Kampf; er führt ihn selbst, entschieden, sich bei seinem Bemühen sich zu befreien auf niemand anders zu verlassen als auf sich selbst" (Griffuelhes 1908, 23; Übs. JS; kursiv i. O.).

Das setzt aber das Vertrauen der Arbeiter_innen in die eigenen Kräfte und Kapazitäten voraus. Es gilt also die durch die bürgerlich-kapitalistische Welt verstellten Potenziale zu mobilisieren, die dem Menschen als sozialem, als solidarischem Wesen eigen sind. Da die direkte Aktion den Aktivist_innen erlaubt, positive Erfahrungen in den Auseinandersetzungen mit den Arbeitgebern zu sammeln, geht von ihr eine „motivierende Kraft" (Pouget 2014 d, 138) aus. Sie sei eine Art „Gymnastik" (ebd.), die zugleich als Aufwärmübung und Stärkung für die künftig auszufechtenden Kämpfe wirkt: „Sie lehrt, auf sich selbst zu vertrauen! Sich auf sich selbst verlassen. Sein eigener Herr zu sein! Selbst handeln!" (ebd., 138-139).

Die direkte Aktion setzt zunächst im Alltag der Arbeitenden an, im alltäglichen Kampf um die kleinen und größeren Verbesserungen. Allerdings greift sie weit darüber hinaus. Als „der im Alltag gelebte Klassenkampf, [...] der permanente Angriff auf den Kapitalismus" (ebd., 145) ist sie zugleich ein Mittel zur Überwindung des kapitalistischen Ausbeutungs- und Herrschaftssystems. Durch die vielen, kleinen Schläge, die ihm so Tag für Tag versetzt werden, soll es so nach und nach weichgeklopft werden. „Und wenn die an Stärke und Bewusstsein gewachsene Arbeiterklasse bereit ist, die Produktion in ihren Besitz zu nehmen, und zur Tat schreitet, dann ist" so Pouget, auch „das direkte Aktion!" (ebd., 144).

Generalstreik

Das Prinzip der direkten Aktion kennzeichnet im Grunde alle Praktiken des Anarcho-Syndikalismus. Es umfasst die Gründungen von Gewerkschaften und das Betreiben von Arbeitsbörsen (vgl. Pouget 2014 d, 156; Pelloutier 1921) genauso wie die verschiedenen „Kampftechniken" (Rocker 1989, 116; Übs. JS) wie Streik, Sabotage, Boykott oder Labeln (vgl. dazu auch Pouget 2014 b, 97). Dem Generalstreik kommt unter diesen „Kampftechniken" (Rocker 1989, 116; Übs. JS) allerdings eine besondere Bedeutung zu. Er ist die „Form des höchsten Ausdrucks von direkter Aktion" (Pouget 2014 d, 154). Während ein einfacher Streik die kollektive „Verweigerung der Arbeit" (Pouget 2014 e, 188) in einer Fabrik, einem Unternehmen, für eine Branche oder in einer Region ist, geht der Generalstreik weit darüber hinaus. Er bezeichnet die gleichzeitige Arbeitsniederlegung in allen Branchen. Er ist die ultimative Art und Weise wie sich die Arbeiter_innen als gewichtiger, sozialer Faktor ins Spiel bringen können. Durch ihn wird die Ökonomie mit einem Schlag politisch. Er stellt insofern eine äußerst machtvolle Waffe im Klassenkampf dar. „Die große Bedeutung des Generalstreiks", schreibt Rocker, „liegt darin: Mit einem Schlag bringt er das gesamte wirtschaftliche System zum Stillstand und erschüttert es bis in seine Grundfesten hinein" (Rocker 1989, 122; Übs. JS). Für den Anarcho-Syndikalismus kam der Frage nach dem Generalstreik als entscheidendem Mittel zur Ablösung von kapitalistischer Ausbeutung und staatlicher Herrschaft daher eine zentrale Bedeutung zu.[18]

---

18 Die Debatte um den Generalstreik im radikalen Syndikalismus ist dokumentiert in *Déposseder les possédants. La grève générale aux ‚temps heroïque' du syndicalisme révolutionnaire (1895-1906)* (Chueca 2008). Dort sind auch zwei Beiträge Georg Sorels zu dieser Debatte aufgenommen (vgl. Sorel 2008 a; 2008 b; umfassend vgl. Sorel 1969). Zeev Sternhell hat in verschiedenen Publikationen gezeigt (vgl. Sternhell 1999; 2001), dass Sorel für den italienischen Faschismus ein wichtiger Impulsgeber und Vordenker war. Dass er gleichermaßen auf der Seite des Anarcho-Syndikalismus zur Debatte um den Generalstreik beitragen und als wichtiger Stichwortgeber des Faschismus fungieren konnte, legt freilich die Vermutung nahe, es gebe eine Verbindung zwischen beiden Positionen. Allerdings steht und fällt diese These mit der tatsächlichen Nähe oder Ferne Sorels zum Anarcho-Syndikalismus. Unter den Aktivist_innen selbst war jedenfalls umstritten, ob Sorel als Anarcho-Syndikalist verstanden werden könne. Michael Halfbrodt weist darauf hin, dass Sorels *Über die Gewalt* zwar „unter Akademikern" (Pouget 2014 h, 260; Fn 25) als anarcho-syndikalistischer „Grundlagentext" gelten würde (Pouget 2014 h, 260; Fn 25), tatsächlich handle es sich aber „um sehr persönliche, philosophische Betrachtungen im Anschluss an die syndikalistische Theorie und Praxis, die wie bereits zeitgenössische Beobachter herausgearbeitet haben, gravierende Unterschiede zu Letzterer aufweisen [...]" (Pouget 2014 h, 260; Fn 25). Aus der damaligen Debatte heraus haben laut Michael Halfbrodt insbesondere Gaetan Pirou (Pirou 1911) und Anton Acht (1911) diesen Punkt stark gemacht. Als Aktivist der zweiten Generation hat auch Rudolf Rocker die gedankliche Nähe Sorels zum Anarcho-Syndikalismus bestritten. Er schreibt: „In anderen Ländern begegnet man häufig der weit verbreiteten Meinung [...], dass der revolutionäre Syndikalismus in Frankreich seine Herkunft Intellektuellen wie G. Sorel, E. Berth und H. Lagardelle verdanke, die [...] auf ihre Weise die intellektuellen Schlüsse aus der neuen Bewegung gezogen haben. Das ist völlig falsch. Diese Männer haben niemals zur Bewegung selbst gehört, noch hatten sie einen erwähnenswerten Einfluss auf ihre interne Entwicklung" (Rocker 1989, 134; Übs. JS). Für Rocker war Sorel also kein anarcho-syndikalistischer Aktivist. Er hat vielmehr die anarcho-syndikalistische Position zum Generalstreik aufgegriffen und für seine eigenen, intellektuellen und politischen Interessen eingespannt. Der vorliegende Beitrag folgt dieser Zurückweisung Sorels durch die Aktivist_innen und nimmt deshalb seine Beiträge nicht in die Betrachtung der anarcho-syndikalistischen Vorstellung über den Generalstreik auf.

Das Konzept des Generalstreiks, wie es innerhalb der anarcho-syndikalistischen Strömung diskutiert wurde, steht im Schatten der *Commune*. (vgl. Chueca 2008 a, 10) Es beruht auf drei zentralen Prämissen. Die Idee des Generalstreiks ist erstens von dem Willen getragen, grundsätzlich an der vollständigen Emanzipation des Proletariats festzuhalten. Allerdings soll zweitens eine direkte Konfrontation mit der Staatsmacht in jedem Fall vermieden werden. Das ist die Lehre aus dem blutigen Ende der *Commune*. Drittens reflektiert sich im Konzept des Generalstreiks aber auch die Überzeugung, dass der Weg der Emanzipation nicht über die Parlamente führen kann. Der Generalstreik ist also zugleich auch eine Absage an die bürgerlichen Politikvorstellungen, die nach dem Ende der *Commune* im sozialistischen Lager vermehrt auf Zustimmung trafen. (vgl. Pouget 2014 h, 277; 278)

Der Generalstreik, schreibt Pouget, taucht in dem Moment auf „da die Arbeiterklasse ihre politischen Illusionen hinter sich lässt und ihre Organisationsbemühungen, ihren Kampfgeist und ihre Rebellion ganz auf das ökonomische Terrain konzentriert" (ebd., 275). Er sei „für die Arbeiter viel einträglicher als alle Versuche, auf parlamentarischem Wege die Staatsmacht zu einem Eingreifen im Sinne der Ausgebeuteten zu zwingen – weil es sich bei ihm um eine *ökonomische Waffe* handelt" (ebd., 286, kursiv i. O.). Er wird nicht formal erklärt und beginnt gerade nicht mit großen Massenkundgebungen und spektakulären Aktionen. Vielmehr schleicht er sich langsam an. In kleinen Schritten dringt er in die Ökonomie ein und wächst sich dann zu einer vollständigen Übernahme der Produktion durch die Arbeiter_innen aus. Jeder der Aufständischen, schreiben Henri Girard und Fernand Pelloutier in ihrem grundlegenden Text *Leçon faite par un ouvrier aux docteurs en socialisme*[19] (Girard/ Pelloutier 2008), „bleibe in seinem Viertel und führe dort die Übernahme durch, am Anfang kleine Werkstätten, Bäckereien, dann wichtigere Werkstätten, und, schließlich aber erst nach dem Sieg, die großen Industrieanlagen" (ebd., 77; Übs. JS). Der taktische Grundgedanke des Generalstreiks ist die Zerstreuung der Kräfte. Es geht darum, dem Gegner kein Ziel zu bieten, um so die einzelnen Aktivist_innen vor den Übergriffen der Staatsmacht zu schützen. Die häufig zitierte Formulierung von Henri Girard und Fernand Pelloutier lautet deshalb auch:

„[...] der Generalstreik soll eine Revolution sein, die sich überall und nirgends vollzieht, die Übernahme der Produktionsmittel soll für das Viertel, die Straße, das Haus durchgeführt werden, er soll gewissermaßen mehr sein als die Schaffung einer ‚aufständischen

---

19 Der Text ist als ein Gespräch zwischen fünf Arbeitern angelegt.Einer der fünf argumentiert für den Generalstreik und versucht die Einwände der anderen vier zu entkräften. Dabei werden die großen Fragen, die mit diesem Thema zusammenhängen, abgegangen, wie beispielsweise die Vorteile des Generalstreiks gegenüber partikulären Streiks, die Vorzüge gegenüber der parlamentarischen Politik, warum der Generalstreik als revolutionäres Mittel verstanden werden kann, wie so ein Generalstreik durchzuführen ist, wie er beginnt und wo er endet.(vgl. Girard/ Pelloutier 2008).

Regierung', mehr als die ,Diktatur des Proletariats', mehr als der ,Brennpunkt' des Aufstands, mehr als das Zentrum des Widerstands [...]" (ebd., 78; Übs. JS).

Dass der Generalstreik überall und nirgends stattfindet, darin liegt sein großer, taktischer Gewinn. Auf diese Weise werde das Risiko für den Einzelnen verringert, denn es sei wesentlich schwieriger, bei einem dezentralen Vorgehen Verantwortliche auszumachen und sollte der Streik scheitern, dann könne man relativ nahtlos wieder zum Alltag übergehen (vgl. ebd., 82).

Da der Generalstreik unmittelbar an die Erfahrungen der Arbeiter_innen anschließe, sei zudem die Mobilisierung zur Teilnahme leichter. Émile Pouget betont die Herkunft des Generalstreiks „aus dem Volk" (Pouget 2014 h, 275). Er sei von „,niederer' Herkunft" (ebd.) und habe seine Wurzeln nicht in den Gedanken von Intellektuellen, sondern in den praktischen Erfahrungen der Arbeitenden. Aus ihrer Lebens- und vor allem Arbeitssituation heraus gebe es keinen unmittelbareren Weg, Protest zu artikulieren, als die Arbeit zu verweigern (vgl. ebd., 276). Von dort aus sei es nur ein kleiner Schritt und es „entsteht und konkretisiert sich dann der Gedanke, diese Ausstandsbewegung zu verallgemeinern" (ebd.). Es sei demnach nicht besonders schwierig auf die Idee des Generalstreiks zu kommen. Sie folgt unmittelbar aus den Arbeitsverhältnissen und den Erfahrungen, die die Arbeitenden in ihnen sammeln. Der Generalstreik ist darin gewissermaßen bereits angelegt, weshalb er im Grunde von allen jederzeit durchgeführt werden kann.

Die durchschlagende Kraft des Generalstreiks entwickelt sich aber nicht allein durch die Tätigkeit der Streikenden. Vielmehr komme ihnen dabei die arbeitsteilige Struktur der modernen, bürgerlichen Gesellschaft entgegen (vgl. Girard/ Pelloutier 2008, 80). Wenn beispielsweise – so der Gedanke – die Transportinfrastruktur lahmgelegt würde, dann käme auf Grund der arbeitsteiligen Abhängigkeit der verschiedenen Industriesektoren schließlich das ganze System zum Halten. (vgl. ebd.). Daran wird zugleich deutlich, dass der Generalstreik sich nicht in den engen Grenzen der Taktik halten lässt. „Nein", heißt es im Text von Girard und Pelloutier, „der Generalstreik, ich sage es geradeheraus, ist eine Revolution" (ebd., 75; Übs. JS). Er ist also nicht nur Taktik, sondern im Kampf um die Überwindung von Ausbeutung und Herrschaft zugleich die Strategie. Indem durch ihn die Produzent_innen selbst in die Lage versetzt werden, die Kontrolle über die Produktion zu erlangen, ist er das ultimative Mittel zur Repolitisierung der Ökonomie. Der Generalstreik ist für den Anarcho-Syndikalismus die Bedingung der Möglichkeit zur Übernahme der gesamten „sozialen Maschine" (ebd., 85; Übs. JS).

Miguel Chueca (vgl. Chueca 2008 a, 12) hat darauf hingewiesen, dass dem Generalstreik in der Formierung des Anarcho-Syndikalismus eine zentrale Rolle zukam. Er kann als Gradmesser für die Verschmelzung von Anarchismus und Syndikalismus verstanden werden. Je stärker die beiden Strömungen zusammenfanden, umso tiefer wurde der Generalstreik als Aktionsmethode des Anarcho-Syndikalismus in dessen

Statuten verwurzelt. Auch hier bildet der Kongress von Amiens den Endpunkt der Entwicklung und den Beginn der Hochphase des anarcho-syndikalistischen Amalgams. In der auf dem Kongress verabschiedeten *Charta von Amiens* (o.V. 2014) wurde unmissverständliche festgehalten, dass die *CGT* „das Werk umfassender Befreiung" (ebd., 291) betreibe, „die nur über die Enteignung der Kapitalisten erreicht werden kann; sie befürwortet als Aktionsmethode den Generalstreik" (ebd.). In den Augen Pougets erweist sich der Anarcho-Syndikalismus deshalb als wahrer Erbe der Ersten Internationalen. Deren Mitglieder hatten auf ihrem Kongress 1873 den Arbeiter_innen „*den internationalen Aufbau von Berufverbänden*" (Resolution des Kongress der Ersten Internationalen 1873, zitiert nach Pouget 2014 h, 278; kursiv i. O.) empfohlen, solange hinsichtlich des Generalstreiks keine Einigung zu erreichen sei. Für Pouget dokumentiert sich darin die Einsicht, dass „der Generalstreik eine abstrakte Forderung ohne revolutionären Wert bleiben würde, so lange die Arbeiterklasse sich keine stabilen ökonomischen Organe geschaffen hätte" (ebd.). Der Anarcho-Syndikalismus ist dann nichts anderes als der Versuch, dem Generalstreik die nötige, organisatorische Unterlage zu schaffen – oder umgekehrt: die soziale Praxis mit Hilfe der gewerkschaftlichen Organisationen hier und jetzt so einzurichten, dass sich durch den Generalstreik bedenkenlos die gesamte, bürgerliche Gesellschaft abräumen lässt.

3.2 Das Syndikat als Gegenentwurf zur bürgerlich-kapitalistischen Gesellschaft

Damit spielen die gewerkschaftlichen Organisationen im anarcho-syndikalistischen Gegenentwurf zur bürgerlichen Gesellschaft eine tragende Rolle. „Historisch", erläutert Pierre Rosanvallon, indem er sich Kategorien von Marcel Mauss bedient

> „[…] hat sich der Syndikalismus als eine ‚totale soziale Tatsache' gebildet. Er schloss die unterschiedlichen Arten und Weisen der Sozialbeziehungen, die die Arbeiterklasse sowohl in ihrem Inneren wie in ihren Verhältnissen nach außen unterhielt, ein. Die institutionelle Dimension, die Dimension als soziale Gemeinschaft und die Dimension als Werkzeug zum Kampf waren verbunden. Die Zugehörigkeit zur Gewerkschaft äußerte sich in einer Vielfalt an Beziehungen und Gebräuchen. Mitglied zu sein, bedeutete nicht nur Beiträge an eine Organisation zu bezahlen, sondern in eine Gemeinschaft einzutreten" (Rosanvallon 1998, 30-31; Übs. JS).

Gewerkschaften waren für den Anarcho-Syndikalismus nicht einfach Selbstvertretungsorganisationen der Arbeiternehmer_innen für die Auseinandersetzungen mit den Arbeitgebern. Die Mitgliedschaft in einer Gewerkschaft war wesentlich mehr. Sie bedeutete Teil einer Gemeinschaft, Teil eines umfassenden Lebensentwurfs, einer alternativen Lebenswelt zu sein. Was sich hier als ‚totale soziale Tatsachen'[20] beschrieben findet, ist nichts anderes als der soziologisch bemerkenswerte Versuch der anarcho-syndikalistischen Aktivist_innen, einen umfassenden, gesellschaftlichen Gegenentwurf zur bürgerlichen Welt zu realisieren. „Für den *Syndikalisten*", betont Pouget, „ist das Syndikat die Gruppierung schlechthin, die allen Bedürfnissen und Bestrebungen gerecht wird und deshalb allen Anforderungen genügt" (Pouget 2014 a, 53; kursiv i. O.). Charakteristisch für diese Unternehmung ist zweierlei: Erstens seine Ungeduld. Hier und jetzt müssen die Möglichkeiten zur Entfaltung der proletarischen Welt gegen die bürgerliche ausgelotet werden. „[I]m gegenwärtigen Gesellschaftssystem die Elemente eines neuen Systems zu suchen" (Pelloutier 1921, 112; Übs. JS) lautet daher die Zielstellung der gewerkschaftlichen Arbeit. Daraus ist der Versuch erwachsen, ein gesellschaftliches Leben jenseits von Ausbeutung und Unterdrückung aus der syndikalistischen Praxis heraus zu entfalten und zwar bereits jetzt, in den Abgründen und Verwerfung der kapitalistischen Gesellschaft selbst. Zweitens ist der Gegenentwurf durch einen starken, soziologischen Realismus der Aktivist_innen gekennzeichnet. Ihr Hauptaugenmerk liegt auf der organisatorischen Basis der neuen Gesellschaft. Sie kann nicht in der Luft schweben. Als umfassender Gegenentwurf zur bürgerlichen Gesellschaft sollen die gewerkschaftlichen Organisationen das praktische Fundament einer kommenden Gesellschaft bilden. Das Syndikat, so Pouget, „wird die Keimzelle der neuen Gesellschaft sein" (Pouget 2014 b, 97). Dort wird die für den Menschen wesentliche Solidarität wiederhergestellt. Die gewerkschaftlichen Organisationen sind so ein Vorschein auf eine kommende Gesellschaft, in der das, was dem Menschen ohnehin schon immer gegeben war, sich vollständig entfalten und entwickeln können wird: die dem Menschen als sozialem Wesen eigene Solidarität. Das „gewerkschaftliche Recht" (Pouget 2014 a, 72), so Émile Pouget, geht „von individueller Souveränität und menschlicher Autonomie aus und führt zum Bündnis für das Leben, zur Solidarität" (ebd.). Damit dienen die Gewerkschaften der „Vorbereitung der Zukunft" (Pouget 2014 b, 97), indem sie versuchen, „die Arbeiter gedanklich auf die Gestaltung einer neuen Gesellschaft ohne

---

20 Marcel Mauss fasst die ‚totalen sozialen Tatsachen' folgendermaßen „In diesen [...] ‚totalen' gesellschaftlichen Phänomenen kommen alle Arten von Institutionen gleichzeitig und mit einem Schlag zum Ausdruck: religiöse, rechtliche und moralische – sie betreffen Politik und Familie zugleich; ökonomische – diese setzen besondere Formen der Produktion und Konsumtion oder vielmehr der Leistung und Verteilung voraus; ganz zu schweigen von den ästhetischen Phänomenen, in welche jene Tatsachen münden, und den morphologischen Phänomenen, die sich in diesen Institutionen offenbaren" (Mauss 1990, 18).

Kapitalisten vorzubereiten" (Pouget 2014 e, 166).[21] Als „autonome Organe der Arbeiterklasse" (Pouget 2014 c, 128) stellen sie den sozialen Ort dar, um hier und jetzt schon einmal das soziale Fundament zu gründen, auf dem die neue Gesellschaft aufruhen wird. Die Syndikate stehen am Übergang zwischen bürgerlich-kapitalistischer und kommunistischer Gesellschaft und haben dem entsprechend zwei Gesichter. Sie arbeiten daran,

„den Berufsstand permanent vor jedem Verlust des Erreichten bewahren [...], die Defensive um die Offensive zu ergänzen und das Wohlergehen des Berufsstandes zu mehren, was nur durch einen Angriff auf die kapitalistischen Privilegien geschehen kann und somit eine Art Teilenteignung darstellt. Über diesen dauernden Kleinkrieg hinaus betreibt die Gewerkschaft das Werk umfassender Befreiung, wofür sie das geeignete Instrument ist: dieses Werk besteht darin, den gesellschaftlichen Reichtum in Besitz zu nehmen, der sich heute in den Händen der Bourgeoisie befindet, und die Gesellschaft auf kommunistische Grundlage neu aufzubauen, um mit dem geringstmöglichen Arbeitsaufwand ein Maximum an Wohlstand zu erzielen" (Pouget 2014 a, S. 70).

Die Gewerkschaft ist in diesem doppelten Sinne „eine Kampforganisation" (Pouget 2014 b, 100). Sie bereitet hier und jetzt schon einmal den Boden vor, in dem dann die kommende, solidarische Gesellschaft ihre Wurzeln schlagen kann.

4. Fazit

Zwischen der Hochphase des Anarcho-Syndikalismus und heute sind derweil über 100 Jahre vergangen. Dazwischen liegen zwei Weltkriege, Aufstieg und Niederschlagung des Faschismus sowie des Nationalsozialismus und schließlich die Herstellung des Klassenkompromisses durch den sozialen Wohlfahrtsstaat in den europäischen Staaten der Nachkriegszeit. Von diesen historischen Brüchen und gesellschaftlichen Veränderungen ist auch der Anarcho-Syndikalismus nicht unberührt geblieben.

---

21 Dieser Anspruch schlägt sich auch im Aufbau sowie in den politischen Verfahren innerhalb der Gewerkschaftsorganisationen nieder. Die Mitarbeit in den Gewerkschaften ist vor allem als Einübung von Autonomie konzipiert. Die *CGT* wird nicht als „Leitungsgremium" (Pouget 2014 e, 178), sondern als „Organ zur Koordination und Ausweitung der revolutionären Aktionen der Arbeiterklasse" (ebd.) verstanden. Entscheidungen werden in den einzelnen Syndikaten getroffen. Ziel ist es, ihre Autonomie zu wahren (vgl. ebd.). Ähnliches gilt auch für die Syndikate selbst. Der Schutz der Autonomie des Einzelnen ist ihre Geschäftsgrundlage. Pouget betont daher: „Das Individuum ist die Grundzelle der Gewerkschaft. [...] Wer einer Gewerkschaft beitritt, bleibt, was er vorher gewesen ist – ein unabhängiger Menschen" (Pouget 2014 b, 89). Bei der Mitgliedschaft in einer Gewerkschaft kann es sich deshalb nur um einen „stets kündbaren Vertrag mit anderen Arbeitern" (ebd.) handeln. Den Beschlüssen der Gewerkschaften, die ausschließlich im Rahmen von Versammlungen aller Mitglieder herbeigeführt werden, unterwerfen sich die Mitglieder freiwillig. Der Vorstand einer Gewerkschaft ist wiederum kein Entscheidungsgremium. Ihm werden lediglich „Verwaltungsaufgaben" (ebd.) übertragen. Seine Wahl geht mit „keiner Machtübertragung einher" (ebd.).

Sein Ende als proletarische Massenbewegung in Frankreich fällt zusammen mit der militärisch erzwungenen Machtübernahme – sei es direkt durch Besetzung oder indirekt durch Kollaboration – des nationalsozialistischen Deutschlands in Frankreich. Gerade dieses Ende wirft aber einen durchaus düsteren Schatten auf die vorangegangene Geschichte und die Erfolge der anarcho-syndikalistischen Bewegung. Jacques Rancière (vgl. Rancière 1977) nennt eine ganze Reihe führender Anarcho-Syndikalisten, die sich nach dem Sieg der deutschen Wehrmacht 1940 über Frankreich auf die Seite des von Deutschland unterstützten Vichy-Regimes geschlagen haben (vgl. ebd., 24). Er spricht von einer regelrechten „Anwerbung eines beträchtlichen Teils des syndikalistischen Apparats durch die Staatsmaschine Vichys" (ebd., 26; Übs. JS). Bemerkenswert ist jedoch, dass dieses Engagement für das Vichy-Regime für die Aktivist_innen keinen Bruch mit ihren Überzeugungen darstellte (vgl. Dumoulin zitiert nach ebd., 26).

Diese Kontinuitätsbehauptung zwischen der Hochzeit des Anarcho-Syndikalismus und der Kollaboration mit dem durch das nationalsozialistische Deutschland beherrschten Frankreich wirft Fragen auf. Es scheint als hätten die anarcho-syndikalistischen Aktivist_innen von damals ihren politischen Kompass verloren. Tatsächlich lassen sich aber Berührungspunkte zwischen dem anarcho-syndikalistischen Denken und der nationalsozialistischen Ideologie identifizieren. Gemeinsam sind beiden beispielsweise die radikale Ablehnung der bürgerlichen Welt, die Verachtung der parlamentarischen Politikformen sowie der Kampf gegen die staatssozialistischen Strömungen (vgl. ebd., 24-25). Vor allem teilen sie aber die Erwartung einer neuen, jenseits der Klassenspaltung sich konstituierenden Gesellschaft (vgl. ebd., 27). Der zentrale Unterschied zwischen Anarcho-Syndikalismus und Nationalsozialismus liegt jedoch in deren Begründung: Während der Anarcho-Syndikalismus im Ökonomischen ansetzt, dort die strukturellen Ursachen der Klassenspaltung verortet und deren Aufhebung folglich an den erfolgreichen Kampf der Arbeit gegen das Kapital knüpft, kreisen die nationalsozialistischen Homogenitätsfantasien um Konzepte wie Blut, Rasse, Boden und Volk. Ihnen wird gegenüber der Klassenspaltung ein Vorrang eingeräumt. Ökonomische Ungleichheiten verblassen so. Sie können gegenüber der ‚eigentlichen' – durch Blut, Rasse, Boden und Volk – begründeten Gemeinschaft der Gleichen als zu vernachlässigbare Effekte behandelt werden. In der rassistischen Ideologie wird so zusammengebracht, was in der Wirklichkeit weit auseinanderklafft. Auf diesen ideologischen Effekt des Nationalsozialismus hat insbesondere Franz Neumann hingewiesen (vgl. Neumann 1984). Er hat gezeigt, dass sich hinter der ideologischen Fassade des Nationalsozialismus weiterhin eine kapitalistische Ökonomie verbarg. Die neue Gesellschaft des Nationalsozialismus war also ökonomisch betrachtet nur scheinbar neu, nur scheinbar eine klassenlose Gesellschaft. Jenseits des vermeintlich durch Boden, Blut und Rasse verbundenen Volkes, war die Gesellschaft weiterhin in Klassen gespalten. Die Kritik des Anarcho-Syndikalismus an den imaginären Gleichheits- und Homogenitätsvorstellungen hätte sich demnach auch gegen den Nationalsozialismus in Stellung bringen lassen. Dass ein nicht unwesentlicher Teil der Aktivist_innen dennoch den nationalsozialistischen Suggestionen Glauben schenken und den Nationalsozialismus als Ankunft der neuen Gesellschaft begreifen wollte, lässt dagegen umso deutlicher die Verführungskraft imaginärer Homogenitäts- und Gleichheitsvorstellungen hervortreten. Die Lehre daraus lautet, dass trotz aller Kritik an gesellschaftlicher Ungleichheit und Klassenspaltung stets die größten Vorbehalte gegenüber homogenisierenden Konzepten wie Nation oder Volk angebracht sind. Die Kritik lässt sich nicht durch diese Imaginationen ersetzen. Deren fiktiven Gleichheitsversprechen sind niemals zu trauen.

Die Verstrickungen von Teilen der anarcho-syndikalistischen Bewegung in die Kollaboration sind jedoch nicht die Ursache dafür, dass der Anarcho-Syndikalismus nach dem Zweiten Weltkrieg nicht mehr an seine Erfolge als Massenbewegung anschließen konnte.[22] Dafür ist vor allem der Wandel der europäischen Nachkriegsgesellschaften verantwortlich. Mit dem Auf- und Ausbau der Wohlfahrtstaaten sind die harten Klassenkonflikte abgeschliffen worden. Durch das mit ihm etablierte System der gesellschaftlichen Umverteilung konnten viele soziale Risiken abgefedert sowie dauerhafte Zukunftsperspektiven eröffnet werden und durch die Sozialpartnerschaft waren institutionelle Wege gefunden worden, die Lohnaushandlungen in geregelte Bahnen zu lenken und sicherzustellen, dass auch den Arbeiter_innen ein Lohn ausgezahlt wurde, der ihnen eine umfassende Teilhabe am gesellschaftlichen Reichtum ermöglichte. Es setzte ein Prozess der Verkleinbürgerlichung der Arbeitnehmer_innen ein. Für den Anarcho-Syndikalismus waren somit zentrale Anknüpfungspunkte weggefallen. Wenn die Rede vom Proletariat keinen sozialen Sinn mehr hat, dann verhallen auch die Aufrufe zum Klassenkampf ungehört. Unter den Bedingungen des Sozialstaats griffen die anarcho-syndikalistischen Konzepte ins Leere. Dem Anarcho-Syndikalismus war gewissermaßen sein Subjekt abhandengekommen.

Ob der neoliberale Rückbau des Sozialstaats in den europäischen Ländern an dieser Situation etwas ändern wird, indem sich neue Einsatzpunkte für den Anarcho-Syndikalismus als Massenbewegung eröffnen, bleibt freilich abzuwarten. Was sich derweil aber konstatieren lässt, ist ein wieder zunehmendes Interesse an den anarcho-syndikalistischen Kampftechniken – insbesondere am Generalstreik[23]. Das fortlaufende Hinausgreifen des Kapitalismus über sich selbst, lässt ihn gewissermaßen kybernetisch werden (vgl. Tiqqun 2007). Er durchdringt mehr und mehr alle sozia-

---

22 Was nicht bedeutet, dass es keine anarcho-syndikalistischen Gewerkschaften mehr gibt. Sie sind aber eben keine Massenorganisationen mehr, sondern eher Trägerinnen des anarcho-syndikalistischen Gedankenguts.
23 Allein 2016 gab es Generalstreiks in Frankreich, Griechenland und Spanien. In Italien wurde zumindest mit Generalstreik gedroht.

len Verhältnisse und ist dennoch nirgends wirklich zu fassen. Was liegt da näher, als mit einer Form des Aufstands zu reagieren, die selbst überall und nirgends ist?[24]

Literatur

Acht, Anton (1911): *Der moderne französische Syndikalismus*, Jena: G. Fischer.

Anderson, Benedict (1996): *Die Erfindung der Nation. Zur Karriere eines folgenreichen Konzepts*, Frankfurt am Main/ New York: Campus.

Bakunin, Michael (1975 a; orig. 1870): *Gott und der Staat*, in: ders. (1975): Gesammelte Werke Band 1, Berlin: Karin Kramer Verlag.

Bakunin, Michael (1975 b; orig. 1866): *Prinzipien und Organisation der Internationalen Revolutionären Gesellschaft*, in: ders. (1975): Gesammelte Werke Band 3, Berlin: Karin Kramer Verlag.

Berry, David (2009): *A History of the French Anarchist Movement. 1917 to 1945*, Oakland, Edinburgh, West Virginia: AK Press.

Borkenau, Franz (1937): *The Spanish Cockpit. An eye-witness account of the political and social conflicts of the Spanish civil war*, London: Faber & Faber.

Campagna, Norbert (2016): ‚Pierre-Joseph Proudhon (1809-1865)', in: Voigt, Rüdiger (2016) (Hrsg.): *Staatsdenken. Zum Stand der Staatstheorie heute*, Baden-Baden: Nomos, S: 207-211.

Chueca, Miguel (2008) (Hrsg.): *Déposséder les possédants. La grève générale aux ‚temps heroïque' du syndicalisme révolutionnaire (1895-1906)*, Marseille: Agone.

Chueca, Miguel (2008 a): ‚Considérations pour introduire à un débat inachevé', in: ders. (2008) (Hrsg.): *Déposséder les possédants. La grève générale aux ‚temps heroïque' du syndicalisme révolutionnaire (1895-1906)*, Marseille: Agone, S. 7-43.

Engels, Friedrich (1952; orig. 1894): *Herrn Eugen Dührings Umwälzung der Wissenschaft. [„Anti-Dühring"]*, Berlin: Dietz Verlag.

Engels, Friedrich (1953 a; orig. 1891): ‚Karl Marx. Der Bürgerkrieg in Frankreich. Einleitung von Friedrich Engels', in: Marx, Karl/ Engels, Friedrich (1953): *Ausgewählte Schriften in zwei Bänden. Band I*, Berlin: Dietz Verlag, S. 446-457.

Engels, Friedrich (1953 b; orig. 1891): ‚Der Ursprung der Familie, des Privateigentums und des Staates', in: Marx, Karl/ Engels, Friedrich (1953): *Ausgewählte Schriften in zwei Bänden. Band II*, Berlin: Dietz Verlag, S. 159-304.

Enzensberger, Hans Magnus (1977): *Der kurze Sommer der Anarchie. Buenaventura Durrutis Leben und Tod*, Frankfurt am Main.

Girard, Henri/ Pelloutier, Fernand (2008; orig. 1895): ‚Leçon faite par un ouvrier aux docteurs en socialisme', in: Chueca, Miguel (2008) (Hrsg.): *Déposséder les possédants. La grève générale aux ‚temps héroïques' du syndicalisme révolutionaire (1895-1906)*, Marseille: Agone, S. 67-86.

---

24 Für anregende Gespräche, Hinweise und Verbesserungsvorschläge zu diesem Text danke ich Anna Steenblock, Ulla Connor, Daniel Engel und Helmuth Berking.

Griffuelhes, Victor (1908): *L'Action Syndicaliste*, Paris: Librairie des Science Politiques & Sociales Marcel Rivière.

Guérin, Daniel (1969): *Anarchismus. Begriff und Praxis*, Frankfurt am Main: Suhrkamp.

Hobbes, Thomas (1966): *Leviathan oder Stoff, Form und Gewalt eines kirchlichen und bürgerlichen Staates.* Herausgegeben und eingeleitet von Iring Fetscher, Frankfurt am Main: Suhrkamp.

Jauch, Susanne; Morell, Renate; Schickler, Ulla (1984): *Gewerkschaftsbewegung in Frankreich und Deutschland. Ein kontrastiver Vergleich ihrer zentralen Merkmale bis zum Ersten Weltkrieg*, Frankfurt am Main/ New York: Campus Verlag.

Kersting, Wolfgang (1992): *Thomas Hobbes zur Einführung*, Hamburg: Junius.

Lenin, Wladimir Iljitsch (1975; orig.: 1917): ‚Staat und Revolution', in: ders. (1975): *Ausgewählte Werke in sechs Bänden. Herausgegeben vom Institut für Marxismus-Leninismus beim ZK der SED. Band III*, Berlin: Dietz Verlag, S. 461-584.

Marx, Karl (1953 a; orig. 1871): ‚Allgemeine Statuten der Internationalen Arbeiterassoziation', in: Marx, Karl/ Engels, Friedrich (1953): *Ausgewählte Schriften in zwei Bänden. Band I*, Berlin: Dietz Verlag, S. 360-363.

Marx, Karl (1953 b; orig. 1871): ‚Adresse des Generalrats über den Bürgerkrieg in Frankreich 1871', in: Marx, Karl/ Engels, Friedrich (1953): *Ausgewählte Schriften in zwei Bänden. Band I*, Berlin: Dietz Verlag, S. 471-514.

Marx, Karl (1975; orig. 1890): *Das Kapital. Kritik der politischen Ökonomie. Erster Band. Buch I: Der Produktionsprozeß des Kapitals. Marx und Engels Werke Band 23*, Berlin: Dietz Verlag.

Marx, Karl (1970; orig. 1863/65): *Resultate des unmittelbaren Produktionsprozesses*, Frankfurt am Main: Verlage Neue Kritik.

Marx, Karl/ Friedrich Engels (1990; orig. 1845/46): ‚Die Deutsche Ideologie', in: Institut für Geschichte der Arbeiterbewegung Berlin (1990) (Hrsg.): *Karl Marx/ Friedrich Engels Werke. Band 3*, Berlin: Dietz Verlag, S. 9-530.

Mauss, Marcel (1990; orig. 1923/24): *Die Gabe. Form und Funktion des Austauschs in archaischen Gesellschaften*, Frankfurt am Main: Suhrkamp.

Monatte, Pierre (1976 a; orig. 1946): ‚Pas-de-Calais', in: ders. (1976): *La Lutte Syndicale.* Présentation de Colette Chambelland, Paris: François Maspero, S. 12-25.

Monatte, Pierre (1976 b: orig. 1906): ‚Un crime capitaliste: Courrières', in: ders. (1976): *La Lutte Syndicale.* Présentation de Colette Chambelland, Paris: François Maspero, S. 26-33.

Monatte, Pierre (1976 c: orig. 1906): ‚Le complot', in: ders. (1976): *La lutte syndicale.* Présentation de Colette Chambelland, Paris: François Maspero, S. 34-39.

Negt, Oskar/ Kluge, Alexander (1972): *Öffentlichkeit und Erfahrung. Zur Organisationsanalyse von bürgerlicher und proletarischer Öffentlichkeit*, Frankfurt am Main: Suhrkamp.

Neumann, Franz (1984): *Behemoth. Struktur und Praxis des Nationalsozialismus*, Frankfurt am Main: Fischer Verlag.

o.V. (2014; orig. 1906): ‚Charta von Amiens', in: Pouget, Émile (2014): *Die Revolution ist Alltagssache. Schriften zur Theorie und Praxis des revolutionären Syndikalismus.* Übersetzt, eingeleitet und kommentiert von Michael Halfbrodt, Verlag Edition AV, S. 291-292.

Pelloutier, Fernand (1895): ‚L'anarchisme et les syndicats ouvriers', in: *Les temps nouveau*, Première Année No 27, 2.-8. Novembre 1895, S. 2-4.

217

Pelloutier, Fernand (1921): *Histoire des Bourses du Travail. Origine. Institutions. Avenir*, Paris: Ancienne Libraire Schleicher.

Pirou, Gaetan (1911): ‚A propos du syndicalisme révolutionaire. Théoriciens et militants', in: *Revue politique et parlementaire*, Band 70, Heft 208, S. 130-142.

Pouget, Émile (2014): *Die Revolution ist Alltagssache. Schriften zur Theorie und Praxis des revolutionären Syndikalismus*. Übersetzt, eingeleitet und kommentiert von Michael Halfbrodt, Verlag Edition AV.

Pouget, Émile (2014 a; orig. 1903): ‚Die Grundlagen des Syndikalismus', in: ders. (2014): *Die Revolution ist Alltagssache. Schriften zur Theorie und Praxis des revolutionären Syndikalismus*. Übersetzt, eingeleitet und kommentiert von Michael Halfbrodt, Verlag Edition AV, S. 53-78.

Pouget, Émile (2014 b; orig. 1904): ‚Das Syndikat', in: ders. (2014): *Die Revolution ist Alltagssache. Schriften zur Theorie und Praxis des revolutionären Syndikalismus*. Übersetzt, eingeleitet und kommentiert von Michael Halfbrodt, Verlag Edition AV, S. 79-105.

Pouget, Émile (2014 c; orig. 1905): ‚Die Partei der Arbeit', in: ders. *Die Revolution ist Alltagssache. Schriften zur Theorie und Praxis des revolutionären Syndikalismus*. Übersetzt, eingeleitet und kommentiert von Michael Halfbrodt, Verlag Edition AV, S. 107-136.

Pouget, Émile (2014 d; orig. 1907): ‚Die direkte Aktion', in: ders. *Die Revolution ist Alltagssache. Schriften zur Theorie und Praxis des revolutionären Syndikalismus*. Übersetzt, eingeleitet und kommentiert von Michael Halfbrodt, Verlag Edition AV, S. 137-162.

Pouget, Émile (2014 e; orig. 1908): ‚Die Confédération générale du Travail (CGT)', in: ders. *Die Revolution ist Alltagssache. Schriften zur Theorie und Praxis des revolutionären Syndikalismus*. Übersetzt, eingeleitet und kommentiert von Michael Halfbrodt, Verlag Edition AV, S. 163-209.

Pouget, Émile (2014 f; orig. 1911 od. 1912): ‚Die Sabotage', in: ders. (2014): *Die Revolution ist Alltagssache. Schriften zur Theorie und Praxis des revolutionären Syndikalismus*. Übersetzt, eingeleitet und kommentiert von Michael Halfbrodt, Verlag Edition AV, S. 211-261.

Pouget, Émile (2014 g; orig. 1894): ‚Auf einen Schelm anderthalben', in: ders. (2014): *Die Revolution ist Alltagssache. Schriften zur Theorie und Praxis des revolutionären Syndikalismus*. Übersetzt, eingeleitet und kommentiert von Michael Halfbrodt, Verlag Edition AV, S. 265-273.

Pouget, Émile (2014 h; orig. 1904): ‚Der Generalstreik', in: ders. (2014): *Die Revolution ist Alltagssache. Schriften zur Theorie und Praxis des revolutionären Syndikalismus*. Übersetzt, eingeleitet und kommentiert von Michael Halfbrodt, Verlag Edition AV, S. 275-289.

Proudhon, Pierre-Joseph (1865): *De la capacité politique des classes ouvrières*, Paris: E. Dentu, Libraire-Éditeur.

Rancière, Jacques (1977): ‚De Pelloutier à Hitler. Syndicalisme et collaboration', in: *Les révoltes logiques*, 1977, No. 4, S. 23-61.

Rocker, Rudolf (1989; orig. 1938): *Anarcho-Syndicalism in theory and practice*. London: Pluto Press.

Rosanvallon, Pierre (1998): *La question syndicale*, Paris: Hachette Littératures.

Rousseau, Jean-Jacques (2005): *Der Gesellschaftsvertrag*, Frankfurt am Main: Fischer Taschenbuchverlag.

Rousseau, Jean-Jacques (2010): *Abhandlung über den Ursprung und die Grundlagen der Ungleichheit unter den Menschen*, Stuttgart: Reclam.

Schöttler, Peter (1981): *Die Entstehung der „Bourses du Travail".* *Sozialpolitik und französischer Syndikalismus am Ende des 19. Jahrhunderts*, Frankfurt am Main/ New York: Campus Verlag.

Schmiede, Rudi (1988): ‚Reelle Subsumtion als gesellschaftstheoretische Kategorie', in: Schumm, Wilhelm (ed.): *Zur Entwicklungsdynamik des modernen Kapitalismus: Beiträge zur Gesellschaftstheorie, Industriesoziologie und Gewerkschaftsforschung; Symposium für Gerhard Brandt*, Frankfurt am Main: Campus Verlag, S. 21-38.

Sorel, Georg (1969): *Über die Gewalt.* Frankfurt am Main: Suhrkamp.

Sorel, Georg (2008 a): ‚Préface à la brochure L'Avenir socialiste des syndicats', in: Chueca, Miguel (2008) (Hrsg.): *Déposséder les possédants. La grève générale aux ‚temps heroïque' du syndicalisme révolutionnaire (1895-1906)*, Marseille: Agone, S. 206-212.

Sorel, Georg (2008 b): „‚‚La Grève générale prolétarienne", chapitre IV des Réflexions sur la violence', in: Chueca, Miguel (2008) (Hrsg.): *Déposséder les possédants. La grève générale aux ‚temps heroïque' du syndicalisme révolutionnaire (1895-1906)*, Marseille: Agone, S. 212-220.

Sternhell, Zeev (1999): *Die Entstehung der faschistischen Ideologie. Von Sorel zu Mussolini*, Hamburg: Hamburger Edition.

Sternhell, Zeev (2001): *Faschistische Ideologie*, Berlin: Verbrecher Verlag.

Tiqqun (2007): *Kybernetik und Revolte*, Zürich/ Berlin: diaphanes.

Woodcock, George (1962): *Anarchism*, Harmondsworth, Middlesex: Penguin Books.

.

Teil III

Oliver Eberl

Der Staat und die Fremden: ‚Barbarei', ‚Edle Wilde' und die Kritik der Gesellschaft mit Montaigne und Rousseau

Der hier behandelte Strang des französischen politischen Denkens hat in besonderem Maße gegenüber eine Gegenposition zum traditionellen Barbarendiskurs, wie er in der Antike begründet wurde und nach der europäischen Entdeckung Amerikas in der Frühen Neuzeit eine Renaissance erfuhr, eingenommen und eine grundlegende Skepsis gegenüber dem europäischen Zivilisationsdiskurs formuliert. Dieser Strang beginnt mit Montaigne und reicht über Claude Lévi-Strauss und Pierre Clastres bis zu Michel Foucault und darüber hinaus. Sein Merkmal ist die explizite Konfrontation und Kombination von Philosophie und Ethnologie. In Verlängerung dieser Perspektive und aufbauend auf Foucault konnte Heinrich Fink-Eitel (1984) seine große Arbeit *Die Philosophie und die Wilden* als „Ethnologie der eigenen Kultur" beschreiben. Damit ist die Blickumkehr vollendet und die staatsbegründende Philosophie durch die Kombination mit beschreibender Ethnologie in eine Kritik der eigenen Gesellschaft transformiert worden.

Eine solchermaßen ethnologische Selbstkritik, die in der verwunderten Wahrnehmung und Beschreibung des europäischen Kinderkönigs durch die Augen und den Mund eines brasilianischen Indigenen bei Montaigne beginnt, bedeutet nicht nur die Rehabilitierung des Fremden in seiner stärksten Inkarnation, nämlich des ‚Wilden', sie bildet auch eine Alternative zu jener Gesellschaftskritik, die die eigene Gesellschaft mittels der Gegenüberstellung von ‚Kultur, und ‚Barbarei', betrachtet und dafür ‚Barbarei' in einem traditionellen Sinne als defizitäre Abweichung verstehen muss und dadurch den kolonialen Barbareidiskurs verlängert.[1] Entscheidend für die Entwicklung einer Alternative ist die Eigenschaft des kritischen französischen Staatsdenkens, sich die eigenen Vorurteile gegenüber den Fremden bewusst zu machen und sich so einen neuen Blick auf die Menschen der sog. Neuen Welt zu erarbeiten, von dem aus auch die eigene Kultur anders als als ‚Rückstand' oder ‚Rückfall' in ‚Barbarei' kritisiert werden kann. Der verwunderte Blick der Anderen auf die eigene Gesellschaft, den Montaigne am Beispiel des brasilianischen Indigenen zur Kritik der eigenen Gesellschaft entwickelt hatte, fand später Nachahmung in den *Persischen Briefen* Montesquieus, der das Stilmittel des Blicks der Anderen in sei-

---

1 Es ist nicht ganz abwegig, diesen Gedankenstrang der eher deutschen Tradition der Kulturkritik zuzurechnen, doch findet sich dieser auch in der französischen Position eines römisch inspirierten Humanismus, der die Kultur der ‚Barbarei' gegenüberstellt. Siehe hierzu Eberl 2016.

nem Briefroman anhand zweier in Paris lebender Perser entwickelt, um seine Kritik zu formulieren. Diese später beliebt werdende Stilisierung überblendet freilich den sprechenden ‚Wilden' vollständig mit den eigenen Vorstellungen, sie verfährt aber insofern „ethnologisch", als dass sie mit dieser alternativen Form der Kritik die eigene Gesellschaft als fremde betrachtet und dazu gleichzeitig den Fremden in seiner Urteilskraft rehabilitiert. Das Verständnis der eigenen und der anderen Kulturen wird so einerseits von den Vorurteilen des Barbarendiskurses befreit und so überhaupt erst ermöglicht, andererseits wird damit ein wesentlicher Beitrag zum Hauptgegenstand der europäischen politischen Philosophie: der Begründung des Staates und ihrer Kritik geleistet. Dieser Zug wird besonders stark in Auseinandersetzung mit den Menschen Amerikas erkennbar.

Wie kein anderer versteht Rousseau, dass das europäisch-absolutistische Staatsdenken eng mit der europäisch-kolonialen Sicht auf die Fremden verbunden ist und sich in Hobbes' Darstellung des Naturzustandes kolonialer Blick und absolutistische Staatsbegründung vermischen. Zur Kritik dieser europäischen Bewusstseinslage muss er die Hobbessche Naturzustandsbeschreibung als falsch aufzeigen und eine neue Sichtweise auf die Menschen Amerikas entwickeln. Ihre Rehabilitierung als ebenso ‚gute' Menschen – und nicht gewalttätige, unberechenbare ‚Barbaren' und ‚Wilde' wird ihm üblicherweise als Überstrapazierung einer Idee des ‚Edlen Wilden' ausgelegt. Doch war dieser Schritt notwendig, um die Kritik des absolutistischen Staates und seiner Begründung auszuführen, die sein eigentliches Ziel ist. Rousseau sieht, dass die Hobbessche Staatsbegründung auf einer Naturzustandsvorstellung beruht, die eine Karikatur der ‚wilden', in diesem Falle amerikanischen Menschen bemüht und zugleich die europäischen Menschen in ein ungerechtes Herrschaftssystem zwängt. Hobbes' absolutistischer Staat und seine Begründung tun beiden Unrecht: den europäischen Menschen und den Menschen des vermeintlichen Naturzustands, den Amerikanern. Sie gibt darüber hinaus dem Staat einen Auftrag, seine spezifische Form der Gewalt, die Hobbes ja als Gewaltmonopol bestimmt, zu verbreiten. Der Auftrag der Gewaltminderung durch das Gewaltmonopol geht daher mit einem Gewaltauftrag nach außen einher: „Dort, wo unsere zivilisierte Form der Gewaltausübung auf barbarische trifft, ergibt sich der Auftrag, auch bei den Barbaren zivilisierte Zustände herzustellen" (Reemtsma 2004, S. 349). Die Kritik der Staatsbegründung bedarf daher also zugleich einer Korrektur des Bildes der Fremden, die als ‚Barbaren' wahrgenommen werden. Diese Wahrnehmung der Verbindung des verzerrten Fremden-Klischees und der eigenen Staatlichkeit zeichnet auch Foucaults Arbeiten aus, in denen die Genealogie des Staates gerade am Umgang mit den inneren Anderen dargestellt wird (Foucault 1969; 1976).

Rousseaus Lehrmeister in dieser Hinsicht war Montaigne. Beiden war bewusst, in einer Epoche des Kolonialismus zu leben und sie erkannten, dass der europäische Kolonialismus sich mit einem völlig falschen Bild der Fremden rechtfertigte. Den spanischen Konquistadoren und den mit ihnen verbündeten Gelehrten erschienen die südamerikanischen Indigene als „Barbaren", als herrschafts- und gesetzlose, kannibalische und grausame Heiden. Gemäß Montaigne erweckt schlicht die kulturelle Differenz diesen Eindruck, der dann durch koloniale Interessen verfestigt und bestätigt wird – eine Erkenntnis, auf die sich heute Jan Philipp Reemtsma ebenfalls bezieht: „Die eigene Unterscheidung von verboten/erlaubt/geboten wird als natürlich (gesittet/moralisch) angesehen, die der anderen nur in der Verletzung der mit ihr vorgenommenen Grenzziehungen wahrgenommen. So entsteht die wechselseitige Unterstellung, daß ‚wir' die sind, die Grenzen kennen, die anderen die, die Grenzen überschreiten, im Zweifelsfall keine kennen. Wir sind zivilisiert, die anderen barbarisch" (Reemtsma 2004, S. 348). Der koloniale Fremdendiskurs der Frühen Neuzeit beginnt daher als neo-aristotelischer Barbarendiskurs und versichert sich seiner Urteile durch Rückgriff auf die antike Tradition (vgl. Hanke 1975). Daher steht schon Montaigne vor der doppelten Aufgabe einer Zurückweisung der Barbarenbeschreibung und einer Kritik des eigenen Verhaltens gegenüber den Fremden. Er löst dies durch die Umwertung des negativen Urteils in ‚Edle Wilde' und die Kritik der eigenen Gesellschaft und wird so den Weg vorbereiten, den Rousseau entschlossen weitergeht.

1. Montaignes Kritik der europäischen ‚Barbarei' und der ‚Edle Wilde'

Den ersten großen Beitrag zur Kritik des Barbarendiskurses im französischen Staatsdenken leistet Montaigne (1533-1592). Montaigne teilt mit seinem Zeitgenossen und Bruder im Geiste, dem spanischen Dominikaner und Missionar Bartolomé de Las Casas (1485-1566), nicht nur die Verurteilung und Anklage der Gewalt der Kolonisatoren, sie vertreten laut William M. Hamlin auch beide die These, dass die üblicherweise den Fremden zugeschriebene ‚Barbarei' vom Standpunkt des Betrachters abhänge (vgl. Hamlin 1995, S. 41-45). Demnach erscheine das ‚Fremde', das Ungewohnte oder der schlichte Unterschied als ‚barbarisch'. Wenn aber allein Differenz beobachtet wird, kann daraus kein Werturteil folgen. Diese Einsicht motiviert die Kritik. Sie wird angetrieben durch das grausame Verhalten der Europäer in Amerika. Las Casas hatte mit seinem Bericht von der Eroberung Amerikas Europa schonungslos die entsetzlichen Gräueltaten vorgehalten (vgl. Las Casas 1981 [1552]). Montaigne beschreibt in seinem Essay *Des Coches (Über Wagen)* (1585) die Gier, Niedertracht und Grausamkeit der Eroberung und wie der König von Mexiko auf glühenden Kohlen gefoltert wird. Hier beschreibt er die Europäer als „jene barbarischen Seelen […], die um einer ungewissen Auskunft über etliche Goldgefäße willen, die sie rauben wollten, einen Menschen, und gar einen König von so hoher Herkunft und Auszeichnung, vor ihren Augen lebendigen Leibes braten ließen" (Montaigne

1998 [1585], S. 458). Montaigne klagt die Grausamkeit der Spanier unmissverständlich an und beschreibt ausführlich ihre Brutalität und Unmenschlichkeit. In keiner Weise lässt er die Meinung gelten, die Amerikaner hätten in irgendeiner Form ein solches Verhalten herausgefordert, vielmehr hätten sie mit ihren Tugenden und ihrer Freundlichkeit den Eroberern leichtes Spiel ermöglicht (vgl. ebd., S. 456). Er geht damit über das Fehlverhalten in der sog. Neuen Welt, auf das sich Las Casas bezieht, weit hinaus. Denn während Las Casas das europäische Verhalten aus christlicher Sicht verurteilt und letztlich einen bestimmten, eng definierten Barbarenbegriff als weiter verwendbar auszeichnet (vgl. Eberl 2016, S. 145 f.), nutzt Montaigne die Berichte aus Amerika zur grundsätzlichen Kritik Europas. Dafür idealisiert Montaigne die Bewohner Amerikas teilweise, um an ihrem Vorbild die unsinnigen Auswüchse Europas zu demonstrieren. Auf diese Weise stellt er zum ersten Mal systematisch die Verbindung vom ‚Guten Wilden‘, dem französischen ‚bon sauvage‘[2], zur Kritik der eigenen Gesellschaft her.[3]

Jedoch bezeichnet Montaigne die brasilianischen Tupinamba nicht als ‚Gute Wilde‘, sondern betitelt seinen Essay mit der bekanntesten vermeintlichen Gräueltat der Amerikaner, die ihnen den Namen eintrug und ihre „Barbarei" unmissverständlich zum Ausdruck bringt mit *Des cannibales (Über Menschenfresser)* (1580). Dieser Titel spricht direkt von den negativen Klischees, mit denen die amerikanischen Ureinwohner typischerweise belegt werden. Der ‚Kannibalismus‘ gilt als das entscheidende Merkmal der ‚Barbarei‘ der indigenen Bewohner Amerikas und war die unterstellte Verhaltensweise, mit der ihre Versklavung gerechtfertigt wurde. Die Beschreibung, die Montaigne selbst in seinem Essay liefert, widerspricht den Berichten über Anthropophagie als Praxis der indigenen Gesellschaften nicht, sondern vergleicht die Bewertung dieser Praxis als Grund für die Verurteilung der Indigenen als ‚Barbaren‘ mit dem Verhalten der Europäer und kommt zu dem Schluss, dass diese Bezeichnung gemessen am Verhalten der Europäer ungerechtfertigt ist. „Wir können die Menschenfresser also nach Maßgabe der Vernunftregeln durchaus ‚*Barbaren*‘ nennen, nicht aber nach Maßgabe unseres eigenen Verhaltens, da wir sie in jeder Art von Barbarei übertreffen" (Montaigne 1998 [1580], S. 113). Wer andere als ‚Barbaren‘ bezeichnen will, muss also dafür sorgen, dass er selbst nicht ‚barbarisch‘ ist.

---

2 Im Englischen ist der Ausdruck ‚noble savage‘ gebräuchlich, der als ‚Edler Wilder‘ übersetzt werden kann. Nach Kohl werden im Deutschen beide Ausdrücke undifferenziert gebraucht (vgl. Kohl, 1981, S. 246, Fn. 63).

3 Ob diese Kritik wiederum von einer Art Bewunderung für das Leben der amerikanischen Ureinwohner ohne Staat motiviert ist oder die Stilisierung dieses Lebens nur für die Kritik der Auswüchse der eigenen Gesellschaft genutzt wird, kann hier nicht geklärt werden. Hamlin berichtet, dass das Schloss Montaigne voll von amerikanischen Ornamenten und Artefakten war und natürlich hatte Montaigne sich auch von der Begegnung mit drei Tupinamba in Rouen tief beeindruckt gezeigt. Hamlin resümiert, „Montaigne was surrounded by American presence" (Hamlin 1995, S. 37). Kohl sieht darüber hinaus „zivilisatorischen Überdruss" (Kohl 1981, S. 26) anklingen.

Menschenfresser können sich nicht sinnvoll gegenseitig Menschenfresserei vorwerfen. Montaigne enthüllt damit die Selbsterhöhung, die dem Barbareivorwurf inhärent ist. Die europäische Selbstgewissheit greift er an, ebenso wie er die Deutung der indigenen Taten und Bräuche als ‚Barbarei' relativiert. Dazu beschreibt er die Sitten der ‚Barbaren' in einer Form, die sie schließlich als ‚Gute Wilde' erscheinen lässt. Montaigne verbindet also die Kritik des Barbarendiskurses und die Umwertung der Beschreibung der indigenen Bevölkerung miteinander zu einer höchst bedeutsamen neuen Form der Gesellschaftskritik.

Besonders sein Interesse an der indigenen Kultur führt zu einer Korrektur des Bildes, das sich im Rahmen des Barbarendiskurses von ihr gemacht wurde. Hierfür führt er in seinem Essay eine neue Quelle ein und bezieht sich auf einen Reisenden, der zwölf Jahre lang in Amerika gelebt habe, also über authentisches Wissen und über die charakterlichen Voraussetzungen wie Wahrheitsliebe verfüge, die, so darf man wohl folgern, anderen Berichterstattern nicht zu eigen ist. Dieser Reisende sei ein ‚einfacher Mann'. Die Einfachheit dieses europäischen Mannes versetzt ihn überhaupt erst in die Lage, über die Ureinwohner Brasiliens halbwegs wahrheitsgetreu zu berichten. „Montaignes Lob des natürlichen Menschen […] beginnt solchermaßen mit einem Lob des von der Gelehrsamkeit noch nicht affizierten und von der Kunstfertigkeit […] der noch nicht verdorbenen einfachen Menschen in der eigenen Welt" (Kohl 1981, S. 23). Der Umstand, dass Montaigne sich hier auf einen einfachen Seemann verlässt, belegt seine kritische Auseinandersetzung mit der gesamten Reiseliteratur.[4]

Lasse man die üblichen Übertreibungen der Reisenden weg, dann zeige sich, dass „die Eingebornen in jener anderen Welt nichts Barbarisches oder Wildes an sich haben, oder doch nur insofern, als jeder das *Barbarei* nennt, was bei ihm ungebräuchlich ist" (Montaigne 1998 [1580], S. 111) und von den Gewohnheiten seines eigenen Landes ausgeht. Montaigne ist sich der beginnenden Differenzierung des Barbarendiskurses in einen ‚Wilden'-Diskurs ebenfalls bewusst und er geht dagegen konsequent vor. Das Ausweisen einiger ‚wilder' Lebensformen als tatsächlich ‚barbarisch', wie dies Las Casas vorschlug (1995, 500 f.), würde sein Ziel einer Zurückweisung des Barbarendiskurses im Ganzen verfehlen. Daher definiert Montaigne auch den Begriff ‚wild' in gänzlich neuer Weise und nicht mehr im Rahmen des Barbarendiskurses. Um diesen zu verlassen, deutet er ‚wild' einfach als ‚ursprünglich'. Dadurch aber werden die ‚Wilden' zu ‚Guten Wilden':

„Jene Menschen sind Wilde im gleichen Sinne, wie wir die Früchte *wild* nennen, welche die Natur aus sich heraus und nach ihrem gewohnten Gang hervorbrachte,

---

4 Siehe zur zeitgenössischen Literatur Hamlin (1995, S. 38). Für seine detaillierten Beschreibungen stützte sich Montaigne auf den Reisebericht von Jean de Léry (1975), dem er viele aufgeschlossene, genaue und positive Beschreibungen indigener Sitten und Gebräuche entnehmen konnte.

während wir in Wahrheit doch eher die *wild* nennen sollten, die wir durch unsre künstlichen Eingriffe entwertet und der allgemeinen Ordnung entzogen haben. In jenen sind die ursprünglichsten und heilsamsten, die wahren Eigenschaften und Kräfte der Natur lebendig und wirkungsmächtig, die wir in diesen, nur um sie den Gelüsten unsres verdorbenen Geschmacks anzupassen, völlig verfälschten." (Montaigne 1998 [1580], S. 111).

,Wild' bedeutet also ,unverdorben', obwohl Montaigne sich auch hier nicht als Verfechter des Begriffs zeigt, den er selber eher anzweifelt. Er deutet ihn deshalb um und legt so gleichzeitig die Basis für seine Gesellschaftskritik, die eben auf die ,Künstlichkeit' und ,Verdorbenheit' der Verhaltensweisen, Einstellungen und Institutionen gegenüber der unverfälschten ,Wildheit' und Natürlichkeit zielt. Montaigne entwickelt nun diese Deutung des ,Wilden' weiterhin explizit als Zurückweisung des Barbarendiskurses: „Jene Völker scheinen mir somit allenfalls in dem Sinne barbarisch, daß sie vom menschlichen Geist kaum zurechtgestutzt wurden, sondern ihrer ursprünglichen Einfalt noch sehr nahe sind" (ebd.). Sie verkörpern daher einen Zustand, der den Vorstellungen des Goldenen Zeitalters und eines Idealzustands überlegen ist. Seine Umwertung geht so weit, dass die Eigenschaften des ,Barbarischen' und ,Wilden' nun als Vorteile erscheinen:

„Hier haben wir ein Volk, würde ich zu Platon sagen, in dem es keinerlei Handel gibt, keine Kenntnis von Buchstaben, keine Rechenlehre, keine Bezeichnung für *Behörde* oder *Obrigkeit*, keine Dienstbarkeiten, keinen Reichtum und keine Armut; keine Verträge, keine Erbfolge und keine Güterteilung; keine beschwerlichen Tätigkeiten und keine Berücksichtigung einer anderen als der zwischen allen bestehenden Verwandtschaft; keine Bekleidung, keinen Ackerbau und kein Metall; keine Verwendung von Getreide oder Wein. Selbst Wörter wie *Lüge*, wie *Herstellung* und *Verrat*, wie *Habsucht* und *Neid*, wie *Verleumdung* und *Verzeihen*: unbekannt." (ebd.).

Alles was sonst als Mangel beschrieben wird, deutet Montaigne als Vorteile einer ursprünglichen Lebensweise. Alles, worauf Europa stolz ist – Handel, Behörde, Obrigkeit, Staat – würde fehlen, ebenso Ackerbau, Lohnarbeit und die negativen Erscheinungen Lüge, Verrat, Neid, Verleumdung. In dieser kurzen Passage entwickelt Montaigne eine Zusammenschau des europäischen Selbstverständnisses und zeigt, wie Leistungen und Laster zusammenhängen. Fehlt das eine, entfällt auch das andere. Doch wird das Leben dadurch nicht schlechter oder wertlos, es wird eben nur anders – nach Montaignes Auffassung ,ursprünglicher'. Montaigne würde daher den Gesellschaftszustand der indigenen Brasilianer dem von Platons Philosophenstaat vorziehen. Auch in seinem Essay *Über Wagen* beschreibt er die ,Neue' Welt als „kindliche Welt" für die er die Möglichkeit, ihre Einwohner zu unterrichten bzw., wie Montaigne sagt, „zu eggen, was noch Wildwuchs war und den von der Natur dort ausgestreuten guten Samen zu kräftigen und zur Entfaltung zu bringen" (Montaigne 1998 [1585], S. 456) und die vorhandenen Tugenden mit griechischen und römischen anzureichern, als verloren ansieht. Montaigne fürchtet, „daß wir die neue Welt mit unserem Gift bereits angesteckt und so auch ihren schnellen Verfall und Untergang eingeleitet haben" (ebd.). Denn ursprünglich waren die ‚Alte' und die ‚Neue' Welt gleich, die ‚Neue' Welt war „nicht weniger groß, weniger bevölkert und weniger vielgestaltig [...] als unsre" (ebd.) doch lehre man sie erst jetzt das Alphabet. Montaigne kommt es darauf an, dass die Weiterentwicklung der Tugenden hier noch ohne die europäischen Fehlbildungen möglich war, die dadurch besonders sichtbar werden. Die Menschen der ‚Neuen Welt' seien nahe am Ursprung: „Ganz nackt lagen sie im Schoß ihrer Nährmutter Natur und lebten allein aus deren Brust" (ebd., S. 455).

Dennoch idealisiert er die amerikanischen Bewohner nicht vollständig. Krieg führen sie in aller Härte und Entschlossenheit. Völlig unironisch berichtet er vom Umgang mit Gefangenen, die man nach einiger Zeit der guten Behandlung niedergemacht und dann gemeinsam kannibalisch verzehrt habe, doch nicht, um sich zu ernähren taten sie dies, „sondern um ihren leidenschaftlichen Rachegefühlen Ausdruck zu geben" (Montaigne 1998 [1585], S. 113). Montaigne leugnet also nicht die ‚barbarischen' Eigenschaften, er bewertet sie stattdessen im Kontext der jeweiligen Gesellschaft und gibt ihnen so einen Sinn, den sie aus Sicht der eigenen Gesellschaft unmöglich oder nur als moralverletzende Grenzübertretung haben können. In den Kriegszügen der Indigenen Amerikas, so Montaigne, gehe es darum, Edelmut, Selbstlosigkeit und Tapferkeit zu beweisen. Sie seien nie auf Eroberung aus, sondern kehrten nach dem Kampf in ihre Dörfer zurück. Von Gefangenen wollen sie bloß das Eingeständnis, besiegt worden zu sein, doch jeder Gefangene verweigere dies und gehe lieber in den Martertod und demonstriere dadurch die „Größe seines unbesiegbaren Mutes" (ebd.) und durch den gezeigten Mut und die Willenskraft eben „Wert und Würde eines Mannes" (ebd., S. 114). Montaigne stellt diese Haltung in eine Linie mit der antiken Ruhmestat Königs Leonidas' am Thermopylenpass und damit in die Ahnenreihe heroischer Großtaten und europäischer Tugenden.

Er treibt diese Gleichsetzung mit den antiken Tugenden noch weiter, indem er zum Lobpreis der autochthonen Dichtkunst ansetzt. Kriegs- und Liebeslieder der Brasilianer seien „alles andre als barbarisch", sie seien „durch und durch anakreontisch. Hinzu kommt, dass die Sprache der Eingeborenen einen sanften und angenehmen Tonfall hat, der an den Wohllaut griechischer Endungen erinnert" (ebd., S. 115).[5] Dies ist der direkte Angriff auf das aristotelische Verständnis von ‚Barbarei', das jene an der Sprachunfähigkeit der ‚Barbaren' zu erkennen meinte und daraus den Mangel an Vernunft schloss. Das Spiegelbild der ‚barbarischen' Unverdor-

---

5 Dem bereits erwähnten Band von Jean de Léry entnahm Montaigne die Beschreibungen der Musik und Tänze der Tupinamba mitsamt Notationen von Liedern und Abbildungen und gründete seine Einschätzung so in der Tat auf sehr exakte und fundierte ethnographische Literatur (vgl. die Verweise bei Obermeier o. J.).

benheit ist die europäische Sittenverderbnis. Wenn Montaigne die Verwunderung indianischer Besucher, die nach Europa eingeladen waren, über den Gehorsam gegenüber einem Kinder-König und die großen Unterschiede im Reichtum zum Ausdruck bringt, dann ist die Kritik der eigenen Gesellschaft hier vom Standpunkt einer natürlichen, unverbildeten Vernunft aus formuliert, die durch die amerikanischen Ureinwohner repräsentiert wird.[6] Wenn sie verwundert feststellen, dass der König ein Kind ist und nicht alle Männer in den Krieg ziehen, dann zeigt das die Unplausibilität europäischer Verhältnisse und ihre Distanz zur Klarheit des Ursprungs auf. Um diesen selbstkritischen Gegendiskurs zu etablieren, bedarf es freilich einer Überzeichnung der bisherigen ‚Barbaren‘ als ‚unverdorbene Natur‘, als ‚ursprünglich‘, eben als ‚Edle Wilde‘. ‚Edel‘ aber werden Menschen, wenn sie über herausragende Tugenden verfügen, dazu bedarf es der Deutung und Stilisierung. Eben diese Stilisierung als ‚Edel‘ auf Grund der Natürlichkeit, der Unverdorbenheit macht den Stachel der Kritik aus, denn edel wird etwas durch Veredelung, also im sozialen, im bearbeiteten Zustand. Die Tupinamba sind aber edel aus sich heraus und damit der europäischen Zivilisation, die sich heillos in die nachträgliche Herstellung von Tugenden verstrickt hat, himmelhoch überlegen. Das ist die Pointe des ‚Edlen Wilden‘ bei Montaigne, der also ‚edel‘ ist, weil er ursprünglich ‚gut‘ ist.

2. Naturzustand und Staatskritik bei Rousseau

Rousseau argumentiert auf der Basis dieser Einsichten zugleich gegen den sich weiter entwickelnden Kolonialismus und gegen den absolutistischen Staat und seine Begründung in der Form von Hobbes‘ Naturzustandsbeschreibung. Der Naturzustand und die Figur des ‚Edlen Wilden‘ spielen dabei scheinbar die entscheidende Rolle, doch ist Rousseaus Kritik letztlich weniger von diesen beiden Elementen abhängig als gemeinhin angenommen wird. Dies erklärt sich gerade daraus, dass „bei Rousseau die anthropologische Fragestellung von Anfang an bestimmend" (Krauss 1979, S. 58) ist. Erst indem zwischen Spekulation und belastbarer Beschreibung unterschieden wird, kann überhaupt ernsthaft über einen Naturzustand nachgedacht und eben auch spekuliert werden. Während Hobbes nicht anthropologisch spekuliert, sondern dichotomisch den Naturzustand als Gegenüberstellung von amerikanischen ‚Wilden‘ und Europäern setzt, spekuliert Rousseau mit ungewohnten Einfällen über den ‚natürlichen‘ Zustand des Menschen. Absolutismus und sich gegenüber den Mitmenschen feindlich verhaltender Mensch stehen bei Hobbes in einem Begründungszusammenhang, den Rousseau auflösen und widerlegen will: Weder ist der Mensch seines Mitmenschen Feind, noch ist der ‚Wilde‘ der Beleg dafür. Zwar

---

6 Tatsächlich hat diese Begegnung 1562 in Rouen stattgefunden und Montaigne war von diesen Besuchern aus der ‚Neuen Welt‘ über die Maßen beeindruckt (vgl. Schlesier 2001, S. 68 f.).

ist der gegenwärtige Mensch gegeneinander feindlich, aber ‚von Natur‘ sind die Menschen dies nicht: „Hat der Wilde gegessen, so lebt er mit der ganzen Natur in Frieden und ist jedermanns Freund" (Rousseau 1996 [1755], S. 134 f.). Die Frage für Rousseau ist: „Was hat ihn also so sehr verdorben, wenn nicht die Veränderungen, die zu seiner ursprünglichen Beschaffenheit hinzugekommen sind, die Fortschritte, die er gemacht hat, und die Erkenntnisse, die er erworben hat?" (ebd.).

Schon in seiner *Abhandlung über die Wissenschaften und Künste*, dem sog. *Ersten Diskurs*, mit dem der junge Rousseau 1750 die Preisfrage der Akademie zu Dijon nach dem ‚Fortschritt der Künste und Wissenschaften‘ gewinnt, entwickelt er die Perspektive seines *Zweiten Diskurses*, die ihn schließlich in der Diskussion der Aufklärung zum Außenseiter macht, nämlich die fortschrittskritische Perspektive auf den Stand der feudalabsolutistischen Gesellschaft. Dass diese Kritik dennoch den Preis gewonnen hat, hat vor allem damit zu tun, dass die Akademie von Dijon um 1750 „die bürgerlichste aller gelehrten Gesellschaften Frankreichs" ist und dass Rousseau in seiner Antwort noch nicht über die adelskritische Auffassung hinausgeht, dass „der Staat durch Luxus ruiniert werde" (Spaemann 2008, S. 50 f.). Rousseaus Antwort bezieht sich vornehmlich auf die Antike bezieht und und in einer solchen Antwort kann die Akademie ihre Auffassungen bestätigt finden (Spaemann 2008, S. 50 f.). Rousseau bleibt zunächst noch auf dem argumentativen Boden der adelskritischen Klasse. In der weiterführenden Diskussion zeigt sich aber, dass Rousseau durchaus bereit ist, über diesen Rahmen hinauszugehen und eingeübte Urteile zu hinterfragen. Hierbei spielt eine Rolle, dass er klassische Antike und neuere Ethnologie verbindet. „Die Wilden in Amerika, die ganz nackend einhergehen und bloß von der Jagd leben, haben niemals unters Joch gebracht werden können. In der Tat, was für ein Joch könnte man wohl Leuten auflegen, die nichts brauchen?" (Rousseau 1996 [1750], S. 12). Rousseau bezieht sich dabei auch auf Montaigne und seine Lobrede der amerikanischen Ureinwohner oder wie er sagt ‚jenen Wilden in Amerika, deren einfache und natürliche Ordnung Montaigne ohne Bedenken nicht allein den Gesetzen des Plato, sondern sogar allem vorzieht, was nur jemals die Philosophie an Vollkommensten zur Regierung der Völker ersinnen kann" (ebd., S. 17). Dies musste natürlich eine Provokation für die Philosophen der Aufklärung sein, daher räumt Rousseau in einer Fußnote ein, dass er nicht von jenen gegenwärtigen „glücklichen Völkern" Amerikas zu sprechen wage, vielmehr seien seine Beispiele im Haupttext die Objekte des klassischen Barbarendiskurses: die ersten Perser, die Skythen, die Germanen und das frühe Rom (ebd., S. 16). Offensichtlich verwendet Rousseau ‚Wilde‘ hier als Gegenbegriff zu ‚Barbaren‘ und vermeidet dabei ein Werturteil. In dem Motto, das Rousseau seinem *Ersten Diskurs* voranstellt, deutet sich sogar eine Identifikation an: „Barbarus hic ego sum quia non intelligor illis" (Ovid) (ebd., S. 5) – „Ein Barbar bin ich hier, weil ich von jenen nicht verstanden werde."[7] An diese Selbstpositionierung Rousseaus als Außenseiter und Unverstandener seiner Gesellschaft schließt der *Zweite Diskurs*, die *Abhandlung über den Ursprung und die Grundlagen der Ungleichheit unter den Menschen* von 1755 direkt an, wenn das Frontispiz eine Gravur mit der Bildunterschrift „Il retourne chez ses Egaux" zeigt und auf dem Bild ein mit einem Tuch und Fell um die Hüften bekleideter schwarzer Mann eine Gruppe honoriger europäischer Männer, die am Fuße einer hohen Festungsmauer sitzen, verlässt (Rousseau 1996 [1755], S. 36). Die da sitzen, sind Niederländer am Kap der Guten Hoffnung, und der da zu ‚seinen Gleichen zurückkehrt' ist ein sog. ‚Hottentotte', der die Festung der holländischen Kolonialherren hinter sich lässt, nicht ohne seine europäische Kleidung im Bündel liegen zu lassen, aber sein Schwert mitzunehmen. Rousseau entnimmt diese Anekdote nach eigenen Angaben den Bänden der *Histoire générale des voyages* (15 Bände zwischen 1746 und 1760) des Abbé Prévost (1697-1763). Jedoch ist die Anekdote vom jungen Schwarzen, der vom niederländischen Gouverneur des Kaps Simon van der Stel erzogen worden sei und nach einem Besuch bei seinem Stamm sich von den Weißen endgültig losgesagt hat, nicht in diesem Werk zu finden (Fauvelle-Aymar 2002, S. 272). In den Anmerkungen zum *Zweiten Diskurs* kommt er darauf zu sprechen, dass noch nie ein ‚Wilder' von den scheinbar unverzichtbaren Annehmlichkeiten des zivilisierten Lebens dazu gebracht werden konnte, die zivilisierte Lebensweise anzunehmen (vgl. Rousseau 1996 [1755], Anm. XVI, S. 159). Wenn Rousseau dieses Bild seiner Abhandlung vorweg stellt, dann deutet dies darauf hin, dass er sich nun nicht mehr als unverstandener ‚Barbar', sondern als zurückkehrender ‚Wilder' versteht, oder zumindest als solcher stilisiert. Seinen Wunsch nach einem anderen europäischen Leben lässt er mit einem zweiten Kupferstich ebenfalls illustrieren.[8] Den Weg dorthin beschreibt er als ‚Rückkehr', was leicht als ‚Zurück zur Natur' oder ‚Ausstieg' aus der Gesellschaft verstanden werden kann. Doch ist dies nur die vordergründige Botschaft, wie sie an Montaignes Ursprünglichkeitsthese anschließt. Auch hier geht es um die Rehabilitierung des ‚Wilden'. Der *Zweite Diskurs* nimmt damit viel stärker auf, was im *Ersten Diskurs* noch in den Fußnoten versteckt wurde:

---

7 Dieses Zitat verwendet Rousseau an insgesamt vier Stellen in seinem Werk zwischen 1742 und 1776 (vgl. Fink-Eitel 1984, S. 194).

8 Der zweite Kupferstich zeigt eine Frau, die sich in der Natur aufhält. Patricia Purtschert interpretiert diese Szene dazu passend als eine „Befreiung von bürgerlichen Zwangsvorstellungen" (Purtschert 2012, S. 872). Purtschert sieht darin Rousseaus Bild des ‚Guten Wilden', welches Hobbes' Bild des ‚Bösen Wilden' zwar entgegensetzt, doch in einer Hinsicht gleich sei: beide Formen würden „aus einer eurozentrischen Perspektive als minderwertig gekennzeichnet. Hobbes beschreibt den Wilden mit Verachtung, Rousseau stellt ihn als naiv und unreflektiert dar" (Purtschert 2012, S. 875). Diese Auffassung wird hier nur insofern geteilt, als Rousseau zu einem gewissen Teil den ‚Wilden' aus Sicht eines europäischen Problems beschreibt, aber nicht in der Hinsicht, dass er sich den ‚Wilden' überlegen fühlen würde. Vielmehr stellen sie den verlorenen Zustand der gesellschaftlichen Stabilität dar; ihre ‚Naivität' sei ein beneidenswerter Zustand.

die Auseinandersetzung mit den ‚Wilden' Amerikas für das politische Denken Europas.

Rousseau entwickelt im *Zweiten Diskurs* eine eigene Sicht auf die Menschen des Naturzustands, als die die Bewohner Amerikas seit dem 16. Jahrhundert gelten. Sie seien nämlich nicht schwach und furchtsam, sondern von Krankheiten selten betroffen: „Bedenkt man die gute Leibesbeschaffenheit der Wilden, zumindest derer, die wir noch nicht durch unsere starken Getränke verdorben haben, und weiß man, daß sie fast keine anderen Krankheiten kennen als Wunden und Alter, so ist man geneigt zu glauben, daß in der Geschichte der gesitteten Gesellschaften zugleich die Geschichte der menschlichen Krankheiten liegen müßte" (Rousseau 1996 [1755], S. 67). Hier formuliert Rousseau das Argument, dass der Mensch erst in Gesellschaft schwach werde, was nicht nur seine körperliche, sondern auch seine politische Konstitution betrifft: „Sowie er in Gesellschaft lebt, und Sklave wird, so wird er schwach, ängstlich und kriecherisch, und seine weichliche und verzärtelte Lebensweise entnervt schließlich völlig seinen Mut und seine Kraft" (ebd., S. 68).

Rousseau sieht als einzig denkbaren ‚Naturzustand' das erste Stadium der menschlichen Entwicklung. Die frühen Menschen lebten nomadisch als Jäger und Sammler. Ein Bedürfnis, Ackerbau zu betreiben, entwickeln sie nicht, dazu bestehe kein Anlass, weder ein innerer noch ein äußerer, die Bedingungen sprächen sogar dagegen: „Kurz, wie kann es bei dieser Lage den Menschen in den Sinn kommen, die Erde zu bebauen, solange sie diese noch nicht unter sich geteilt, das heißt, solange sie den Naturzustand noch nicht aufgehoben haben?" (ebd., S. 74). Das Argument Rousseaus besteht nun darin, die Bewertung dieses Zustands durch die Naturzustandstheoretiker in Frage zu stellen: „Ich weiß wohl, daß man unaufhörlich wiederholt, nichts sei so elend gewesen wie der Mensch in diesem Zustand; wenn das aber wahr ist, was ich bewiesen zu haben glaube, daß nämlich ganze Jahrhunderte haben vergehen müssen, ehe der Mensch Lust und Gelegenheit haben konnte, diesen Zustand zu verlassen, so hätte man der Natur und nicht dem Menschen das Urteil gesprochen" (ebd., S. 81). Dieser frühe Mensch war frei, er war gesund und ruhig, lebte nach seinen Instinkten, ohne Vernunft und ohne moralische Bindung zueinander und war daher „weder gut noch böse, weder tugendhaft noch lasterhaft" (ebd.), und damit hatte er überhaupt kein Bedürfnis, diesen Zustand zu verlassen.

Die ‚Wilden' des Naturzustands werden damit von den negativen Zuschreibungen befreit, die ihnen im Rahmen des kolonialen Barbarendiskurses beigelegt wurden. Allerdings schneiden sie im Bild von Rousseau keineswegs nur idyllisch ab. Insbesondere die Beziehung der Geschlechter sieht keinerlei Bindungen oder gemeinsame Verantwortlichkeiten vor. Der von ihm geschilderte Zustand ist zwar kein konfliktiver Zustand, aber dies ist er nur deshalb nicht, weil er überhaupt kein sozialer Zustand ist. Die Menschen hatten zwar keine Vernunft, wie Rousseau sagt, die sie missbrauchen konnten, aber nur deshalb, weil sie sie noch gar nicht gebrauchen konnten.

„Die Vorstellung, die Wilden müßten einander unaufhörlich umbringen, um ihre viehischen Begierden zu sättigen, ist umso lächerlicher, als diese Meinung in direktem Gegensatz zur Erfahrung steht. Die Kariben, ein Volk, das sich bisher noch am wenigsten vom Naturzustand entfernt hat, sind gerade in ihrer Liebe am friedlichsten und der Eifersucht am wenigsten unterworfen, obgleich sie in einem heißen Klima wohnen, das diesen Leidenschaften stets eine größere Lebhaftigkeit verleihen soll" (Rousseau 1996 [1755], S. 87 f.).

Im Naturzustand ist der Mensch also nicht seinen Leidenschaften unterworfen, da er sie noch gar nicht entwickelt hat. Allerdings ist dieser erste Zustand der Menschen ohne Dynamik. Die Menschheit blieb „Jahrhunderte ganz in der Rohheit der ersten Zeiten; das Geschlecht war schon alt, und der Mensch blieb noch immer ein Kind" (ebd., S. 89). Rousseau widerlegt mit seiner Spekulation über den Urzustand die miteinander verknüpften Vorurteile über die ‚Wilden' und die Natur des Menschen und will so den daraus gezogenen Schlussfolgerungen über die nötige staatliche Ordnung in ihrer absolutistischen Form widersprechen.

Da es noch kein Eigentum gibt, ist im Naturzustand auch keine ökonomische Ungleichheit vorhanden. Diese muss Produkt einer späteren Entwicklung sein. Eigentum in einem relevanten Sinne wird in dem Moment gebildet, in dem Land für die alleinige Nutzung beansprucht wird. Indem ein Stück Land eingezäunt wird, wird das Ende des Naturzustands eingeleitet. Seine Einschätzung, dass dies der Beginn des Elends der Menschheit war, drückt Rousseau in dem berühmten Ausruf aus: „Wie viele Verbrechen, Kriege, Morde, wieviel Elend und Greuel hätte der dem Menschengeschlecht erspart", der diese erste Landnahme verhindert hätte (ebd., S. 93) und markiert damit eindeutig seine Position, dass nicht der Naturzustand ein Zustand voller Morde und Kriege ist, sondern erst der gesellschaftliche Zustand, der eben durch Eigentum bestimmt wird. Mit dem Eigentum entstehen Laster und die negativen menschlichen Leidenschaften. Erst das „gesellschaftliche Leben" habe die Menschen verändert (ebd, S. 99). In diesem ‚frühen' gesellschaftlichen Zustand, als die Sittlichkeit Wichtigkeit bekam, aber noch jeder Mensch „vor Einführung der Gesetze sein eigener Richter war und die Beleidigungen selbst bestrafte", musste die ursprüngliche Güte der Menschen und das Mitleid zurücktreten (ebd., S. 100). In dieser Phase, die nicht mehr Naturzustand und noch nicht bürgerliche Gesellschaft ist, fehlen Gesetze und Richter, es fehlt also der Staat, wenn es auch schon erste Entwicklungen aus dem ‚echten' Naturzustand gibt. Verletzungen von Eigentum oder Stellung („Beleidigungen") werden wie Hobbes es beschreibt, selbst geahndet. Doch führt dieser Zustand nicht zum Krieg aller gegen alle, sondern, so Rousseau, musste diese Zeit „die glücklichste und die dauerhafteste Epoche sein, weil sie zwischen der Sorglosigkeit des ursprünglichen Zustandes und der ungestümen Betriebsamkeit unserer Eigenliebe die wahre Mitte hält" (ebd.). Dieser stabile Zustand war wohl ,am besten' für die Menschheit. Eben dieser Zustand ist der Zustand der ,Wilden', wie die Europäer ihn kennengelernt haben.

„Die Wilden, die man fast alle an diesem Punkt angetroffen, scheinen durch ihr Beispiel zu bestätigen, daß es der Menschheit bestimmt war, in diesem Zustande zu verbleiben, daß er das eigentliche Jugendalter der Welt genannt zu werden verdient, und daß ein jeder Schritt darüber hinaus allem Anscheine nach der Vollendung des einzelnen weitergeholfen hat, in Wirklichkeit aber ein Schritt näher zum Verfall seines Geschlechts gewesen ist." (ebd.).

Rousseau löst den Zusammenhang von individueller Perfektibilität und Fortschritt der Gattung, sowie von Dynamik und Fortschritt auf. Dynamik ist nicht Motor des Fortschritts, sondern ist unbeherrschbar und zerstört gesellschaftliche Stabilität unwiederbringlich. Individuelle Steigerung von Kenntnissen bedeutet nicht einen Fortschritt des Menschengeschlechts. Das Verlassen des Zustands, in dem die ,Wilden' sich bei ihrer ,Entdeckung' durch die Europäer befanden, bedeutet das zwangsweise Verlassen eines stabilen gesellschaftlichen Zustands, in dem individuelle Glückseligkeit und gesellschaftliche Folgekosten noch ausbalanciert werden konnten. Die Kolonisation bestätigt dieses Verhängnis nur noch, das sich in Europa schon vor langer Zeit abgespielt hatte, durch Export in andere Gesellschaften.

Metallbearbeitung und Ackerbau waren die Voraussetzungen und Triebkräfte dieser Umwälzung. „Beide waren den Wilden Amerikas unbekannt; und daher sind sie stets Wilde geblieben" (ebd., S. 101). Hier führt Rousseau die Unterscheidung zu den ,Barbaren' ein, die nur eine dieser Fertigkeiten kennen, während in Europa früh beide auftreten. Diese Entwicklung treibt die Menschen zur Staatsgründung. Die Gründung des ersten Staates zog die Gründung weiterer Staaten nach sich, weil sich Menschen zur Verteidigung zusammenschließen mussten. In einer Welt der Staaten gab es den Naturzustand nur noch zwischen denselben und er wurde „zwischen diesen großen Körpern noch unheilvoller", es entstanden Völkerkriege und dauerhafte Vorurteile (vgl. ebd., S. 108). Rousseau widerspricht also entschieden der Idee, dass die Gründung von Staaten eine Eindämmung der Gewalt bedeute. Vielmehr erhöhte sie die Gewaltpotentiale und setzte diese auch frei. Seine Naturzustandserzählung vermittelt ein völlig anderes Bild des Staates, nämlich das eines unheilvollen Gewaltverhältnisses.

Die positiven Schilderungen der ,Wilden' bei Rousseau und die dazugehörigen Übertreibungen sind in erster Linie eine Reaktion auf den Barbarendiskurs, den Rousseau als Träger von Vorurteilen erkennt. So irritiert er seine Leser_innen damit, die außereuropäischen Völker genau zu betrachten und nicht kolonialistisch zu bewerten. „Rousseau ist mit Recht von Lévi-Strauss zum Vater der Ethnologie erklärt worden. Rousseau fordert erstmals, die Existenzbedingungen primitiver Völker außerhalb und vor aller Berührung mit der westlichen Zivilisation aus sich selbst zu verstehen und nicht mit der Existenz eines emanzipierten Europäers zu vergleichen, der nachträglich in solche Lebensbedingungen zurückverwiesen wird" (Spaemann 2008, S. 75). Diese Zuwendung zu den kolonisierten Völkern birgt bereits die Einsicht in den Zusammenhang von Zivilisation und Kolonialismus. Rousseau traut der Fortschrittserzählung auch vor dem Hintergrund des Kolonialismus nicht mehr. Die Sitten der Europäer machen sie unfrei, während das Fehlen dieser Sitten Freiheit bedeuten kann.

Weil der Naturzustand eher ‚gut' ist, erscheint auch der ‚Wilde' als ‚edel'. Doch ist eindeutig, dass Rousseau an keiner Stelle vom ‚Edlen Wilden' spricht (vgl. Mendham 2011, S. 178). Seine kritische Diagnose wurde von seinen Leser_innen als Ruf ‚Zurück zur Natur' verstanden. Rousseau steht einer solchen Romantik gänzlich fern und wehrt sich ausdrücklich dagegen. Die Schlussfolgerung aus seinen Werken, wir sollten „in die Wälder zurückkehren, um mit den Bären zu leben" könnten nur seine „Gegner ziehen" (Rousseau 1996 [1755], S. 140), bemerkt er ironisch im *Zweiten Diskurs*, sie sollten doch gehen, er aber vertraue auf „die Ausübung der Tugenden" und die Achtung der „geheiligten Bande der Gesellschaft, deren Mitglieder sie sind" (ebd., S. 141). Rousseau „wollte nicht das Naturparadies, sondern den Gesellschaftsvertrag" (Fink-Eitel 1984, S. 170). Auch Fink-Eitel folgert, das Rousseau den ‚Edlen Wilden' in die Vorzeit, in die kaum zu eruierende Stufe der Evolution auflöst und damit auch den Naturzustand aufgibt. Rousseau ist sich also über die Verwendung des Barbarendiskurses und des negativen Naturzustands vollkommen im Klaren. Er formuliert auch eine explizite Kritik der bisherigen Verarbeitung der Berichte und der kolonialen Situation:

„Seit drei oder vier Jahrhunderten überschwemmen die Einwohner Europas die übrigen Teile der Welt und veröffentlichen ohne Unterlaß neue Sammlungen von Reisebeschreibungen und Aufsätzen; dennoch bin ich überzeugt, daß wir keine anderen Menschen kennen als die Europäer; ja, die lächerlichen Vorurteile, die selbst bei gebildeten Menschen noch immer nicht ausgestorben sind, bewirken, daß jeder unter dem hochtrabenden Namen ‚Menschenstudien' nur Studien unter seinen eigenen Landsleuten betreibt. Die einzelnen mögen noch so oft hin- und herreisen, gleichwohl scheint es, daß die Philosophie nicht auf Reisen geht" (Rousseau 1996 [1755], Anm., S. 147).

Rousseau ging ebenfalls nicht auf Reisen in die ‚Neue Welt', aber er hatte einen Gewährsmann, der dies tat: Louis-Armand de Lahontan (1666-1716). Lahontan wird häufig als ein wichtiger Vorläufer der ‚Edlen Wilden'-Tradition, als Bindeglied zwischen Montaigne und Rousseau betrachtet (vgl. Muthu 2003, S. 24-30). Lahontans Kritik an der französischen Gesellschaft erscheint im Zusammenhang mit den positiven Schilderungen der Ureinwohner als vergleichbar, es handelt sich bei ihm jedoch um ein völlig anderes Genre. Lahontan, ein verarmter Adliger in militärischer Mission, verfasst zunächst einen Bericht seines zehnjährigen Aufenthalts in Kanada, wo er die Huronen kennenlernte, bei denen er eine Zeitlang lebte und deren Sprache er lernte. Seine Schilderungen aus Kanada erschienen 1703. In der Nachfolge Montaignes schildert Lahontan die Huronen als „in völliger Freiheit nach dem Recht der Natur" (Lahontan 1982 [1703], S. 28) lebend, als gut gewachsen, edel, sanftmütig, ohne Eigentum, gesittet, in der Liebe entwickelt, religiös, gesund, einhundert Jahre alt werdend, geschickt, fröhlich, bedürfnislos, im Krieg gemäßigt und sogar mit Wappen wie Ritter ausgezeichnet (vgl. ebd., S. 237). Lahontan verherrlicht die Lebensweise der Amerikaner und stellt sie als vorzugswürdig dar, verbindet damit aber keine theoretischen Interessen.

Üblicherweise wird Rousseau dieser Linie des ‚Edlen Wilden' zugeordnet. Dabei ist zu beachten, dass Rousseau, so wie er den Naturzustand als ein hypothetisches Konstrukt behandelt, auch nicht vom ‚Edlen Wilden' spricht (Harvey 2012, S. 73). Dennoch wird der Zusammenhang, den Rousseau zwischen Gesellschaftskritik und der Kennzeichnung des ‚Wilden' als ursprünglich und natürlich herstellt, von Sankar Muthu als erneute Instrumentalisierung der amerikanischen Ureinwohner gedeutet. „[T]he social critics who celebrated Amerindians as noble savages, categorized Amerindians as the most purely human of humans, while also according them the weakest possible (and sometimes even a nonexistent) moral status in the face of European imperial power" (Muthu 2003, S. 7). Diese Tradition nehme den Menschen, indem sie sie zu ‚natürlichen' Menschen macht, vor allem ihre kulturellen Eigenschaften. Doch ist diese schon im Falle Montaignes zu beobachtende Infantilisierung nicht dazu gedacht, die Menschen der ‚Neuen Welt' herabzusetzen, sondern die Hinfälligkeit der europäischen Zivilisation hervorzuheben, die gegenüber der Einfalt der Ureinwohner dann boshaft und alt aussieht (vgl. ebd, S. 23). Muthu hat sicher Recht, wenn er beklagt, dass dieser Ansatz der Gegenüberstellung von natürlichen und zivilisierten Menschen nicht geeignet war, den Kulturen der ‚Neuen Welt' gerecht zu werden, doch darf auch nicht unterschlagen werden, dass dies den Weg ihrer Anerkennung und Rehabilitation bereitete.

Rousseaus Absicht war es nicht in erster Linie, die amerikanischen Ureinwohner realitätsgetreu zu beschreiben. Seine Absicht war das Zurückweisen des Hobbeschen Arguments, der mit der vermeintlich hilflosen und kriegerischen Lage der Menschen im Naturzustand den absolutistischen Staat begründen wollte. Wenn die Menschen nicht im Elend, nicht im Krieg und nicht im moralischen Chaos leben, dann benötigen sie diesen Staat jedoch nicht. Dies gilt zumindest für die nicht-staatlichen Gesellschaften Amerikas.[9] Und die bereits staatlich verfassten Gesellschaften Europas benötigen nicht diesen absolutistischen Staat, den Hobbes und Pufendorf mit Verweis auf das Schicksal im Naturzustand vorschlagen, sondern die demokratische Verrechtlichung durch den Gesellschaftsvertrag.

3. Der Fremde und die Kritik des Staates

Dieser Zugang zur Gesellschaftskritik, der auf einer Umkehr des Barbarenbegriffs zum ‚Edlen Wilden‘ beruht, ist der Vorwurf des Primitivismus und des Romantizismus gemacht worden. Dagegen ist zu betonen, dass das übermächtige Bild des ‚Wilden‘ als Vorlage des Naturzustands der Korrektur bedarf. Eine ethnologisch korrekte Beschreibung der Kulturen konnte angesichts ihres Interesses an einer Korrektur der Staatstheorie nur schwer vollständig geleistet werden. Auch Claude Lévi-Strauss beklagte, dass die Ethnolog_innen vom „niedrigen ökonomischen und technischen Niveau" der Menschen auf ein entsprechendes niedriges intellektuelles Niveau geschlossen hatten (Lévi-Strauss 1973, S. 55). Auch sie mussten erst die Vorstellungen vom ‚Wilden‘ fallen lassen. „Niemals und nirgends war der ‚Wilde‘ wohl jenes Lebewesen, das, kaum dem tierischen Zustand entwachsen, noch der Herrschaft seiner Bedürfnisse und Instinkte ausgeliefert ist, wie man es sich allzu oft vorgestellt hat, noch repräsentiert er jenen Bewusstseinstypus, der durch die Affektivität beherrscht wird und in Verworrenheit und Partizipation versinkt" (ebd.). Rousseaus und Montaignes Leistung besteht darin, die Verquickung dieses Vorurteils mit der politischen Philosophie aufgedeckt zu haben.

Man mag dies als romantisch verstehen. Der Ethnologe Hans-Peter Duerr nennt sein Projekt *Romantische Ethnologie* und dazu passend gibt Duerr unumwunden zu,

---

9 Diese Lesart wird später von Tocqueville bestätigt, der in seinen Beschreibungen der amerikanischen Demokratie ein Kapitel über „Zustand und Zukunft der Indianerstämme" aufnimmt, in dem er sehr eindrucksvoll die Enteignung und Vertreibung der Stämme schildert. Größtes Elend kam über Amerikas Ureinwohner, als sie unter den Druck der Zivilisation gerieten, die sie dazu zwang, entweder das ungeübte Handwerk des Ackerbaus auszuüben oder ihre Gebiete zu verlassen und sich in einen Verdrängungskrieg mit anderen Stämmen zu begeben. Tocqueville schildert das Leben der Jäger als frei und stolz, mit wenigen Bedürfnissen. Doch auch Tocqueville sieht als Voraussetzung ihrer „Zivilisierung" die Gewöhnung an den Ackerbau (Tocqueville 1959 [1835], S. 379). Solange dies nicht erreicht ist, wird es keine Zukunft für die Stämme geben. „Die Eingeborenen Amerikas betrachten die Arbeit nicht nur als ein Übel, sondern als Unehre, und ihr Hochmut kämpft fast ebenso hartnäckig wie ihre Faulheit gegen die Zivilisation an." (ebd., S. 380). Wie in Rousseaus Deutung steht das Jägerleben der Ackerbau-Zivilisation fern. Doch anders als Rousseau sieht Tocqueville darin einen fundamentalen Fehler: „Mitten im Elend seiner Wälder nährt der Indianer die gleichen Vorstellungen, die gleichen Ansichten wie der Adlige des Mittelalters in seiner Burg, und um ihn vollends ähnlich zu sein, fehlt ihm nur, das er ein Eroberer werde. Wie seltsam! In den Wäldern der Neuen Welt und nicht bei den Europäern, die deren Küsten bevölkern, stößt man heute auf die alten Vorurteile Europas." (ebd., S. 381) Tocqueville überwindet das Schema der Wilden-Barbaren-Zivilisierten nicht, sondern beschreibt die Lage der „Wilden" innerhalb dieses Schemas.

dass es sich hierbei um einen neuen Anlauf zur Rehabilitierung des ‚Edlen Wilden‘ handle (vgl. Duerr 1985, S. 110). Seine Argumente sind einfach: Mit der Sesshaftigkeit und der Entwicklung des Ackerbaus vor etwa 10.000 Jahren sei es zu einer Bevölkerungsexplosion und damit zu „Angst und Ungewißheit" (ebd., S. 111) gekommen. Aus dieser Perspektive ist die Entwicklung der Zivilisation kein beginnendes Fortschreiten, sondern ein Entfernen von den „*vergleichsweise* paradiesischen Bedingungen" (ebd.). Duerrs Ansatz will also das Bild auf die ‚Wilden‘ im Ganzen umkehren, er verfolgt damit den gleichen Impuls wie bereits Rousseau: gegen das schlechte Klischee stellt er das Bild des guten Lebens, das die Menschen vor der Sesshaftigkeit und der Staatsgründung führten. Axel Honneth hat diesen Rousseauschen Impuls bei Lévi-Strauss ebenfalls „romantisch" genannt, weil mit ihm die Hoffnung auf eine Bewahrung der Erfahrung der ursprünglichen kosmischen Einheit durch die strukturale Anthropologie verbunden war (vgl. Honneth 1990). Honneth zeigt damit die Verbindung zwischen beiden Denkern und ihren Absichten richtig auf, verwehrt ihnen jedoch zugleich den gewählten Ausweg weil statt einer Auflösung des zivilisatorischen Dilemmas durch Aufklärung nur ein neuer Mythos geschaffen werde. Hierbei hat Honneth vielleicht seinerseits zu stark auf die Überzeichnungen der Korrektur des Barbarenbildes reagiert, die die ‚Romantiker‘ bewegt hat. Daher hat er sich nicht weiter auf die Frage eingelassen, wie das politische Denken den in seiner ‚antiromantischen‘ Begründung beschlossenen Zusammenhang von Kolonialismus und Barbarendiskurs auflösen kann, wenn es den Staat empfiehlt, um den Naturzustand zu überwinden. Es kann dann die daraus folgende Frage, ob das politische Denken diesen ‚romantischen‘ Impuls der Rehabilitation und der Gesellschaftskritik aufklärungskompatibel weiter entwickeln kann, gar nicht mehr stellen. Aber eben diese Frage erscheint sich aus der unvollendeten Rehabilitation der ‚Wilden‘ im Staatsdenken zu ergeben.

Ein von Theodor W. Adorno 1940 formulierter Gedanke gibt hierzu einen Hinweis: Wenn Adorno das Moment der Utopie in der nomadischen Frühzeit anerkennt, die er zwar nicht als tatsächlichen Zustand des Glücks beschreiben will, aber doch als jenen, der im gesellschaftlichen Zustand der Arbeit und Sesshaftigkeit (und in einem weiteren Schritt der Staatlichkeit) als Glück erscheinen muss, dann sucht er damit ebenfalls nach einer Möglichkeit, diesen ‚romantischen‘ Impuls aufzunehmen (Adorno/Horkheimer 2004 [1940], S. 102). Adorno behandelt diese Deutung als Beginn einer Theorie des Antisemitismus, die die Juden als Nomaden betrachtet und in der Verweigerung dieses fernen Glücks den Hass auf sie erklärt:

„Offenbar war das Aufgeben des Nomadentums eines der schwersten Opfer, welches die Geschichte der Menschheit auferlegt hat. Der abendländische Begriff der Arbeit und alles mit ihr verbundenen Triebverzichts dürfte mit dem Seßhaft-Werden genau zusammenfallen. Das Bild der Juden repräsentiert das eines Zustands der Menschheit, der die Arbeit nicht gekannt hat [...]. Die Juden sind die, welche sich nicht haben ,zivilisieren' und dem Primat der Arbeit unterwerfen lassen. Das wird ihnen nicht verziehen und deshalb sind sie der Stein des Anstoßes in der Klassengesellschaft" (ebd., S. 102).

All jenen, die dem Prinzip der Sesshaftigkeit, der Arbeit und des Staates durch ihre bloße – vielleicht erzwungene – Existenz widersprechen, ist damit die Repräsentation der anderen Lebensmöglichkeit zugesprochen, die Rousseau in der Geschichte der amerikanischen ,Wilden' erkennen wollte. In der *Dialektik der Aufklärung* wird der Antisemitismus als Hass auf die bloße Existenz von „Nomaden und Gauklern" (Horkheimer/Adorno, 1987 [1947], S. 213) und die „soziale Ächtung von Schauspielern und Zigeunern" (ebd., S. 210) als Bedingung der Zivilisation gedeutet. Wer heute noch so lebt wie jene, zieht den Hass auf sich und dieser Hass erinnert auch an die Geschichte der Verdrängung dieser Formen, die sich ja – was Horkheimer und Adorno nicht explizieren – im Kolonialismus selbst findet. „Die lebendige Erinnerung an die Vorzeit, schon an die nomadischen, um wie viel mehr an die eigentlich präpatriarchalischen Stufen, war mit den furchtbarsten Strafen in allen Jahrtausenden aus dem Bewusstsein der Menschen ausgebrannt worden" (ebd., S. 54). Eine Erinnerung dieser Erinnerung und ihrer noch existenten ,lebendigen' Formen wirft die Herausforderung auf, zu prüfen, ob dieser französische Impuls des Staatsdenkens die Kritik des Staates und seiner Arbeitsgesellschaft auf eine ,romantisch' informierte, aber ,unromantische' Weise anleiten kann. Eine solche Kritik wäre möglicherweise geeignet, den in ,antiromantischer' Absicht unterstellten Gegensatz von ,Kultur' und ,Barbarei', hinter dem sich der Gegensatz von ,Natur' und ,Kultur' verbirgt, zu überwinden.

Literaturverzeichnis

Adorno, Theodor W. / Horkheimer, Max 2004 [1940], Briefwechsel Band II 1938-1944, hg. von Christoph Gödde und Henri Lonitz, Frankfurt am Main: Suhrkamp.

Duerr, Hans Peter 1985, Romantische Ethnologie, in: ders., Satyricon. Essays und Interviews, Frankfurt am Main: Suhrkamp. S. 107-121.

Eberl, Oliver 2016: Naturzustand und Barbarei. Begründung und Kritik staatlicher Ordnung im Zeichen des Kolonialismus, Habilitationsschrift TU Darmstadt.

Fauvelle-Aymar, François-Xavier 2002, L'invention du Hottentot: histoire du regard occidental sur les Khoisan, XV-XIX siècle, Publications de la Sorbonne.

Fink-Eitel, Heinrich 1984, Die Philosophie und die Wilden. Über die Bedeutung des Fremden für die europäische Geistesgeschichte, München: Wilhelm Fink.

Foucault, Michel 1969, Wahnsinn und Gesellschaft. Eine Geschichte des Wahns im Zeitalter der Vernunft, Frankfurt am Main: Suhrkamp.

Foucault, Michel 1976, Überwachen und Strafen: Die Geburt des Gefängnisses, Frankfurt am Main: Suhrkamp.

Hamlin, William M. 1995, The Image of America in Montaigne, Spenser, and Shakespeare. Renaissance Ethnography and Literary Reflection, New York: St. Martin's Press.

Hanke, Lewis 1975, Aristotle and the American Indians. A Study in Race Prejudice and in the Modern World, 3. Aufl., Bloomington/London: Indiana University Press.

Harvey, David Allen 2012, The French Enlightenments and its Others. The Mandarin, the Savage, and the Invention of the Human Sciences, New York: Palgrave MacMillam.

Honneth, Axel 1990, Ein strukturalistischer Rousseau: Zur Anthropologie von Claude Levi-Strauss, in: ders., Die zerrissene Welt des Sozialen: Sozialphilosophische Aufsätze, Frankfurt am Main: Suhrkamp. S. 93-112.

Horkheimer, Max/Adorno, Theodor W. 1987 [1947], Dialektik der Aufklärung, in: Max Horkheimer Gesammelte Schriften Band 5: ‚Dialektik der Aufklärung' und Schriften 1940-1950, hg. von Gunzelin Schmid Noerr, Frankfurt am Main: Fischer.

Kohl, Karl-Heinz 1981, Entzauberter Blick. Das Bild vom Guten Wilden und die Erfahrung der Zivilisation, Berlin: Medusa Verlag.

Krauss, Werner 1979, Zur Anthropologie des 18. Jahrhunderts. Die Frühgeschichte der Menschheit im Blickpunkt der Aufklärung, hg. von Hans Kortum und Christa Gobrisch, München/Wien: Hanser Verlag.

Lahontan Louis-Armand de 1982 [1703], Neueste Reisen nach dem mitternächtlichen Amerika, hg. und mit einem Nachwort versehen von Rolf Dragsta und Sietmar Kamoer, nach der Übersetzung von M. Vischer 1707, Berlin: Freitag Verlag.

Las Casas, Bartolomé de 1981 [1552], Kurzgefaßter Bericht von der Verwüstung der Westindischen Länder. Hg. von Hans Magnus Enzensberger, übersetzt von D. W. Andrä, Frankfurt am Main: Insel.

Las Casas, Bartolomé de 1995, Kurze apologetische Geschichte, in: Werkauswahl, hg. von Mariano Delgado, Band 2, Historische und ethnographische Schriften, Übersetzung von Ulrich Kunzmann, Paderborn, u.a.: Ferdinand Schöningh. S. 325-512.

Léry, Jean de 1975 [1580], Histoire d'un voyage fait en la terre du Brésil (2. Auflage, Genf: Chuppin 1580, dt. 1593) (Les classiques de la pensée politique; 9), hg. von Jean-Claude Morisot, Genève: Droz 1975. Das Original der zweiten Aufl. 1580 auch digital unter: http://www.e-rara.ch/doi/10.3931/e-rara-6417 (15.9.2016).

Lévi-Strauss, Claude 1973, Das wilde Denken, Frankfurt am Main: Suhrkamp.

Mendham, Matthew D. 2011, Gentle Savages and Fierce Citizens against Civilization: Unraveling Rousseaus' Paradoxes, in: American Journal of Political Science, Jg. 55, Nr. 1. S. 170-187.

Montaigne, Michel de 1998 [1580], Über Wagen, in: Essais, erste moderne Gesamtübersetzung von Hans Stilett, Frankfurt am Main: Eichborn. S. 450-459.

Montaigne, Michel de 1998 [1585], Über die Menschenfresser, in: Essais, erste moderne Gesamtübersetzung von Hans Stilett, Frankfurt am Main: Eichborn. S. 109-115.

Muthu, Sankar 2003, Enlightenment against Empire, Princeton: Princeton University Press.

Obermeier, Franz o. J., Montaigne, die Wilden und das Groteske, 44-51, http://macau.uni-kiel.de/servlets/MCRFileNodeServlet/macau_derivate_00000185/MontaigneNEU_02.pdf;jsessionid=7D20DBD181166CC2651DA5B221F43AD8 (13.09.2016)

Purtschert, Patricia 2012, Jenseits des Naturzustandes. Eine postkoloniale Lektüre von Hobbes und Rousseau, in: Deutsche Zeitschrift für Philosophie, Jg. 60, Heft 6. S. 861–882.

Reemtsma, Jan Philipp 2004, Gewalt: Monopol, Delegation, Partizipation, in: Wilhelm Heitmeyer und Hans-Georg Soeffner (Hrsg.): Gewalt. Entwicklungen, Strukturen, Analyseprobleme, Frankfurt am Main: Suhrkamp. S. 346-361.

Rousseau, Jean Jacques 1996 [1750], Abhandlung über die von der Akademie zu Dijon gestellten Frage, ob die Wiederherstellung der Wissenschaften und Künste zur Läuterung der Sitten beigetragen habe, in: ders., Sozialphilosophische und Politische Schriften, 2. Aufl., Düsseldorf/Zürich: Artemis und Winkler. S. 5-35.

Rousseau, Jean Jacques 1996 [1755], Abhandlung über den Ursprung und die Grundlagen der Ungleichheit unter den Menschen, in: ders., Sozialphilosophische und Politische Schriften, 2. Aufl., Düsseldorf/Zürich: Artemis und Winkler. S. 36-161.

Schlesier, Renate 2001, Alteuropa im Spiegel der Neuen Welt. Montaigne und die „Kannibalen", in: Rolf-Peter Janz (Hg.), Faszination und Schrecken des Fremden, Frankfurt am Main: Suhrkamp. S. 68-83.

Spaemann, Robert 2008, Von der Polis zur Natur. Die Kontroverse um den ersten ‚Discours', in: ders., Rousseau – Mensch oder Bürger. Das Dilemma der Moderne, Stuttgart: Klett-Cotta. S. 57-83.

Tocqueville, Alexis de 1959 [1835], Über die Demokratie in Amerika. Erster Teil, übersetzt von Hans Zbinden, Werke und Briefe Band 1, Stuttgart: Deutsche Verlags-Anstalt.

Franziska Martinsen

Die Erfindung der citoyenne. Weibliche (Staats-)Bürgerschaft und die Gleichberechtigung der Geschlechter in Olympe de Gouges' politischen Schriften

Einleitung

Die *femme de lettres*, Theaterschriftstellerin und politische Autorin Olympe de Gouges (1748-1793) ist nach einer langandauernden Epoche von Verdrängung und Vergessen erst knapp zwei Jahrhunderte später wiederentdeckt (vgl. Gerhard 1987, S. 132) worden. Und schließlich wurde sie, auch über die akademisch-feministische Rezeption hinaus, sogar berühmt[1] für ihre scharfe Kritik an der *Französischen Erklärung der Menschen- und Bürgerrechte* und für ihren selbstbewussten Gegenentwurf in Form der *Erklärung der Rechte der Frau und Bürgerin* aus dem Jahr 1791 (vgl. Gouges 1999).[2] Zu ihren Lebzeiten war Olympe de Gouges eine in intellektuellen Kreisen (vor allem dem der Girondins) geachtete, zugleich insbesondere im Pariser Kultur- und Theaterbetrieb der 1780er Jahre auch umstrittene Person. Aufgrund ihrer provokativen, zuweilen schillernden, manchmal auch effektheischenden Thesen zu aktuellen gesellschaftlichen und politischen Themen sah sie sich wiederkehrend mit Herablassung und Häme gegenüber ihrer Person und ihrem Werk konfrontiert, die sich nach ihrer Hinrichtung im Zuge der Politik der Terreur auf die spätere Geschichtsschreibung auswirkten. Das Bild ihrer Person sowie die Bedeutung ihrer Schriften wurden durch geschmäcklerische Kolportage und misogyne Fehlinformationen verzerrt. Ihre politischen Ideen erfuhren eine über mehrere Jahrzehnte wäh-

---

1 Im Vergleich zu männlichen Theoretikern und Schriftstellern der Aufklärung und revolutionären Denkern des ausgehenden 18. Jahrhunderts erfährt Olympe de Gouges erst seit dem 18. September 2003 die Ehre der Benennung eines öffentlichen Platzes nach ihrer Person, und zwar der „place Olympe de Gouges" im dritten Arrondissement von Paris (vgl. http://www.parisrues.com /rues03/paris-03-place-olympe-de-gouges.html). Darüber hinaus wurden neben einem Theater in ihrer Geburtsstadt Montauban zahlreiche Straßen, Plätze und Institutionen in mittleren und kleineren Städten Frankreichs nach der Autorin benannt.

2 Der Text gliedert sich in folgende Teile: in einen Brief an die Königin mit dem Titel „Die Rechte der Frau. An die Königin", der einem im Anredestil verfassten Textabschnitt mit dem Titel „Die Rechte der Frau" vorangestellt ist. Auf diese Rede folgt der eigentliche Deklarationstext „Erklärung der Rechte der Frau und der Bürgerin", der wiederum unterteilt ist in eine „Präambel", 17 Artikel, ein „Nachwort" und ein „Muster eines Gesellschaftsvertrages zwischen Mann und Frau" sowie ein „Postskriptum". Im Folgenden werden sämtliche Textteile zusammen als *Erklärung der Rechte der Frau und Bürgerin* zitiert.

rende Marginalisierung, mitunter regelrechte Unterdrückung und Verleumdung.[3] Vertreter*innen der feministischen Politikwissenschaft und Philosophie haben sich seit den 1970er Jahren um eine Erschließung des Werks und dessen entsprechende forscherische Aufarbeitung bemüht. Seit geraumer Zeit gibt es nicht nur zur Biographie de Gouges' eine Fülle an Literatur.[4] Auch das schriftstellerische und vor allem ihr politisches Werk werden zunehmend gewürdigt. So hat in jüngster Zeit zumindest die sogenannte „Frauenrechtserklärung" (Gerhard 1987, S. 132)[5] bereits in allgemeinen Darstellungen zur politischen Ideengeschichte Einzug erhalten (vgl. Ottmann 2008).

Gleichwohl ist das Werk Olympe de Gouges' nicht als ausschließliche Parteinahme für die Belange von Frauen zu verstehen. Anders als häufig im feministischen Diskurs üblich, wird de Gouges' Deklarationstext im Folgenden nicht als frauenspezifische Literatur behandelt, sondern als politiktheoretischer Text, der sowohl analytische als auch normative Aussagen über das der Gesellschaft zugrundeliegende Geschlechterverhältnis sowie über die entsprechende politische Verfassung enthält. Ebenso zentral wie die Beleuchtung des Geschlechterverhältnisses sind Themenstellungen wie Herrschaftskritik, die Verurteilung von Versklavung und Kolonialismus oder die Frage nach der guten Regierung.[6] Ihre größtenteils auf tagespolitische Anlässe bezogenen Stellungnahmen, häufig in Form von an das breitere Publikum gerichteten, ad hoc gedruckten Pamphleten, enthalten Anknüpfungspunkte für systematische staats- und politiktheoretische Überlegungen. So geben Olympe de Gouges' Texte u.a. wichtige Impulse für die Frage von Gleichheit und Inklusion in Bezug auf (Menschen-)Rechte, für die Debatte über die Kriterien von Zugehörigkeit zu einer Nation bzw. über die Bedingungen und Möglichkeiten politischer Partizipation und, damit einhergehend, Impulse für die Reflexion des Konzepts der (Staats-)Bürgerschaft.

Olympe de Gouges verwendet etwa den Begriff der *citoyenne* bereits vor der Einführung der Bezeichnungen „citoyen" und „citoyenne", die am 10. Oktober 1792 als

---

3 Vgl. Sherman 2013, Kap.1. Insbesondere die Darstellung Jules Michelets beruht auf vielerlei Geschlechterklischees statt auf historisch fundierten Fakten, vgl. Michelet 2013, S. 84-88. Dagegen: Rivas 2014.

4 Vgl. nur für französisch-, deutsch- und englischsprachige Ausgaben u.a. die Biographie Olivier Blancs, die die erste differenzierte und historisch fundierte Beschäftigung mit Olympe de Gouges' Leben darstellt (Blanc 1989), auf die folgende deutschsprachige (Noack 1992, Doormann 1993, Schröder 1995, Burmeister 1999, Kraus 2007 und ab den 2000er Jahren verstärkt englischsprachige Studien zu de Gouges' Leben (Mousset 2007, Beckstrand 2009, Sherman 2013, 2016, Bock 2016) folgen.

5 Dieser in der feministischen Forschung verbreitete Kurztitel wird im Folgenden vermieden. Aufgrund der Frauen *und* Männer gleichermaßen betreffende Rechtekonzeption lese ich die *Erklärung der Rechte der Frau und Bürgerin* in dem hier erörterten Zusammenhang weniger vereinseitigend als frauenspezifische Schrift denn als um Geschlechtergerechtigkeit bemühten Text (vgl. hingegen Jung 1989).

6 Vgl. Mousset 2007, Kap. 3., Beckstrand 2009, Kap. 6.

Nachfolge für die Anrede „Monsieur", „Madame" und „Mademoiselle" im revolutionären Frankreich offiziell angeordnet werden (vgl. Smart 2011, S. 123). Zunächst als forsche Selbstbezeichnung für die eigene Person gebraucht, erhält der Begriff in de Gouges' Schriften zunehmend eine originär politische Konnotation im Sinne der Zugehörigkeit einer weiblichen Person zum Staatswesen und damit zur politischen Sphäre, die im Kontrast zum realgesellschaftlichen Ausschluss der Frauen aus dem Bereich der Öffentlichkeit und politischer Teilhabe steht. Diese werkimmanente Entwicklung findet ihren Höhepunkt darin, dass de Gouges in ihrem Deklarationstext der Frau die Rolle der Vollbürgerin zuweist und sie somit gleichberechtigt an die Seite des männlichen Bürgers treten lässt: Männer und Frauen gehen einen Gesellschaftsvertrag in Form eines Geschlechtervertrags ein und bilden somit gemeinsam die Nation (vgl. de Gouges 2015 f, Art. 3).

Spätestens dies ist der Moment, in welchem Olympe de Gouges ein explizit politisches Konzept bürgerlicher (Selbst-)Ermächtigung für Frauen begründet, das nicht nur die klassisch-androzentrische vertragstheoretische Idee von Staatsvolk um die Geschlechterperspektive erweitert, sondern zugleich damit auch die Frage nach der Legitimität der In- und Exklusionslinien von ‚demos' und ‚Nation' stellt. Indem de Gouges sich selbst als *citoyenne* bezeichnet und ihre provokanten politischen Ideen als Handelnde im Öffentlichen Raum einem Publikum darbietet, geht sie weit hinaus über die Grenzen der weiblich-bürgerlichen Tugend der Häuslichkeit, wie sie etwa Jean-Jacques Rousseau postuliert und an dessen geistiger Übervater-Figur sie sich in ihren Texten durchaus orientiert.

Im folgenden Beitrag richte ich den Fokus auf eben jenen Begriff der *citoyenne* und die mit ihm verbundenen politiktheoretischen Implikationen in Bezug auf weibliche (Staats-)Bürgerschaft. Anhand von de Gouges' vor- und frührevolutionärer Schriften sowie ihrer fulminanten *Erklärung der Rechte der Frau und Bürgerin* zeige ich, dass die Einbringung des im damaligen Französischen zwar grammatikalisch existenten, doch ungebräuchlichen Terminus *citoyenne* in den öffentlichen Diskurs nicht nur von historischer bzw. zeitdiagnostischer, sondern von eigenständiger politiktheoretischer Bedeutung ist. Der von de Gouges inklusiv verwendete Begriff veranschaulicht einen wichtigen Meilenstein in der Bildung einer Theorie des Politischen mit Thematiken und Facetten, die über ihre Zeit hinausweisen und in Widerspruch zu dieser geraten. Darüber hinaus demonstriert er den Prozess der Selbstwahrnehmung eines politischen Subjekts (vgl. Rancière 2002, 2011), das um die Einbeziehung in politische Strukturen und Institutionen kämpft – und sich dabei durchaus Gehör zu schaffen weiß, obwohl es ausgeschlossen wird.

Olympe de Gouges hat, dies darf so dramatisierend formuliert werden, für ihren theoretischen wie praktischen Einsatz im öffentlichen Raum des Politischen letztlich mit dem Leben bezahlt. Am 20. Juli 1793 verhaftet und vom *tribunal révolutionnaire* des kontrarevolutionären Verhaltens für schuldig befunden, wird sie am 3. November 1793 auf der *place de la Concorde* (damals *place de la Révolution*) öffentlich guillotiniert. Als bekennende Royalistin hatte sie sich in den Augen der Revolutionäre zuschulden kommen lassen, die Idee der Republik als einig und unteilbar (*république une et indivisible*) zu verraten. Sie hatte zur einer öffentlichen Abstimmung in den Departementen über drei mögliche Verfassungsvarianten der französischen Nation aufgerufen, und zwar über die Optionen „Republikanische Regierung, eins und unteilbar; föderative Regierung; Monarchie" (de Gouges 1993, S. 247).[7]

Ihren Geschlechtsgenossinnen, die sich in der Französischen Revolution ebenfalls auf vielfältige Weise politisch engagieren,[8] bleibt der von de Gouges geforderte Zutritt zur Rednertribüne (vgl. de Gouges 1999, S. 162) verwehrt. Mag ihnen, wie bereits erwähnt, der Titel „citoyennes" (Godineau 2011, S. 316) schließlich ab dem Jahre 1792 zwar offiziell gehören -- aus der Nationalversammlung werden Frauen jedoch bereits 1793 endgültig verbannt. Ihre weiblichen Nachfahren müssen 151 Jahre warten, ehe ihnen die Beteiligung an politischen Prozessen in Frankreich 1944 endlich formal gewährt wird.[9]

1. Zum Begriff der citoyenne im 17. und 18. Jahrhundert

Studien zum historischen Sprachgebrauch des Begriffs *citoyenne* (vgl. Godineau 1988, 2011) zeigen, dass seine Verwendung bei Olympe de Gouges von der zeitgenössischen Bedeutung, wie sie in den entsprechenden Wörterbüchern und Lexika der Zeit verbürgt ist, abweicht. Zunächst einmal ist festzuhalten, dass ein abstrakter Begriff der Bürgerschaft, *citoyenneté* (vgl. Godineau 2011, S. 315), im 18. Jahrhundert weitestgehend fehlt. Die Bedeutung wird zwar ausgedrückt durch Formulierungen wie „droit de cité" oder, weitaus gebräuchlicher, „droit du citoyen" (Godineau 2011, S. 315), was ungefähr zu übertragen ist mit „Stadtrecht" bzw. „Bürgerrecht". Bisweilen wurde angenommen, dass es vor dem ausgehenden 18. Jahrhundert die

---

7 „Il sera enjoint à tous les départements de former la convocation des assemblées primaires: trois urnes seront placées sur la table du Président de l'assemblée, portant chacune d'elles cette inscription: Gouvernement républicain, un et indivisible, Gouvernement fédératif; Gouvernement monarchique" (Übers. d. Verf.).

8 Exemplarisch sei hier neben dem allseits bekannten Marsch der Frauen nach Versailles am 5.10.1789 auf die zahlreichen revolutionären Frauenclubs, die allerdings am 16.19. 1793 offiziell verboten wurden, auf Aktionen der sog. Tricoteuses (vgl. Godineau 2004), auf weitere Beispiele von Frauen, die sich in Form von Texten zu Wort meldeten wie eine gewisse „Madame B.B." mit ihrer Schrift *Cahier des doléances et réclamations des femmes* (zit. n. Albistur/Armogathe 1978, S. 155-158; Fauré 2006 a, 2006 b), sowie, stellvertretend für viele, auf Einzelkämpferinnen wie Théroigne de Méricourt (1762-1817) verwiesen. Ein Überblick über die mannigfaltigen Beteiligungsformen von Frauen während der Revolutionszeit findet sich bei Guilhaumou und Lapied (2003).

9 Eine Büste Olympe de Gouges' steht seit Oktober 2016 im Palais Bourbon (Paris), dem Sitz der französischen *Assemblé nationale*. Damit erhält die Autorin posthum den zu ihren Lebzeiten angestrebten Platz in der Nationalversammlung – zumindest symbolisch.

weibliche Form des citoyen nicht gab. Tatsächlich jedoch enthält der *Dictionnaire de l'Académie.française* aus dem Jahre 1694 zumindest beiderlei Genus-Varianten, also die männliche *und* die weibliche Form.[10] Allerdings lässt sich nachweisen, dass die weibliche Form bis ins letzte Drittel des 18. Jahrhunderts hinein nicht wirklich verwendet wird, geschweige denn in dem engeren politischen Sinne eines weiblichen Pendants zum (Staats-)Bürger. Denis Diderot macht in seinem Beitrag „Citoyen" in der *Encyclopédie* den für die damalige Zeit offenbar unstrittigen Sachverhalt nur allzu deutlich: Mit citoyen werde das *männliche* „Mitglied einer freien Gesellschaft" bezeichnet, das an den Rechten dieser Gesellschaft teilhat und das sich ihrer Offenheit erfreut".[11] Dieser Rechtstitel werde „Frauen, jungen Kindern, Dienstboten als Familienmitgliedern des eigentlichen Bürgers zugestanden; aber sie sind nicht wirklich Bürger."[12] Die Enzyklopädie der Aufklärer mit ihrer Definition des politischen Bürgers als ausschließlich männlicher Person kann hier als exemplarisch für das zeitgenössische Verständnis angesehen werden.[13] Ähnlich etwa stellt der *Dictionnaire de Trévoux* den Begriff des Bürgers als ein Wort dar, das „einen besonderen Bezug zur politischen Gemeinschaft [...] genauer zum republikanischen Staat" habe.[14] Obwohl hier ebenso wie in den übrigen Lexikonartikeln betont wird, dass der Begriff des citoyen ein „maskulines Substantiv" („substantif masculin", Diderot 1753, S. 488) sei, wird überraschenderweise im selben Atemzug auf eine Bürgerin Bezug genommen – und zwar auf eine Spartanerin und damit keine zeitgenössische, sondern eine historische bzw. mythische Figur. Auch wenn dies ein Indiz dafür ist, dass die *citoyenne* grammatikalisch und als Vorstellung durchaus im Sprachschatz des Französischen vorhanden ist, unternimmt Olympe de Gouges in den späten 1780er Jahren einen recht eigenmächtigen Schritt, wenn sie sich selbst als *citoyenne* tituliert und damit Attribute für sich beansprucht, die ihr die Gesellschaft zu diesem Zeitpunkt noch abspricht. In der vierten Ausgabe des *Dictionnaire de l'Académie française* wird „citoyen"/„citoyenne" in der Bedeutung des „Stadtbewohners"[15], aufgeführt. Doch in diesem rein geographisch-sozialen Sinne versteht Olympe de Gouges ihre Rolle nicht (vgl. Gerhard 1997, S. 515). Ihr geht es um eine bestimmte Form öffentlicher Teilnahme an Debatten bzw. als Initiatorin von politischen Dis-

---

10 Vgl. Thresor de la langue francoyse tant ancienne que moderne 1606, S. 125, Dictionnaire de l'Académie française 1762, S. 313 und schließlich Féraud 1787/88, A452 b.

11 Im französischen Original lautet die Passage: „membre d'une société libre [...] qui partage les droits de cette société, et qui jouit de ses franchises" (Diderot 1753, S. 488, Übers. d. Verf.).

12 „[O]n n'accorde ce titre aux femmes, aux jeunes enfants, aux serviteurs que comme à des membres de la famille d'un citoyen proprement dit; mais ils ne sont pas vraiment citoyens" (Diderot 1753, S. 488, Übers. d. Verf.).

13 Vgl. die Einträge im *Dictionnaire universel des sciences morale, économique, politique et diplomatique* (vgl. Robinet 1777-1783).

14 „Ce mot a un rapport particulier à la société politique [...] et plus précisément aux États républicains (Dictionnaire de Trévoux 1771, S. 613, Übers. d. Verf.).

15 Im frz. Original heißt es „habitant d'une ville, d'une cité" (Dictionnaire de l'Académie française 1762, S. 313, Übers. d. Verf.).

kussionen. Bereits als Dichterin von Theaterstücken wählt sie die literarische Form für die Behandlung sozialpolitischer Themen.[16] Im Zuge der vorrevolutionären Entwicklungen in Paris und Versailles wird sie sich zunehmend tagespolitischer Belange annehmen (vgl. de Gouges 2015 a), ehe sie schließlich die volle Gleichberechtigung für Frauen in allen bürgerlichen Angelegenheiten, insbesondere in der Gestaltung der neu zu konstituierenden Nation einfordert. In ihrer *Erklärung der Rechte der Frau und Bürgerin* (1791) wird sie die anfangs noch nicht klar konturierte Vorstellung der *citoyenne* schließlich eindeutig politisch definieren.

Der Weg zu einer politischen Konzeption weiblicher Bürgerschaft verläuft jedoch nicht geradlinig, Olympe de Gouges' Einlassungen zur Rolle von Frauen in der Gesellschaft sind mitunter widersprüchlich. Teils orientieren sie sich an der einschlägigen Autorität Jean-Jacques Rousseaus und übernehmen dabei gar dessen misogyne Vorstellungen (vgl. Trouille 1994, S. 359), teils schlagen sie eine ganz eigene Richtung ein. Anhand ausgewählter Texte de Gouges' aus den späteren 1780er Jahren kann die Herausbildung eines politischen Begriffs der *citoyenne* nachvollzogen werden, der schließlich, so die Ironie der Geschichte, dem paradoxen Umstand zum Opfer fällt, dass er einerseits in das Klima der emanzipativen Revolutionsvorgänge genau zu passen scheint, andererseits ausgerechnet durch diese verneint und verunmöglicht wird.

2. Stationen einer Selbstinszenierung: Die citoyenne zwischen häuslicher Tugend und politischem Handeln

Der Konflikt zwischen Olympe de Gouges' Konzept weiblicher Bürgerschaft und den gängigen Geschlechtervorstellungen der Aufklärer und Revolutionäre resultiert vor allem aus dem zeitgenössischen essentialistischen Frauenbild. Als weibliches Ideal gilt Aufklärern wie Revolutionären die Ehefrau und Mutter. Sie stellt das emotionale Zentrum der Familie dar, ihr obliegt die Sorge und Erziehung der Kinder, ihr Tätigkeitsfeld beschränkt sich auf die häusliche Sphäre – und zwar von der Jugend bis ins hohe Alter. Im Kreislauf von „Fille, Femme, Veuve" (Godineau 2011, S. 316) werden die Fähigkeiten und Charaktereigenschaften einer Frau allein in Bezug auf ihr reproduktiv-fürsorgliches Dasein bemessen. Damit bleiben Frauen aus dem Bereich des öffentlichen Lebens, der Politik und der Macht ausgeschlossen. Gleichwohl werten Aufklärer wie z.B. Jean-Jacques Rousseau oder Louis-Sébastien Mercier genau jene als weiblich konnotierten Fertigkeiten regelrecht auf zu einem häuslichen Beitrag zur bürgerlichen Tugend. Die Erziehungs- und Haushaltstätigkeit von

---

16 Hier ist vor allem das Theaterstück „Zamore et Mirza, ou L'heureux naufrage" („Zamore und Mirza oder Der glückliche Schiffbruch") zu nennen, in dem de Gouges das Schicksal eines versklavten Schwarzen thematisiert (de Gouges 1788).

Frauen wird in der Tat als Dienst an der Gesellschaft bzw. an der Nation angesehen. So lässt sich etwa die Figur der Madame d'Almane aus dem Roman *Adèle et Théodore, ou Lettres sur l'éducation* von Stéphanie Félicité de Genlis (1782) aufgrund ihrer Bereitschaft zur Selbstaufopferung für das Gemeinwohl als das Paradebeispiel schlechthin für „the enlightened mother-educator" (Smart 2011, S. 115) interpretieren: In ihrer Person verkörpert sich die bürgerliche Tugend in ihrer weiblichen Variante. Dagegen lesen sich Olympe de Gouges' frühe politische Werke anders. In ihnen findet sich ihre eigene Selbstinszenierung als *citoyenne*, die sie später als bürgerliche Identität für alle Frauen deklarieren wird. Anders als Rousseau, Mercier oder Genlis verortet Olympe de Gouges die weibliche bürgerliche Tugend weniger in einer in feinsinnig-moralischer Innerlichkeit beheimateten ‚Natur' der Frau, sondern in einer spezifisch femininen Art und Weise sich zu artikulieren – und zwar durchaus im öffentlichen Raum als weibliche bürgerliche Stimme. Im Unterschied zu den genannten aufklärerischen Autor*innen verbleibt die Stimme der *citoyenne* bei de Gouges somit nicht ausschließlich im häuslichen und reproduktiven Bereich und sie befasst sich nicht nur mit häuslichen Themen. Stattdessen bringt sie sich öffentlich in die Debatten über Politik, Patriotismus und Belange des Allgemeinwohls ein (vgl. Smart 2011, S. 116 f.).

Olympe de Gouges' Zugang zur weiblichen bürgerlichen Tugend wird in der Forschung unterschiedlich bewertet. Während Annie K. Smart ihn als in sich stimmig einschätzt, sehen Joan W. Scott oder Mary Seidman Trouille stärkere Widersprüche. In der Tat erscheint insbesondere ihre Gefolgschaft gegenüber Rousseaus essentialisierender Zuschreibung einer vermeintlich weiblichen Bestimmung im Bereich der Fürsorge, der Liebe und der häuslichen Erziehung aus heutiger Perspektive unvereinbar mit den letztlich nach Publizität und breiter Anerkennung strebenden Ideen bürgerlichen Engagements, die Olympe de Gouges in ihren Schriften vorbringt (vgl. Brown 2001). Smart hingegen interpretiert de Gouges' Verschmelzung ‚authentisch' weiblicher Erfahrung mit der männlich konnotierten öffentlichen Sphäre als originellen Clou, der den intimen Erlebnisbereich weiblicher Reproduktivität nicht, wie es die klassische androzentrische Sichtweise nahelegt, als *gegensätzlich zur*, sondern als *übereinstimmend mit* der bürgerlichen Welt erscheinen lasse (vgl. Smart 2011, S. 117). Eine wichtige Protagonistin in der Profilierung der weiblichen bürgerlichen Tugend ist für Olympe de Gouges die eigene Person. Ihre Selbstinszenierung als *femme de lettres* im männlich dominierten Theater- und Literaturbetrieb gehört ebenso dazu wie der geschickte Einsatz strategischer Mittel, um sich vom Rand ins Zentrum der öffentlichen Diskussion zu katapultieren. Je nachdem, inwiefern es ihr probat erscheint, äußert Olympe de Gouges sich mal affirmativ, mal kritisch zu dem männlich definierten Revolutionsdiskurs. Doch wäre es verfehlt, rein instrumentelle Motive in der Widersprüchlichkeit von Olympe de Gouges' Einlassungen zu vermuten. Die Identitätsfindung in einem höchst umstrittenen Feld wie dem des Geschlechterverhältnisses, auf dem die jeweiligen Regeln des Öffentlichen und des Privaten miteinander in Konflikt geraten, kann kein einfaches Unterfangen für sie gewesen sein. Und so ist bereits in den aus heutiger Sicht harmlos scheinenden Akten wie der Selbsttitulierung als „bonne citoyenne" (de Gouges 2015 a, S. 38)[17] eine durchaus subversiv-selbstermächtigende Geste zu erkennen, die sich im weiteren Revolutionsgeschehen noch verstärken wird. De Gouges wirkt eben nicht im Stillen, im Kreise der Familie und des privaten Heims, sondern sie präsentiert sich mit ihrem Text der Öffentlichkeit als Patriotin und Frau, und das heißt folgerichtig als *Bürgerin*. Sie beansprucht damit eine Rolle im öffentlichen Raum, die einer Frau gerade nicht zugestanden wird: „Als Französin und als gute Bürgerin habe ich das Recht, meine Ideen meinen Landsleuten zu kommunizieren" (de Gouges 2015 a, S. 41),[18] äußert die Autorin selbstbewusst. Olympe de Gouges, daran lässt sie keinen Zweifel, schreibt nicht für den Hausgebrauch, sondern für die Nation. Sie kommentiert in ihren Texten die politischen Vorgänge ihrer Zeit und reflektiert zugleich diesen für eine Frau ungeheuerlichen Vorgang. In ihrem Text „Dialogue allégorique entre la France et la Vérité dédié aux Etats Généraux" vom April 1789 etwa beschreibt sie einen Dialog zwischen „Frankreich" und der „Wahrheit", in dem die Frage behandelt wird, ob Frauen eine Rolle im öffentlichen Leben einnehmen sollen oder nicht. Während bezeichnenderweise die „Wahrheit" den Frauen die Berechtigung abspricht, öffentliche Akteurinnen zu sein, hält „Frankreich" es durchaus für möglich, dass sie bürgerliche Tugenden haben (vgl. de Gouges 2015 c, S. 63ff.).

Zuweilen schleicht sich in de Gouges' Texte jedoch auch die traditionelle Sichtweise auf die Rolle der Frau als Hüterin des Hauses und Unterstützerin des sich in der Öffentlichkeit bewährenden Mannes (vgl. de Gouges 2015 d, S. 74). Hie und da klingt de Gouges zum Verwechseln ähnlich wie Rousseau, wenn sie von der mütterlichen Natur der Frau schreibt, die mit ihrer Feinfühligkeit für die Verfeinerung der bürgerlichen Sitten zuständig sei. Gleichwohl unterscheidet sich ihr Ansatz von der patriarchalen Perspektive auf Frauen dadurch, dass aus der Häuslichkeit eine politische Stimme erwachsen kann, ja, für de Gouges schließen Mutterschaft und politisches Engagement einander keinesfalls aus. Annie K. Smart betont in diesem Zusammenhang, dass de Gouges' Aussagen überhaupt nur dann als paradox anmuten, wenn man das androzentrische Trennungsparadigma von öffentlich und privat fraglos akzeptiert. Olympe de Gouges biete hingegen eine alternative Sicht auf das Verhältnis von häuslicher und politischer Sphäre, denn Frauen werden bei ihr nicht kategorisch aufgrund ihrer Weiblichkeit aus dem Bereich des Politischen ausgeschlossen, sondern erhalten dort ihren Platz *als* Frauen. Insofern ist es gerade der auf den

---

17 Vgl. auch die vollmundige Verwendung des Terminus „cityoenne" im Titel des an den Brief an das Volk vom November 1788 anschließenden Textes „Remarques patriotiques par la Citoyenne de la Lettre au Peuple" vom Dezember 1788 (de Gouges 2015 b: 46).

18 „[C]omme Française et bonne citoyenne, j'ai droit de communiquer mes idées à mes Compatriotes" (de Gouges 2015 a: 41, Übers. d. Verf.).

ersten Blick widersprüchlich wirkende Text „Le cri du sage, par unefemme" (de Gouges 2015 d), der diese alternative Option von bürgerlicher Tugend anhand der Selbstbeschreibung ihrer eigenen Lage offenbart (vgl. Smart 2011, S. 130). Olympe de Gouges nimmt sich als Frau das Recht, ebenso wie Männer die Stimme zu erheben und Petitionen an die Nationalversammlung zu richten.[19] Sie nimmt sich das Recht, ihre Vorschläge der Öffentlichkeit zu unterbreiten und damit sich selbst als politisch relevante Akteurin zu konstituieren, auch wenn sie ihre eigene Wirkungssphäre als Frau nach wie vor im häuslichen Rahmen verortet. Als kuriose Mischung häuslichen und politischen Engagements kann z.b. ihr Vorschlag einer weiblichen Garde zum Schutze der französischen Königin (bzw. deren weiblichen Familienmitgliedern) gesehen werden (vgl. de Gouges 2015 e, S. 196; Smart 2011, S. 131). Handlungen einer Frau erfüllten sich durch ein bestimmtes Kriterium zu politisch bedeutsamen Taten, und zwar durch das Kriterium des Vorrangs des öffentlichen Gutes (z.b. Patriotismus) vor dem privaten Interesse (vgl. de Gouges 2015 e, S. 196). In diesem Sinne inszeniert Olympe de Gouges sich selbst als Protagonistin weiblicher Bürgerschaft *par excellence*. Mit Erfolg: Ihr öffentliches patriotisches Engagement verschafft ihr unter heutigen feministischen Theoretiker*innen den Respekt, als Unikum in die Geschichte des revolutionären Frankreichs einzugehen:

> „In the history of women, she is rare and perhaps unique in taking the public stage and in taking the nation as her concern. Courageous and committed, she adopts the Ciceronian viewpoint, that orating makes the statesman is not an academic exercise. She is Europe's first – and for a long time, the only – stateswomen" (Sherman 2013, S. 3).

Diese allzu pathetische Charakterisierung verstellt jedoch den Blick auf die politiktheoretische Leistung Olympe de Gouges'. Sie liegt darin, die vorherrschenden Zuschreibungen einer geschlechtskonnotierten asymmetrischen Aufteilung der Gesellschaft in eine bedeutsamere männliche und eine weniger relevante weibliche Sphäre zu befragen und die den entsprechenden Exklusionsmechanismen zugrundeliegende Ungerechtigkeit dieser hierarchischen Ordnung der Geschlechter aufzudecken:

> „MANN, bist du fähig, gerecht zu sein? Es ist eine Frau, die dir diese Frage stellt; du wirst ihr wenigstens dieses Recht nicht absprechen wollen. Sage mir, wer hat dir die unumschränkte Macht gegeben, mein Geschlecht zu unterdrücken? Deine Kraft? Deine Talente?" (de Gouges 1999, S. 159)[20]

lautet die unverblümte Frage in einer der *Erklärung der Rechte der Frau und Bürgerin* vorgeschalteten Anrede. Diese Frage richtet sich an den Mann *schlechthin*, d.h.

---

19 Auch andere Frauen reichten Petitionen ein (eine Übersicht bietet Fauré 2006 b). Besonders zu erwähnen ist hier etwa die „Pétition des femmes du Tiers-État au Roi" vom 1.1.1789 (zit. n. Guilhaumou/Lapied 2003, S. 71).

20 „HOMME, es-tu capable d'être juste? C'est une femme qui t'en fait la question; tu ne lui ôteras pas du moins ce droit. Dis-moi? qui t'a donné le souverain empire d'opprimer mon sexe? ta force? tes talents?" (de Gouges 2015 f: 205).

sie richtet sich an den französischen Ehemann, Vater, Bürger, Regenten, dem die soziale, ökonomische und politische Macht allein *qua Geschlecht* zukommt, Frauen aus dem Geltungsbereich der politischen Rechte auszuschließen.

3. Die Erklärung der Rechte der Frau und Bürgerin

Olympe de Gouges' *Erklärung der Rechte der Frau und Bürgerin* erscheint in der Hochphase der französischen Revolution, die, darauf wurde schon hingewiesen, durch das vielfältige Engagement von Frauen mitgestaltet wurde.[21] Von de Gouges ist jedoch keinerlei praktische Verschwesterung mit anderen weiblichen Akteur*innen bekannt, sie bleibt eine Einzelstimme innerhalb des öffentlichen Diskurses, noch dazu die einzige, die sich ausdrücklich um Frauen*rechte* bemühte. Dennoch ist davon auszugehen, dass die sich überschlagenden Ereignisse der Revolution ihre Ideen zu einer weiblichen Staatsbürgerschaft noch beflügeln und den Impuls, sich als politische Autorin noch vehementer öffentlich einzubringen, verstärkt haben. Ihr furioser Text zur „Erklärung der Rechte der Frau und Bürgerin" entsteht in einem hoch elektrisierten Spannungsfeld der aktuellen Vorkommnisse, von denen eines der für Olympe de Gouges am einschlägigsten offensichtlich die *Erklärung der Menschen- und Bürgerrechte* vom 26. August 1789 mit ihrer Verkündung gleicher Rechte für alle ist.[22] Allerdings lassen sich aufmerksame Zeitgenossinnen wie Olympe de Gouges oder Mary Wollstonecraft (vgl. Wollstonecraft 1999) nicht von diesem Text blenden. Rasch wird den weiblichen Autorinnen deutlich, dass entgegen der allgemeinen Verlautbarung sie als Frauen in den 17 Artikeln nicht adressiert werden.

Beruhend auf neuzeitlichen Naturrechtslehren, die keine Begründung einer ursprünglichen Freiheit von Frauen kennen (vgl. Gerhard 1990, S. 46ff.), setzen sich androzentrische Grundannahmen bis zu der bürgerlich-emanzipatorischen französischen Menschen- und Bürgerrechtserklärung fort. Die Nation beispielsweise, die die Ständeordnung des *Ancien Régime* ablösen soll, wird als rein männliche Vereinigung konzipiert. In ihrem Kontrastprogramm, der alternativen „Erklärung der Rechte der Frau und Bürgerin", die ebenfalls 17 Artikel umfasst, gelingt Olympe de Gouges hingegen mit einem simpel anmutenden Mittel eine umso brisantere Aufdeckung dieser einseitigen Männlichkeitsbezogenheit innerhalb der allgemein gehaltenen Formulierungen des Textes der Menschen- und Bürgerrechtserklärung aus dem Jahre 1789: Indem sie diesen Text schlichtweg ‚gendert', kann sie anschaulich vorführen, wie umfassend Frauen durch das beredte männliche Verschweigen ihrer Existenz be-

---

21 Vgl. Fn. 8 und Fn. 18.
22 Einen weiteren entscheidenden Impuls erhielt de Gouges sicherlich durch Marie Jean Antoine Nicolas de Condorcets (1743-1794) Schrift *Sur l'admission des femmes au droit de cité* (1790), vgl. auch Scott 1989, S. 15.

reits auf der sprachlichen Ebene ausgeschlossen werden. Diesem Silencing tritt sie mit ihrer eigenen Version eines Zivilvertrags der Geschlechter entgegen, bei dem Männer und Frauen in einem ausdrücklich gleichberechtigten Verhältnis *gemeinsam* eine Nation bilden und sich wechselseitig gleiche Menschen- und Bürger*innenrechte zusichern. Im III. Artikel ihrer Erklärung, der sich am dritten Artikel der *Erklärung der Menschen- und Bürgerrechte* orientiert, heißt es: „Die Grundlage jeder Souveränität ruht ihrem Wesen nach in der Nation, die nichts anderes ist als die Vereinigung von Frau und Mann: keine Körperschaft, kein Individuum kann eine Autorität ausüben, die nicht ausdrücklich daraus hervorgeht."[23]

Wenn die Nation als gemeinsame Vereinigung beider Geschlechter verstanden wird, ist es nur folgerichtig, dass Frauen selbstverständlich als Bürgerinnen und damit als politisch Gleiche anzusehen sind. Dies wiederum impliziert, dass Frauen als die Hälfte der Nation die gleichen natürlichen Rechte und die gleichen politischen Rechte, insbesondere das Recht, an der Souveränität teilzuhaben, zuzugestehen seien (vgl. Smart 2011, S. 135). Der XIII. Artikel sieht bei de Gouges zum Beispiel sogar vor, dass die Frau „gleichermaßen beteiligt sein [muss] an der Verteilung der Posten, der Anstellungen, der Aufträge, der Würden und der Gewerbe" (de Gouges 2015 f, S. 208).[24] Und auch ein Recht auf Wahlbeteiligung lässt sich zumindest aus dem VI. Artikel insofern herauslesen, als es dort heißt, dass „das Gesetz der Ausdruck des Gesamtwillens sein [muss]; alle Bürgerinnen und Bürger müssen persönlich oder durch einen Stellvertreter zu seiner Entstehung beitragen; es muss für alle gleich sein" (de Gouges 2015 f, S. 207).[25] Auch in diesem Artikel betont de Gouges, dass Frauen der Zugang zu sämtlichen Würden, Stellungen und öffentlichen Ämtern offenstehen müsse. Ihr Begriff der *citoyenne* reicht in seiner Bedeutung nun weit über eine spezifisch weiblich-häusliche Tugendhaftigkeit im Dienste der Nation hinaus, wie sie zunächst noch in den Texten der 1780er Jahre formuliert wird. Hier wird die *citoyenne* dem *citoyen* in politischer Hinsicht gleichgestellt. Eine architektonisch tragende Rolle der Gesamtargumentation für die politische Gleichberechtigung von Frauen kommt dabei dem X. Artikel zu. In ihm geht es nicht nur um die Meinungs-

---

23 „Le principe de toute souveraineté réside essentiellement dans la Nation, que n'est que la réunion de la femme et de l'homme: nul corps, nul individu, ne peut exercer d'autorité qui n'en émane expressément." (de Gouges 2015 f, S. 207, Übers. d. Verf.). Zum Vergleich der Wortlaut der Französischen Erklärung der Menschen- und Bürgerrechte: „Der Ursprung jeder Souveränität ruht letztlich in der Nation. Keine Körperschaften, kein Individuum können eine Gewalt ausüben, die nicht ausdrücklich von ihr ausgeht." Es fehlt die für de Gouges so relevante explizite Charakterisierung der Nation als Vereinigung beider Geschlechter.

24 „[La femme] doit donc avoir de même part à la distribution des places, des emplois, des charges, des dignités et de l'industrie." (Übers. zit. n. Burmeister 1999, S. 161.).

25 „La loi doit être l'expression de la volonté générale: toutes les Citoyennes et Citoyens doivent concourir personnellement, ou par leurs représentants, à sa formation; elle doit être la même pour tous". (Übers. zit. n. Burmeister 1999, S. 161.) Ein Wahlrecht für Frauen, insbesondere für vermögende Frauen, fordert übrigens bereits Condorcet in seiner Schrift *Essai sur la constitution et des fonctions des asssembléesprovinciales* (1788).

freiheit, die der Frau ebenso zugesprochen wird wie dem Mann. Dieser Artikel hat eine Schlüsselfunktion für das politische Denken Olympe de Gouges'. Im Wortlaut heißt es dort:

> „Niemand darf wegen seiner Auffassungen, auch wenn sie grundsätzlicher Art sind, verfolgt werden. Die Frau hat das Recht, das Schafott zu besteigen. Sie muss gleichermaßen das Recht haben, die Tribüne zu besteigen, vorausgesetzt, ihre Äußerungen stören nicht die vom Gesetz festgelegte Ordnung" (de Gouges 2015 f, S. 208).[26]

In dieser zentralen Textstelle ihres Gegenentwurfs zu den *droits de l'homme et du citoyen* geht Olympe de Gouges von der historischen Erfahrung aus, dass Frauen, obwohl sie nicht über die gleichen politischen Rechte verfügen, dennoch für ihre (politische) Meinung und entsprechendes öffentliches Handeln durchaus bestraft werden können. Ihre Strafe erhalten sie – die Autorin wird dies selbst am eigenen Leibe erfahren – vor allem für ihre „unerwünschte Einmischung" (Burmeister 1999, S. 8) in die den Männern vorbehaltene Sphäre. Aus dem faktischen Recht, das Schafott zu besteigen, leitet de Gouges nun eigenmächtig das Recht auf politische Partizipation ab und bricht damit die vorherrschende Aufteilung von männlich/öffentlich versus weiblich/häuslich, d.h. das patriarchale Dispositiv, das auf der Diskriminierung und Marginalisierung von Frauen beruht, auf. Die einzufordernde Rolle der Frau liegt nun nicht mehr in einer moralischen Regeneratrix der Sitten (vgl. Smart 2011, S. 138), sondern in der aktiven Bürgerin, die Vollmitglied der Nation ist. Olympe de Gouges zeigt als eine der ersten feministischen Autor*innen auf, dass dem auf sprachlicher Ebene vermeintlich an alle Menschen adressierten Inhalt der französischen Erklärung der Ausschluss von Frauen auf der diskursiv-konzeptuellen Ebene zugrunde liegt. Entsprechend richtet sich die feministische Kritik seit dem ausgehenden 18. Jahrhundert gegen die für die französische Menschen- und Bürgerrechtserklärung so zentrale Annahme eines *abstrakten, universellen* Individuums. Skeptisch betrachtet werden dessen ihm allein aufgrund seines natürlichen ‚Menschseins' zukommenden universellen Rechte, weil die Vorstellung eines abstrakten und universellen Individuums auf einer stillschweigend tradierten geschlechterkonnotierten Grenzziehung zwischen privat und öffentlich beruht, die im Endeffekt nur männliche Individuen meint (vgl. Maihofer 1990; Klinger 1999). Die bis in die Antike zurückreichende Trennung zwischen privat und öffentlich bildet bereits das verborgene Fundament der modernen bürgerlichen Vertragstheorien des 17. und 18. Jahrhunderts, das Carol Pateman als „sexual contract" (Pateman 1988) bezeichnet. Damit meint sie eine unthematisierte, stillschweigende ‚Übereinkunft' der (fiktiven) Vertragspartner, aus dem der Ausschluss von Frauen aus dem Staatsvertrag resultiert und der ihren Einschluss in den Raum des Privaten mit eben jenem Rekurs auf die

---

26   „Nul ne doit être inquiété pour ses opinions mêmes fondamentales, la femme a le droit de monter sur l'échafaud; elle doit avoir également celui de monter à la Tribune; pourvu que ses manifestations ne troublent pas l'ordre public établi par la loi" (Übers. d. Verf.).

menschliche – in diesem Falle ebenjene weibliche und *nicht* allgemein-menschliche – Natur begründet. Der Übergang zur modernen bürgerlichen Gesellschaft, den die Menschenrechtserklärungen normativ flankieren, wird getragen von einer spezifisch neuen Form der Herrschaft über Frauen. Während Männer der niederen Stände darauf hoffen, ihrer politischen Befreiung mithilfe von Menschen- und Bürgerrechten entgegen zu sehen, verschiebt sich für Frauen der ehemals mittelalterlich-paternalistische Patriarchalismus zu einem bürgerlich-eheherrlichen, der sich in den Wänden des Privaten abspielt (vgl. Gerhard 1999, S. 207). Aufgrund der vermeintlichen Naturhaftigkeit des Geschlechterverhältnisses und der damit verbundenen „Unsichtbarkeit und Unwirklichkeit des Themas Geschlecht im Kontext von Politik und Gesellschaft" (Klinger 1999, S. 13) werden die tatsächlichen vielfältigen sozialen und ökonomischen Unterschiede im politiktheoretischen Diskurs umso effektiver ausgeblendet. Noch Marx und Engels halten trotz radikaler Kritik an Ursachen und Strukturen der bürgerlichen Konstruktion von Staat und Gesellschaft an der ‚naturgegebenen' Geschlechterbinarität und deren angeblich essentiellen dichotomen Charaktereigenschaften fest, die Frauen eine naturhafte Reproduktivität und Männern die Befähigung zu Kultur und Politik zuschreiben (vgl.Marx/Engels 1983, S. 29ff.).

Mary Wollstonecrafts Kritik am Begriff der ‚Natur' von Frauen fällt bereits vehement aus. Die zentrale Thematik ihrer Schrift *A Vindication of the Rights of Women* (1792) widmet sich einer Analyse der sozialen Konstruktion des als natürlich angenommenen weiblichen Geschlechtscharakters (vgl. Wollstonecraft 2004). Wollstonecraft sieht einen strukturellen Zusammenhang zwischen dem Umstand, dass Frauen in den Gesellschaften des ausgehenden 18. Jahrhunderts kein gleiches Recht auf Bildung zugestanden wird, und der vorherrschenden Annahme ihrer naturhaften Unfähigkeit zum Gebrauch der Vernunft. Gegen die – auch unter Philosophen (vgl. u.a. Rousseau 1981; Kant 1968) – gängige Meinung von der natürlichen geistigen Unterlegenheit der Frau verortet sie deren eigentlichen Grund in der Wirkung einer geschlechtsspezifischen Sozialisation: „[M]an behandelte [die Mädchen] praktisch von Geburt an als Frauen und machte ihnen Komplimente, statt sie zu unterrichten. Da dies den Geist schwächte, nahm man an, die Natur habe sich bei der Schöpfung ihrer nachträglichen Laune stiefmütterlich verhalten" (Wollstonecraft 1999, S. 106). Wollstonecraft deckt die soziale Konstruktion der Geschlechternormierung auf, wenn sie moniert, dass Frauen von frühester Jugend statt zum Denken zu Gehorsam und Anpassung erzogen werden. Vor dem Hintergrund, dass man Frauen keine eigene Vernunft zugestehe,

> „war es nur konsequent, sie einer Autorität zu unterwerfen, die nichts mit der Vernunft zu tun hat. Zur Vorbereitung auf diese Unterwerfung rät Rousseau: ‚Mädchen müssen umsichtig und arbeitsam sein; das ist nicht alles: sie müssen sich frühzeitig an Zwang gewöhnen.' Dieses Unglück […] ist von ihrem Geschlecht untrennbar, und nie machen sie sich von ihm los, ohne noch viel Grausameres zu erleiden." (Wollstonecraft 1999, S. 106)

Es wird noch etliche Jahrzehnte dauern, ehe die Grund- und Menschenrechte von Frauen als Antwort auf ihre gesellschaftlichen und politischen Unrechtserfahrungen wieder angerufen werden. Allerdings geschieht dies nicht mit ungeteilter Affirmation, sondern durchaus im Bewusstsein der Zweischneidigkeit der in die Menschenrechte eingeschriebenen Allgemeinheit und Geschlechtsneutralität, die nicht automatisch den Ausschluss bestimmter Personengruppen zu verhindern vermögen. So problematisiert beispielsweise die deutsche Frauenrechtlerin Hedwig Dohm den Widerspruch zwischen der proklamierten Universalität und der Vereinseitigung ihrer Gültigkeit zugunsten von Männern und schließt damit an de Gouges und Wollstonecraft an, wobei davon auszugehen ist, dass sie deren Texte nicht gekannt hat. Ihre beinahe trotzig anmutende Losung „Menschenrechte haben kein Geschlecht" (Dohm 1876, S. 113) steht im Kontext einer gewissen Skepsis gegenüber Versuchen, Frauenrechte als *spezifische* Menschenrechte zu begreifen, mit denen den Unrechtserfahrungen von Frauen begegnet werden könnte (vgl. Gerhard 1999, S. 219). Hellsichtig warnt Dohm vor der essentialistischen Falle, in die all jene zu tappen drohen, die sich bei der Skandalisierung von weiblichen Unrechtserfahrungen ebenjener geschlechtsbezogenen Rhetorik bedienen, durch die keine Dekonstruktion von vergeschlechtlichten Strukturen, sondern deren Perpetuierung erreicht wird.

Olympe de Gouges hingegen vertritt tatsächlich einen Ansatz, der heute als differenzfeministisch bezeichnet wird. Ihre Erklärung der Rechte der Frau und Bürgerin macht bereits im Titel deutlich, dass sie sich in erster Linie um die Belange von Frauen kümmert. Dennoch geht es ihr inhaltlich um eine geschlechter*gerechte* Verfassung der Nation. In der Forschung besteht eine Kontroverse darüber (vgl. u.a. Harth 1992, S. 219, Scott 1996, S. 34; Beckstrand 2009), ob es de Gouges um die Integration von Frauen in eine bestehende männliche Ordnung zu tun ist oder ob sie nicht eher die traditionelle Ordnung durch die Berücksichtigung von geschlechtsspezifischen Aspekten letztendlich aufzubrechen und zu transformieren trachtet, damit daraufhin gleiche politische und rechtliche Bedingungen für alle ermöglicht werden. Bis heute rivalisieren gleichheits- und differenzfeministische Ansätze um die Deutungshoheit (vgl. Narayan 1997). Für Ute Gerhard liegt die Bedeutung der Konzeption der *citoyenne*, wie sie sich in der *Erklärung der Rechte der Frau und Bürgerin* darstellt, jedoch gerade darin, die Grundlage für einen „Rechtekatalog für alle Menschen, auch für Männer zu sein" (Gerhard 1990, S. 55).

Anhand der Bemühungen feministischer Kämpfer*innen des 18. und 19. Jahrhunderts um gleiche politische Rechte lässt sich ablesen, welche teils gravierenden Widersprüche dem Ringen um Emanzipation und Zugang zu politischer Partizipation hinsichtlich der Rolle von (Staats-)Bürgerschaft innewohnen. De Gouges', Wollstonecrafts und insbesondere Dohms beharrliche Forderungen nach einer geschlechtergerechten politischen Verfassung beruhen auf der Annahme der Notwendigkeit einer inklusiven Rechtsordnung. Ihre Begründung basiert auf dem zentralen Argument, dass eine politische Gemeinschaft *keine* Legitimität beanspruchen kann, sofern eine relevante Gruppe in politischer Hinsicht ausgeschlossen bleibt. Ebenso wie Olympe de Gouges verlangt beispielsweise Hedwig Dohm ein knappes Jahrhundert später, dass Frauen ebenso wie Männer als Teil der gesetzgebenden Nation anerkannt werden, weil sie, und zwar nicht zuletzt auch in ökonomischer Hinsicht, Beiträgerinnen zum Erhalt der Nation sind (vgl. Dohm 1876, S. 166). Allerdings darf Olympe de Gouges' Ansatz retrospektiv nicht überstrapaziert und als prototypische Demokratietheorie missverstanden werden. Ihr Werk insgesamt bleibt bis zuletzt proroyalistisch und monarchieaffin (vgl. Burmeister 1999, S. 65).

4. Fazit

Für Jacques Rancière stellt de Gouges' „Syllogismus" von Schafott und Tribüne (Rancière 2011, S. 73), der für ihre Argumentation einer für Männer und Frauen gleichermaßen geltenden Meinungsfreiheit zentral ist (vgl. Art. X der Erklärung der Rechte der Frau und Bürgerin), die logische und unmittelbar naheliegende Ableitung aus der Idee universeller Gleichheit dar. Allerdings werde diese konterkariert von einer gesellschaftlichen, politischen und rechtlichen Ungleichheit, der die Individuen, die (noch) keine politischen Rechte haben, genau aufgrund dieses Mangels an Rechten ausgesetzt sind. Wird zugleich die universelle Gültigkeit von Menschen- und Bürgerrechten propagiert, resultiert daraus schließlich folgender Widerspruch: „Die ‚Rechte der Frau und Bürgerin' sind die Rechte derjenigen, die nicht die Rechte haben, die sie haben, und die die Rechte haben, die sie nicht haben" (Rancière 2011, S. 74). Willkürlich würden den Frauen also die Rechte vorenthalten, die die Erklärung der Menschenrechte eigentlich *allen* Mitgliedern der französischen Nation und der menschlichen Gattung zuspricht. Empören sich Frauen wie Olympe de Gouges über die Marginalisierung und Diskriminierung, treten sie im Augenblick der öffentlichen Verlautbarung in ebenjenen Raum des Politischen, aus dem sie eigentlich ausgeschlossen sind: „Durch ihr Handeln aber üben sie gleichzeitig das Recht von Bürgerinnen aus, das das Gesetz ihnen nicht zugesteht und dadurch zeigen sie, dass sie sehr wohl diese ihnen verwehrten Rechte haben" (Rancière 2011, S. 74).

Regelrecht emphatisch entwirft Rancière in diesem Zusammenhang das Bild eines politischen Prozesses, der Handlungen von Akteur*innen umfasst, „die auf das Intervall zwischen den Identitäten einwirken und so die Aufteilungen von Privatem und Öffentlichem, Universalem und Partikularem verändern" (Rancière 2011, S. 65). Die Verwendung des Begriffs „Intervall" ist nicht einmal metaphorisch, sondern durchaus in einem konkreten Sinne zu verstehen. Der Raum, der sich zwischen denjenigen, die innerhalb, und denjenigen, die außerhalb der Ordnung stehen, befindet, wird in dem Moment durch letztere *eingenommen*, in dem sie ihn, ohne dass ihnen das Recht zustünde, durch ihre Demonstration *besetzen*. Eine naheliegende Parallele zwischen der historischen und der aktuellen Situation ist für Rancière der gegenwärtige Ausschluss von Nicht-Staatsbürger*innen wie insbesondere Flüchtlingen, Staatenlosen oder undokumentierten Migrant*innen aus dem Bereich der politischen Rechte. Er verweist in diesem Zusammenhang auf die Kirchenbesetzungen und Demonstrationen des Protests gegen die Bedingungen ihrer Illegalität (vgl. auch Ludwig 2008, S. 81ff.). Durch derlei Usurpationen des öffentlichen (im Falle der Kirche halb-öffentlichen) Raumes wird das (staatsbürgerliche) Publikum Zeuge einer regelrecht paradoxalen Situationen – u.a. einer Szene wie jener, in der „neben dem demokratischen Monument der Bastille undokumentierteMigrantInnen per Megaphon ihr Rechte einfordern, Abschiebungen und exekutive Gewalt anklagen, während Polizisten sich unterhaltend danebenstehen und die Straße gesperrt halten" (Ludwig 2008, S. 81). Im Anschluss an die Demonstrationen und Protestaktionen von undokumentierten Migrant*innen in Frankreich charakterisiert Andrew Schaap ebenfalls die spezifischen Merkmale politischer Subjektivation anhand des von Rancière betonten „Unrechts" (Rancière 1997, S. 71, 2002, S. 50), das in ebenjener paradoxalen Form sichtbar wird und das Ausgeschlossenen den Anlass bietet, sich im Sinne eines politischen ‚Handelns als ob' *dennoch* das Recht auf Teilhabe am politischen Prozess zu *nehmen*:

> „By publicizing their political exclusion, the sans papiers draw attention to their plight and the ways in which they are denied the same universal human rights from which the French state claims to derive its legitimacy. [...] They demonstrate their equality as speaking beings despite being deprived of legal personhood. The sans papiers enact the right to have rights when they speak *as if* they had the same rights as the French nationals they address. They occupy a church to draw attention to their economic participation within French society rather than remaining unseen and unheard on threat of deportation. Instead of hiding from the police they turn up to police headquarters and say ‚we are the sans papiers of Saint-Bernard and we have business in this building'" (Schaap 2011, S. 34, Herv. i. Orig.).

In dieser Szene taucht nicht nur der so genannte „Anteil[...] der Anteillosen [la part des sans-part]" (Rancière 2002, S. 22) plötzlich und unerwartet im öffentlichen Raum auf, in dem er – gemäß der herkömmlichen Logik der staatsbürgerlichen Repräsentationsordnung – *nicht* erscheinen dürfte. Dieser „Anteil der Anteillosen" *bemächtigt* sich darüber hinaus außerdem der spezifischen Handlungsweisen politischer Partizipation, und zwar so, *als ob* ihm diese zustünden. Das Bemerkenswerte dieser Ermächtigungsstrategie drückt sich darin aus, dass nicht nur auf das Unrecht der Nicht-Teilhabe aufmerksam gemacht wird, sondern das Aufmerksammachen selbst bereits eine politische Handlung darstellt, die eigentlich ausgeschlossen ist. Der Kern dieser politischen Handlung besteht in der Forderung nach Teilhabe, und zugleich, während diese Forderung öffentlich ausgesprochen wird, wird Teilhabe im

Grunde genommen bereits praktiziert. Kurzum: die Exkludierten vollziehen in diesem Augenblick eine „Praktik des Als-ob" (Rancière 2002, S. 101), sie sind zwar rechtlos, aber „nicht ohne Stimme" (Schwenken 2006).

Olympe de Gouges' Vorstellung von weiblicher *citoyenneté* gibt sich mit einem ‚Als-ob' nicht zufrieden. Als Konzept einer für beide Geschlechter geltenden (Staats-)Bürgerschaft war es seiner Zeit voraus, mit ihm wurde etwas für die damaligen Verhältnisse Unerhörtes eingefordert. Der politische Ausschluss aufgrund des Geschlechts erscheint weltweit in der Mehrzahl der Staaten mittlerweile als undenkbar. Vor diesem Hintergrund ist es vorstellbar, dass zukünftige Generationen möglicherweise den Ausschluss aufgrund von Nicht-Staatsbürgerschaft einmal als ähnlich kontingent und unbegründet einschätzen werden.

Literaturverzeichnis

Albistur, Maïté/Armogathe, Daniel (1978) (Hg.), *Le Grief des femmes*, Paris: Hier & Demain, S. 155-158.

Beckstrand, Lisa (2009), *Deviant Women of the French Revolution*, Madison/Teaneck: Fairleigh University Press.

Blanc, Olivier (1989), *Olympe de Gouges*. Wien: Promedia.

Brown, Gregory S. (2001), The Self-Fashionings of Olympe de Gouges, 1784-1789, in: *Eighteenth-Century Studies* 34:3, S. 383-401.

Burmeister, Karl Heinz (1999), Einführung, in: Ders., *Olympe de Gouges. Die Rechte der Frau 1791*, Wien/Bern: Stämpfli/Manz, S. 5-138.

Condorcet, Marie Jean Antoine (1788), *Essai sur la constitution et des fonctions des assemblées provinciales* [Reproduktion], http://gallica.bnf.fr/ark:/12148/bpt6k41723 m.

Condorcet, Marie Jean Antoine (1790), *Sur l'admission des femmes au droit de cité* [Reproduktion], http://gallica.bnf.fr/ark:/12148/bpt6k426734.

Dictionnaire de l'Académie française (1762), 4. Ausgabe, Bd. 1, Paris, http://gallica.bnf.fr/ark :/12148/bpt6k504034/f322.image.

Dictionnaire de Trévoux (1771), Dictionnaire universel françois et latin, Bd. 2, Boulevart-Crayonneux, http://gallica.bnf.fr/ark:/12148/bpt6k509819.

Diderot, Denis 1753: „Citoyen", in: Diderot, Denis/d'Alembert, Jean le Rond (Hg.), *Encyclopédie ou Dictionnaire raisonné des sciences, des arts et des métiers, par une Société de gens de Lettres*, Bd. 3, zit. n. University of Chicago: ARTFL Encyclopédie Project (Spring 2016 Edition), hrsg. v. Robert Morrissey u. Glenn Roe, http://artflsrv 02.uchicago.edu/cgi-bin/philologic/getobject.pl?c.2:1024.encyclopedie0416.

Dohm, Hedwig (1876), *Der Frauen Natur und Recht. Zur Frauenfrage zwei Abhandlungen über Eigenschaften und Stimmrecht der Frauen*, Hamburg (Tredition-Nachdruck).

Doormann, Lottemin (1993*), ‚Ein Feuer brennt in mir.' Die Lebensgeschichte der Olympe de Gouges*. Weinheim und Basel: Beltz.

Fauré, Christine (2006 a), „La prise de parole publique des femmes sous la Révolution française", in: *Annales historique de la Révolution francaise* 344: S. 3-4. http://ahrf.revues. org/5803.

Fauré, Christine (2006 b), „Doléances, déclarations et pétitions, trois formes de la parole publique des femmes sous la Révolution", in: *Annales historiques de la Révolution française* 344: S. 5-25. http://ahrf.revues.org/5823.

Féraud, Jean-François (1787/88), *Dictionnaire critique de la langue française,* Bd. 1 A-D, Marseille, http://gallica.bnf.fr/ark:/12148/bpt6k506010/f1.item.

Gerhard, Ute (1987): Menschenrechte auch für Frauen. Der Entwurf der Olympe de Gouges, in: *Kritische Justiz* 20:2, S. 127-249.

Gerhard, Ute (1990), *Gleichheit ohne Angleichung? Frauen im Recht*, München: Beck.

Gerhard, Ute (1997), „Grenzziehungen und Überschreitungen. Die Rechte der Frauen auf dem Weg in die politische Öffentlichkeit", in: Dies. (Hg.), *Frauen in der Geschichte des Rechts. Von der Frühen Neuzeit bis zur Gegenwart*, München: Beck, S. 509-546.

Gerhard, Ute (1999), „Menschenrechte – Frauenrechte – Unrechtserfahrungen von Frauen", in: Reuter, Hans-Richard (Hg.), *Ethik der Menschenrechte. Zum Streit um die Universalität einer Idee*. Tübingen: Mohr Siebeck, S. 201-235.

Gerhard, Ute (2008), „Olympe de Gouges. Französische Frauenrechtlerin und Literatin", in: Dies./Pommerenke, Petra/Wischermann, Ulla (Hg.), *Klassikerinnen feministischer Theorie.*Grundlagentexte Bd. 1, Königstein/Taunus: Ulrike HelmerVerlag, S. 15-23.

Godineau, Dominique (1988), Autour du mot citoyenne, in: *Mots* 16, S. 91-110.

Godineau, Dominique (2004), *Citoyennes tricoteuses. Les femmes du peuple à Paris pendant la Révolution française*, Paris: Perrin.

Godineau, Dominque (2011), „Le genre de la citoyenneté, ou quelle identité politique pour les femmes pendant la Révolution française?", in: Bellavitis, Anna/Edelman, Nicole (Hg.), *Genre, femmes, histoire en Europe*, Paris: Presses universitaires de Paris Nanterre, S. 315-339, http://books.openedition.org/pupo/2901.

Gouges, Olympe de (1788), *Zamore et Mirza, ou L'heureux naufrage: drame indien en trois actes et en prose* [Reproduktion der Pariser Ausgabe], http://gallica.bnf.fr/ark:/12148/bpt6 k566870.

Gouges, Olympe de (1993), „Les trois urnes, ou le salut de la patrie, par un voyageur aérien, in": Blanc, Olivier (Hg.), *Olympe de Gouges. Écritspolitiques 1792-1793*, Paris: côté-femmes, S. 242-248.

Gouges, Olympe de (1999), „Erklärung der Rechte der Frau und Bürgerin", in: Burmeister, Karl Heinz (Hg.) *Olympe de Gouges. Die Rechte der Frau 1791*, Wien/Bern: Stämpfli/ Manz, S. 156-175.

Gouges, Olympe de (2015 a), „Lettre au Peuple ou le projet d'une Caisse patriotique" [1788], in: Blanc, Olivier (Hg.), *Écrits politiques 1788-1791*, Paris: côté-femmes, S. 37-45.

Gouges, Olympe de (2015 b), „Remarques patriotiques par la Citoyenne, auteur de la Lettre au Peuple" [1788], in: Blanc, Olivier (Hg.), *Écrits politiques 1788-1791*, Paris: côté-femmes, S. 46-61.

Gouges, Olympe de (2015 c), „Dialogue allégorique entre la France et la Vérité dédié aux Etats Généraux" [1789], in: Blanc, Olivier (Hg.), *Écrits politiques 1788-1791*, Paris: côté-femmes, S. 62-72.

Gouges, Olympe de (2015 d), „Le cri du sage, par une femme" [1789], in: Blanc, Olivier (Hg.), *Écrits politiques 1788-1791*, Paris: côté-femmes, S. 73-76.

Gouges, Olympe de (2015 e), „Sera-t-il Roi, ne le sera-t-il pas?" [1791], in: Blanc, Olivier (Hg.), *Écrits politiques 1788-1791*, Paris: côté-femmes, S. 187-197.

Gouges, Olympe de (2015 f), „Les droits de la femme" und „Déclaration des droits de la femme et de la cityoenne" [1791], in: Blanc, Olivier (Hg.), *Écrits politiques 1788-1791*, Paris: côté-femmes, S. 204-215.

Guilhaumou, Jacques/Lapied, Martine (2003), „Women's Political Actions During the French Revolution", in Fauré, Christine (Hg.), *Political and Historical Encyclopedia of Women*, New York: Routledge, *S.* 71-87.

Harth, Erica (1992), *Cartesian Women: Versions and Subversions of Rational Discourse in the Old Regime*, Ithaca/NY: Cornell University Press.

Jung, Ruth (1989), „Meine Stimme wird sich noch aus des Grabes Tiefe Gehör zu verschaffen wissen", in: Schmidt-Linsenhoff, Viktoria (Hg.), *Sklavin oder Bürgerin? Französische Revolution und neue Weiblichkeit 1760-1830*, Frankfurt: Jonas Verlag, S. 73-87.

Klinger, Cornelia (1999), „Für den Staat ist das Weib die Nacht. Die Ordnung der Geschlechter und ihr Verhältnis zur Politik", in: Forschungsinstitut Frau und Gesellschaft (Hg.), *Philosophie, Politik und Geschlecht. Probleme feministischer Theoriebildung, Zeitschrift für Frauenforschung*, Sonderheft 2, S. 13-41.

Kant, Immanuel (1968), „Beobachtungen über das Gefühl des Erhabenen und Schönen" [1764], *Akademie Textausgabe II. Vorkritische Schriften II 1757-1777*, Berlin: Walter de Gruyter& Co., S. 205-256.

Kraus, Gerlinde (2007), „Olympe de Gouges. Streiterin für die Rechte der Frau", in: Dies., *Bedeutende Französinnen*, Mühlheim: Schröder, S. 156-196.

Ludwig, Katharina (2008), *Citoyen Sans-Papiers. Irreguläre MigrantInnen als politische AkteurInnen in Frankreich*, Frankfurt a.M.: Lang.

Maihofer, Andrea (1990), „Gleichheit nur für Gleiche?", in: Gerhard, Ute/Jansen, Mechthild/ Dies./Schmid, Pia/Schultz, Irmgard (Hg*.), Differenz und Gleichheit. Menschenrechte haben (k)ein Geschlecht*. Frankfurt a.M.: Ulrike Helmer, S. 351-367.

Marx, Karl/Engels, Friedrich (1983), Deutsche Ideologie [1845/46], Werke, Bd. 3, Berlin: Dietz.

Michelet, Jules (2013), *Die Frauen der Revolution*. Bremen: Europäischer Literaturverlag.

Mousset, Sophie (2007), *Women's Rights and the French Revolution. A Biography of Olympe de Gouges,*übers. v. Joy Poirel, New Brunswick: Transaction Publishers.

Narayan, Uma (1997), „Towards a Feminist Vision of Citizenship: Rethinking the Implications of Dignity, Political Participation, and Nationality", in: Shanley, Mary Lyndon/Narayan, Uma (Hg.), *Reconstructing Political Theory. Feminist Perspectives*, Cambridge: Polity Press, S. 48-67.

Noack, Paul (1992), *Kurtisane und Kämpferin für die Rechte der Frau 1748-1793*. München: dtv.

Ottmann, Henning (2008), *Geschichte des politischen Denkens*. Bd. 3/2: Die Neuzeit. Das Zeitalter der Revolutionen, Stuttgart: Metzler, S. 110-112.

Pateman, Carole (1988), *The Sexual Contract,* Cambridge: Polity Press.

Rancière, Jacques (1997), „Gibt es eine politische Philosophie?" In: Badiou, Alain/Ders./ Riha, Rado/Šumič, Jelica (Hg.), *Politik der Wahrheit,* Wien: Turia+Kant, S. 64-93.

Rancière, Jacques (2002), *Das Unvernehmen,* Frankfurt a.M.: Suhrkamp.

Rancière, Jacques (2011), „Demokratie, Republik, Repräsentation", in: Ders., *Der Hass der Demokratie.* Berlin: August, S. 63-84.

Rivas, Joshua (2014), „The Radical Novelty of Olympe de Gouges", in: *Nottingham French Studies* 53:3, S. 345-358.

Robinet, Jean-Baptiste-René (1777/1783), *Dictionnaire universel des sciences morale, économique, politique et diplomatique; ou Bibliothèque de l'homme-d'état et du citoyen,* Bd. 12, London, S. 24-36.

Rousseau, Jean-Jacques (1981), *Emil oder über die Erziehung,* hrsg. v. L. Schmidts, Paderborn: Schöningh.

Schröder, Hannelore (1995), *Olympe de Gouges: Mensch und Bürgerin,* Aachen: ein-FACH.

Scott, Joan W. (1989), „French Feminists and the Rights of ‚Man': Olympe de Gouges's Declarations", in: *History Workshop* 28, S. 1-21.

Scott, Joan W. (1996), *Only Paradoxes to Offer. French Feminists and the Rights of Man,* Cambridge: Harvard University Press.

Sherman, Carol L. (2013), *Reading Olympe de Gouges,* New York: Palgrave Macmillan.

Sherman, Carol L. (2016), Olympe de Gouges. Witness to Revolution. https://sites.google.co m/site/2nriunpdf/Olympe-de-Gouges-Witness-to-Revolution.

Smart, Annie K. (2011), *Citoyennes. Women and the Ideal of Citizenship in Eighteenth-Century France*, Plymouth: The Rowman and Littlefield.

Thresor de la langue francoyse tant ancienne que moderne (1606), Paris, http://gallica.bnf.fr/a rk:/12148/bpt6k50808 z.

Trouille, Mary Seidman (1994), *Femmes savantes et femmes d'esprit: women intellectuals of the French eighteenth Century*, Frankfurt a.M./New York: Lang.

Wollstonecraft, Mary (1999), *Ein Plädoyer für die Rechte der Frau,* Weimar: Böhlau.

Wollstonecraft, Mary (2004), *A Vindication of the Rights of Women* [1792], New York: Penguin.

Skadi Siiri Krause

Der Kampf um die Abschaffung der Sklaverei in Frankreich

Einleitung

Der Kampf gegen die Sklaverei hat in Frankreich eine wechselvolle Geschichte. Im Jahre 1794, und damit vor England, verbietet der Konvent die Sklaverei, die allerdings unter Napoléon 1802 wieder eingeführt wird. Angegriffen wird dieser Beschluss von der *Groupe de Coppet*, die sich um Madame de Staël bildet. Zu dieser Gruppe gehören neben Benjamin Constant und Victor de Broglie u.a. auch Jean-Charles-Léonard Simonde de Sismondi und Staëls Sohn Auguste. Zunächst aus Opposition zu Napoléon entstanden, engagieren sich die Mitglieder der Gruppe zunehmend gegen den Menschenhandel. Staël steht in engem Kontakt mit dem englischen Abolitionisten William Wilberforce und übersetzt 1814 seine Broschüre gegen den Sklavenhandel ins Französische.[1] Sismondi publiziert wenige Jahre später seine Schrift *Nouveaux principes d'économie politique ou la richesse dans ses rapports avec la population* (1827), in der er die Sklaverei als für Frankreich wirtschaftlich schädlich bezeichnet. Auch behauptet er, dass die Sklavenhaltung nicht zukunftsfähig sei: „Heute ist nicht einmal der Neger ein Eigentum, er ist ein Verlust und eine Gefahr für den Weißen." Denn, so der Autor, es sei nicht die Sklaverei, die den Umsatz für den Landwirt ausmache: „[D]ie Erträge kommen allein aus den Taschen der europäischen Verbraucher, denn die Kolonialwaren werden zu einem Monopolpreis verkauft, und dieselben Verbraucher zahlen auch die Steuern, die notwendig sind, um mit Militärgewalt ein System, befleckt von Ungerechtigkeit und Grausamkeit, zu erhalten, das teurer und verderblicher ist als jedes andere."[2] Sismondi fordert daher die Abschaffung der Sklaverei, aber die Sklaven sollen nicht auf einen Schlag frei kommen und alle Bürgerrechte erhalten, sondern zuerst von ihren Besitzern geschult werden, bis sie verantwortungsvolle und selbstständige Bürger geworden sind. Diese Position bleibt im Wesentlichen die Einstellung der Liberalen in der Restauration und Julimonarchie, die sich für die Abschaffung der Sklaverei in der ersten Hälfte des 19. Jahrhunderts in Frankreich stark machen. Im Folgenden sollen ihre Debatten aufgezeigt werden. Sie verdeutlichen, wie aus zunächst humanitären zunehmend wirtschaftliche und schließlich politische Argumente werden.

---

1 Streckeisen 1997, S. 45-55; David/Etemad/Schaufelbuehl 2005, S. 130.
2 Sismondi 1827, Bd. 1, S. 186. Alle Übersetzungen im Text von Skadi S. Krause.

1. Die Debatten zur Abschaffung des Sklavenhandels in der Restauration

1818 wird nach den Beschlüssen des Wiener Kongresses der Menschenhandel in Frankreich offiziell verboten, doch das unter Louis XVIII. verabschiedete Gesetz bleibt eine Farce. So beginnt ein langjähriges politisches Ringen um die Abschaffung des Sklavenhandels und der Sklaverei. Zu den wichtigsten politischen Akteuren gehört die *Société de la morale chrétienne*, die im Dezember 1821 in Paris nach dem Vorbild britischer Wohltätigkeitsorganisationen gegründet wird. In ihr vereinigen sich Vertreter der protestantischen Kirchen, aber auch der französischen Aristokratie und des Bürgertums. Zur Umsetzung ihrer karitativen Tätigkeiten werden verschiedene Ausschüsse gegründet, u.a. auch das Komitee zur Abschaffung des Sklavenhandels (*Comité pour l'abolition de la traite des noirs*). Gründungsmitglieder sind am 8. April 1822 Auguste de Staël und Broglie, Persönlichkeiten der evangelischen Kirche wie Paul Henry Marron, Prediger der Reformierten Gemeinde in Paris und Präsident des Konsistoriums, sowie erklärte Gegner der Sklaverei wie André-Daniel Laffon de Ladebat, Charles Philibert de Lasteyrie du Saillant und Charles de Rémusat. Vertreter der katholischen Kirche bleiben dem *Comité* und der Bewegung zur Abschaffung des Sklavenhandels während der gesamten Restauration fern, weil sie befürchten, dass die Aufhebung der Sklaverei zu einer allgemeinen Befreiungsbewegung in den Kolonien und zu blutigen Unruhen führen werde.[3]

Zu den wichtigsten Wortführern der Abolitionisten im Parlament zählen in der Restauration Constant und Broglie. Am 31. Juli 1821 tritt Constant vor der Abgeordnetenkammer gegen die Nichtanwendung des Gesetzes von 1818 auf.[4] Am 28. März 1822 verurteilt Broglie vor dem Oberhaus die illegale Praxis des Menschenhandels. Dabei brandmarkt er nicht nur den Sklavenhandel, sondern die Sklaverei an sich, auch wenn er einräumt, dass die sofortige Abschaffung der Sklaverei „nicht die Abhilfe des Übels" sein könne.[5] Doch mit „Blick auf die Siedler kann die strikte Beachtung der Gesetze, die den Handel verbieten, nicht ausreichen", sie müssen auch in ihrem eigenen Interesse dazu gebracht werden, „ihre Sklaven freundlich und sanft zu behandeln, sie zu ermutigen, zu heiraten und sie bei der Erziehung ihrer Kinder zu unterstützen, um schrittweise und freiwillig die neuen Beziehungen vorzubereiten, die eines Tages zwischen Herren und Sklaven bestehen werden."[6]

Beide Reden werden veröffentlicht und erzielen breite Aufmerksamkeit.[7] Aber nicht nur auf die parlamentarische Arbeit richtet sich das Wirken des *Comité pour*

---

3 Ihr Verweis gilt dem Aufstand von Versklavten in der damaligen französischen Kolonie Saint-Domingue (heute Haiti) im Jahr 1792. Vgl. Quenum 2008.
4 Constant 1999, S. 548-560.
5 Chambre des pairs. Impressions diverses, session de 1821, Bd. 4, Nr. 91, zitiert aus: Broglie 1822, S. 7-8.
6 Broglie 1822, S. 7-8.
7 Belliard 1821.

l'abolition de la traite des noirs. Auch die Verbreitung der Werke führender Abolitionisten aus England wie Wilberforce, Thomas Clarkson, Thomas Fowell Buxton
sowie amerikanischer Autoren wie David Walker gehören zum festen Bestandteil
der Öffentlichkeitsarbeit. Zwei Bücher werden den Lesern des *Journal de la Société
de la morale chrétienne*, das seit 1822 erscheint, besonders empfohlen: *The Cries of
Africa to the Inhabitants of Europe, or A Survey of that Bloody Commerce Called
the Slave-Trade* von Clarkson[8], und eine Rede von Buxton, die dieser am 1. Mai
1823 im Unterhaus von England gegen den Sklavenhandel und seine Folgen gehalten hat.[9] Die enge Zusammenarbeit mit Abolitionisten aus England sowie der Verweis auf die englische Gesetzgebung und Außenpolitik wird von den Verteidigern
des Sklavenhandels und der Sklaverei scharf kritisiert und als Argument gegen die
Arbeit des *Comité* genutzt, um dieses gleichsam als Handlanger einer englischen
Außenpolitik bloßzustellen. Insofern ist es wichtig für das *Comité*, auch eigene
Schriften und Studien vorzulegen. Einer seiner namhaftesten Autoren ist Joseph
Elzéar Morénas. Bereits 1820 reicht er eine Petition gegen den Sklavenhandeln in
der Deputiertenkammer ein; 1822 folgt eine zweite in der Pairskammer.[10] Wenige
Jahre darauf veröffentlicht Morénas seine *Précis historique de la traite des noirs et
de l'esclavage*.[11] Darin lehnt er den Sklavenhandel in moralischer Hinsicht ab, da er
zu einem System führe, das mit dem frühen Tod der Sklaven rechne. Ein Verbot des
Handels trage zwar dazu bei, dass die Sklaven besser behandelt werden, aber auch,
dass sich deren Zahl weiter erhöhe, was soziale Konflikte zur Folge habe. Vor allem
aber weist Morénas die Annahme zurück, dass der Sklavenhandel fest in der französischen Geschichte verankert sei. Erst unter Ludwig XIV., Ende des 17. Jahrhunderts, sei der Sklavenhandel durch den *Code Noir* legalisiert worden und das auch
nur außerhalb des Territoriums Frankreichs. 150 Jahre später aber sei das Gesetz vor
allem eins, nämlich schädlich für die politische Entwicklung der Kolonien.[12]
Morénas plädiert daher für die sofortige Unterbindung des Sklavenhandels und für
eine schrittweise Freilassung der Sklaven. So soll seine Schrift „den Leser davon
überzeugen, dass der [Menschen]Handel ungerecht, gottlos und unmoralisch" sei; er
neige dazu, „alle zu korrumpieren", die „in ihn verwickelt" seien, weil er Menschen
zu Verbrechen anrege, „die durch göttliches Recht verboten" und in der Regel auch
durch staatliches Recht in den Mutterländern „mit äußerster Strenge" verfolgt werden. Morénas macht aber auch auf die außenpolitische Dimension des Sklavenhandels aufmerksam. So verweist er darauf, dass der Sklavenhandel den „Kriegszustand
in Afrika" künstlich am Leben erhalte, das an sich schon „in Barbarei und Unwis-

---

8 Clarkson 1822.
9 Eine französische Übersetzung der Rede liegt seit 1824 vor: Buxton 1824.
10 1822 verweist de Broglie in einer Rede vor der Pairskammer noch einmal auf beide Petitionen,
    die von den Häusern übergangen wurden. Siehe Broglie 1822, S. 15.
11 Morénas 1828.
12 Morénas 1828, S. 363.

senheit" versinke. Mit einem Satz: Für Morénas ist der Menschenhandel „barbarisch, weil er eine Menge von Verbrechen heraufbeschwört, die es ohne ihn nicht gebe, [...] und die ohne Nutzen für den Staat sind"[13].

Einen Aufschwung erfährt die Abolitionsbewegung in Frankreich, als ein Urteil des Obersten Gerichts vom 16. Januar 1825 erlaubt, Schiffe, bei denen man vermutet, dass sie dem Sklavenhandel dienen, in den französischen Häfen zu inspizieren. Auguste de Staël fährt im Namen des *Comité pour l'abolition de la traite des noirs* daraufhin nach Nantes, dem Zentrum des französischen Sklavenhandels. Bei Ausstattern von Sklavenschiffen beschlagnahmt er Sklaveneisen und Folterinstrumente, die er detailliert auflistet und illustrieren lässt.[14] Er erstattet in einem offenen Brief an die *Société de la morale chrétienne* zudem Bericht über die Zustände der inspizierten Schiffe.[15] Ein Jahr später organisiert das *Comité* eine Ausstellung mit den Gegenständen, die Staël in Nantes beschafft hat. Diese stößt auf breite Resonanz und löst auch in den Medien ein breites Echo aus.[16] Ein Gesetz vom 25. April 1827 verurteilt schließlich den „kriminellen Charakter" des Menschenhandels und verbietet die Einfuhr solcher Schiffe, die dem Sklavenhandel dienen.[17]

In den folgenden Jahren wird der Handel mit Sklaven nach und nach deutlich reduziert und ist schließlich nur noch in der Karibik verbreitet. Das *Comité* reagiert darauf, indem es zwei akademische Wettbewerbe ausruft, die dazu beitragen sollen, weltweit den Sklavenhandeln zu unterbinden. Neuerklärtes Ziel ist jetzt zum ersten Mal, die Sklaverei ganz abzuschaffen. Gekürtes Werk dieser Ausschreibung ist *Prudence et humanité*; es stammt aus der Feder von Auguste Billiard, der auf der Grundlage von Comtes *Traité de législation*[18] Schritte zur Abschaffung der Sklaverei in den europäischen Kolonien unterbreitet, die eine allmähliche Emanzipation der Sklaven ermöglichen sollen. Billiard schlägt dabei vor, Sklaven ein Jahrzehnt in den Dienst eines Herren zu geben, welcher für ihren Unterhalt aufkommen müsse und dafür ein Viertel der Produkte ihrer Arbeit erhalte.[19] Allerding gerät die Arbeit des *Comité* am Ende der Restauration ins Stocken, wie der Tätigkeitsbericht der Hauptversammlung vom 22. April 1830 unter Vorsitz von Guizot belegt.[20] Nach der Julirevolution besiegelt schließlich das Gesetz vom 4. März 1831 das Verbot des Menschenhandels. Die Abgeordneten ehren bei der Abstimmung des Gesetzes „die große

---

13 Morénas 1828, S. 371.
14 Journal de la Société de la Morale Chrétienne Bd. 6, Nr. 33, S. 185-192.
15 Journal de la Société de la Morale Chrétienne Bd. 6, Nr. 38, S. 125-128.
16 Vgl. Daget 1988, S. 455-457.
17 Es kommt danach zu verstärkten Kontrollen von ausfahrenden Schiffen und einer genaueren Analyse des Inventars, um Rückschlüsse auf den Sklavenhandel ziehen zu können. Vgl. Streckeisen 1997, S. 45-55; Pétré-Grenouilleau 1998, S. 187-188.
18 Vgl. Comte 1826, Bd. 1.
19 Journal de la Société de la Morale Chrétienne Bd. 11, Nr. 71, S. 153-170. Vgl. Dufau 1830; Billiard 1827.
20 Journal de la Société de la Morale Chrétienne Bd. 1, Nr. 1, S. 9.

Unterstützung"[21] durch die *Société de la morale chrétienne*, deren Arbeit den Boden für den Gesetzesentwurf vorbereitet habe.

2. Die Debatten zur Abschaffung der Sklaverei in der Julimonarchie

In der Julimonarchie konzentriert sich die Diskussion auf die Abschaffung der Sklaverei in den französischen Gebieten. Dabei ist die Aufhebung der Sklaverei in den englischen Kolonien ein entscheidendes Argument. Zu den neuen Wortführern gehören nun, neben dem nach wie vor sehr aktiven de Broglie, Victor de Tracy, Alexandre de Laborde und Frédéric Gaëtan de La Rochefoucauld-Liancourt. In der Abgeordnetenkammer setzen sich Hippolyte Passy, Odilon Barrot, Alphonse de Lamartine, Montalembert und Georges Lafayette für die Abschaffung der Sklaverei ein.[22] 1834 wird die *Société française pour l'abolition de l'esclavage* gegründet, deren Vorsitzender der französische Außenminister und Ministerpräsident Broglie ist.[23] Zu ihren Mitgliedern gehören u.a. Gustave de Beaumont und Alexis de Tocqueville, die innerhalb dieser Gesellschaft zu den starken Befürwortern einer schnellen Beendigung der Sklaverei zählen. 1838 wird es Tocquevilles Aufgabe, den Entwurf eines Gesetzes zur Abschaffung der Sklaverei in den französischen Kolonien im Rahmen seiner Tätigkeit als Mitglied des Abgeordnetenhauses auszuarbeiten.[24] In seinem *Rapport fait au nom de la commission chargée d'examiner la proposition de M. de Tracy, relative aux esclaves des colonies* spannt Tocqueville einen großen Bogen von der Lancierung des Gleichheitsgedankens in Europa bis hin zu seiner endgültigen Umsetzung. „Die Kommission, in deren Namen ich die Ehre habe zu sprechen", beginnt er seinen Bericht, „hat von Anfang an gewusst, dass ihre Aufgabe zugleich einfach und schwer ist." Einfach sei sie, weil man es vielfach mit längst verworfenen Argumenten zu tun habe. „Man hat argumentiert, dass die Ursachen und die Rechtfertigung der Sklaverei in der Natur selbst liegen. Es ist gesagt worden, dass Menschenhandel ein Segen für die unglücklichen Rassen war; und der Sklave glücklicher im ruhigen Frieden der Dienstbarkeit als in den Aufregungen und Anstrengungen ist, welche die Unabhängigkeit mit sich bringt." Die Kommission, so Tocqueville, habe

---

21 Vgl. Daget 1971, S. 53-57.
22 Journal de la Société de la Morale Chrétienne Bd. 6, Nr. 6, S. 294-298.
23 Zu den Gründungsmitgliedern gehören neben Hippolyte Passy und Odilon Barrot auch Alphonse Bérenger, Saint-Albin Berville, Hippolyte Carnot, Joseph-Marie de Gérando, Amédée Desjobert, Henri Dutrône, Philippe de Golbéry, Georges Washington de La Fayette, Alphonse de Lamartine, Gabriel-Jacques Laisné de Villévêque, Théobald de Lacrosse, Frédéric Gaëtan de La Rochefoucauld-Liancourt, Henri Lutteroth, François Mongin de Montrol, Charles de Rémusat, Jacques-François Roger, Xavier de Sade, Eusèbe de Salverte, Robert d'Escorches de Sainte-Croix und Victor Destutt de Tracy. Vgl. Société française pour l'abolition de l'esclavage 1837, S. 418-424, 419.
24 Zeuske 2004.

nicht vor, „diese falschen und hasserfüllten Lehren" zu widerlegen. In Europa seien sie längst verblasst; „sie können weder zur Rechtfertigung der Kolonien dienen, noch den Sklavenhaltern schaden, die sich immer noch dazu bekennen". Die Kommission müsse auch nicht erklären, dass die Sklaverei eines Tages ein Ende haben werde. Die schwierige Frage, die die Kommission bewege, komme nicht aus dem Bereich der Theorie. „Es ist nicht die Frage, ob die Sklaverei falsch ist, und ob sie ein Ende haben muss, sondern wie und wann sie aufhört."[25]

Tocqueville plädiert für die vollständige Abschaffung der Sklaverei in allen kolonialen Besitztümern.[26] Das Bulletin richtet sich dabei vor allem gegen die Vorbehalte der Kolonisten, die mit der Abschaffung der Sklaverei auch den Verlust der Kolonien heraufbeschwören. Tocqueville zeigt jedoch, dass die Abolition eine notwendige Bedingung dafür ist, dass sich die Kolonien nicht in kürzester Zeit gewaltsam lossagen. Als Beispiel dienen ihm die englischen Kolonien. Hier sorgen Sklavenaufstände zu Beginn der 1830er Jahre dafür, dass zu allen moralischen und rechtlichen Argumenten für die baldige Abschaffung der Sklaverei die Sorge tritt, dass die Erhaltung der Sklaverei die militärischen und ökonomischen Kräfte des Landes weit mehr strapazieren werde als alle wirtschaftlichen Einbußen, die die Abschaffung der Sklaverei notwendigerweise mit sich bringe. Als 1833 das englische Parlament für die Aufhebung der Sklaverei stimmt, wird den Besitzern der rund 800.000 Sklaven die Summe von 20 Millionen Pfund in Staatspapieren als Entschädigung und somit nicht weniger als rund 40 Prozent des damaligen Staatshaushalts zugesprochen. Die Beibehaltung der Sklaverei, so die Begründung, sei noch teurer. In seinem *Rapport* macht Tocqueville deutlich, dass man hinter diese Maßnahmen Englands nicht mehr zurücktreten könne. Wie soll man, fragt er, „Sklaven angesichts und in Gegenwart freier Schwarzer in Gehorsam"[27] halten? Bleibe die rechtliche, soziale und kulturelle Distanz zwischen Sklaven und ihren Besitzern unter solchen Umständen bestehen, so seine Argumentation, dann werde sie zu einer ständigen Quelle der Rebellion. Tocqueville verweist darauf, dass selbst der Kolonialrat aus diesen Gründen die Abschaffung der Sklaverei empfehle. Ist die Freiheit einmal versprochen, seien die Unterdrückten auch zur Selbstbefreiung bereit: „Sklaverei ist eine der Institutionen, die Jahrtausende existieren können, solange niemand fragt, warum es sie gibt; aber es ist unmöglich, sie länger aufrechtzuerhalten, wenn die Frage erst einmal gestellt wurde."[28]

Hinzu kommen die selbstzerstörerischen Tendenzen der Sklavenhaltergesellschaft. Jede Form der Sklaverei beruhe „auf dem Grundsatz der Dienstbarkeit", der

---

25 Alexis de Tocqueville: Rapport fait au nom de la Commission chargée d'examiner la proposition de M. de Tracy, relative aux esclaves des colonies, Chambre des députés, séance du 23 Juilliet 1839, 2ᵉ session 1839, Nr. 201, S. 1-2, abgedruckt in: Tocqueville 1962, S. 41-78, 42.

26 Tocqueville 1962, S. 41-78, 57.

27 Tocqueville 1962, S. 41-78, 46.

28 Tocqueville 1962, S. 41-78, 46.

notwendigerweise zu Müßiggang unter den Weißen führe.[29] Hier zeigen sich Tocquevilles amerikanischen Erfahrungen.[30] Die Sklavenhalter werden notwendigerweise zu einem fremden Element innerhalb der demokratischen Gesellschaft, weil sie nicht nur den Grundsatz der Gleichheit in Frage stellen, sondern auch die Arbeit als wichtiges Element der sozialen Integration ablehnen. Für Tocqueville ist die Befreiung der Sklaven deshalb nicht nur ein historischer, sondern auch ein notwendiger politischer Prozess, der jedoch so gestaltet werden müsse, dass dessen Rahmenbedingungen breite gesellschaftliche Akzeptanz und Unterstützung finden. So plädiert er für eine Entschädigung der Kolonialisten nach englischem Beispiel. Die ehemaligen Sklaven sollen dagegen für zehn Jahre der Regierung unterstellt werden, die sie als Lohnarbeiter an Plantagenbesitzer weitervermittelt. Ein Teil ihrer Löhne soll der Tilgung der Auszahlungen an die ehemaligen Besitzer dienen, der andere Teil ihnen selbst zustehen, damit sie beginnen können, ein selbstständiges bürgerliches Leben zu führen.

Damit greift Tocqueville wichtige Forderungen auf, die bereits Billiard entwickelt hat, führt sie jedoch deutlich weiter. So sind die Möglichkeit zur Ehe, die Entlohnung der Arbeit und der Schutz von Eigentum unter den ehemaligen Sklaven für Tocqueville besonders wichtig. Er plädiert sogar für die Erwerbsmöglichkeit von Land durch ehemalige Sklaven, damit ihre Familien auch zukünftig eine Ernährungsgrundlage haben. Dennoch spricht sich Tocqueville nicht für die sofortige Aufhebung der Sklaverei aus, sondern für eine zeitlich begrenzte Übergangsphase, die die Abwicklung der rechtlichen Verhältnisse in geordnete Bahnen lenken soll. So sollen die Plantagenbesitzer nicht von heute auf morgen ihre Arbeitskräfte verlieren, sondern weiterhin auf ein Heer von Lohnarbeitern zurückgreifen können. Gleichzeitig werde die Abhängigkeit der ehemaligen Sklaven von ihren Herren gebrochen (im Gegensatz zu den englischen Kolonien, wo die ehemaligen Sklaven weiterhin für ihre alten Besitzer arbeiten müssen). Die Kolonisten werden außerdem entschädigt,

---

29 Tocqueville 1962, S. 41-78, 48-49.
30 Während seines Aufenthaltes unterhielt sich Tocqueville mehrmals mit John Quincy Adams, den sechsten Präsidenten der Vereinigten Staaten, der ihm gegenüber u.a. hervorhob, dass die Weißen im Süden in Müßiggang lebten, weil alle Arbeit von Sklaven verrichtet würde. Dies habe einen großen Einfluss auf ihren Charakter, so Adams. „Sie widmen sich der körperlichen Bewegung, Jagd und Pferderennen. Es sind Männer von kräftiger Konstitution, mutig, und auf ihre Würde bedacht. Fragen der Ehre sind im Süden heikler als anderswo, und Duelle sind häufig." Die Weißen bilden nach Adams im Süden eine Klasse, die alle Ideen, Vorurteile und Leidenschaften einer Aristokratie besitze, aber er betont auch, dass „die Gleichheit unter den Weißen nirgends größer" sei „als im Süden", denn jeder Weiße sei hier gleichermaßen privilegiert, indem er das Recht habe, „Schwarze arbeiten zu lassen", während er sich selbst seinen Vergnügungen widme. Er könne sich nicht vorstellen, unterstreicht Adams gegenüber Tocqueville, in welchem Maße „die Südstaatler" die Idee verinnerlicht haben, dass Arbeit „unehrenhaft" sei. Jede Form von Unternehmen, „wo Schwarze nicht als Untergebene eingesetzt werden können", habe im Süden „keine Chance" auf Erfolg. Das Gespräch mit Adams hinterließ bei Tocqueville einen bleibenden Eindruck. Siehe Reisetagebucheintrag Tocquevilles vom 1. Oktober 1831, in: Tocqueville 1957, Bd. V/1, S. 97–99, hier 98.

da der französische Staat die Sklaverei begünstigte und über mehr als hundert Jahre rechtlich schützte. Dennoch sollen sie zukünftig die Leistungsfähigkeit ihrer Plantagen in einer freien Marktwirtschaft unter Beweis stellen. Auch soll der Staat die Kosten der Befreiung nicht selbst tragen, weil er anteilig an den Löhnen entschädigt werde, die die Plantagenbesitzer ihren Arbeitern auszahlen. Die ehemaligen Sklaven gewinnen innerhalb eines Jahrzehnts die vollständige Bürgerschaft. Sie bzw. ihre Kinder werden darauf durch die Verleihung bürgerlicher Rechte, wie Heirat, Landerwerb, aber auch durch Schulbildung vorbereitet. Und sie bleiben hinsichtlich ihrer Verdienstmöglichkeiten und der Größe des Landes, das sie erwerben dürfen, auf ständige Lohnarbeit angewiesen, so dass die Produktion in den Kolonien nicht zusammenbricht.[31]

Tocqueville ist von der innovativen Kraft seines Berichtes überzeugt. Er sendet mehrere Exemplare an seine amerikanischen Briefpartner. Jared Sparks übersetzt den Bericht unverzüglich ins Englische. In einem Brief vom 13. Oktober 1840 berichtet Tocqueville an Sparks, dass er mit der Übersetzung sehr zufrieden sei und hoffe, dass der Bericht eine entsprechende Resonanz im Süden der USA erhalte,[32] denn er glaubt, dass er auch eine beispielhafte politische Lösung für die Befreiung der Sklaven in den USA angeboten habe. Allerdings verweist er ebenso darauf, dass mit der Beendigung der Sklaverei noch nicht das Ende des Rassismus gekommen sei. Die Sklaverei habe in den USA „tiefere und lebendigere Wurzeln" als anderswo und habe „ungeheure Ausmaße" angenommen. „Weder Sie noch ich sehen ein Ende", schreibt er an Sparks. Tocqueville zieht daraus die Schlussfolgerung, dass die Sklaverei in den USA länger bestehen werde als in anderen Ländern.[33] Umso mehr drängt er darauf, den Kampf gegen die Sklaverei mit aller Entschiedenheit fortzuführen und gleichzeitig realistische Schritte vorzuschlagen.

Seinen Bericht sendet Tocqueville auch nach England. An John Stuart Mill berichtet er am 14. November 1839: „Ich werde Ihnen heute per Post eine Kopie des Berichts senden, den ich gerade im Namen des Ausschusses, der von der Kammer ernannt wurde, um die Sklaverei in unseren Kolonien abzuschaffen, verlesen habe." Ausdrücklich verweist Tocqueville auf den moderaten Ton. „Sie werden sehen, dass, im Gegensatz zu den meisten meiner Kollegen, ich nicht versucht habe, durch Beredsamkeit zu diesem Thema aufzufallen. Ich war sogar vorsichtig, jeden Angriff auf die Kolonisten zu vermeiden, was die kolonialen Zeitungen nicht daran hindert, viele unangenehme Dinge über mich zu schreiben." Gleichzeitig zeigt er sich gegenüber Mill weniger zuversichtlich hinsichtlich der Umsetzbarkeit seiner Vorschläge: „Sie wissen, Kolonisten sind überall gleich, egal aus welcher Nation sie kommen. Sie werden wütend, sobald sie aufgefordert werden, ihre Schwarzen gerecht zu be-

---

31 Tocqueville 1962, S. 41-78.
32 Brief Tocquevilles an Jared Sparks vom 13. Oktober 1840, in: Tocqueville 1986, S: 82-83, 82.
33 Tocqueville 1986, S. 82-83, 83.

handeln. Aber sie können versuchen, was sie wollen, sie werden mich weder irritieren noch mich dazu bringen, Gewalt in eine Debatte zu tragen, die für das Land gefährlich wäre."[34]

Für eine unverzügliche Abschaffung der Sklaverei in Frankreich wirbt Tocqueville auch 1843, als er die Kommentierung des *Rapport sur les questions relatives à l'esclavage et à la constitution politique des colonies* von Broglie in der Zeitschrift *Le Siècle* übernimmt.[35] Er betrachtet die Befreiung darin als einen unumkehrbaren Vorgang: „Wir wissen, dass die Abschaffung der Sklaverei, die kein historisches Vorbild hat, nicht aus dem verzweifelten Bemühen der Sklaven, sondern aus Überzeugung der Herren geschieht"; nicht allmählich, langsam und durch schrittweise Veränderungen oder durch „die Einführung der Leibeigenschaft" steuern die Sklaven unmerklich auf die Freiheit zu; „die Abschaffung der Sklaverei ist keine sukzessive Folge der durch die Anschauungen veränderten Sitten, sondern sie vollzieht sich schlagartig"; und in kürzester Zeit haben „fast eine Million Menschen extreme Sklaverei hinter sich gelassen", um in die „vollständige Unabhängigkeit zu wechseln", oder, „um es präziser auszudrücken", vom „Tode zum Leben".[36] In diesem wahrhaft historischen Schauspiel haben sich nach Tocqueville zwei Begründungsmuster vermischt: Auf der einen Seite eine Befreiungsbewegung, die weniger durch die Verzweiflungstat der Unterdrückten als „durch den aufgeklärten Willen des Herrn" zustande gekommen ist, und auf der anderen Seite die Notwendigkeit der Befreiung, die nicht auf humanitären, sondern auf ökonomischen und geopolitischen Interessen beruht. Dabei ist es für ihn weniger das Selbstverständnis der liberalen Gesellschaften Europas, das die „Tyrannei" der Sklaverei zurückweist und die Bürger „das Blut der Sklaven im Zucker schmecken lässt", als der verzweifelte Versuch, Frankreichs geopolitischen Einfluss zu sichern, was den Prozess der Befreiung der Sklaven in den französischen Kolonien vorantreibt.[37]

In Tocquevilles Argumentation gibt es für Frankreich denn auch keinen anderen Ausweg, als die unverzügliche Abschaffung der Sklaverei: „Kein vernünftiger und einflussreicher Mann, der nicht mit Rassendünkel behaftet ist, wird bestreiten, dass die koloniale Gesellschaft jeden Tag unmittelbar vor einem unvermeidbaren Umsturz steht. Sie hat keine Zukunft."[38] Die freien Sklaven in Englands Kolonien weisen nicht nur den Weg in die Zukunft, sie seien auch eine andauernde Bedrohung für Frankreich, insofern sie den Frieden in den französischen Kolonien gefährden.[39] Und dies in dreifacher Hinsicht. Erstens sorgen sie für Unruhe unter den Sklaven, zweitens entwerten sie die französischen Besitztümer, da niemand in Land investie-

---

34 Brief Tocquevilles an John Stuart Mill vom 14. November 1839, in: Zunz 2010, S. 582-583.
35 Vgl. Cohut 1843, S. 177-228.
36 Alexis de Tocqueville: L'émancipation des esclaves, in: Tocqueville 1962, S. 79-111, 79-80.
37 Tocqueville 1962, S. 79-111, 82, 84, 106.
38 Tocqueville 1962, S. 79-111, 81.
39 Tocqueville 1962, S. 79-111, 83.

re, das unsicher sei, und drittens stellen sie Frankreichs weltpolitische Position in Frage, da der Erhalt der Kolonien selbst zur Disposition stehe. Auf diese Weise widerlegt Tocqueville die Argumentation der Kolonisten, die einmütig erklären, dass die Freilassung der Sklaven den „Verlust der Kolonien" bedeute.[40] Tocqueville entkräftet aber auch das Argument, dass die Aufhebung der Sklaverei zu den schlimmsten Gewaltexzessen und zu einer neuen „Barbarei" in den Kolonien führen werde. Am Beispiel der englischen Besitzungen weist Tocqueville nach, dass genau das Gegenteil passieren wird. Lapidar fasst er seine Argumentation im dritten Artikel am 8. November 1843 zusammen: „Keinerlei Unruhen, schneller Fortschritt der schwarzen Bevölkerung in Bezug auf gute Sitten, Aufklärung und Wohlstand."[41]

Doch als Politiker verweist Tocqueville auch auf die Kosten der Befreiung und nimmt damit ein zentrales Argument aus den amerikanischen und englischen Debatten auf. Dazu zählen eine zeitweilige Reduzierung der landwirtschaftlichen Produktion, ein Anstieg der Lebensmittelpreise, das Anwachsen der Löhne in den Kolonien und in Folge davon zum Teil hohe Verluste für die Kolonisten.[42] Gleichzeitig macht er deutlich, dass diese Folgen nicht „aus dem wesensgemäßen Charakter der Schwarzen", sondern „aus den spezifischen Verhältnissen, die die Kolonialgesellschaft prägen"[43], stammen, wozu er u.a. die extremen Monokulturen in der Landwirtschaft zählt. Jedes Abwandern von Arbeitskräften als Folge der Befreiung bedeute einen Verlust für diese arbeitsintensive Produktionsweise. Nichtsdestotrotz befürwortet Tocqueville die unverzügliche Abschaffung der Sklaverei zu einem festgelegten Zeitpunkt, überwiegen für ihn doch in moralischer, ökonomischer und politischer Hinsicht die Vorteile dieses Prozesses. So macht er deutlich, dass mit der Befreiung der Sklaven ein Unrechtssystem beendet, die Kolonien befriedet und durch die Einführung der Lohnarbeit die Produktivität gesteigert wird. Darüber hinaus verwandeln sich die ehemaligen Kolonien in einen neuen Absatzmarkt für französische Produkte, was auch der einheimischen Produktion zugutekomme und die Kolonien stärker an Frankreich binde, als eine einseitige Ausbeutung der Besitztümer. Und

---

40 Tocqueville 1962, S. 79-111, 105.
41 Tocqueville 1962, S. 79-111, 96.
42 Tocqueville 1962, S. 79-111, 96.
43 Tocqueville 1962, S. 79-111, 96.

wie in der Algerienpolitik[44] appelliert Tocqueville auch in der Frage der Abschaffung der Sklaverei an die zivilisatorische Vorreiterrolle Frankreichs in der Außenpolitik. Es sei die Französische Revolution gewesen, die erklärt habe, dass alle Menschen gleich und frei seien. Frankreichs Politik, sowohl im Inneren als auch nach außen, müsse sich an diesem Versprechen messen lassen. Fünf Jahre später wird in Frankreich die Sklaverei in den Kolonien endgültig abgeschafft und ihre Beendigung auch in der Verfassung verankert.

3. Ausblick: Sklaverei und Rassismus.

Im Gegensatz zu vielen Zeitgenossen ist Tocqueville nicht nur ein entschiedener Gegner der Sklaverei, sondern sieht auch deren Folgeprobleme. So beschreibt er in *De la démocratie en Amérique* (1835), wie die überwiegende Mehrheit der Schwarzen, auch nach ihrer Befreiung aus der Sklaverei aus der Gesellschaft ausgeschlossen bleibt. Das heißt, die Förderung der Gleichberechtigung zwischen Schwarzen und Weißen ist für Tocqueville nicht nur eine Frage der Beseitigung rechtlicher Schranken. Viel schwerwiegender sind für ihn die unsichtbaren Distinktionsmechanismen und rassistischen Vorurteile, die der weißen Vorherrschaft als Grundlage für ihre Ideologie dienen. Neuere Interpretationen haben darauf hingewiesen,[45] dass Tocqueville nicht daran glaubt, dass es eine Art „moralisches Erwachen" in Amerika geben werde, denn in seiner Beschreibung werden die Weißen jede Reformbemühung dazu nutzen, mit Hilfe ihrer numerischen Überlegenheit in den demokratischen

---

44 Tocquevilles früheste Schriften über die Kolonie aus dem Jahr 1837, die beiden Briefe über Algerien, referieren die öffentlichen Debatten über die einsetzende Kolonialisierung, die, wie Interpreten immer wieder hervorgehoben haben, weniger um das Ob als das Wie der Aufrechterhaltung der französischen Vorherrschaft in der Region kreisen. In der aufgemachten Alternative zwischen militärischer Eroberung und friedlicher Besiedlung spricht sich Tocqueville immer wieder gegen die vom französischen Militär vorangetriebene Strategie der Annexion sowie Vertreibung und Entrechtung der einheimischen Bevölkerung aus. Im Gegensatz zu England, dass in Nordamerika ein Land besiedelt habe, das kaum bewohnt gewesen sei, so Tocqueville, kolonialisiere Frankreich ein relativ dicht besiedeltes Land. Er lehnt deshalb auch eine Verwaltung ab, die nur französische Interessen bediene und einer hegemonialen Praxis folge. Immer wieder fordert er, dass die Einnahmen in die eroberten Gebiete zurückfließen müssen, um zum Beispiel Straßen zu erhalten oder eine unabhängige Verwaltung und Justiz zu errichten. Die Aufgabe Frankreichs bestehe darin, nachdem es Algeriens jahrhundertelang regierende osmanische Herrscher vertrieben habe, politische Verantwortung für diese Gebiete und Bevölkerungsgruppen zu übernehmen, die nun seiner Kontrolle unterliegen.Tocqueville, Quelques idées sur les raison qui s'opposent à ce que les Français aient de bonnes colonies, in: Tocqueville 1962, S. 35–40, 39–40; Vgl. auch Tocqueville, Rapport fait au nom de la commission chargée d'examiner la proposition de Tracy relative aux esclaves des colonies, in: Tocqueville 1962, S. 41–78; Tocqueville, Seconde lettre sur l'Algérie (22. August 1837), in: Tocqueville 1962, S. 139–153; Tocqueville, Rapports sur L'Algérie, in: Tocqueville 1962, S. 308–418, 315–318, 356–361.Siehe auch Krause 2017a, S. 205–220.

45 Fredrickson 1971; Smith 1997; Reinhardt 1997; Welch 2001; Wolin 2001.

Institutionen die rassistische Ordnung aufrechtzuerhalten. Deshalb komme Tocqueville zu dem Schluss, dass die Schwarzen in den USA nirgendwo auf der Grundlage der Gleichheit leben können. Diese Argumentation greift jedoch zu kurz. Tocquevilles Pessimismus beruht auf der Überzeugung, dass sowohl die Sitten als auch die politische Kultur des Landes Rassenhierarchien aufrechterhalten helfen. Selbst wenn die „bloß gesetzlich geschaffene Ungleichheit" langfristig sowohl aus politischen als auch aus wirtschaftlichen Gründen abgeschafft werde, bleibe die Unterdrückung der Afroamerikaner, die in den Rassenvorurteilen und im Gruppenhabitus der Weißen wurzle, und auch die Erfahrungswelt der Schwarzen präge, bestehen.[46] Mit anderen Worten: Solange im Umgang miteinander Rassenunterschiede gemacht werden, sieht Tocqueville keine Möglichkeit, den Schwarzen die Freiheit zu geben und gleichzeitig einen Missbrauch dieser Freiheit zu verhindern. Die Verweigerung der Freiheit werde jedoch dazu führen, dass die Schwarzen sich diese schließlich „mit Gewalt" selber holen.[47] Ein Bürgerkrieg scheine unvermeidbar.

Das bedeutet jedoch nicht, dass Tocqueville ein Verteidiger des Rassegedankens ist. Im Gegenteil; er spricht sich stets klar gegen jede Form des Rassismus aus. Beispielhaft hierfür ist seine Korrespondenz mit Joseph Arthur de Gobineau, den George Fredrickson als „Vater des europäischen Rassismus" bezeichnet.[48] Gobineau beginnt im Frühjahr 1852 mit Tocqueville einen Briefwechsel über das Thema der Rassenunterschiede.[49] Darin versucht er, die Meinung seines Mentors über die Theorie unterschiedlicher Phänotypen menschlicher Rassen einzuholen. Am 15. Mai 1852 schreibt Tocqueville einen ausführlichen Brief an Gobineau, indem er dessen Ansichten deutlich zurückweist. Tocqueville eröffnet seinen Brief mit dem Hinweis auf die „Einheit der menschlichen Gattung"[50]. Er fährt fort zu argumentieren, dass die Suche nach getrennten Ursprüngen menschlicher Rassen zwecklos sei, da die Vermischung der verschiedenen Rassen zu „gemeinsame(n) Nachkommen"[51] führe. Der Verweis auf „Rassenmischung", den Tocqueville auch in *De la démocratie en Amérique* an mehreren Stellen anführt, genügt ihm als Beweis dafür, dass die Menschheit „zu einer singuläre(n) Spezies" gehöre, und jede Ableitung einer höheren Rasse sich daher verbiete.[52] Von Tocquevilles Ermahnungen unbeeindruckt, fährt Gobineau jedoch fort, sich über rassische Unterschiede zu äußern. Tocqueville

---

46 Tocqueville 2010, Bd. 2, S. 551, 552.
47 Tocqueville 2010, Bd. 2, S. 570, 587.
48 Fredrickson 1971, S. 21.
49 Tocqueville 1959, S. 194ff.
50 Brief Tocquevilles an Arthur de Gobineau vom 15. Mai 1852, in: Tocqueville 1959, S. 197-198, 197.
51 Tocqueville 1959, S. 197-198, 197.
52 Tocqueville 1959, 197-198, 197. In *De la démocratie en Amérique* schildert Tocqueville eine Szene, in der ein weißer Mann um die Versklavung seiner Kinder mit einer Schwarzen nach seinem Tod fürchtet. Er schließt diese Passage mit folgenden Worten: „Ich sah ihn den Ängsten der Verzweiflung ausgeliefert, und ich verstand nun, wie die Natur sich zu rechen versteht für die Wunden, welche die Gesetze ihr zufügen." Tocqueville 2010, Bd. 2, S. 580.

sieht sich daher gezwungen, in den Folgejahren noch deutlicher Stellung zur Arbeit seines Briefpartners zu beziehen. „Ich gestehe", schreibt Tocqueville an Gobineau am 8. Januar 1856, „dass ich", nachdem „ich Ihr Buch gelesen habe", nach wie vor in „extremem Gegensatz zu Ihren Lehren" bleibe.[53] Tocqueville ist davon überzeugt, dass „eine ganze Welt" sie in ihren Überzeugungen trenne.[54] Ein Jahr später wird er noch deutlicher: „Ich gestehe", schreibt Tocqueville, „dass ich nicht glauben kann, dass Sie keine Schwierigkeit haben, Ihre wissenschaftlichen Theorien mit dem Geist und den Worten des Christentums in Einklang zu bringen. Gibt es nach der Genesis nicht eine Menschheit, die von demselben Menschen abstammt?" Und besteht nicht der „Geist des Christentums" darin, alle „Unterschiede der Rasse" zu beseitigen, welche die jüdische Religion immer noch gelten lässt, und nur von einer „menschlichen Spezies" zu sprechen? Wie kann dieses Denken „mit der Lehre verschiedener ungleicher Rassen" in Einklang gebracht werden? Das Christentum macht alle Menschen zu Brüdern. „Ihre Lehre macht aus allen Menschen Vettern, deren gemeinsamer Vater nur im Himmel existiert; auf Erden gibt es nur das Recht der Geburt, Gewinner und Verlierer, Herren und Sklaven". Wem nützt die Rassenlehre, fragt Tocqueville daher, um gleich darauf die Antwort zu geben: „Den Eigentümer der Schwarzen, zugunsten der ewigen Knechtschaft, die auf der radikalen Unterscheidung der Rasse basiert."[55]

Spätestens durch die Auseinandersetzung um die Abschaffung der Sklaverei in Frankreich und durch die anhaltende Auseinandersetzung mit Gobineau weiß Tocqueville, dass der Rassismus, wie er ihn in den USA erlebt hat, auch in den Gesellschaften Europas, die im Heimatland wenige Erfahrungen mit Sklaven haben, ein ernstzunehmendes politisches Problem darstellt. Auch ist er nicht auf die Unterscheidung von Schwarzen und Weißen beschränkt, sondern lässt sich, zur Legitimierung von Herrschaft, wie die Werke Gobineaus zeigen, auf alle Rassen und soziale Gruppen ausdehnen. Insofern muss Tocqueville seine Ansichten in den 1840er und 1850er Jahren revidieren, glaubt er doch in *De la démocratie en Amérique* noch, dass der Rassismus, wie er ihn dort beschreibt, historisch bedingt und spezifisch amerikanisch ist. Nun muss er jedoch lernen, dass auch in den Gesellschaften Europas ein Rassismus gedeiht, der sich, wie in den USA, nach der Abschaffung der

---

53 Brief Tocquevilles an Arthur de Gobineau vom 8. Januar 1856, in Tocqueville 1959, S. 244-24, 245. Vgl. auch den Brief Tocquevilles an Arthur de Gobineau vom 30. Juli 1856, in: Tocqueville 1959, S. 265-269, 265.

54 Brief Tocquevilles an Arthur de Gobineau vom 8. Januar 1856, in: Tocqueville 1959, S. 244-246, 245. Seymour Drescher macht darauf aufmerksam, dass „Rasse" in Frankreich seit der Französischen Revolution sowohl als eine soziale als auch eine biologische Kategorie gebraucht wird. Siehe Drescher 1968, S. 171.

55 Brief Tocquevilles an Arthur de Gobineau vom 24. Januar 1857, in: Tocqueville 1959, S: 276-281, 277.

Sklaverei noch verstärkt, weil er dazu beiträgt, rechtliche Privilegien und soziale Hierarchien zu verteidigen.[56]

Literaturnachweise

Belliard, Auguste (1821), *Lettre à MM. Benjamin Constant et Manuel, membres de la Chambre des députés, en réponse à quelques passages des discours qu'ils ont prononcés sur la traite des noirs dans la séance du 27 juin 1821, Paris*: Ladvocat.

Broglie, Victor de (1822), *Discours prononcé par M. le duc de Broglie, à la Chambre des pairs, le 28 mars 1822, sur la traite des nègres*, Paris: L.-É. Herhan.

Buxton, Thomas Fowell (1824), *Discours prononcé dans la Chambre des communes d'Angleterre, à l'appui de la motion pour l'adoucissement, et l'extinction graduelle de l'esclavage dans les colonies anglaises*, s.n.

Clarkson, Thomas (1822), *The Cries of Africa to the Inhabitants of Europe, or A Survey of that Bloody Commerce Called the Slave-Trade*, London: Harvey and Darton, and W. Phillips.

Cohut, A. (1843), 'La société coloniale – Abolition de l'esclavage', in: *Revue des Deux Mondes*, 1843: 3, S. 177-228.

Comte, François Charles Louis (1826), *Traité de législation, ou Exposition des lois générales suivant lesquelles les peuples prospèrent, dépérissent ou restent stationnaires*, 2 Bde., Paris: A. Sautelet.

Constant, Benjamin (1999), *Discours politiques*, Genf: Slatkine Reprints.

Daget, Serge (1969), *La France et l'abolition de la traite des Noirs de 1814 à 1831: introduction à l'étude de la répression française de la traite des Noirs au XIXe siècle*, Paris.

Daget, Serge (1988), *De la traite à l'esclavage: actes du Colloque international sur la traite des noirs, Nantes, 1985*, Nantes : CRHMA; Paris: Société française d'histoire d'outre-mer: l'Harmattan.

David, Thomas, Bouda Etemad und Janick Marina Schaufelbuehl (2005), *Schwarze Geschäfte. Die Beteiligung von Schweizern an Sklaverei und Sklavenhandel im 18. und 19. Jahrhundert*, Zürich: Limmat.

Dufau, P.-A. (1830), *De l'abolition graduelle de l'esclavage dans les colonies européennes, et notamment dans les colonies françaises : considérée à la fois dans l'intérêt des esclaves, des maîtres, des colonies et des métropoles. Mémoire couronné en 1829 par la Société de la morale chrétienne*, Paris : Au Bureau Central de la Revue Encyclopédique/Pichon et Didier.

Fredrickson, George (1971), *The Black Image in the White Mind. The Debate on Afro-American Character and Destiny*, New York: Harper & Row.

Fredrickson, George (1997), *The Comparative Imagination. On the History of Racism, Nationalism, and Social Movements*, Berkeley: University of California Press.

---

56 Siehe Krause 2017b, S. 151–167.

Krause, Skadi Siiri (2017 a), ,Alexis de Tocqueville über die französische und englische Kolonialpolitik des 18. und 19. Jahrhunderts', in: *WestEnd. Neue Zeitschrift für Sozialforschung*, S. 205-220.

Krause, Skadi Siiri (2017 b), ,Über Sklaverei, Rassismus und die Segmentierung der Gesellschaft. Tocquevilles Analyse sozialer Ausgrenzung in der Demokratie', in: *Berliner Journal für Soziologie*, 2017: 27/1, S. 151-167.

Morénas, Joseph-Elzéar (1828), *Précis historique de la traite des noirs et de l'esclavage*, Genf: Slatkine.

Pétré-Grenouilleau, Oliver (1998), *Nantes au temps de la traite des Noirs*, Paris: Hachette littératures.

Quenum, Alphonse (2008), *Les églises chrétiennes et la traite atlantique du XVe au XIXe siècle*, Paris: Karthala.

Reinhardt, Mark (1997), *The Art of Being Free. Taking Liberties with Tocqueville, Marx, and Arendt*, Ithaca: Cornell University Press.

Sismondi, Jean-Charles-Léonard de (1827), Nouveaux principes d'économie politique, ou De la richesse dans ses rapports avec la population, 2 Bde., Paris: Delaunay.

'Société française pour l'abolition de l'esclavage' (1837), in: *Revue des Deux Mondes*, 1837: 10, S. 418-424.

Streckeisen, Sylvie (1997), 'La place de Genève dans le commerce avec les Amériques aux XVIIe et XVIIIe siècles', in: *Mémoires d'esclaves, catalogue de l'exposition „Mémoires d'esclaves", du 2 mai au 5 octobre*, Genf: Musée d'ethnographie Genève, S. 45-55.

Tocqueville, Alexis de (1957), *Voyages en Sicile et aux États-Unis, Œuvres complètes*, Bd. V/1-2, hg. v. Jacob P. Mayer, André Jardin, Paris: Gallimard.

Tocqueville, Alexis de (1959), *Correspondance d'Alexis de Tocqueville et d'Arthur de Gobineau, Œuvres complètes*, Bd. IX, hg. v. Jacob P. Mayer, Paris: Gallimard.

Tocqueville, Alexis de (1962), *Écrits et discours politiques, Œuvres complètes*, Bd. III/1, hg. v. André Jardin, Paris: Gallimard.

Tocqueville, Alexis de (1986), *Correspondance étrangère d'Alexis de Tocqueville. Amérique, Europe occidentale, Œuvres complètes*, Bd. VII, hg. v. Françoise Mélonio, Anthony Pleasance und Lise Queffélec, Paris: Gallimard.

Tocqueville, Alexis de (2010), *Democracy in America. Historical-Critical Edition of De la démocratie en Amérique*, hg. v. Eduardo Nolla, übersetzt aus dem Französischen v. James T. Schleifer, zweisprachige französisch-englische Ausgabe, 4 Bde., Indianapolis: Liberty Fund.

Welch, Cheryl B. (2001), *De Tocqueville*, Oxford: Oxford University Press.

Wolin, Sheldon (2001), *Tocqueville between Two Worlds. The Making of a Political and Theoretical Life*, Princeton: Princeton University Press.

Zeuske, Michael (2004), *Schwarze Karibik. Sklaven, Sklavereikultur und Emanzipation*, Zürich: Rotpunktverlag.

Zunz, Olivier (Hg.) (2010), *Alexis de Tocqueville and Gustave de Beaumont in America. Their Friendship and their Travels*, übersetzt v. Arthur Goldhammer, Charlottesville: University of Virginia Press.

Autorinnen und Autoren

Norbert Campagna, Dr. phil. habil., ist professeur-associé an der Université du Luxembourg, Dozent an einer *Classe préparatoire pour les Grandes Écoles* in Echternach und Studienrat am Lycée de Garçons Esch. Er ist Mitglied des Institut Grand Ducal des Sciences Morales et Politiques und Vorsitzender des Klinischen Ethikrates der Hôpitaux Robert Schumann in Luxemburg. 2012 wurde er in Paris mit einem *Trophée de l'Éthique* für seine Arbeiten auf dem Gebiet der Sexualethik ausgezeichnet. Er hat 25 Bücher und weit über hundert Aufsätze und Beiträge in wissenschaftlichen Zeitschriften, in Sammelbänden und in Handbüchern veröffentlicht.

Dagmar Comtesse, Dr., ist wissenschaftliche Mitarbeiterin am Exzellenzcluster Normative Ordnungen und publiziert in den Bereichen politische Philosophie (Radikaldemokratische Volkssouveränität für ein postnationales Europa, Baden-Baden 2016), Philosophie der französischen Aufklärung (Jean le Rond D'Alembert: Versuch über die Elemente der Philosophie, Hamburg i.E.) und Post Growth Theorien (Taming the Superlative, Embedding the Comparative. A Form of Subjectivation for a Post Growth Society, ExNo Working Papers 02/2015).

Oliver Eberl, Dr. phil., hat Politikwissenschaft und Philosophie in Frankfurt am Main studiert. Er wurde mit einer Arbeit zu Kants Friedensschrift in Bremen promoviert und habilitierte sich mit einer Studie zur Bedeutung des Kolonialismus für die moderne Staatsbegründung und Staatskritik in Darmstadt. Derzeit ist er wissenschaftlicher Mitarbeiter für Politische Theorie und Ideengeschichte an der Leibniz Universität Hannover. Seine Arbeitsschwerpunkte sind Demokratie- und Staatstheorie, Gesellschaftstheorie, Internationale Politische Theorie, Politische Philosophie der Aufklärung, EU-Bürgerschaft.

Aktuelle Publikationen: Reconsidering EU-Citizenship: Contradictions and Constraints (Hg.) (mit Sandra Seubert und Frans van Waarden), Edward Elgar Publishing 2018; Perspektiven sozialer Demokratie in der Postdemokratie (Hg.) (mit David Salomon), Wiesbaden: Springer VS 2017.

Skadi Siiri Krause, Dr. Studium der Philosophie und Politologie an der Sorbonne Paris IV und der Humboldt-Universität zu Berlin. Lehraufträge an der Humboldt-Universität zu Berlin, der Martin-Luther Universität Halle-Wittenberg und der Universität Göttingen. Derzeit wissenschaftliche Mitarbeiterin an der TU Darmstadt.

Themenrelevante Publikationen: Eine neue politische Wissenschaft für eine neue Welt. Tocquevilles Demokratietheorie im Spiegel der politischen und wissenschaftlichen Debatten seiner Zeit, Berlin: Suhrkamp Verlag 2017; Die souveräne Nation. Zur Delegitimierung monarchischer Herrschaft in Frankreich, Berlin: Duncker & Humblot 2008/2010.

Franziska Martinsen, PD Dr. phil., Privatdozentin an der Leibniz Universität Hannover. Studium der Philosophie, die Musik- und Politikwissenschaft an der Humboldt Universität zu Berlin. Tätigkeiten in Forschung und Lehre an der Universität Basel, Schweiz, Université de Fribourg, Schweiz, Leibniz Universität Hannover, Georg-August Universität Göttingen, Universität Greifswald.

Aktuelle Publikationen: Stereotype Zuschreibungen. Die Rolle von Frauen in Internationalen Men-schenrechtsabkommen und UN-Deklarationen, in: Birke, Roman/ Sachse, Carola (Hg.), Das Geschlecht der Menschenrechte von der Frühen Neuzeit bis in die Gegenwart, Göttingen: Wallstein 2017; Demokratietheorie und Staatskritik aus Frankreich. Neuere Diskurse und Perspektiven, Reihe Staatsdiskurse, hrsg. v. Rüdiger Voigt, Stuttgart: Franz Steiner 2015 (hrsg. zus. mit O. Flügel-Martinsen).

Jochen Schwenk, Dr. phil., hat Politikwissenschaften und Soziologie studiert. Er wurde mit einer denksoziologischen Studie zum jungen Walter Benjamin promoviert und arbeitet als wissenschaftlicher Mitarbeiter am Institut für Soziologie der Technischen Universität Darmstadt im Arbeitsbereich "Allgemeine Soziologie". Seine Arbeitsschwerpunkte liegen in der soziologischen Theorie und Gesellschaftstheorie, in der Fach- und Ideengeschichte, in der Kultur- und Wissenssoziologie sowie in der Stadtsoziologie.

Aktuelle Publikationen: »Das städtische Imaginäre. Überlegungen zum Politischen der Stadt«, in: Raab, Jürgen/ Keller, Reiner (Hg.): Wissensforschung - Forschungswissen. Beiträge und Debatten zum 1. Sektionskongress der Wissenssoziologie, Weinheim/ Basel: Beltz Juventa 2016, S. 585-594; Generationserfahrung und Judentum. Eine denksoziologische Betrachtung des jungen Walter Benjamin, Zeitgenössische Diskurse des Politischen Bd. 9, Baden-Baden: Nomos 2015.

Bereits erschienen in der Reihe STAATSVERSTÄNDNISSE

Staatsverständnisse in Italien
Von Dante bis ins 21. Jahrhundert
hrsg. von Prof. Dr. Norbert Campagna und Dr. Stefano Saracino, *2018, Band 109*

Karl von Rotteck und Karl Theodor Welcker
Liberale Professoren, Politiker und Publizisten
hrsg. von apl. Prof. Dr. Hans-Peter Becht und apl. Prof. Dr. Ewald Grothe, *2018, Band 108*

Postmarxistisches Staatsverständnis
hrsg. von Dr. Cornelia Bruell und PD Dr. Monika Mokre, *2018, Band 107*

Gegner – Instrument – Partner
Gewerkschaftliche Staatsverständnisse vom Industrialismus bis zum Informationszeitalter
hrsg. von Prof. Dr. Michael Ruck, *2017, Band 106*

The Stoics and the State
Theory – Practice – Context
von Prof. Dr. Jula Wildberger, *2018, Band 105*

Radikale Demokratie
Zum Staatsverständnis von Chantal Mouffe und Ernesto Laclau
hrsg. von Prof. Dr. Andreas Hetzel, *2018, Band 104*

Die Bestimmung des Menschen und die Bedeutung des Staates
Beiträge zum Staatsverständnis des Thomas von Aquin
hrsg. von Prof. Dr. Rolf Schönberger, *2017, Band 103*

Party, State, Revolution
Critical Reflections on Žižek's Political Philosophy
hrsg. von Dr. Bart van der Steen und Ass.-Prof. Marc de Kesel, *2017, Band 102*

Badiou and the State
hrsg. von Prof. Dr. Dominik Finkelde, *2017, Band 101*

Platons *Nomoi*
Die politische Herrschaft von Vernunft und Gesetz
hrsg. von Prof. Dr. Manuel Knoll und Prof. Dr. Francisco L. Lisi, *2017, Band 100*

Vom Ethos der Freiheit zur Ordnung der Freiheit
Staatlichkeit bei Karl Jaspers
hrsg. von Prof. Dr. Karl-Heinz Breier und Dr. Alexander Gantschow, *2017, Band 99*

Der sterbliche Gott
Thomas Hobbes' Lehre von der Allmacht des Leviathan im Spiegel der Zeit
hrsg. von Dr. Thomas Lau, Prof. Dr. Volker Reinhardt und Prof. Dr. Rüdiger Voigt, *2017, Band 98*

Symbolische Gewalt
Politik, Macht und Staat bei Pierre Bourdieu
hrsg. von PD Dr. Michael Hirsch und Prof. Dr. Rüdiger Voigt, *2017, Band 97*

Das Staatsverständnis von Norbert Elias
hrsg. von Dr. Erik Jentges, *2017, Band 96*

weitere Bände unter: www.nomos-shop.de